한국목간학회총서 10

木簡과 文字 연구

10

| 한국목간학회 엮음 |

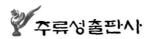
주류성출판사

扶餘 雙北里 173-8番地遺蹟 出土 223번 木簡 촬영사진

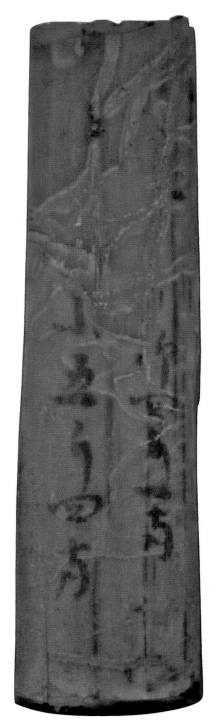

扶餘 雙北里 173-8番地遺蹟 出土 223번 木簡 적외선사진

扶餘 雙北里 173-8番地遺蹟 出土 122번 木簡 촬영사진

扶餘 雙北里 173-8番地遺蹟 出土 122번 木簡 적외선사진

集安高句麗碑 正面 촬영 사진(集安市博物館,『集安高句麗碑』2013, 188쪽)

集安高句麗碑 2012年 10月 25日 周荣顺 拓本(集安市博物館,『集安高句麗碑』2013, 200쪽)

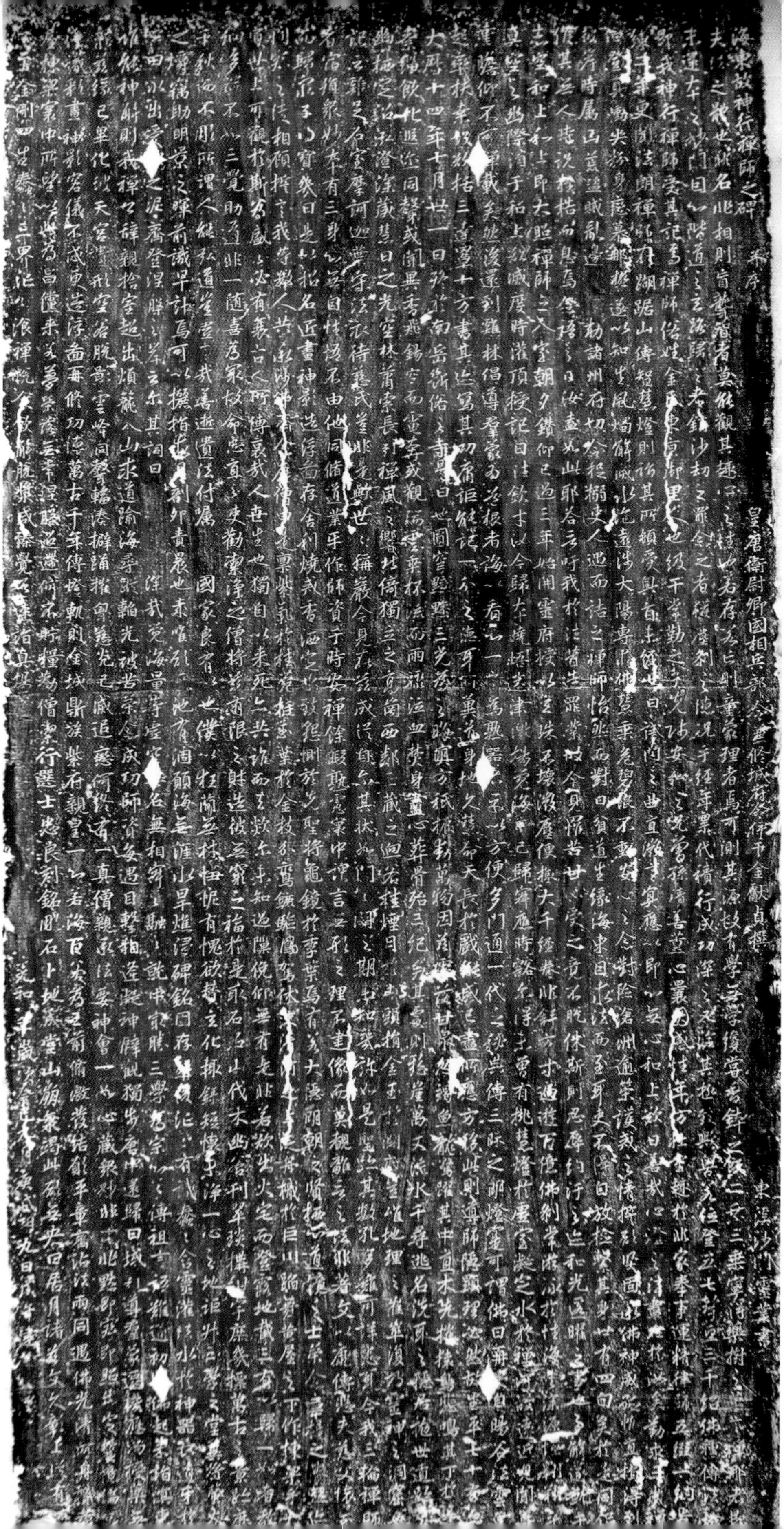

神行禪師碑銘 탁본(서울대 중앙도서관 소장)

木簡과 文字

第11號

| 차 례 |

논/문

고대한국 습서 목간의 사례와 그 의미*

權仁瀚**

〈국문 초록〉

본고는 한자문화의 수용과 학습에 초점을 두고서 고대한국의 습서 목간이 지니는 의미를 집중 고찰한 것이다. 본론에서의 논의 결과를 정리해보면 다음과 같다.

제2장에서는 한국 고대목간의 출토 현황을 소개하였다. 현재까지 남한내 20개 유적지에서 600여 점의 목간이 출토된 바, 이 중 묵서 목간의 숫자는 400여 점에 달하고 있음을 보았다.

제3장에서는 습서 목간의 사례들에서 찾을 수 있는 고대한국 한자문화의 구체적인 모습을 추적하였다. 그 결과 습서 목간은 크게 경전 학습에 관련된 것과 문서 작성에 관련된 것으로 나눌 수 있었다. 먼저 경전 학습에 관련된 백제의 사례들은 종류를 특정하기는 어려우나, 성왕대에 양나라로부터 경전류를 수입하여 범국가적으로 경전의 학습에 힘쓴 시대적 배경에 부합됨을 알 수 있었다. 경전 학습에 관련된 통일신라의 사례를 통해서는 당시의 고등 교육기관인 국학에서 『毛詩正義』와 같은 유교 경전류를 학습한 구체적인 모습을 볼 수 있었다. 다음으로 문서 작성에 관련된 백제의 사례에서는 종결사 등 문

---

* 이 글은 Sinographic Cosmopolis 2013(2013. 6. 16-18, 早稻田大學 井深會議場 第1·3 會議室) 및 한국목간학회 하계 워크숍(2013. 8. 24, 한성백제박물관 교육관)에서 발표한 원고를 습서 목간의 의미 파악에 초점을 맞추어 수정·보완한 것이다. 와세다대 학술회의를 주관하신 R. King 교수님과 목간학회 워크숍 당시 중요한 지적들을 해주신 주보돈, 윤선태 교수님께 이 자리를 빌려 감사의 말씀을 드린다.
** 성균관대학교 국어국문학과 교수

서 작성에 필요한 요소들을 연습한 흔적들을 찾을 수 있었다. 문서 작성에 관련된 통일신라의 사례들을 통해서는 책사 제도의 모습을 짐작할 수 있었을 뿐만 아니라, 당시 문서 작성을 연습함에 있어서 서두 부인 작성 시기와 종결부인 사업 참여자에 관한 정보가 핵심을 이루고 있음을 알 수 있었다.

▶ 핵심어 : 한국목간, 습서 목간, 한자문화, 경전 학습, 문서 작성

Ⅰ. 머리말

주지하듯이 木簡은 의사 전달을 목적으로 좁고 길다란 양면체 혹은 다면체로 다듬은 나무조각에 붓으로 글씨를 쓰거나 그림 등을 그린 자료를 말한다. 『三國史記』·『三國遺事』로 대표되는 한국의 고대사 사서들이 2차 사료를 바탕으로 편찬된 것임에 비하여 목간은 금석문과 더불어 고대인들이 남긴 생생한 1차 사료로서 역사학은 물론 고고학·보존과학·서예학·한국어학 등 관련 제 분야의 연구 자료로 각광을 받고 있다.

2007년 1월 '한국목간학회'의 창립을 계기로 한국의 고대목간에 대한 연구가 본궤도에 오른 것으로 평가해도 좋을 것이다. 역사학자 중심의 초기 연구[1]를 벗어나 관련 제 분야 학자들이 참여하는 국제학술회의가 늘어남으로써[2] 목간학의 정립과 더불어 목간 자료에 대한 다각적인 분석과 연구가 활기를 띠고 있기 때문이다. 한국어학계에서도 이러한 연구 흐름에 발맞추어 목간에 대한 관심이 점차 고조되고 있다. 백제 목간에서 찾아낸 '宿世歌' 연구(김영욱 2003)를 필두로 최근에 이르기까지 상당한 연구 성과들이 발표된 바 있다.

본고에서는 지난 10년간 한국어학계에서 발표된 목간 연구 성과들은[3] 물론 관련 제 분야의 논의들을 바탕으로 하여 한자문화의 수용과 학습에 초점을 맞추되, 그 동안의 논의들에서 상대적으로 관심이 미미하였던[4] 습서 목간의 주요 사례들을 중심으로 경전 학습과 문서 작성이라는 두 가지 측면의 의미

---

1) 한국의 고대목간에 대한 최초 연구는 이기동(1979)로 소급되며, 이 논의에 뒤이어 나온 함안 성산산성 목간에 대한 초기 연구도 대부분(6/8) 역사학자들이 주도한 바 있다.

2) 2007년 이후에 개최된 주요 국제학술회의에 대해서는 권인한(2010: 71)에 소개된 내용을 참조. 최근의 국립나주문화재연구소 개소 5주년기념 국제학술회의(2010.10.28.–29.)도 추가할 수 있는데, 이 국제학술회의에서는 한·일의 대표적인 학자들이 모여서 나주 복암리 목간에 대한 집중적인 논의가 이루어진 바 있다.

3) 2010년까지 이루어진 한국어학계의 목간 연구 현황에 대해서는 권인한(2010: 71–76)에서의 서술을 참조. 최근에 이르러서는 김영욱(2011a·b), 이승재(2011·2013a·b), 권인한(2013) 등 몇 편의 논의가 추가되는 정도에 그치고 있다.

4) 그 동안 대부분의 논의들에서는 묵서의 내용에 대한 이해가 가능한 목간들을 중심으로 연구가 이루어진 바 있다. 이에 따라 고대한국의 습서 목간에 대한 논의로는 이용현(2007a·b·c, 2013)을 들 수 있을 정도인데, 본고를 구상하고, 집필함에 있어서 이용현 선생의 선행 연구에 힘입은 바가 매우 큼을 밝혀 謝意를 표하고자 한다. 이 밖에 『論語』, 『千字文』 등의 일부를 습서한 고대일본의 사례들을 중심으로 한자 학습에 초점을 맞추어 연구한 神野志隆光(2007), Lurie(2007), 渡邊晃宏

를 부각시키고자 한다.

Ⅱ. 고대 한국목간의 출토 현황

본론에 앞서 한국의 고대목간 출토에 관한 최근 정보를 제공함으로써 한국 목간에 대한 이해를 돕고자 한다. 먼저 현재까지의 목간 출토 현황은 다음의 [표 1]과 같이 정리될 수 있다.

[표 1] 韓國의 古代木簡 出土 現況(2012. 12. 現在)

出土 遺跡(發掘 年度)	木簡 製作年代	木簡數(墨書)
①咸安 城山山城('92~'11)	新羅(6C中)	281(224)
②河南 二城山城('90~'00)	新羅(6~7C)	34(13)
③慶州 月城垓字('84~'85)	新羅(6C~679)	34(25)
④扶餘 陵山里寺址('00~'02)	百濟(6C中)	34(28)
⑤扶餘 雙北里('98·'07·'08·'10·'12)	百濟(6~7C)	25(16)
⑥羅州 伏岩里('08)	百濟(7C初/670)	65(13)
⑦扶餘 官北里('82~'92, '01~'03)	百濟(7C)	11(10)
⑧扶餘 宮南池('95, '01)	百濟(7C初)	3(3)
⑨扶餘 舊衙里('11)	百濟(7C)	13(8)
⑩錦山 栢嶺山城('04)	百濟(?)	1(1)
⑪金海 鳳凰洞('00)	統一新羅(6~8C)	1(1)
⑫慶州 雁鴨池('75)	統一新羅(8C中/674~935)	97(61)
⑬仁川 桂陽山城('05)	統一新羅(682~8C)/百濟(4~5C)	2(2)
⑭益山 彌勒寺址('80)	統一新羅(7C末~8C初)	2(2)
⑮慶州 皇南洞('94)	統一新羅(8C)	3(3)
⑯慶州 博物館敷地('98·'12)	統一新羅(8~10C初)	5(3)
⑰慶州 傳仁容寺址('10)	統一新羅(8C末~9/10C初)	1(1)
⑱昌寧 火旺山城('03~'05)	統一新羅(9~10C)	9(7)
⑲蔚山 伴鷗洞('07)	統一新羅末~高麗	1(1)
⑳扶餘 東南里('05)	統一新羅(?)/百濟(?)	1(1)
總 20個 遺跡地		623(426)

(2009), 사토 마코토(佐藤信 2011), 미카미 요시타가(三上喜孝 2012) 등의 선행 연구들도 참조하였다. 특히, 渡邊晃宏 (2009)는 고대일본 습서 목간의 출토지에 관한 정보는 물론 내용에 의한 분류, 형태에 의한 분류 등 이 방면의 종합적인 논의로 본고의 집필 과정에서 크게 참고가 되었음을 밝혀둔다.

[표 1]에서 보듯이 현재까지 출토된 한국의 고대목간은 남한내 20개 유적지에서 600여 점에 이르며, 이 중에서 묵서된 목간의 숫자는 400여 점에 이른다. 이를 하위 분류해보면, 신라 목간이 3개 유적지 349점(묵서 262), 백제 목간이 7개 유적지 152점(묵서 79), 통일신라 목간이 9개 유적지 121점(묵서 81), 불명 1개 유적지 1점(묵서 1)의 분포를 보인다. 따라서 신라와 백제 목간들이 중심 위치를 차지하고 있음을 알 수 있다.

이 밖에도 ④부여 능산리사지에서 목간 삭설 125점이 별도 수습된 바 있을 뿐만 아니라, 고려시대의 목간류도 태안 죽도선(목간 20), 마도1호선(목간 15, 竹札 58), 마도2호선(목간 24, 죽찰 23), 마도3호선(목간 15, 죽찰 20)에서 목간 74점, 죽찰 101점이 더 수습된 바 있으며, 평양 정백동 364호분에서 「樂浪郡初元四年縣別戶口簿」木牘과 함께 동시대의 유물로 추정되는 『論語』 죽간까지 출토되었음도 덧붙일 수 있다. 앞으로 통일된

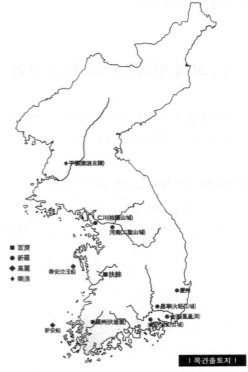

한반도의 목간 출토지(『백제 목간』, p.6)

기준에 의하여 목간 출토 현황에 대한 재정리를 비롯하여 한국목간학회 차원에서의 일련의 기초 작업이 필요한 것으로 판단된다.

Ⅲ. 습서 목간의 사례와 그 의미

습서 목간이라 함은 재활용된 목간의 여백을 이용하여 특정 한자나 단어/어구/구절을 반복 연습한 목간들을 이른다. 이들에서의 묵서 내용에 대한 고찰을 통하여 문헌의 전래나 한자·한문의 학습에 관한 정보를 수집할 수 있는 단서가 된다는 점에서 주목되는 자료원이다.

1. 경전 학습에 관련된 목간들

#1 부여 능산리사지 '능9호' 목간

[사진 1] '능9호' 목간 전면(『백제 목간』, p.40)

부여의 능산리사지에서 출토된 목간의 제작 시기는 공반 유물 및 목간의 묵서에 나타난 서체 등으로 미루어 백제의 사비(=부여) 천도(A.D.538년) 직후인 540년 경에서 위덕왕대 전반기까지 30여년의 기간 즉, 6세기 중엽이었을 가능성이 높다(박중환 2002: 229). [사진1]의 '능9호'도 동시대의 목간으로서 백제의 습서 목간 중에서 가장 이른 시기의 사례에 속한다. 아래 [사진1']에서 보듯이 이 목간에는 '見', '公', '道', '德' 등의 글자들이 자유분방하게 서사되어 있음을 확인할 수 있다.

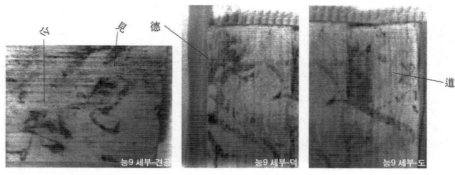

[사진1'] '능9호' 목간 세부(『백제 목간』, p.41)

이 글자들은 여러 가지 가능성 중에서 경전류에 빈번하게 등장하는 것들이라는 점에서[5] '능9호' 목간의 묵서 내용은 경전류에 대한 교수/학습 과정에서의 습서일 가능성을 암시해준다. 이 점에서 『삼국사기』권26의 백제 성왕 19년조(541)에 양나라로부터 『毛詩』 박사를 초빙하고, 『大般涅槃經』 등 경전 해설서를 들여온 사실이 기록되어 있음이 주목된다.[6] 이는 사비 천도와 더불어 국력 강화 정책의 하나로 국가적으로 경전류의 교수와 학습에 힘썼음을 알려주는 사실임에 틀림없을 것인 바, 이러한 시대적 배경과 '능9호' 목간의 묵서 내용이 어느 정도 부합하는 것으로 볼 수 있을 것이다. 이것이 사실에 가깝다면 이 목간은 백제에서 이미 6세기 중반에 이르러 특정하기 어려운 어떤 경전(『毛詩』, 『大般涅槃經』 등?)에 대한 학습이 활발하게 이루어졌을 가능성을 알려준다고 하겠다.

#2 나주 복암리 13호 목간

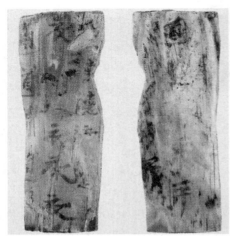

[사진 2] '복13호' 목간(『나주 복암리 출토 목간』, p.6 / 『목간자전』, p. 688)

이러한 관점에서 나주 복암리 13호 목간도 재조명되어야 할 필요성이 있다.

나주 복암리의 제철지 유적에서 출토된 목간의 제작 시기는 목간의 묵서 내용과 공반 유물의 종합적인 편년으로 보아 600년을 전후하는 7세기 초엽일 것으로 추정된다(김성범 2010: 39~40). 먼저 '복13호' 목간에 대한 필자의 판독안을 제시하면 다음과 같다.

---

5) 漢籍電子文獻資料庫(http://hanchi.ihp.sinica.edu.tw/ihp/hanji.htm)의 검색 結果, '公', '見', '道德'이 가장 많이 사용된 문헌은 『重刊宋本十三經注疏附校勘記』로서, 각각의 출현 빈도가 35,971회, 15,438회, 302회로 나타나므로(※본문 기준) 이들을 경전류 多用字로 보아 큰 무리는 없을 것으로 판단된다.

6) ○十九年, 王遣使入梁朝貢, 兼表請毛詩博士·涅槃等經義, 幷工匠·畫師等, 從之.(19년(541)에 왕이 사신을 양나라에 보내어 조공하고 겸하여 글을 올려 『毛詩』 박사와 『大般涅槃經』 등 경전의 해설서와 아울러 工匠·畫師 등을 청했는데, 양나라에서 이 청을 따랐다.)〈『三國史記』26·百濟本紀4·聖王〉

이와 동일한 내용의 기록은 년도상의 차이가 있지만 『南史』에도 있다(南豊鉉 2009: 97).

○是歲(※大同7년(540)) … 百濟求涅槃等經疏及醫工·畫師·毛詩博士, 並許之.〈『南史』7·梁本紀中7·武帝下〉

```
        [德]德德[德][德]                    □□[衣][乎]□
   a. 衣□□衣衣衣              b. □□乎乎乎
        道道道道道                       □□□□□
   (a: 앞면, b: 뒷면, [ ]: 推讀字, □: 未詳字, 이하 같음.)
```

　　이 목간에 대한 기존의 판독안은 앞면에 대해서는 異見이 없으나, 뒷면에 대하여 '道 衣率(1行), 道 道 率率率(2行), 率(3行)'로 제시함으로써 당시의 문서 작성에 빈번하게 등장하였던 관등의 '率'자 등을 연습한 것으로 본 바 있다(윤선태 2010: 177). 이것이 사실이라면, 백제 관명 '德率', '道使' 등을 부분 습서한 것일 가능성이 있을 것이다.

　　그러나 이러한 설명은 뒷면의 '率'로 판독한 글자가 『목간자전』에서의 판독안처럼 '乎'자[7]로 볼 만한 필치를 보이고 있다는 점에서 이를 그대로 받아들이기는 어려운 것으로 판단된다. [사진2]의 왼쪽 컬러 사진으로 판단하건대, 앞·뒷면의 제2행 즉, '衣', '乎'자가 반복된 부분과 나머지 부분은 착묵 상태나 글 자 크기 등으로 보아 다른 사람이 쓴 異筆로 보아야 할 것이라는 것이 필자의 판단이다. 이렇게 되면 앞·뒷면 2행의 묵서(아마도 '乎衣'를 반복한 듯)와는 별도로, 앞면 1, 3행에 '道'와 '德'이 반복 습서되어 있음이 주목되는데, 이는 앞서 살핀 '능9호'와 마찬가지로 '복13호' 목간도 경전류 다용자를 연습한 목 간일 가능성을 제기할 수 있다. 이렇게 되면 '복13호' 목간도 백제에서 경전류에 대한 학습이 7세기 초 엽에 이르러 지방에까지 확산되었음을 알려주는 자료로 볼 수 있지 않을까 한다.

　　다만, '道'와 '德'의 습서에서 일반적인 서사 방향('右→左')을 어기고 있다는 점에서 문제의 소지가 있 다. 이 점을 중시한다면 '道'와 '德'은 '道德'이라는 단어에 대한 연습이 아니라, 각각 독립된 글자에 대 한 연습이 됨으로써 경전류 학습과는 무관한 묵서일 수 있다는 비판도 가능할 것이다. 그런데 같은 유 적에서 나온 '능2호'(支藥兒食米記) 목간 3면(각주 10) ① 참조)에서 '小吏'로 판독될 수 있는 글자(小吏) 가 '左→右'의 방향으로 서사된 사례가 있다는 점을 중시하여 문제의 '道'와 '德'의 습서를 '道德'의 한 단 어를 행을 달리하여 연습한 것으로 보아(cf. 이용현 2013: 72) 경전류 학습과 관련지은 필자의 가설을 유지하되, 이에 대한 독자들의 叱正을 기다리고자 한다.

---

7) 초고에서는 이 글자를 '乎'자로도 판독할 수 있을 가능성을 제시하였으나, 私席에서 정현숙 선생님으로부터 마지막 획에서 '삐침'의 필치가 없는 것으로 보아 '乎'자의 가능성이 더 클 것이라는 지적을 받았다. 이에 따라 여기에서는 '乎'자로 확정한 것이다.

#3 경주 안압지 187호 목간

[사진 3] 안압지 187호 목간(『개정판 한국의 고대목간』, p.154)

경전의 학습에 관련된 신라의 사례로는 경주 안압지 187호 목간이 주목된다.

안압지 목간의 제작 시기는 안압지가 삼국통일 직후인 문무왕 14년(674)에 조성된 宮苑池일 뿐만 아니라, 여기서 출토된 182호 목간에서의 '實應四年'(765), 184호 목간에서의 '天寶十一載'(752)의 묵서로 보아서 8세기 중엽으로 봄이 사학계의 중론이다. 187호 목간에 대한 필자의 판독안은 다음과 같다.

        [月]   □   □□   □□

a. 是諸由 □ [箴]之[載]夕□   b. □ □ □ □ □   □

    我飛風□者家宣宮處宮   月月□月□[飛][風]□□□

着墨 및 보존 상태가 양호하지 못한 관계로 이 목간에 대한 정확한 판독안을 세우기 어려우나, 필자의 판독안이 인정될 수 있다면, 앞면에 보이는 '箴之'나 앞·뒷면에 보이는 '飛風'이 주목된다. 왜냐하면 '箴之'는 『毛詩正義』에 자주 보이고, '飛風'은 『春秋左傳正義』 喜公條에 보이는 구절이기 때문이다. 양자에 공통되는 문헌인 唐代 孔穎達의 『五經正義』가 653년 3월에 반포되었을 뿐만 아니라, 신문왕 2년(682)에 설치된 국학에서 『周易』, 『尙書』, 『毛詩』, 『禮記』, 『春秋左氏傳』, 『文選』을 교수하였음을 감안하면, 187호 목간은 8세기 후반 국학(=太學監)에서 공부하던 학생의 습서 목간일 가능성이 높다고 할 수 있다(이용현 2007b: 277-278). 따라서 안압지 187호 목간은 통일신라의 고등 교육기관인 국학

에서의 유교경전 학습의 구체적인 모습을 알려줄 뿐만 아니라, 『五經正義』의 전래 시기까지도 암시한다는 점에서 그 의의가 적잖을 것으로 보아야 할 것이다.

2. 문서 작성에 관련된 목간들

#1 부여 궁남지 '궁2호' 목간

[사진 4] '궁2호' 목간 1~4면(『나무 속 암호 목간』, pp.70~71)

부여의 궁남지에서 출토된 목간의 제작 시기는 『삼국사기』 백제본기에 무왕 35년(634)에 궁의 남쪽에 연못을 조성했다는 기록이 있을 뿐만 아니라,[8] 唐 초기(621년)에 처음 주조된 開元通寶가 공반 유물로 나온 점에 비추어 궁남지 조성기에 가까운 7세기 초반으로 추정된다. '궁2호' 목간에 대한 필자의 판독안은 다음과 같다.

    a. □文 文 文　文文文文 文文
    b. 書文書□文令 令文文也□也文也文
    c. □文文文文文□□□□
    d. □[進]文[書]也也也也也也

---

8) ○三十五年 … 三月, 穿池於宮南, 引水二十餘里, 四岸植以楊柳, 水中築島嶼, 擬方丈仙山.(35년(634) … 3월에 宮城의 남쪽에 못을 파고 물을 20여 리에서 끌어들이고, 사방의 언덕에 버드나무를 심고 못 가운데에 섬을 쌓았는데 이는 方丈仙山을 모방한 것이다.)〈『三國史記』27·百濟本紀5·武王〉

위에서 보듯이 이 목간에는 '文', '令', '也' 등이 반복 습서되어 있으면서 '文書'라는 단어가 2회나 등장하는 것으로 보아 7세기 초엽 백제의 문서 작성과 관련된 목간일 가능성이 높다고 할 수 있다.[9] 특히 종결사 '也'를 여러 차례 반복한 것과 백제의 문서목간들에서 종결사 '也'의 사례[10]를 드물지 않게 볼 수 있음이 평행된다는 점에서, 그리고 문서에 자주 쓰이는 '令', '進'과 같은 글자들이 등장하는 점에서 이 목간이 백제에서의 문서 작성을 위한 문형 등을 연습한 자료로서의 가치를 지니는 것으로 판단된다.

#2 경주 안압지 182호 목간

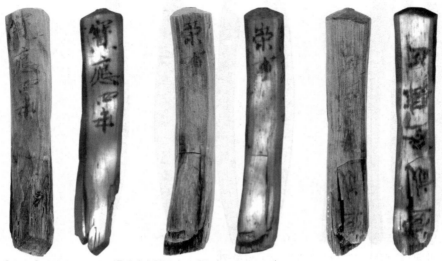

[사진 5] 안압지 182호 목간(『개정판 한국의 고대목간』, pp.146–147)

위의 182호 목간은 1면에 '寶應四年'(765)의 묵서가 있으므로 한국의 고대목간들에서 제작연도를 정확하게 알 수 있는 몇 안 되는 목간 중의 하나다. 묵서 내용은 '寶應四年(1면), 策事(2면), 壹貳參肆伍(3면, ※상하 도치)'로 비교적 손쉽게 판독될 수 있다. 2면 첫 글자는 외견상 '山+宋'으로 되어 있어서 '策'자가 아닌 다른 글자(榮?)로 판독되기도 하나, 여기에서는 뤼징 외(2011: 154–156)의 논의에 따라 '策'자로 본 것이다. 이것이 습서 목간임은 다른 면들과 달리 3면을 거꾸로 돌려 서사한 점에 근거한다. 2면에 보이는 '策事'의 정체를 무엇으로 파악하느냐에 따라 이 목간의 내용에 대한 이해에 차이를 보이고 있다.

---

9) 이용현(2007a: 297)에서는 '文也'라는 구절이 "무엇은 文이다", "무엇은 무슨 文이다"라는 문장이었던 것으로 보아 무엇인가 경전 같은 텍스트를 습서한 것으로 보고 있다.
10) ①小吏猪耳其身者如黑也〈부여 능산리사지 능2호_3면〉.
    ②又行色也 凡作形…〈부여 능산리사지 301호_뒷면〉 등.

먼저 이용현(2007c: 263)에서는 '策'을 국가 행정기관의 명령으로 보고, 6세기 신라 비문이나 월성해자 목간 등에 '敎事'가 보임을 근거로 '策事'도 이와 같은 6세기 이래 신라적 용법에 바탕을 두는 것으로 다음과 같은 策事文을 쓰려했던 것으로 보고 있다.

寶應四年
策事.　　壹 …
　　　　　貳 …
　　　　　參 …

'策'이 '고대 중국에서 군주가 신하에게 내린 封土, 授爵, 免官 등의 敎令的 文件'을 의미하므로(『漢語大詞典』 '策' 항목 ⑪ 참조) 이러한 가능성이 전혀 없지는 않을 것이나, '策事' 내지 '策事文'에 대하여 신라적 용법으로 규정한 근거가 확실하지 않음이 문제점으로 지적될 수 있을 것이다.

이런 점에서 중국에서의 '策事'의 사례에 근거하여 이 목간의 의의를 새롭게 규정한 뤼징 외(2011)의 논의에 주목할 필요가 있다. 이에 따르면, '策事'의 초기 명칭은 '隸事'로서 중국 남조시대에 신료와 문인들 사이에서 재능과 학문을 과시했던 유희 문화에서 비롯되었으며, 그 최초 창시자는 宋·齊 두 왕조에서 三公의 자리에까지 오른 大臣 王儉이었음을 고증한 바 있다. 그런데 신라의 경우는 213호 목간에 '策事門'이 있음을 참조하여 다음과 같이 결론을 내리고 있다.

> 신라의 경우는 남조의 '책사' 제도를 모방하여 황족과 귀족 자제들의 재능과 학문적 소양
> 을 점검하는 중요한 수단으로써 일종의 상설제도가 되었으며, 전문적인 관아의 궁전에
> 서 정해진 시간과 장소에서 행해졌다. 제182호간의 '일이삼사오'라는 숫자의 배열은 서
> 진시대에 시작된 수재 책시에서 다섯 문제 이상을 출제했던 점 및 신라 태학에서 필수
> 과목이 다섯 종이었다는 역사적 사실과도 놀랍도록 일치한다.
> (뤼징 외 2011: 170)

이상과 같은 대립된 두 견해에 대하여 어느 쪽이 사실에 더 가까울지는 역사학계의 논의를 좀더 지켜봐야 할 것이나, 우선은 역사적 근거가 확실한 뤼징 외(2011)의 결론 쪽에 무게를 두고 싶다.

#3 경주 안압지 184호 목간

[사진 7] 안압지 184호 목간(『개정판 한국의 고대목간』, p.149)

[사진7]의 안압지 184호 목간은 앞면에 '天寶十一載'라는 묵서가 있으므로 그 제작연대는 752년이 되는데, 당시의 문서 작성과 직접적인 관련성을 잘 보여주는 습서 목간으로 판단된다. 이 목간에 대한 필자의 판독안은 다음과 같다.

<blockquote>
□□舍舍舍 　　　天寶十一載壬辰十一月

a. 韓舍 　　　　　韓舍

韓舍韓舍韓舍 　　　天寶寶□寶

b. 韓舍韓舍韓舍文辶[얼굴 그림]
</blockquote>

이 목간에는 '天寶十一載壬辰十一月'이라는 묵서와 함께 '天寶'와 '韓舍'가 반복 습서되어 있는데, 이것이 당시 문서 작성 방식과 절묘하게 일치됨은 다음의 실제 문서와의 대비에서 잘 알 수 있다.

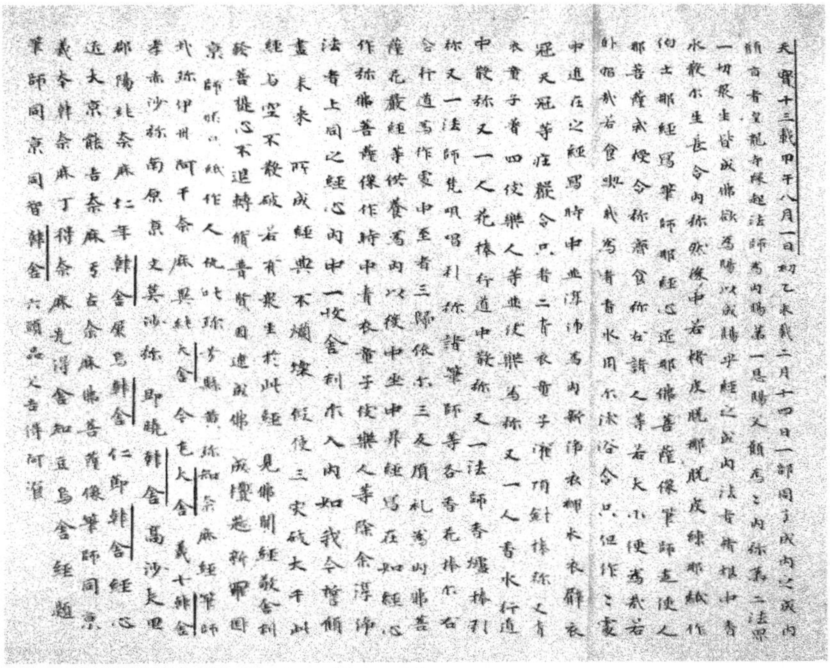

[사진 8] 華嚴經寫經造成記A(『문자 그 이후』, p.184)

[사진8]은 대표적인 통일신라의 이두문서인 「新羅華嚴經寫經造成記A」(755)로서 『大方廣佛華嚴經卷第十』말미에 있는 것이다.[11] 이 문서의 제1행은 "天寶十三載甲午八月一日初乙未載二月十四日一部周了成內之"(天寶 13년 甲午(754) 8월 1일에 始作하여 乙未(755) 2월 14일에 1부를 두루 이루기를 마쳤다.)라는 문장으로 되어 있다. 여기서 이 문서가 '天寶十三載甲午八月一日'로 시작되는 것과 184호 목간 앞면 1행 말미에 있는 '天寶十一載壬辰十一月'이라는 묵서가 평행됨이 우선 주목된다. 또한 밑줄친 조성기 말미(21~26行)에서 사경 조성 관계자들의 관등명으로 '韓舍'(신라 제12위 관등인 '大舍'의 음차 표기)가 6회나 등장하는 것과 184호 목간의 앞·뒷면에 걸쳐 8회나 반복 습서되어 있음이 평행됨도 주목된다. 이상과 같이 184호 목간의 습서 내용을 「新羅華嚴經寫經造成記」와 대비해본 결과, 184호 목간에서의 습서 내용은 동시대의 문서 양식상 서두부와 종결부에서의 핵심적인 단어나 구절을 연습한 것으로 드러난다. 따라서 이 목간은 당시의 문서 작성과 매우 밀접하게 관련되어 있는 자료인 것으로 결론지어 무방할 것이다.

이 목간이 알려주는 사실은 여기에 그치지 않는 듯하다.

---

11) 동일한 내용이면서 분량이 약간 줄어든 造成記B가 『大方廣佛華嚴經卷第五十』말미에도 있다. 자세한 것은 남풍현(2000: 200-207), 정재영(2000: 196-201)의 논의를 참조.

첫째는 서체면에서의 특이성이다. 특히 '韓'의 필치가 독특한데([사진8]에서의 '韓'의 서체도 비슷하다), 아래에 제시된 자료들에서 보면, 좌변의 필치는 『元曆校本萬葉集』, 우변의 필치는 明 王鐸의 필체에 가깝기는 하나 완전히 일치되는 않는 듯하다. 이는 통일신라기 독자적인 서사문화의 일단을 보여주는 사례가 아닐까 한다.

| 184號(a-2-3) | 明 王鐸
(1592~1652) | 正倉院文書
韓藍花歌(751?) | 元曆萬葉十三
(平安朝) |

둘째는 당시 관등표기상의 有標性[markedness]을 암시한다는 점이다. 이 목간에는 여러 관등 중 유독 '韓舍'를 8회나 반복 습서되어 있음이 주목되는데, '韓舍'는 신라 제12위의 훈차식 관등표기인 '大舍'에 대한 음차식 표기로서 「皇福寺石塔金銅舍利函銘」(706, 3회), 「新羅華嚴經寫經造成記」(755, A: 6회/B: 1회), 「興德王陵碑片」(836?, 2회) 등 8~9C에 간헐적으로 보이는 표기라는 점이 중요하다(권인한 2003: 152-153, 남풍현 2009: 부록). 즉, 6~10세기에 이르기까지 '大舍'가 절대적인 다수를 차지하는 표기임에 비하여 '韓舍'는 706~836년 사이에 일시적으로 보이는 표기라는 점에서, 그리고 '韓舍'가 '大舍'에 비하여 획수도 많고 서체상으로도 특이한 音假字 표기라는 점에서 그만큼 당시 문서 작성자들에게는 상당히 유표적인 관등표기로 느껴졌으리라 판단된다.

Ⅳ. 맺음말

본고는 한자문화의 수용과 학습에 초점을 두고서 한국목간의 또다른 각도에서의 특징을 찾기 위하여 습서 목간이 지니는 의미를 집중 고찰하였다. 본론에서의 논의 결과를 정리해보면 다음과 같다.

제2장에서는 한국 고대목간의 출토 현황을 소개하였다. 현재까지 남한내 20개 유적지에서 600여 점의 목간이 출토되었는데, 이 중에서 묵서된 목간의 숫자는 400여 점에 이르며, 수적인 분포로 볼 때 신라와 백제 목간들이 중심적인 위치를 차지하고 있음을 알 수 있었다.

제3장에서는 습서 목간의 사례들에서 찾을 수 있는 고대한국 한자문화의 구체적인 모습을 추적하였다. 그 결과 습서 목간은 크게 경전 학습에 관련된 것과 문서 작성에 관련된 것으로 나눌 수 있었다. 먼저 경전 학습에 관련된 백제의 사례들은 경전의 종류를 특정하기는 어려우나, 성왕대에 양나라로부터 경전을 수입하여 범국가적으로 경전의 교수와 학습에 힘쓴 시대적 배경에 부합됨을 알 수 있었다. 경전 학습에 관련된 통일신라의 사례를 통해서는 당시의 고등 교육기관인 국학에서 『毛詩正義』와 같은 유교

경전류를 학습한 구체적인 모습을 볼 수 있었다. 다음으로 문서 작성에 관련된 백제의 사례에서는 종결사 '也' 등 문서 작성에 필요한 요소들을 연습한 흔적들을 찾을 수 있었다. 문서 작성에 관련된 통일신라의 사례를 통해서는 책사 제도의 모습을 짐작할 수 있었을 뿐만 아니라, 당시 문서류에서의 서두부인 작성 시기와 종결부인 사업 참여자의 정보가 문서 작성 연습의 핵심적인 내용임을 알 수 있었다.

이상에서 백제와 신라의 습서 목간의 사례를 통하여 고대한국에서 꽃피웠던 한자문화의 몇 가지 양상을 소개하였다. 우리의 논의가 매우 엉성한 것이어서 처음 목표한 바에 어느 정도 다가선 것인지는 가늠하기 어려우나, 습서 목간 속의 한자문화가 주로 경전 학습과 문서 작성에 초점이 놓이는 것임은 충분히 부각된 것으로 보아도 좋을 것이다. 앞으로 한국목간의 용도 분류 작업에 이은 습서 목간 목록의 작성, 경전 학습의 실제 사례로서의 『논어』목간에 대한 탐구, 고대일본의 습서 목간들과의 비교 연구 등 많은 과제 또한 남겨진 것도 사실이다. 이들을 향후 과제로 남겨 두되, 지금까지 이두발달사 구명 중심의 한국어학계의 논의 과정에서 소홀히 여겼을지도 모를 습서 목간의 사례들을 전면에 내세워 목간 연구의 새로운 관점과 시각을 모색하였다는 점에 본고의 의의를 찾으면서 부족한 글을 맺고자 한다.

투고일 : 2013. 10. 31.　　　심사개시일 : 2013. 11. 4.　　　심사완료일 : 2013. 11. 20.

참/고/문/헌

1. 도록 및 자전류

국립경주박물관(편)(2002), 『문자로 본 신라』, 예맥출판사.

국립부여박물관(편)(2008), 『백제목간』, 학연문화사.

국립부여박물관·국립가야문화재연구소(편)(2009), 『나무 속 암호 목간』, 예맥출판사.

국립중앙박물관(편)(2011), 『문자, 그 이후』, 통천문화사.

국립창원문화재연구소(편)(2006), 『개정판 한국의 고대목간』, 예맥출판사.

문화재청·국립해양문화재연구소(편)(2009), 『고려청자보물선−태안 대섬 수중발굴 조사 보고서』, 디자인 문화.

문화재청·국립해양문화재연구소(편)(2010), 『태안 마도 1호선 수중 발굴조사 보고서』, 예맥.

문화재청·국립해양문화재연구소(편)(2010), 『태안 마도 2호선 수중 발굴조사 보고서』, 예맥.

문화재청·국립해양문화재연구소(편)(2012), 『태안 마도 3호선 수중 발굴조사 보고서』, 예맥.

문화재청·국립나주문화재연구소(2009), 「나주 복암리 출토 목간」(보도 자료).

손환일(편)(2011), 『한국 목간자전』, 문화재청·국립가야문화재연구소.

木簡學會(編)(1990), 『日本古代木簡選』, 東京: 岩波書店.

北川博邦(編)(1981), 『日本名跡大字典』, 東京: 角川書店.

編輯部(2007), 『大書源』, 東京: 二玄社.

2. 논저류

권인한(2003), 「신라 관등 이표기와 한국한자음의 관계」, 『진단학보』96, 진단학회.

권인한(2013), 「한문 어법의 선택적 수용과 변용」, 『학문장과 동아시아』, 성균관대학교출판부.

김병준(2009), 「낙랑의 문자 생활」, 『고대 문자자료로 본 동아시아 문화 교류와 소통』, 동북아역사재단.

김성범(2010), 「나주 복암리 유적 출토 목간의 판독과 의미」, 『진단학보』109, 진단학회.

김영욱(2003), 「백제 이두에 대하여」, 『구결연구』11, 구결학회.

김영욱(2011a), 「목간에 보이는 고대국어 표기법」, 『구결연구』26, 구결학회.

김영욱(2011b), 「전인용사지 목간에 대한 어학적 접근」, 『목간과 문자』7, 한국목간학회.

김경호(2012), 「출토문헌 『논어』, 고대 동아시아에서의 수용과 전개」, 김경호·이영호 책임편집, 『지하의 논어, 지상의 논어』, 성균관대학교출판부.

김창석(2010), 「나주 복암리 목간의 작성 시기와 대방주의 성격」, 『6∼7세기 영산강 유역과 백제』, 국립나주문화재연구소·동신대학교문화박물관.

남풍현(2000), 『이두연구』, 태학사.

뤼징(呂靜)·이하얀·장러(張樂)(2011), 「한국 경주 안압지 출토 '책사(策事)' 목간에 관한 시론」, 권인한·김경호 책임편집, 『죽간·목간에 담긴 고대 동아시아』, 성균관대학교출판부.

미카미 요시타가(三上喜孝 2012), 「일본 고대 지방사회의 『논어』 수용」, 김경호·이영호 책임편집, 『지하의 논어, 지상의 논어』, 성균관대학교출판부.

박중환(2002), 「부여 능산리 발굴 목간 예보」, 『한국고대사연구』28, 한국고대사학회.

사토 마코토(佐藤信 2011), 「일본 한자문화의 수용과 전개」, 『고대 문자자료로 본 동아시아 문화 교류와 소통』, 동북아역사재단.

윤선태(2008), 「한국 고대문자자료의 부호와 공격」, 『구결연구』21, 구결학회.

윤선태(2009), 「백제와 신라에서의 한자·한문의 수용과 변용」, 『고대 문자자료로 본 동아시아 문화 교류와 소통』, 동북아역사재단.

윤선태(2010), 「나주 복암리 출토 백제목간의 용도」, 『6~7세기 영산강 유역과 백제』, 국립나주문화재연구소·동신대학교문화박물관.

윤선태(2013.11.22.), 「한국목간의 형태와 용도 분류에 관한 기초적 제안」, 한국목간학회 제17회 정기발표회.

이경섭(2013.11.22.), 「신라·백제목간의 비교 연구」, 한국목간학회 제17회 정기발표회.

이기동(1979), 「안압지에서 출토된 신라목간에 대하여」, 『경북사학』1, 경북대학교 사학과.

이성시(2012), 「목간·죽간을 통해서 본 동아시아 세계」, 김경호·이영호 책임편집, 『지하의 논어, 지상의 논어』, 성균관대학교출판부.

이성시·윤용구·김경호(2009), 「평양 정백동364호분출토 죽간 『논어』에 대하여」, 『목간과 문자』4, 한국목간학회.

이승재(2011), 「미륵사지 목간에서 찾은 고대어 수사」, 『국어학』62, 국어학회.

이승재(2013a), 「함안 성산산성 221호 목간의 해독」, 『한국문화』61, 서울대규장각한국학연구원.

이승재(2013b), 「신라목간과 백제목간의 표기법」, 『진단학보』107, 진단학회.

이용현(2006), 『한국목간기초연구』, 신서원.

이용현(2007a), 「목간」, 『백제의 문화와 생활』, 충청남도역사문화연구원.

이용현(2007b), 「목간으로 본 신라의 문자·언어 생활」, 『구결연구』18, 구결학회.

이용현(2007c), 「안압지 목간과 동궁 주변」, 『역사와 현실』65, 한국역사연구회.

이용현(2013), 「나주 복암리 목간 연구 현황과 전망」, 『목간과 문자』10, 한국목간학회.

정재영(2000), 「신라화엄경사경조성기 연구」, 『문헌과 해석』12, 문헌과 해석사.

정재영(2008), 「한국 고대 문서목간의 국어사적 의의」, 『朝鮮學報』209, 朝鮮學會.

橋本繁(2007), 「雁鴨池 木簡 判讀文의 再檢討」, 『新羅文物研究』1, 國立慶州博物館.

渡邊晃宏(2009), 「日本古代の習書木簡と下級官人の漢字教育」, 高田時雄編, 『漢字文化三千年』, 東京:

臨川書店.

神野志隆光(2007),「文字の文化世界の形成」, 東京大學敎養學部/國文·漢文學部會編,『古典日本語の世界』, 東京大學出版會.

李成市(2012),「古代朝鮮の文字文化」, 平川南編,『古代日本 文字の來た道』, 東京: 大修館書店.

Lurie, David B.,(2007), The Subterranean Archives of Early Japan: Recently Discovered Sources for the Study of Writing and Literacy, Wilt L. Idema, *Books in Numbers*, Seventy-fifth Anniversary of the Harvard-Yenching Library.

Kwon, In-Han(2010), The Evolution of Ancient East Asian Writing Systems as Observed through Early Korean and Japanese Wooden Tablets, *Korea Journal* 50-2, Korean National Commission for UNESCO.

〈日文要約〉

古代韓國の習書木簡の事例とその意味

權仁瀚

　本稿では漢字文化の受容と學習に焦點をあて、古代韓國の習書木簡が持っている意味を集中的に考察した。本論の論議結果を整理すると次のようである。

　第2章では、韓國古代木簡の出土現況を紹介した。現在まで南漢内20箇所の遺跡地で600點餘りに至り、この中で、墨書された木簡の數は400點餘りに至っているが、數的な分布から見て、新羅と百濟の木簡が中心的な位置を占めていることが分かった。

　第3章では、習書木簡の事例で窺える古代韓國の漢字文化の具體的な様子を追跡した。その結果、習書木簡は、大きく經典學習に關わるものと文書作成に關わるものに分けることがてきた。まず、經典學習に關聯されている百濟の事例は、經典の種類を特定しがたいが、聖王代に「梁」から經典を輸入し、凡國家的に經典の教授と學習に努めた時代的背景に符合されていたことが窺える。經典學習に關聯されている統一新羅の事例では、當時の高等教育機關であった國學で「毛詩正義」のような儒教經典類を學習した具體的な様子が見られた。次に、文書作成に關聯されている百濟の事例から終結詞など文書作成に必要な要素を練習した痕迹を探ることがてきた。文書作成に關聯されている統一新羅の事例では、策事制度の様子を斟酌できるだけではなく、當時文書作成の序頭部な作成時期と終結部的な事業參與者の情報が文書作成練習の核心的な内容であったことが分かった。

▶ キーワード：韓國木簡, 習書木簡, 漢字文化, 經典學習, 文書作成

百濟 木簡의 형태분류 검토

박지현*

Ⅰ. 머리말
Ⅱ. 百濟木簡의 형태 검토
Ⅲ. 百濟木簡의 형태분류방식과 日本의 목간분류
Ⅳ. 맺음말

〈국문 초록〉

목간의 형태는 목간을 분류하는 기본적인 특징이며, 목간의 용도를 이해하는 데 가장 기초적인 근거를 제공한다. 목간은 처음부터 용도를 염두에 두고 제작되어 사용되기 때문이다. 지금까지 출토된 백제목간은 그 출토량이 신라목간에 비해 적은 편이지만 호적, 도량형, 제사의례, 지방제도 등에 관한 풍부한 정보를 담고 있으며, 출토된 목간들의 형태도 매우 다양하다. 이에 발굴보고서의 보고 내용을 바탕으로 각 유적지에서 출토된 목간의 형태상의 특징들을 정리해 보았다. 기존의 목간도록(『韓國의 古代木簡』, 『나무속 암호 목간』 등)에서는 백제목간의 일부분만 다루고 있기 때문에, 현재 출토된 모든 백제목간들을 정리하였다. 이어서 정리된 내용을 바탕으로 목간 형태 분류에 관하여 고찰하였다. 한국학계에서는 목간의 형태를 분류한 몇몇 견해들이 제기되었다. 그러나 각각의 분류안에서 사용하고 있는 표현과 용어가 달라서 연구자들 간의 혼동과 오해의 餘地가 있다. 따라서 일원화된 형태분류체계가 필요하며, 이를 바탕으로 목간 데이터베이스를 구축해야 할 것이다.

▶ 핵심어 : 백제목간, 백제목간의 형태, 목간형태분류방식, 일본의 목간형태분류, 『韓國의 古代木簡』, 『나무속 암호 목간』

* 서울대학교 국사학과 박사과정

Ⅰ. 머리말

지금까지 출토된 백제목간은 총 214점으로(이 중 125점은 목간을 깎아낸 부스러기) 330여점이 확인된 신라목간에 비해 그 수가 적은 편이다.[1] 그럼에도 불구하고 호적, 도량형, 제사의례, 지방제도 등에 관한 풍부한 정보를 담고 있어서 백제사 연구를 위한 자료로서 중요하게 활용되고 있다. 최근에는 부여 지역에서 출토된 목간들의 판독문을 정리한 논문이 발표되기도 하였다.[2] 그러나 금석문과 달리 나무라는 재료의 특성상 묵서가 완벽하게 남아있는 경우가 드물고, 좁은 서사공간으로 인하여 대개 내용이 간결한 편이어서 그 내용을 완전히 이해하기는 쉽지 않다. 이때 주목해야 할 것이 목간의 형태이다. 목간의 형태는 목간을 분류하는 기본적인 특징이며, 목간의 용도를 이해하는 데 가장 기초적인 근거를 제공한다. 목간은 처음부터 용도를 염두에 두고 제작되어 사용되기 때문이다.[3] 목간의 형태는 『韓國의 古代木簡』이나 『나무 속 암호 목간』, 『韓國木簡字典』 등에서 확인할 수 있는데, 각 책마다 누락된 것이 있어서 두 종류 이상을 종합해야만 목간 전부를 볼 수 있으며 최근 출토된 목간자료들은 포함되어 있지 않다. 이 중 가장 최근에 발간된 『韓國木簡字典』이 가장 많은 목간들을 수록하고 있으나, 책에 실린 목간의 적외선 사진을 살펴보면 외곽선을 세밀하게 처리하지 않아 목간의 외부 형태를 정확하게 파악할 수 없다는 아쉬움이 있다. 이는 '字典'이라는 책의 목적에 집중하였기 때문으로 생각된다. 실제로 『목간자전』에서는 목간의 형태에 대한 언급은 전혀 없다. 이에 기존의 도록들과 새로 발간된 발굴보고서 및 신출토자료를 보고한 논문들을 종합하여 백제목간의 형태에 관하여 재검토해보고자 한다. 더하여 일본의 목간 분류 방식과 현재 한국에서의 목간형태분류방식을 비교·분석하여 목간의 형태에 대해 보다 심도있게 이해해보고자 한다.

Ⅱ. 百濟木簡의 형태 검토

1. 부여 관북리 출토 목간

부여 관북리 백제유적에서는 1983년의 발굴조사로 백제목간 2점이 발견되었다. 부여 관북리유적은 백제 사비시기 왕궁이나 관청건물지로 추정되는 곳으로, 목간이 발견된 유구는 (가)지구의 연못이다. 연못 상부토층에서는 621년 이후 7세기 전반에 주조된 것으로 추정되는 개원통보가 발견되어,[4] 연못의 상·중·하부 토층에서 출토된 목간 연대의 하한은 7세기 전반으로 추정할 수 있다.

---

1) 목간출토현황은 기존에 정리된 논문들을 참고하였다. 윤선태, 2013, 「백제목간의 연구현황과 전망」, 『百濟文化』49집, p.245; 전덕재, 2012, 「한국의 고대목간과 연구동향」, 『목간과 문자』9, p.22.
2) 홍승우, 2012, 「扶餘지역 출토 백제목간의 연구현황과 전망」, 『목간과 문자』10.
3) 윤선태, 2007, 「목간 이해의 기초」, 『목간이 들려주는 백제 이야기』, 주류성, p.39.
4) 文化財廳·國立扶餘文化財研究所, 2009, 『扶餘 官北里百濟遺蹟 發掘報告 Ⅲ』, 國立扶餘文化財研究所.

1985년에 발간된 1차 발굴보고서에는 목간 2점에 대한 조사결과가 사진 및 도면과 함께 실려 있다. 이 2점의 목간은『韓國의 古代木簡』에 실린 283번, 284번 목간이다. 보고서에 실린 사진은 매우 흐릿하여 묵서를 알아보기 어려운데, 보고서 집필자는 283번 목간에는 총 6字가 있는 것으로 판단하였고 형태에 관해서는 얇게 깎은 장방형이나 하단이 절단되어 있다고 서술하였다. 284번목간은 완전한 형태로 상단부 양쪽 측면에 홈이 있으며, 달아매기 위한 홈이라고 보았다.[5]

나머지 목간은 3차 발굴보고서에 실려 있다.[6] 285번 목간은 그 상단부는 원형으로 다듬었는데 하단부는 잘려나가 결실되었다. 윤선태는 이 목간이 형태상 중국 漢代에 편철목간의 표지로 사용했던 楬과 매우 흡사하고 '兵与記'라는 장부명칭이 묵서되어 있다는 것을 근거로 이 목간의 용도를 '병여기' 장부의 표지로 사용된 꼬리표목간이었다고 보았다. 또한 발굴보고서에서는 언급하지 않은 상단부의 구멍(孔)의 존재를 상정하며 그것을 꼬리표목간으로 볼 수 있는 근거로 삼았다.[7] 286번 목간은 거의 완형을 유지하고 있는 말각장방형으로 하단부에 의미를 알 수 없는 낙인이 찍혀 있고, 상단부에는 구멍이 뚫려 있다. 287번 목간은 상단부의 구멍과 하단부의 낙인은 없지만, 286번 목간과 매우 유사한 모양새를 지니고 있다. 묵흔이 발견되지 않아 발굴보고서에서는 목간형 목제품으로 분류하고 있다. 보고서에서 목간형 목제품으로 분류하고 있는 것은 290번 목간, 291번 목간(韓國의 古代木簡에서는 흠집있는 목간으로 보았고, 발굴보고서에서는 '二'字와 비슷하게 음각으로 새겨져 있다고 보았다.

주목되는 것은 발굴보고서에 실린 828번 유물이다. 이 유물은 용도미상 목제품으로 보고되어 있는데, 상하가 긴 장방형에 상하부 양쪽에 V자의 홈(총4개)이 있는 형태이다. 묵흔은 발견되지 않았지만 형태상 매달기 위한 용도의 목간과 매우 유사하다. 그러나 이 유물은『韓國의 古代木簡』이나『나무 속 암호 목간』 등에는 실려 있지 않다. 그리고 838번 유물의 경우 발굴보고서에서는 목간으로 분류하고 있는데, 이 역시 마찬가지로 앞의 두 도록에는 실려있지 않다. 보고서에 따르면 적외선 촬영 결과 전면부에서 묵서의 흔적이 발견되었다고 한다.

2. 부여 구아리 출토 목간

2010년에 구아리의 부여중앙성결교회 증축공사 전 발굴조사가 실시되면서 6~7세기경의 백제유적이 발굴되고 목간 및 금속제품과 유기물 등이 발견되었다. 2011년에 심상육 등이 발표한 논문에서 목간이 소개되었는데, 그에 따르면 총 13점의 목간 혹은 목간형 목제품이 출토되었으며 그 중 묵서의 흔적이 확인된 것은 10점이라고 하였다.[8] 논문에서도 목간의 흑백사진을 확인할 수 있으며,[9] 2012년에 발간된 발굴보고서에 목간의 컬러 사진 및 목간에 대한 설명이 실려 있다.[10] 구아리 목간 중 47번 목간

---

5) 尹武炳·忠南大學校博物館·忠淸南道廳, 1985,『扶餘官北里百濟遺蹟發掘報告書 Ⅰ』, 忠南大學校博物館, p.38.

6) 文化財廳·國立扶餘文化財硏究所, 2009, 앞의 책.

7) 윤선태, 2007,「문서행정(文書行政)과 백제율령」,『목간이 들려주는 백제 이야기』, 주류성, pp.166~169.

8) 윤선태는 2013년 논문에서 구아리 출토 목간을 총 9점이라고 소개하였는데, 묵서 흔적 등을 근거로 13점 중 4점은 목간이 아니라고 본 듯 하다(윤선태, 2013, 앞 논문, p.245·p.249).

에서 편지에 해당하는 묵서 내용이 확인되기도 하였다.[11]

13점의 목간 중에서 완형을 유지하고 있는 것은 31·33·47·49·102번 목간 등이다. 31번과 33번 목간에는 상단부 양측에, 102번 목간에는 하단부 양측에 V자형 홈이 파여 있다. 19번 목간에서는 상단부의 구멍이 확인되었으며 89·90·91번 목간은 측면이 결실되었다.

형태상 눈에 띄는 점은 목간이 결실된 양상이다. 논문에서는 8번 목간의 상단부는 결실된 것으로 보았지만 측면에 패인 부분에 관해서는 언급하지 않고 있다. 89번 목간의 경우 상단과 측단 일부가 결실된 상태라고 보았다. 91번 목간도 하단부 결실로 파악하였는데, 중하단부 측면에도 마찬가지로 패인 부분이 있다. 특히 89번 목간의 경우 묵서가 측면의 패인 부분을 피해 한쪽으로 치우쳐 있어서 묵서가 쓰이기 이전부터 이러한 형태를 갖추고 있었을 가능성도 있다.

3. 부여 궁남지 출토 목간

부여 궁남지에서는 1995년의 발굴조사에서 목간 1점(315번 목간)이,[12] 1999년~2001년에 이루어진 궁남지 서북편 일대의 발굴조사에서 목간 2점(궁1, 궁2 목간)이 발굴되었다.[13] 1999년에 발간된 1차보고서에서 이용현은 315번 목간에 대하여 細長型의 완형을 갖추고 있으며 상단부에서 구멍이 하나 발견되었다고 보고하였고,[14] 윤선태는 가운데에 구멍이 뚫려있는 부찰형이라고 파악하였다.[15] 315번 목간은 백제의 5部5巷제와 인구구성 및 지명에 관한 단서를 담고 있어 많은 연구자들의 주목을 끌었다. 그 결과 목간의 성격에 대한 여러 가지 견해가 제기되었다. 하달을 위한 문서목간으로 보는 견해,[16] 묵서 내용을 인력 이동과 연결시켜 파악하여 過所木簡일 가능성이 높다고 보는 견해,[17] 호적과의 관련성을 지적하는 견해,[18] 조세와 역 징발시 확인을 위한 장부적 성격의 목간으로 보는 견해,[19] 문서행정과정에서 제작된 기록류의 문서목간으로 보는 견해[20] 등이 제기되었다.

9) 심상육·이미현·이효중, 2011, 「부여 '중앙성결교회유적' 및 '뒷개유적' 출토 목간 보고」, 『목간과 문자』7.
10) 부여군문화재보존센터, 2012, 『부여 구아리 319 부여중앙성결교회 유적』, 부여군문화재보존센터.
11) 심상육·김영문, 2013, 「부여 구아리 319 유적 출토 편지목간」, 『文文-제2회 정기학술대회 자료집』, 文文.
12) 『韓國의 古代木簡』(2006)에서는 315번으로, 『나무 속 암호 목간』에서는 295번으로 표시되어 있는데, 오기인 듯 하다 본문에서는 『韓國의 古代木簡』의 번호를 따라서 표기하였다.
13) 國立扶餘文化財研究所, 1999, 『宮南池 發掘調査報告書』, 國立扶餘文化財研究所.
   國立扶餘文化財研究所, 2001, 『宮南池 II – 現 宮南池 西北便一帶-』, 國立扶餘文化財研究所.
14) 이용현, 1999, 「扶餘 宮南池 出土 木芉의 年代와 性格」『宮南池 發掘調査報告書』, 國立扶餘文化財研究所, p.309(뒤에 서술하였지만 이용현은 이와 같은 형태의 목간을 홀형목간으로 분류하였다).
15) 윤선태, 2007, 앞 논문, p.173.
16) 박현숙, 1996, 「宮南池 출토 百濟 木芉과 王都5部制」, 『한국사연구』92, pp.12~13.
17) 이용현, 1999, 앞 논문, pp.337~338.
18) 윤선태, 2007, 앞 논문, pp.172~175.
19) 박민경, 2009, 「百濟 宮南池 木簡에 대한 재검토」, 『목간과 문자』4, pp.64~65.
20) 이경섭, 2010, 「宮南池 출토 木簡과 百濟社會」, 『한국고대사연구』57, pp.327~328.

2차로 이루어진 발굴조사에서도 2점의 목간이 발견되었다. 궁1목간은 목간의 가장 기본적인 형태라 할 수 있는 세장방형으로, 상단에 쪼갠 자국이 남아 있는 것이 특징이다. 이 쪼갠 자국을 목간의 폐기와 관련된 것으로 보고 이 자국의 분석을 근거로 목간의 앞뒤를 판단한 연구도 발표되었다.[21] 궁2목간은 면이 여러 개로, 4면에서 모두 묵흔이 발견되었지만 두 면에서만 대체적으로 문자가 확인된다. 남아 있는 묵서의 내용이 같은 문자가 반복적으로 쓰여 있고, 연습하듯 쓴 필적으로 보아 習書에 사용되었던 목간으로 볼 수 있다고 한다.[22]

4. 부여 능산리 출토 목간

부여 능산리사지에서는 총 153점이나 되는 목간이 발굴되어 단일 백제유적에서는 목간의 출토량이 가장 많다. 그중 125점은 목간을 깎아내고 남은 부스러기[23]이지만, 묵서가 남아있는 부스러기도 확인되었다. 다른 유적에서의 출토 양상과 마찬가지로 능산리 목간 역시 파손된 목간이 많지만, 면이 여러 개인 목간이 다량 출토된 것은 주목할 만하다. 목간은 2000년과 2001년에 걸쳐 능산리사지에서 이루어진 6~7차 발굴조사과정에서 출토되었고, 목간의 사진과 도면이 실린 발굴보고서는 2007년에 발간되었다.[24]

능산리 출토 목간 중 대표적인 것은 소위 '남근형 목간'으로 불리는 295번 목간과 「支藥兒食米記」로 불리는 능2번 목간이다. 능산리에서는 면이 여러 개이거나 圓柱 형태를 지닌 목간이 많이 출토되었는데, 능2번 이외에 능3·능4·능5번·능6번 목간 등도 모두 이러한 형태이다. 능7번 목간의 경우 묵흔은 있지만 독특하게 'ㄱ'자 모양을 하고 있어 묵서가 있는 목제품으로 분류할 수도 있을 것이다. 295번 목간의 경우 한쪽 끝에는 구멍이 뚫려 있는데, 이 외에 298번 목간에서도 구멍이 확인된다. 또 300번 목간과 313번 목간에는 상단부 양측에 V자형 홈이 있다. 302번 목간의 경우 처음에는 墨書樹皮라 하여 나무껍질에 묵서를 남긴 것으로 보았으나[25] 윤선태는 목간을 깎아낸 부스러기로 보았다.[26]

5. 부여 쌍북리 출토 목간

쌍북리에서는 1998년에 실시된 발굴조사에서 2점의 목간이 출토된 이래 현내들, 280-5번지, 173-8번지, 뒷개유적에서 꾸준히 목간이 출토되었다.[27] 280-5번지에서 출토된 '佐官貸食記'銘 목간은 백제

---

21) 김재홍, 2001, 「扶餘 宮南池遺跡 出土 木簡과 그 意義」『宮南池 Ⅱ-現 宮南池 西北便一帶-』, p.429.
22) 김재홍, 2001, 위 논문, pp.425~432.
23) 중국에서는 폐(柿), 일본에서는 朔屑이라고 지칭한다.
24) 國立夫餘博物館, 2007, 『陵寺 : 2007 부여 능산리사지 6~8차 발굴조사보고서』, 國立夫餘博物館.
25) 박중환, 2002, 「扶餘 陵山里發掘 木簡 豫報」, 『한국고대사연구』28, p.218.
26) 윤선태, 2007, 「한국고대목간의 출토현황과 종류」, 『목간이 들려주는 백제 이야기』, 주류성, pp.84~86.
27) 1998년의 발굴조사에 관해서 본고에서는 2013년의 보고서를 참고하였다.
　　충남대학교박물관, 2013, 『扶餘 雙北里遺蹟Ⅱ』, 충남대학교박물관.
　　충청문화재연구원, 2009, 『扶餘 雙北里 현내들·北浦 遺蹟』, 忠淸文化財硏究院.

에서 貸食制가 운영되었음을 알려주는 자료로서 연구자들의 주목을 끌었다.

쌍북리에서 출토된 목간들 중에서 현내들 96번 목간은 4면이 있는 목간이다. 210번지 317번 목간, 280-5번지의 238·240·241번 목간, 현내들 91번 목간, 173-8번지 194·224번 목간 등에서 상단부의 V 자 홈이 확인된다. 목간에 구멍이 뚫린 것도 여러 개 발견되었는데, 280-5번지 131번 목간, 현내들 85-8·85-10·87·95·105번 목간 등이다. 형태상 눈에 띄는 것은 현내들 85-6번 목간과 현내들 86번 목간이다. 발굴보고서에서는 85-6번 목간의 상단부 양측이 凹형의 형태인 것은 인위적인 폐기흔적이라고 보았고, 86번 목간의 상단부가 V자 홈이 있는 것이라고 보았다.[28] 현내들 86번 목간의 형태와 관련하여 119센터부지의 목간들이 주목된다. 173-8번지 194번 목간은 양쪽에, 173-8번지 224번 목간에는 한쪽에만 홈이 있는데, 상단에서 어느 정도 거리를 두고 만든 것으로 보인다. 그런데 현내들 86번목간의 경우 홈을 낸 것이 아니라 상단부를 다듬어 깎아낸 것처럼 보이기도 한다. 홈이 있는 다른 백제 목간들 중에서는 이런 사례가 보이지 않아서 특이한 형태로 생각된다.

최근 쌍북리 184-11번지에서 목간 2점이 출토되었다. 아직 정식발굴보고서가 발간되지는 않았으나, 1점의 사진은 확인하였다.[29] 사진이 실린 목간은 관북리 285·293번이나 복암리 12번 목간처럼 상단부를 둥글게 깎은 모양인데, 해당 목간을 소개한 심상육의 논문에 따르면 목간 하단부는 결실된 상태라고 한다. 나머지 1점은 사진이 실려 있지 않아서 확인할 수는 없으나 상단부 양쪽에 V자형 홈이 있으며 묵흔은 없다고 한다.[30]

6. 나주 복암리 출토 목간

2006년~2008년에 걸친 국립나주문화재연구소의 발굴조사 결과 다수의 목간이 발견되었다.[31] 나주문화재연구소는 목간 및 목간류 유물을 모두 65점이라고 보고하였는데, 이 중에서 묵서가 있는 13점이 주로 연구의 대상이 되었다.[32] V자 홈이 있는 것으로는 10번 목간이 있고, 5·6·12번 목간에는 상단부에 구멍이 있다. 면이 여러 개인 목간은 발견되지 않았다.

복암리 목간 중 형태상 주의할 만한 것은 3번과 6번 목간이다. 3번 목간은 상단부를 둥글게 다듬고,

백제문화재연구원, 2011, 『扶餘 雙北里 280-5 遺蹟』, 백제문화재연구원.
동방문화재연구원, 2013, 『쌍북리 173-8번지 유적』, 동방문화재연구원.
부여군문화재보존센터, 2013, 『부여 뒷개 유적』, 부여군문화재보존센터.

28) 한국목간학회·충청문화재연구원, 2009, 「扶餘 雙北里 현내들유적 출토 百濟木簡」, 『扶餘 雙北里 현내들·北浦 遺蹟』, 忠清文化財研究院, pp.570~572.

29) 한국목간학회, 2013, 「화보」, 『목간과 문자』10.

30) 심상육, 2013, 「부여 쌍북리 184-11번지 유적 목간 신출 보고」, 『목간과 문자』10, p.187.

31) 국립나주문화재연구소, 2010, 『羅州 伏岩里遺蹟 Ⅰ - 1~3차 발굴조사보고서』, 국립나주문화재연구소.

32) 발굴보고서에 실린 나머지 목간류 유물의 사진들도 확인하였다. 그러나 묵흔이 없는 상태에서 확실히 목간이라고 단정짓기 어려운 것들이 많아서 우선 기존에 논의되어 왔던 대로 13점의 목간만을 대상으로 하였다. 그러나 나머지 목간류 제품에 관해서도 연구자들 간의 논의가 필요할 것으로 보인다.

하단부로 갈수록 폭이 좁아지는 형태를 띠고 있다. 이에 관하여 목간으로 사용하다가 용도가 폐기된 이후 별도의 목제품으로 가공하여 재사용하였을 가능성이 제기되었다.[33] 6번 목간은 장방형 목간으로 상·하단부에 구멍이 있는 완형의 목간이다. 특이한 점은 종방향의 단면이 '凹'字형으로, 상하단을 제외한 전부를 1㎜ 가량 오목하게 파낸 것이다. 이것을 덮개용 목간이 들어갈 수 있게끔 만든 것으로 보아 6번 목간이 봉함용 목간일 가능성도 제기되었다.[34]

7. 기타

그 외 부여 동남리 폐사지와 금산 백령산성에서도 각각 한 점의 목간이 출토되었다. 동남리 목간은 장방형으로 상단부 양측에 V자 홈이 있으며, 백령산성 목간은 『나무 속 암호 목간』에서는 목제품으로 기록하고 있는데, 묵서는 분명히 남아 있다.

Ⅲ. 百濟木簡의 형태분류방식과 日本의 목간분류

한국학계에서는 목간의 형태를 분류한 몇몇 견해들이 제기되었다.[35] 이용현은 『한국목간기초연구』의 '일러두기'에서 아직 목간의 표기나 목간의 호칭 등에 대해서는 학계의 합의가 이루어지지 않았다고 하면서, 자신의 목간 유형 표기 방식에 관하여 서술하고 있다. 그는 笏형, 파임형, 막대형, 가로형, 꼬리표의 5가지로 목간을 분류하였다. 홀형은 앞서 일본의 유형분류에서의 단책형에 해당하고, 파임형은 하단이나 상단이 V자 홈으로 파인 것, 막대형은 다각형 혹은 원형의 단면을 가진 봉형, 가로형은 가로로 긴 목간, 꼬리표는 付札 혹은 下札을 의미한다고 설명하고 있다.[36]

윤선태는 여러 논고에서 목간의 형태와 용도에 따른 분류 방식을 제시하였다. 그의 분류는 앞서 이용현의 것보다는 보다 세분화되어, 크게 편철간, 단독간, 목간부스러기의 3개로 분류하고, 단독간을 다시 細長形목간, 多面목간, 圓柱形목간, 方形목간, 付札形목간, 기타형식목간으로 분류하였다. 세장형은 목간의 폭이 좁고 긴 일반적인 형태, 다면목간은 3각형 혹은 4각형의 단면을 가진 형태, 원주형은 나뭇가지의 껍질만 벗긴 형태, 방형은 가로 폭이 넓은 형태, 부찰형은 상하단부에 끈으로 묶기 위한 구멍이나 결입부가 있는 형태라고 설명하였다.[37] 이 경우 목간의 명칭이 직접적으로 목간의 형태에 연결

---

33) 김성범, 2010a, 「羅州 伏岩里 遺跡 出土 木簡의 判讀과 釋讀」 『목간과 문자』5, pp.157~161; 2010b, 「羅州 伏岩里 遺跡 出土 木簡의 判讀과 意味」 『震檀學報』109, pp.46~50.

34) 김성범, 2010a, 앞 논문, pp.167~168; 김성범, 2010b, 앞 논문, pp.57~58.

35) 대부분의 견해에서는 한국 고대의 목간 전체를 대상으로 형태를 분류하였고, 이경섭은 해당 논고에서 신라목간의 형태 분류라고 하였다. 그러나 2013년 11월에 열린 목간학회 학술발표회의 발표문에 따르면 백제목간도 같은 틀 안에서 분류하고 있다. 본고에서는 모든 틀을 활용하고자 하였다.

36) 이용현, 2006, 『한국목간기초연구』, 신서원, p.8.

되어 직관적인 분류가 가능하다는 장점이 있다.

이경섭은 신라목간의 형태를 크게 長方板形, 多面形, 圓柱形, 홈형, 기타형태로 분류하였다. 장방판형은 가늘고 긴 장방형의 표면과 얇은 두께를 지닌 목간, 다면형은 3면 이상으로 제작된 막대 형태, 원주형은 나무 껍질만 벗기고 원형을 그대로 다듬은 형태, 홈형은 상하단부에 V자 홈을 새긴 것으로 설명하고 있다. 또한 그는 형태상의 세밀한 분류는 명칭이나 용어에서의 혼란을 일으킬 가능성이 있다는 점을 지적하기도 하였다.[38]

이상에서 살펴본 분류방식을 적용하면 다음과 같이 목간의 분류가 이루어진다.

▼ 목간의 형태분류법을 적용한 사례

	궁남지 315	능산리 능2	능산리 능6	관북리 284
목간				
이용현	홀형	막대형	막대형	파임형
윤선태	세장형	다면목간	원주형	부찰형
이경섭	장방판형	다면형	원주형	홈형

결국 위의 세 가지 분류방식은 그 명칭만 다를 뿐 유사한 기준을 적용하여 목간의 형태를 분류하고 있음을 알 수 있다. 각각의 분류방식은 나름의 장점이 있을 것이지만, 일원화된 목간의 형태분류체계는

---

37) 윤선태, 2007, 「한국 고대목간의 형태와 분류」, 『한국고대목간과 고대 동아시아세계의 문화교류-2007년 한국목간학회 제1회 국제학술대회』, p.53; 2007, 「한국고대목간의 형태와 종류」, 『역사와 현실』65, pp.170~17; 2007, 「한국고대목간의 출토현황의 종류」, 『목간이 들려주는 백제이야기』, pp.63~64·pp.74~77.

38) 이경섭, 2013, 「新羅木簡의 출토현황과 분류체계확립을 위한 試論」, 『신라문화』42, pp.96~103.

분명 필요하다. 발굴보고서와 논고들마다 같은 목간이어도 다른 방식으로 형태를 표현한다면, 오해와 혼동의 여지가 많을 수밖에 없다는 것은 분명하기 때문이다.

이런 측면에서 일본의 목간형태분류가 주목된다. 일본에서는 1961년 奈良縣 平城宮跡에서 40점의 목간이 발견된 이후 平城宮, 藤原宮 등 도성에 대한 본격적 발굴조사가 진행되면서 목간의 출토수량이 점차 증가하여 지금까지 22만매 이상의 목간이 발굴되었다. 1979년 설립된 일본의 목간학회가 매년 『木簡硏究』라는 학술지를 발간하면서 목간 관련 정보가 체계적으로 축적되어왔다.[39] 『木簡硏究』에서는 각 권의 서두에 형식분류의 범례를 제시하고 있다. 그런데 이때 일본의 목간학회가 택한 방식은 형태상의 특징을 기준으로 분류하는 것이었다. 그 기준은 다음과 같다.[40]

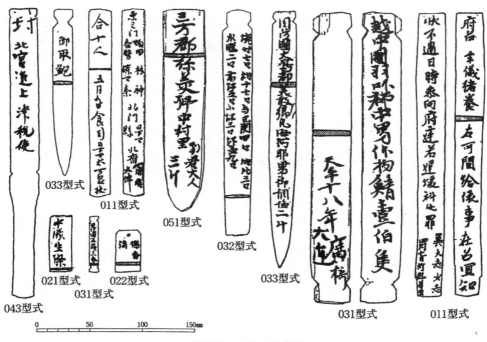

第 2 図   木簡の形態分類

▼ 일본의 목간형태분류

011. 단책형(短册型)

015. 단책형으로, 측면에 구멍을 뚫은 것

---

39) 김경호, 2010, 「한·중·일 동아시아 3국의 목간 출토 및 연구현황」, 『한국고대사연구』59, pp.347~348.

40) 木簡學會, 2012, 『木簡硏究』34, 奈良文化財硏究所 ; 市大樹, 2007, 「〔아스카 후지와라(飛鳥藤原)지구〕의 목간 정리」, 『함안 성산산성 출토목간』, 국립가야문화재연구소.

019. 한쪽 끝이 方頭이고 다른 끝은 折損·腐植으로 원형을 잃어버린 것(원형은 011, 015, 032, 041, 051 형식 중의 어느 하나라고 추정된다)

021. 小形矩形의 것

022. 小形矩形의 목재의 한 끝을 圭頭로 한 것

031. 長方形의 목재의 양쪽 끝의 좌우에 홈을 넣은 것. 方頭·圭頭 등 여러 가지의 제작 방법이 있다.

032. 장방형 목재의 한쪽 끝의 좌우에 홈을 넣은 것.

033. 장방형 목재의 한쪽 끝의 좌우에 홈을 넣고 다른 쪽 끝을 뾰족하게 한 것

039. 장방형 목재의 한쪽 끝의 좌우에 홈을 넣었지만, 다른 쪽 끝은 折損 혹은 부식되어 원형을 잃어버린 것(원형은 031, 032, 033, 043 형식 중 어느 하나로 추정된다)

041. 장방형의 목재의 한쪽 끝의 좌우를 깎아서 羽子板(라켓종류)의 손잡이형태로 만든 것

043. 장방형의 목재의 한쪽 끝을 羽子板의 손잡이형태로 만들고 나머지 부분의 좌우에 홈을 넣은 것

049. 장방형 목재의 한쪽 끝을 羽子板의 손잡이형태으로 만들었지만, 다른 한쪽 끝은 折損, 부식 등에 의해 원형을 잃은 것.

051. 장방형 목재의 한쪽 끝을 뾰족하게 한 것

059. 장방형 목재의 한쪽 끝을 뾰족하게 했지만 다른 쪽 끝은 절손 혹은 부식되어 원형을 잃어버린 것(원형은 033, 051형식 중 어느 하나로 추정된다)

061. 용도가 명료한 목제품에 묵서가 있는 것. ( ) 안에 제품명을 주기.

065. 용도미상인 목제품에 묵서가 있는 것

081. 折損, 부식 그 밖에 다른 원인에 의해 원형을 판명할 수 없는 것

091. 削屑(목간 부스러기)

일본의 목간분류기준에서 주목할 점은 순수하게 형태적인 특징들만을 기준으로 삼고 있다는 것이다. 이는 연구자들 사이에 이견이 존재할 수 있는 내용이나 성격 등을 기준으로 했을 경우 동일한 목간이라도 연구자마다 다른 형식으로 분류할 수 있으며, 그렇게 될 경우 수많은 목간을 분류하여 정리한 의미가 사라질 수 있다는 것을 인식하고 있었기 때문일 것이다. 이 형태분류는 나라문화재연구소가 제공하는 목간데이터베이스에서도 적용되는데, 목간을 검색할 때 데이터베이스의 상세검색 창에서 찾고자 하는 형식번호를 포함하여 검색할 수도 있다. 또한 각 형식에 이름을 붙이기보다는 번호로 표기하여 연구자들 간 표현에 대한 이견의 가능성을 사전에 차단하였다는 점, 앞으로 새로운 형태의 목간이 출토될 가능성을 고려하여 붙일 수 있는 번호의 범위를 상당히 확장시켜두었다는 점 등도 장점으로 생각된다.

우리와 일본의 목간 출토량이나 연구성과의 축적 등 제반 상황들이 서로 다르기 때문에 일본의 목간분류를 그대로 한국목간에 적용할 수 없는 것은 분명하지만, 일본이 채택한 방식에서 가장 중요한 부분은 '절대적으로 적용될 수 있는 기준'이라고 생각된다. 분류나 유형화는 자료들을 체계적으로 정리하기 위한 방식이기 때문이다. 따라서 전체를 일관하는 기준을 세우는 것이 가장 중요할 것이며, 이러한 측

면에서 목간에서 가장 절대적인 특징일 수 있는 형태상의 특징을 기준으로 목간을 분류하는 일본의 방식은 참고할 만하다.

Ⅳ. 맺음말 - 검토를 마치며

지금까지 현재 출토된 백제목간의 형태를 정리하고 기존의 분류방식을 검토해보았다. 백제목간은 그 형식이 다양하지만 파손된 목간들이 많고, 새로운 목간들이 끊임없이 출토되고는 있지만 아직까지는 중국이나 일본에 비하여 출토량이 부족하기 때문에 체계적으로 형태를 분류하기는 쉽지 않을 것이다. 그러나 여러 개의 형태분류안이 제기된 결과 실제로 발굴보고서나 논문에서 같은 목간에 대해 다른 형태분류명칭을 사용하고 있어서 혼동을 줄 수 있다는 점을 고려한다면, 일원화된 분류체계의 필요성은 매우 크다. 한편으로 고무적인 사실도 있다. 축적된 목간 자료가 적다는 것은 분류와 정리를 위한 다양한 방법을 시도해볼 가능성이 있다는 것을 의미하기도 한다. 일본이나 중국처럼 수 만점이 넘는 자료가 축적된 상황이라면, 기존의 분류 방식을 수정하는 것은 거의 불가능에 가까운 일일 것이기 때문이다.

또 하나 중요한 것은 목간의 데이터베이스화라고 생각된다. 국립가야문화재연구소에서 「목간연구센터〉라는 사이트를 운영하고 있지만, 아직 함안 성산산성목간만이 데이터베이스화되어 업로드된 상태이다. 연구자들로서는 아직 『韓國의 古代木簡』과 『나무 속 암호 목간』이라는 2권의 도록과 최근 간행된 『韓國木簡字典』 등 책의 형식으로 된 자료에 기댈 수 밖에 없는 실정이다. 그러나 책이라는 자료의 특성상 신출토목간자료들을 즉각적으로 업데이트하여 정리하는 것은 쉽지 않으며, 이로 인해 새로운 자료를 연구에 활용하려면 정식발굴보고서의 발간을 기다리거나, 발굴에 참여한 연구자들이 발표한 논문에 기댈 수밖에 없는 실정이다. 목간의 데이터베이스화는 이러한 문제점에 대한 가장 근본적인 해결책이라고 생각되며, 앞으로의 목간자료 정리에 본 논문의 작업이 조금이나마 보탬이 되기를 바란다.

투고일 : 2013. 11. 27.   심사개시일 : 2013. 11. 29.   심사완료일 : 2013. 12. 11.

〈백제 목간 정리표〉

1. 부여 관북리 출토 목간

관북리 283	관북리 284	관북리 285	관북리 286	관북리 287	관북리 288
관북리 289	관북리 290	관북리 291	관북리 292	관북리 293	관북리 294

2. 부여 구아리 출토 목간

구아리 8	구아리 19	구아리 31	구아리 33	구아리 47	구아리 49
구아리 88	구아리 89	구아리 90	구아리 91	구아리 93	구아리 102
구아리 109					

3. 부여 궁남지 출토 목간

궁남지 315	궁남지 궁1	궁남지 궁2

4. 부여 능산리 출토 목간

능산리 295	능산리 296	능산리 297	능산리 298	능산리 299	능산리 300
능산리 301	능산리 302	능산리 303	능산리 304	능산리 305	능산리 306
능산리 307	능산리 308	능산리 309	능산리 310	능산리 311	능산리 312
능산리 313	능산리 314	능산리 능1	능산리 능2	능산리 능3	능산리 능4
능산리 능5	능산리 능6	능산리 능7	능산리 능8		

5. 부여 쌍북리 출토 목간

210번지 316	210번지 317	280-5번지 131	280-5번지 132	280-5번지 238	280-5번지 239
280-5번지 240	280-5번지 241	280-5번지 390	현내들 85-4	현내들 85-6	현내들 85-8
현내들 85-9	현내들 85-10	현내들 86	현내들 87	현내들 91	현내들 94
현내들 95	현내들 96	현내들 105	173-8번지 122	173-8번지 194	173-8번지 223
173-8번지 197	173-8번지 224	뒷개 112	뒷개 113	184-11번지	

6. 나주 복암리 출토 목간

복암리 1	복암리 2	복암리 3	복암리 4	복암리 5	복암리 6
복암리 7	복암리 8	복암리 9	복암리 10	복암리 11	복암리 12
복암리 13					

7. 기타 유적 출토 목간

부여 동남리	금산 백령산성

참/고/문/헌

1. 발굴보고서 및 도록류

尹武炳·忠南大學校博物館·忠淸南道廳, 1985, 『扶餘官北里百濟遺蹟發掘報告書 Ⅰ』, 忠南大學校博物館.

國立扶餘文化財硏究所, 1999, 『宮南池 發掘調査報告書』, 國立扶餘文化財硏究所.

國立扶餘文化財硏究所, 2001, 『宮南池 Ⅱ-現 宮南池 西北便一帶-』, 國立扶餘文化財硏究所.

國立夫餘博物館, 2007, 『陵寺 : 2007 부여 능산리사지 6~8차 발굴조사보고서』, 國立夫餘博物館.

文化財廳·國立扶餘文化財硏究所, 2009, 『扶餘 官北里百濟遺蹟 發掘報告 Ⅲ』, 國立扶餘文化財硏究所.

충청문화재연구원, 2009, 『扶餘 雙北里 현내들·北浦 遺跡』, 忠淸文化財硏究院.

국립나주문화재연구소, 2010, 『羅州 伏岩里遺蹟 Ⅰ-1~3차 발굴조사보고서』, 국립나주문화재연구소.

백제문화재연구원, 2011, 『扶餘 雙北里 280-5 遺蹟』, 백제문화재연구원.

부여군문화재보존센터, 2012, 『부여 구아리 319 부여중앙성결교회 유적』, 부여군문화재보존센터.

동방문화재연구원, 2013, 『쌍북리 173-8번지 유적』, 동방문화재연구원.

부여군문화재보존센터, 2013, 『부여 뒷개 유적』, 부여군문화재보존센터.

충남대학교박물관, 2013, 『扶餘 雙北里遺蹟Ⅱ』, 충남대학교박물관.

국립창원문화재연구소, 2006, 『(개정판)韓國의 古代木簡』, 국립창원문화재연구소.

국립부여박물관·국립가야문화재연구소, 2009, 『(나무 속 암호)목간』, 예맥.

손환일 편저, 2011, 『(韓國)木簡字典』, 國立加耶文化財硏究所.

2. 논저

金慶浩, 2010, 「한·중·일·동아시아 3국의 목간 출토 및 연구현황」, 『한국고대사연구』59.

김재홍, 2001, 「扶餘 宮南池遺跡 出土 木簡과 그 意義」, 『宮南池 Ⅱ-現 宮南池 西北便一帶-』, 國立扶餘文化財硏究所.

金聖範, 2010, 「羅州 伏岩里 遺跡 出土 木簡의 判讀과 釋讀」, 『목간과 문자』5.

金聖範, 2010, 「羅州 伏岩里 遺跡 出土 木簡의 判讀과 意味」, 『震檀學報』109.

박민경, 2009, 「百濟 宮南池 木簡에 대한 재검토」, 『목간과 문자』4.

朴仲煥, 2002, 「扶餘 陵山里發掘 木簡 豫報」, 『한국고대사연구28』.

朴賢淑, 1996, 「宮南池 출토 百濟 木芉과 王都5部制」, 『한국사연구』92.

심상육, 2013, 「부여 쌍북리 184-11번지 유적 목간 신출 보고」, 『목간과 문자』10.

심상육·김영문, 2013, 「부여 구아리 319 유적 출토 편지목간」, 『文文-제2회 정기학술대회 자료집』, 文文.

심상육·이미현·이효중, 2011, 「부여 '중앙성결교회유적' 및 '뒷개유적' 출토 목간 보고」, 『목간과 문자』7.

尹善泰, 2007, 「한국 고대목간의 형태와 분류」, 『한국고대목간과 고대 동아시아세계의 문화교류-2007

년 한국목간학회 제 1회 국제학술대회』.

윤선태, 2007, 「한국고대목간의 형태와 종류」, 『역사와 현실』65.

윤선태, 2007, 『목간이 들려주는 백제이야기』.

윤선태, 2013, 「백제목간의 연구현황과 전망」, 『百濟文化』49.

李京燮, 2010, 「宮南池 출토 木簡과 百濟社會」, 『한국고대사연구』57.

李京燮, 2011, 「한국 고대 목간문화의 기원에 대하여」, 『진단학보』113.

이경섭, 2013, 「新羅木簡의 출토현황과 분류체계확립을 위한 試論」, 『신라문화』42.

李鎔賢, 1999, 「扶餘 宮南池 出土 木芊의 年代와 性格」 『宮南池 發掘調査報告書』, 國立扶餘文化財研究所.

이용현, 2006, 『한국목간기초연구』, 신서원.

이판섭·윤선태, 2008, 「扶餘 雙北里 현내들·北浦유적의 조사 성과─현내들유적 출토 百濟木簡의 소개
　─」, 『목간과 문자』창간호.

전덕재, 2012, 「한국의 고대목간과 연구동향」, 『목간과 문자』9.

崔孟植·金容民, 1995, 「扶餘 宮南池內附 發掘調査槪報」, 『한국상고사학보』20.

한국목간학회·충청문화재연구원, 2009, 「扶餘 雙北里 현내들유적 출토 百濟木簡」, 『扶餘 雙北里 현내
　들·北浦 遺跡』, 忠淸文化財研究院.

홍승우, 2012, 「부여지역 출토 백제목간의 연구현황과 전망」, 『목간과 문자』10.

富谷至, 임병덕 역, 2005, 『목간과 죽간으로 본 중국고대 문화사』, 사계절출판사.

彌永貞三 1976, 「木簡」, 『(岩波講座) 日本歷史』, 岩波書店.

近藤浩一, 2004, 「扶餘 陵山里 羅城築造 木簡의 硏究」, 『백제문화』39.

市大樹, 2007, 「〔아스카 후지와라(飛鳥藤原)지구〕의 목간 정리」, 『함안 성산산성 출토목간』, 국립가야
　문화재연구소.

木簡學會, 2012, 『木簡硏究』34, 奈良文化財研究所.

〈日文要約〉

百済木簡の形態分類に関する検討

朴芝賢

　木簡の形態は木簡を分類する基本的特徴であり、木簡の用途を理解するうえでもっとも基礎的な根拠となる。木簡ははじめから用途を念頭に置き、製作·使用されるからである。今まで出土した百済木簡はその出土量が新羅木簡に比べて少ないが、戸籍、度量衡、祭祀儀礼、地方制度などに関する豊富な情報を載せており、出土した木簡の形態も非常に多様である。本稿では発掘報告書の報告内容をもとに各々の遺跡から出土した木簡の形態上の特徴を整理した。既存の木簡図録(《韓国の古代木簡》《木の内の暗号木簡》など)では、百済木簡の一部分のみを扱っているため、現在出土しているすべての百済木簡を整理した。続いて、整理された内容をもとに木簡形態の分類について考察した。韓国学界では木簡の形態を分類したいくつかの見解が提議されている。しかし各々の分類案で使用されている表現と用語が違うので研究者間の混同と誤解を招く余地がある。それゆえ一元化した形態分類体系が必要であり、これをもとに木簡データベースを構築していく必要がある。

▶ キーワード：百済木簡、百済木簡の形態、木簡形態分類の方法、日本の木簡形態分類、《韓国の古代木簡》、《木の内の暗号木簡》

백제 사비도성 출토 문자유물

심상육*

Ⅰ. 들어가며
Ⅱ. 문자자료
Ⅲ. 나오며

〈국문 초록〉

백제사 연구에 있어 가장 곤란한 점은 영세한 문헌기록이다. 이를 해소할 수 있는 것이 발굴조사를 통해 확보되는 다수의 考古 유구 및 유물이다. 특히, 문자유물의 경우 사실로 여겨지던 문헌기록을 재고하게끔 하는 경우도 발생한다.

본고는 백제 사비시대 도성에서 확인된 문자유물을 土·木·石·金屬제품으로 단순 분류하고, 간단한 특징을 열거할 정도로 소략하다. 하지만 자료 소개만으로도 2차 이상의 연구가 이루어질 것으로 기대한다. 그리고 그간 비판 없이 맹목적으로 받아들였던 몇 가지 문자유물(卩, 己丑·乙丑, p·pB)에 대해서 문제제기를 하였다.

▶ 핵심어 : 백제, 사비도성, 문자유물

Ⅰ. 들어가며

백제와 관련된 문헌기록은 매우 엉성한 편이다. 근초고왕 30(375)년 박사 고흥에 의해 『書記』라는

---

* 부여군문화재보존센터 선임연구원

역사책을 편찬[1]하였어도 사비도성시대의 기록은 영세하다. 따라서 사비시대에 대한 정보는 다른 문화와 마찬가지로 다수의 考古 유구 및 유물에서 찾아야 할 것이다. 특히, 문자가 새겨진 고고유물의 경우 그 파괴력은 상당하여, 사실로 여겨지던 문헌기록을 재고하게끔 하는 경우도 발생한다.

백제 사비시대의 문자유물은 그 수가 상당하며, 종류 또한 다양한 편이다. 하지만 문헌기록과 마찬가지로 문자자료는 그 내용이 소략하다. 즉, 상당량의 문자로 구성된 비석류는 극소수에 불과하며, 현재까지 백여 점 남짓 확인된 목간의 경우 해독의 難點을 안고 있다. 또한 천여 점 이상 확인된 인각와는 6자 이하의 문자만이 새겨져 수량만큼의 성과는 기대하기 힘든 실정이다. 게다가 발굴된 문자유물이 빛을 보지 못하고 死藏되는 경우도 허다하다.

문자유물은 1차 판독 ≫ 2차 판독 ≫ … 1차 해석 ≫ …등을 거쳐 하나의 목간에 불과했던 유물로 당시 관리 추천 제도의 이면[2]을 확인할 수 있게 해주었다.

본고는 백제 사비기 사비도성지 내에서 확인된 문자유물을 다시 소개[3]하고자 한다. 문자유물은 문자가 새겨진 유물의 재질에 따라 土·木·石·金屬제품으로 단순 분류하고, 간단한 특징을 열거할 정도로 소략하다. 하지만 자료 소개만으로도 2차 이상의 연구가 이루어질 것으로 기대한다.

마지막으로 그간 비판 없이 맹목적으로 받아들였던 몇 가지 문자유물에 대해서 문제제기를 하면서 글을 마치도록 하겠다.

표 1. 사비도성 문자유물 일람표

| 유적명 | 목간 | 토제품 | | | | 석제품 | 금속제품 | 보고서 |
		압인토기	각서토기	압인와	각서와			
화지산유적		출토	七 大	출토				국립부여문화재연구소, 2002, 『화지산』.
관북리백제유적	출토, 자	北舍, 舍	小上	출토	각서 전	老七 李告 光 (벼루)	開元通寶	윤무병, 1985, 『부여 관북리백제유적발굴보고 I』, 충남대학교박물관. 윤무병, 1999, 『부여 관북리 백제유적 발굴보고 II』, 충남대학교박물관. 국립부여문화재연구소, 2009, 『부여 관북리백제유적발굴보고 III』.
궁남지유적	출토	北舍	舍, 中	출토			開元通寶	국립부여문화재연구소, 1999, 『궁남지』. 국립부여문화재연구소, 2001, 『궁남지 II』. 국립부여박물관, 2007, 『궁남지』.
가탑리 358-3유적		출토		출토				부여군문화재보존센터, 2009, 『부여 가탑리 358-3번지 단독주택신축부지 매장문화재 발굴(시굴)조사 약보고서』.
구아리 319유적	출토	출토	舍					심상육·이미현·이명호, 2012, 『부여 구아리 319 부여중앙성결교회유적 발굴조사 보고서』, 부여군문화재보존센터.

---

1) 『三國史記』, 「百濟本紀」 근초고왕 30년조.

2) 심상육·김영문, 2013, 「부여 구아리 319번지 유적 출토 편지목간」, 『새로 만난 文物 다시 보는 文物』, 文文 제2회 정기 학술대회.

3) 이미 발굴조사 보고서에 보고된 유물이다.

유적명	목간	토제품				석제품	금속제품	보고서
		압인토기	각서토기	압인와	각서와			
부여나성				출토		立此 上(명문석), 白虎, 扶土, 弓土 (각자성석)		박대순 외, 2009, 『부여 석목리 나성 유적』, 충청문화재연구원. 심상육·성현화, 2012, 「부여나성 청산성 구간 발굴조사 성과와 '부여 북나성 명문석'보고」, 『목간과 문자』, 한국목간학회. 부여군문화재보존센터, 2013. 5. 23, 『부여나성 능사구간 발굴조사 학술자문회의 자료집』.
부소산성		書官, 北舍	本	출토	甘雁, 絮		開元通寶 정지원명불상 何多宜藏法師광배	부여문화재연구소, 1995, 『부소산성 발굴조사 중간보고』. 국립문화재연구소, 1996, 『부소산성 발굴조사보고서』. 국립부여문화재연구소, 1997, 『부소산성 발굴조사 중간보고Ⅱ』. 국립부여문화재연구소, 1999, 『부소산성 -정비에 따른 긴급발굴조사』. 국립부여문화재연구소, 1999, 『부소산성 발굴중간보고서Ⅲ』. 국립부여문화재연구소, 2000, 『부소산성 발굴중간보고서Ⅳ』. 국립부여문화재연구소, 2003, 『부소산성 발굴조사보고서Ⅴ』.
관음사지				출토				국립부여문화재연구소, 2006, 『부여 관음 밤골사지 시굴조사보고서』.
구아리백제유적				출토		下(전), 一斤大王天(용범)		부여문화재연구소, 1993, 『부여 구아리백제유적 발굴조사보고서』.
사비도성유적		北	七	출토				박순발 외, 2003, 『사비도성』, 충남대학교백제연구소
뒷개유적	출토		卅		출토			심상육·이미현, 2013, 『부여 뒷개유적발굴조사 보고서』, 부여군문화재보존센터.
용정리소룡골유적			增					윤무병, 1985, 『부여 용정리 백제건물지 발굴조사보고서』, 충남대학교박물관.
쌍북리 280-5유적	출토	출토		卍 十				정해준 외, 2011, 『부여 쌍북리 280-5』, 백제문화재연구원.
가탑리백제유적		출토	十, 斤月	출토				김성남 외, 2010, 『부여 가탑리 백제유적』, 부여군문화재보존센터.
능산리사지	출토		方	合, 会暉, 九, 天	출토	사리감	開元通寶	국립부여박물관, 2000, 『능사』. 국립부여박물관, 2007, 『陵寺 6~8차 발굴조사 보고서』. 국립부여문화재연구소, 2008, 『능사』. 정석배 외, 2011, 『부여 능산리사지 제11차 발굴조사 보고서』, 한국전통문화학교 고고학연구소.
능산리 동나성내외부유적	출토		출토				五銖	이호형 외, 2006, 『부여 능산리 동나성 내외부 백제유적』, 충청문화재연구원.
쌍북리 현내들유적	출토		合	출토			常平五銖	이호형 외, 2009, 『부여 쌍북리 현내들 북포유적』, 충청문화재연구원.
관북리 160유적		출토	中卩	출토	출토			김성남·이화영, 2013, 『부여 관북리 160번지 백제유적』, 부여군문화재보존센터.
정암리가마터		출토			二百八			신광섭, 1992, 『부여 정암리가마터Ⅱ』, 국립부여박물관.
쌍북리 602-10유적		北舍	卍	출토				최봉균, 2010, 『부여 쌍북리 602-10번지 유적』, 백제문화재연구원.
동남리 702유적		北	女					충청남도역사문화원, 2007, 『동남리 702번지 유적』.
왕흥사지			店	출토	高		常平五銖 사리기	국립부여문화재연구소, 2007, 『왕흥사지Ⅱ』. 국립부여문화재연구소, 2009, 『왕흥사지Ⅲ』. 국립부여문화재연구소, 2012, 『왕흥사지Ⅳ』.
군수리사지				출토				국립부여문화재연구소, 2010, 『부여군수리사지Ⅰ』.
부여쌍북리유적Ⅱ			七月卄, 大, 舍					이강승외, 2013, 『부여 쌍북리유적Ⅱ』, 충남대학교박물관.
가탑들유적			口					서대원 외, 2012, 『부여가탑리 가탑들유적』, 금강문화유산연구원.

Ⅱ. 문자자료

1. 토제품(표 1·2)

흙으로 만든 유물에서 문자자료가 확인된 것은 그릇과 기와 그리고 벽돌이며, 문자를 새겨 넣음은 도장을 찍거나 날카로운 도구로 직접 글을 쓰는 방식이다. 유물의 대부분은 소위 '인각와'라 불리는 것들이다.

① 명문토기 – 문자 기재 방식(도면 1·2 참조)
　　　　　　 – 壓印(北舍, 書官 등)
　　　　　　 – 刻書(小上, 合, 七, 九, 卄, 卅, 斤 月 등)
　　　　 유물 종류 : 토기 壺·甕과 (대부)盆, 삼족기, 원통토기, 자배기 등
　　　　 특징 : •合·舍 : 기물의 명칭 혹은 용도(기물 내면 바닥에 새김)
　　　　　　　 •七·九·卄·卅 : 제작 시 수량(기물 외면 바닥 혹은 하단에 새김)
　　　　　　　 •北舍·書官·小上 : 기물의 용처(기물 외면 상부에 새기거나 찍음)
　　　　　　　 •卍 : 벽사적 의미(?)
　　　　　　　 •배식기류와 저장용 항아리에 주로 나타남
　　　　　　　 •인각와 제작시 사용된 도장은 인각토기에 사용하지 않음
　　　　　　　　 (일부 기호 및 北은 사용, 도면 5 참조)
　　　　　　　 •대부분의 유물은 목간에 기재하듯 필기체로 썼는데, 斤月은 비
　　　　　　　　 석에 새기듯 楷書로 각서함

② 명문와 – 문자 기재 방식(壓印–인각와, 打出–中方·大方·大王夫王·大唐, 刻書–中卩
　　　　 등)
　　　　 유물 종류 : 와당, 수키와, 암키와, 전
　　　　 특징 : •인각와 : 사비도성 오부 등 확인(首府, 前·後·上·中·下·申卩, 卩
　　　　　　　　 下 등)
　　　　　　　 •와당면에 표현 : 大王夫王, 大唐
　　　　　　　 •공주 송산리고분군에 사용된 中方·大方명 전돌이 정동리요지에
　　　　　　　　 서 확인됨
　　　　　　　 •압인 및 각서 유물 모두 部를 卩로 표기함
　　　　　　　 •葛那城丁巳瓦명 인각와(부여 쌍북리[4]와 논산 황화산성에서 수습
　　　　　　　　 됨[5])와 黃山명 인각와(부여[6]와 논산 황산성에서 수습됨[7])가 사비
　　　　　　　　 도성 내부지역과 외부지역에서 확인되고, 葛那城인각와 와 그 형

식이 같은 유물이 금산 백령산성에서는 출토[8]되고 도성 내부에서는 출토되지 않았다는 점이 주목된다. 왜냐하면 사비도성의 외부 원거리 지역에서 제작된 기와가 사비도성 내부에 공급되었을 가능성도 있기 때문이다. 하지만 아직 자료가 부족하여 확증할 단계는 아니다.

표 2. 사비도성 토제 문자유물 일람표

문자	새김 방식	유물명	유적(보고서)	유물번호 (보고서 수록)	비고
4(기호)	각서	뚜껑	동나성 내외부백제유적	도면 36-15	내면 중앙에 새김
卄	각서	뚜껑	능사2007	도면70-10	
기호	압인	삼족기	가탑리358-3유적	그림 52-5	외면 바닥에 찍힘, 원형
卅	각서	삼족기	뒷개유적	도면38-71	외면 바닥에 새김
기호	각서	삼족기	동나성 내외부백제유적	도면35-2	외면 중앙에 새김
기호	각서	삼족기	동나성 내외부백제유적	도면35-7	외면 중앙에 새김
기호	각서	삼족기	동나성 내외부백제유적	도면35-11	외면 중앙에 새김
기호	각서	삼족기	동나성 내외부백제유적	도면36-1	외면 중앙에 새김
舍	각서	완	쌍북리유적 Ⅱ	도면8-13	내면 바닥에 새김
卍?	각서	완	쌍북리 280-5유적	도면49-257	외면 바닥에 새김
卍	각서	완	가탑리백제유적	그림75-9	외면 바닥에 새김
기호	각서	완	관북리160	그림20-75	외면 바닥에 새김
기호	각서	완	관북리160	그림20-76	외면 바닥에 새김
기호	각서	완	관북리160	그림20-77	외면 바닥에 새김
舍	각서	완	구아리319	도면43-173	내면 바닥에 새김
舍	각서	완	궁남지 Ⅱ	도면145-1	내면 바닥에 새김
合	각서	완	관북리 Ⅲ	원색도판10	내면 바닥에 새김
×(기호)	각서	완	능사2007	도면29-1	외면 바닥에 새김
合	각서	완	능사2007	도면32-12	내면 바닥에 새김

---

4) 충남대학교박물관, 2002, 『부여의 문화유산』, 충청남도·충남대학교박물관.

5) 洪再善, 1983, 「論山 皇華山城考」, 『古文化』23, 한국대학박물관협회.

6) 경희대학교중앙박물관, 2112, 『백제기와』.

7) 成周鐸, 1975, 「백제산성연구-충남 논산군 연산면 소재 황산성을 중심으로-」, 『백제연구』제6집, 충남대학교백제연구소.

8) 충청남도역사문화원, 2007, 『금산 백령산성』.

문자	새김방식	유물명	유적(보고서)	유물번호(보고서 수록)	비고
卍	각서	완	쌍북리602-10	도면14-41	외면 바닥에 새김
卍	각서	완	쌍북리602-10	도면14-42	외면 바닥에 새김
×(기호)	각서	완	능사2007	도면64-7	외면 바닥에 새김
기호	압인	완	가탑리백제유적	그림74-9	내면 바닥에 찍음, 원형
불명	압인	완	관북리160	그림21-87	외면에 찍힘, 원형
불명	압인	완	관북리160	그림22-95	외면에 찍힘, 원형
기호	압인	완	구아리319	도면46-202	외면에 찍음, 원형
北	압인	완	사비도성	도면44-12	외면 하단에 찍음, 원형
北	압인	완	사비도성	도면45-1	외면 하단에 찍음, 원형
기호	압인	완	정암리가마터Ⅱ	삽도44-6	외면 하단에 찍음, 원형
기호	각서	대부완	사비도성	도면45-3	외면 하단에 새김
기호	각서	대부완	구아리319	도면43-151	외면 바닥에 새김
×(기호)	각서	대부완	가탑리백제유적	그림33-3	외면 바닥에 새김
本	각서	대부완	부소산성(1997)	도면97-21	외면 바닥에 새김 통일신라시대의 것일 수 있음
┳(기호)	각서	대부완	부소산성(2003)	도판189-8	외면 하단에 새김
大	각서	대부완	부소산성(2003)	도판202-6	외면 바닥에 새김 통일신라시대의 것일 수 있음
迊	각서	대부완	군수리사지Ⅰ	도면56-111	외면 하단에 새김
七, 大	각서	대부완	화지산	도면128-9	외면 하단에 새김
七	각서	대부완	사비도성	도면45-2	외면 하단에 새김
北	압인	대부완	사비도성	도면44-11	외면 하단에 찍음, 원형
×(기호)	각서	개배	궁남지Ⅱ	도면167-1	외면 바닥에 새김
七月卄	각서	원저호	쌍북리유적Ⅱ	도면48-1	견부에 새김
불명	각서	호	능산리사지9차 발굴	도면22	견북에 새김
기호	각서	호	동나성 내외부백제유적	도면98-1	외면 바닥에 새김
九	각서	호	능사2007	도면55-1	외면 상부에 새김
불명	압인	호	쌍북리 280-5유적	도면8-32	견부에 찍음, 원형
口	압인	호	가탑들유적	도면103-4	견부에 찍음, 원형
기호	압인	호	궁남지Ⅱ	도면77-2	외면 견부에 찍음, 원형
北舍	압인	호	궁남지Ⅱ	도면150-1	외면 견부에 찍힘, 원형
北舍	압인	호	관북리Ⅱ	도면54	외면 상부에 찍음, 원형

문자	새김 방식	유물명	유적(보고서)	유물번호 (보고서 수록)	비고
北舍	압인	호	쌍북리602-10	도면7-3	외면 상부에 찍음, 원형
增	각서	자배기	용정리 백제건물지	도판Ⅶ-1	외면 상단에 새김
불명	압인	자배기	쌍북리602-10	도면58-291	외면 상부에 찍음, 원형
문양	압인	기대	화지산	도면178-1	외면에 찍음, 원형
小上	각서	원통형 토기	관북리Ⅱ	도면56-1	
甘雁	각서	벼루	부소산성(1995)	도판164-1	외면 바닥에 새김
大	각서	저부편	쌍북리유적Ⅱ	도면11-3	외면 바닥에 새김
∃(기호)	각서	저부편	가탑리백제유적	그림72-1	외면 바닥에 새김
··斤月··	각서	저부편	가탑리백제유적	그림70-3	
T(기호)	각서	저부편	능사2000	도면51-3	외면 바닥에 새김
··店··	각서	동체편	왕흥사지Ⅳ	도면136-483	외면에 새김
天(기호)	각서	동체편	능산리사지9차 발굴	도면70-2	
本	각서	동체편	부소산성(2003)	도판202-5	외면에 새김
書官	압인	동체편	부소산성(1996)	도판20-1	외면에 찍음, 원형
불명	압인	동체편	부소산성(1996)	도판45-1	외면에 찍음, 원형
불명	압인	동체편	부소산성(2003)	도판202-7	외면에 찍음, 방형
불명	압인	동체편	부소산성(2003)	도판204-7	외면에 찍음, 원형
불명	압인	동체편	궁남지Ⅱ	도면79-4	외면에 찍힘, 원형
기호	압인	동체편	관북리Ⅲ	도면211-722	외면에 찍음, 원형
불명	압인	동체편	관북리Ⅲ	도면211-723	외면에 찍음, 원형
大唐	타출	수막새	부소산성(1997)	탁본5-2	660년 이후 唐이 제작
大王夫王	타출	수막새	국립중앙박물관, 구아리 수습 (한국 고대의 문자와 기호유물)	사진 86	
高	각서	수키와	왕흥사지Ⅳ	도면109-325	외면에 새김
八六	각서	수키와	부소산성(1995)	탁본6-28	
中卩	각서	암키와	관북리160	그림34-166	등면에 새김
×(기호)	각서	암키와	뒷개유적	도면 23-10	등면에 새김
二百八	각서	암키와	정암리와요지 (한국 고대의 문자와 기호유물)	사진 97	
王	압인	암키와	왕흥사지Ⅱ	유물번호30	등면에 새김
··紮··	각서	기와	부소산성(1995)	탁본6-29	

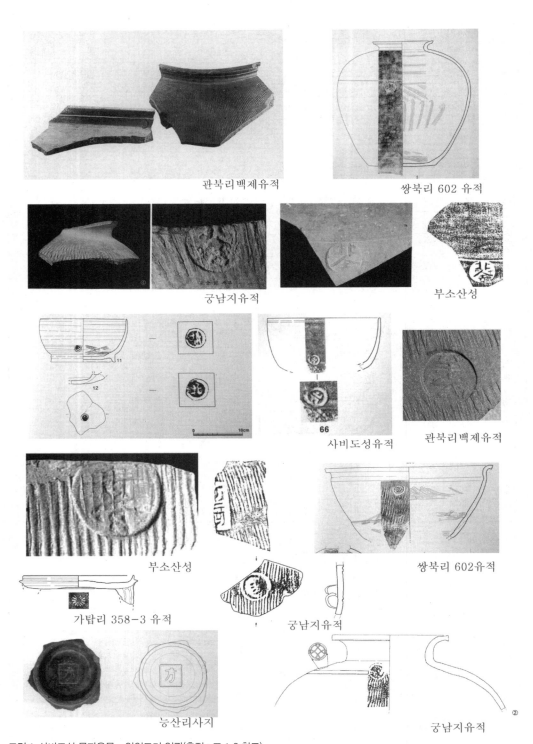

관북리백제유적

쌍북리 602 유적

궁남지유적

부소산성

사비도성유적

66

관북리백제유적

부소산성

가탑리 358-3 유적

궁남지유적

쌍북리 602유적

능산리사지

궁남지유적

도면 1. 사비도성 문자유물 – 압인토기 일괄(출전 : 표 1·2 참조)

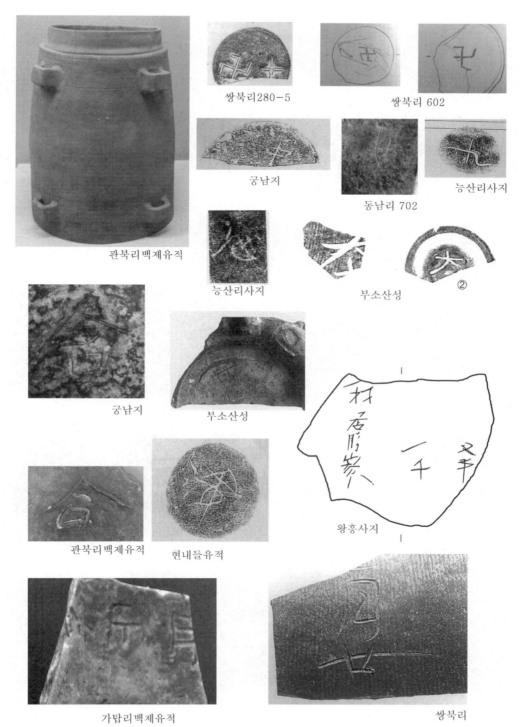

쌍북리280-5   쌍북리 602

궁남지   능산리사지

동남리 702

관북리백제유적   능산리사지   부소산성   ②

궁남지   부소산성

왕흥사지

관북리백제유적   현내들유적

가탑리백제유적   쌍북리

도면 2. 사비도성 문자유물 - 각서토기 일괄(문자)(출전 : 표 1·2 참조)

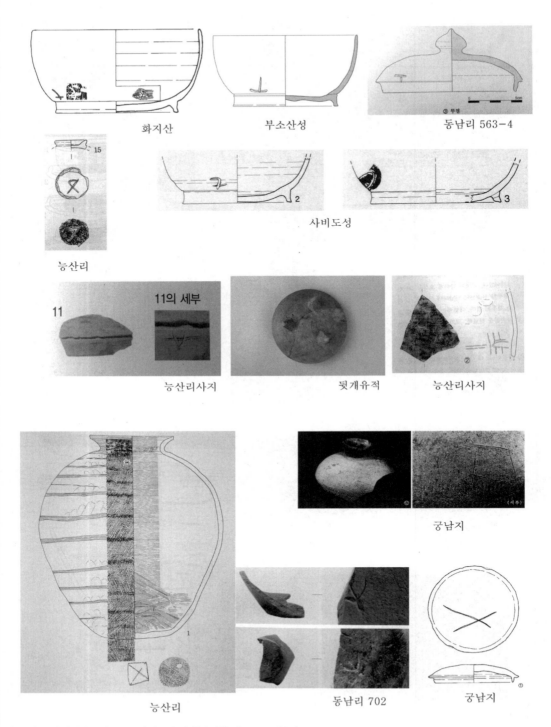

화지산

부소산성

동남리 563-4

능산리

사비도성

11   11의 세부

능산리사지

뒷개유적

능산리사지

궁남지

능산리

동남리 702

궁남지

도면 3. 사비도성 문자유물 - 각서토기 일괄(기호)(출전 : 표 1·2 참조)

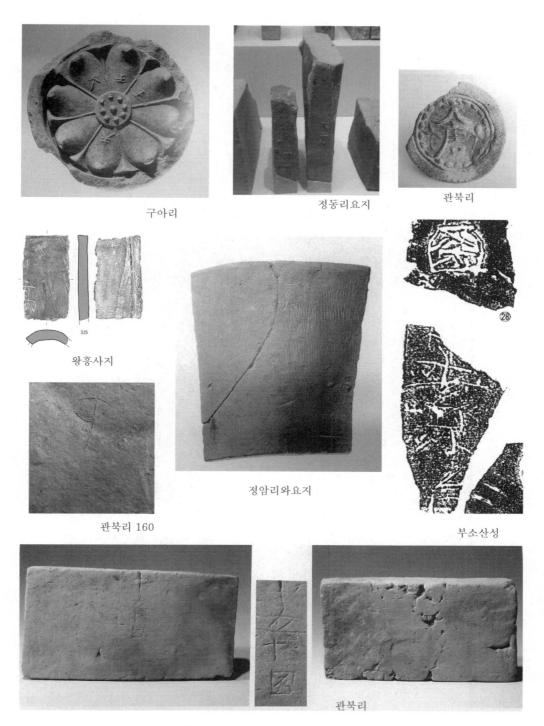

구아리

정동리요지

관북리

왕흥사지

정암리와요지

관북리 160

부소산성

관북리

도면 4. 사비도성 문자유물 - 기와류 일괄 (출전 : 표 1·2 참조)

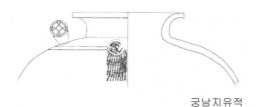

궁남지유적

정림사지

도면 5. 토기와 기와에 같은 문양의 도장을 찍은 예 (출전 : 표1 참조)

부여 채집품 (논산 황산성에서도 출토됨)

부여 쌍북리 채집품
(논산 황화사성에서도 출토됨)

금산 백령산성 출토

도면 6. 사비도성 외부에서 유입되었을 것으로 추정되는 인각와 예 (출전 : 표1 참조)

2. 목제품

백제 후기 도성지인 부여읍 일원은 백마강에 에워싸인 곳으로 자연제방과 배후습지로 이루어진 해발 10m 이하의 저평지와 100여m의 저구릉성 산지로 이루어져 있다. 따라서 백제 당시의 주요 시설물들은 구릉의 남사면 끝자락 혹은 微高地인 해발 15~30m 지점에 위치하고 있다. 또한 최근의 지속적인 발굴조사 결과, 해발 10m 이하, 아니 6m 부근에서도 주거의 흔적인 우물과 벽주건물 등이 확인되어 현재 저습지 혹은 수전 경작지로 변한 곳도 주거공간이었음이 밝혀졌다.

이로 인하여 부여지역에서는 다른 여타의 곳보다도 많은 유기유물이 출토되고 있다. 이 중 가장 많은 양은 목제유물이며, 목간도 이에 속한다. 현재까지 부여에서 백제시대의 목간은 11개 유적에서 80여점 이상이 확인되었고, 목간의 내용은 먼 곳으로 이동하는 짐 혹은 놓인 물건의 귀속과 내용을 알리는 꼬리표목간, 『논어(論語)』 등을 필사한 필사목간, 좌관대식기(佐官貸食記)와 같은 부기목간, 글자를 연습한 습자목간[9] 등으로 구분된다.

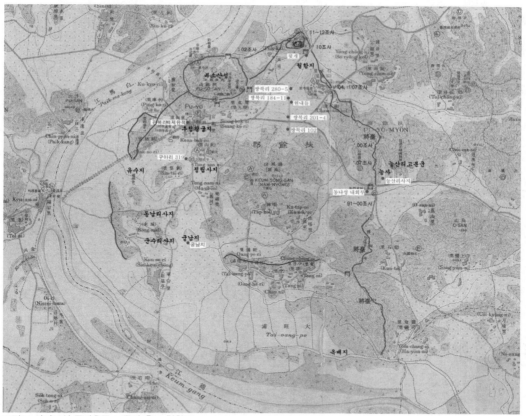

도면 7. 사비도성 문자유물 – 목간 출토 현황도

---

9) 손환일, 2008, 「백제의 필기도구와 목간 분류」, 『목제목간』, 국립부여박물관.

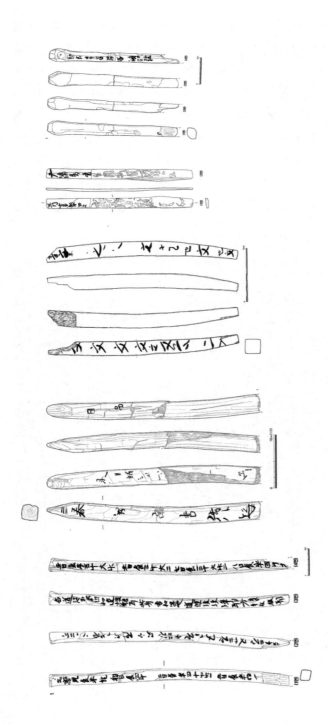
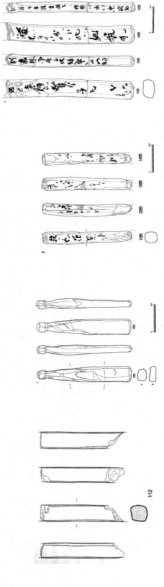

도면 8. 사비도성 문자유물 – 4면 목간 일괄(출토지를 기록하지 않았음. 출전은 표1 참조, 유물의 축적은 같음)

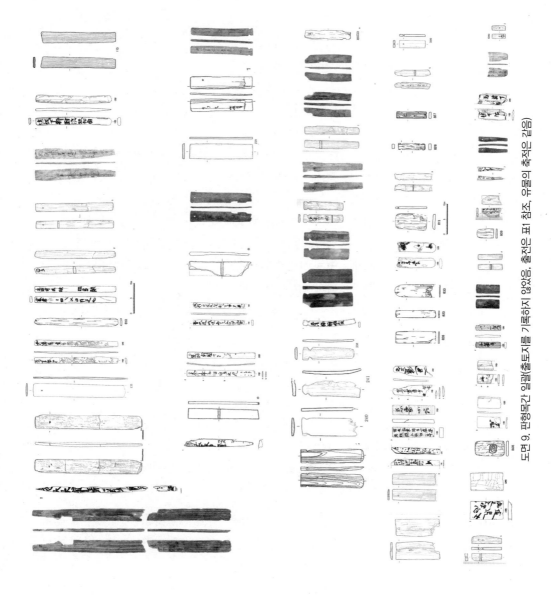

도면 9. 판형목간 일괄(출토지를 기록하지 않았음. 출전은 표1 참조, 유물이 축약는 같음)

목간 – 문자 기재 방식(手書, 刻書–남근형목간·대나무자)

　　　유물 종류 : 목간, 대나무자 등

　　　출토지 : 관북리백제유적, 궁남지, 구아리 319유적, 쌍북리 현내들유적, 쌍북리

　　　　　　280–5유적, 동나성 내외곽 유적, 뒷개유적, 능산리사지 등

　　　문자 내용 : 행정구역 – 西卩後巷, 漢城, 六卩五方, 上卩, 中卩, 下卩, 前卩, 外椋

　　　　　　　　　卩, 中方, 下部

　　　　　　관등 – 奈率, 德率, 對德

　　　　　　인명 – 固淳麥, 上夫, 佃目之, 得進, 疏加鹵

　　　　　　년도 – 戊寅年六月

　　　　　　사찰명 – 子基寺, 寶憙寺

　　　특징 : • 사비도성 내에서 목간이 비교적 양호한 상태로 출토되는 이유는 목간
　　　　　　　이 묻혀 있는 지점이 지하수위보다 낮고 유물이 점질토 속에 보호되어
　　　　　　　져 있기 때문임

　　　　　　• 목간은 원 사용처에서 대부분 물에 의해 쓸려 수로 주변에서 확인됨

　　　　　　• 목간 출토지는 사비도성의 관서구와 연결된 소하천 주변부에서 확인됨

　　　　　　• 목간의 형태는 크게 사면목간과 판형(늑홀형)목간으로 구분되며, 판형
　　　　　　　목간은 크기에 따라 대·중·소로 나누어짐

　　　　　　• 목간이 폭은 1.8~2㎝, 2.5~2.7㎝, 3.1㎝, 3.6㎝ 정도이며, 두께는 대
　　　　　　　략 0.6㎝ 이하임

3. 석제품

　　① 비석류 – 砂宅智積碑, 부여 북나성 명문석[10], 唐劉仁願紀功碑, 임강사지 비편

　　② 각자성석 – 前部, 上卩前卩自此以▨▨▨, 白虎, 弓土, 扶土

　　③ 기타 – 정림사지오층석탑, 창왕명석조사리감, 一斤大王天명 용범, 一斤명 용범[11],
　　　　　　下명 납석제 전, 부여석조, 유인원기공비

　　④ 특징 – • 部는 部와 卩가 모두 확인됨

　　　　　　 • 白虎에서 虎는 이체자 '虎'로 쓰여 있음

---

10) 심상육·성현화, 2012, 「부여나성 청산성 구간 발굴조사 성과와 '부여 북나성 명문석'보고」, 『목간과 문자』제9호에서는 총
　　8자로 보고했다. 하지만 추후 재 관찰 결과 표석의 상부에 각 3자씩이 더 있을 것으로 판단되어 총 14자 정정하며, 이 내
　　용은 2013년 1월에 목간학회에서 발표했다.

11) 부여 가탑리 출토(국립부여박물관 소장품).

- 扶土(부여의 땅?)에서 扶는 夫를 새기고 扌를 새겨서인지 새김의 깊이에 차이가 있고, 土는 상변과 하변의 가로획 크기가 거의 같음
- 弓土에서도 土의 상변과 하변의 가로획 크기가 거의 같음
- 弓 : 길이의 단위이며, 지금의 약 5尺 정도로 1步와 같음[12)]

4. 금속제품

① 鄭智遠명 금동석가여래입상
② 何多宜藏法師명 금동제 투조장식(불상 두광)
③ 왕흥사지 청동제 사리합
④ 동전 – 開元通寶, 常平五銖, 五銖

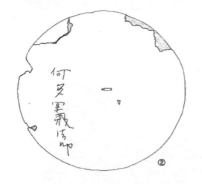

도면 10. 사비도성 문자유물 – 금속제품 일괄(출전 : 표1·3 참조)

---

12) 이상은 감수, 1992, 『漢韓大字典』, 民衆書林, p.432.

부여나성

동남리

부여나성

구아리백제유적   관북리

도면 11. 사비도성 문자유물 – 석제품 일괄(출전 : 표1·3 참조)

표 3. 사비도성 석·금속제 문자유물 일람표

문자	새김방식	재질	유물명	유적	유물번호	비고
下	각서	석	전	구아리백제유적	도면10-2	
一斤, 大王天	각서	석	용범	구아리백제유적	도면15	
老七 李告 光	각서	석	벼루	관북리Ⅱ	도면53-4	
‥立此‥上‥	각서	석	비	북나성(2012)		
白虎, 扶土, 弓土	각서	석	각자성석	동나성(2013)		
창왕명사리감	각서	석	사리감	능사2000	도면183	
사택지적비	각서	석	비			
정림사지오층석탑	각서	석	탑			660년 이후 당군에 의해 새겨짐
부여석조	각서	석	석조			660년 이후 당군에 의해 새겨짐
유인원기공비	각서	석	비			663년 당군에 의해 새겨짐
前部	각서	석	각자성석			
上部 前部川自此以	각서	석	각자성석			
何多宜藏法師	각서	금속	불상 두광	부소산성(1995)	도판172	
왕흥사지사리함	각서	금속	사리합	왕흥사지Ⅲ		
정지원명불상	각서	금속	불상	부소산성 사비루 부근		
尙平五銖	주조	금속	동전	왕흥사지Ⅲ	유물번호16	
尙平五銖	주조	금속	동전	쌍북리현내들		
開元通寶	주조	금속	동전	궁남지Ⅱ	탁본28	
開元通寶	주조	금속	동전	관북리Ⅰ	삽도10	
開元通寶	주조	금속	동전	관북리Ⅲ	도면223-798	
開元通寶	주조	금속	동전	부소산성(1995)	도판174-7	
開元通寶	주조	금속	동전	능사2000	도면137-1	
五銖	주조	금속	동전	동나성 내외부백제유적	도면133-2	

Ⅲ. 나오며

이상 백제 후기의 도성지인 부여읍 일원에서는 여러 형태로 남겨진 문자유물이 우리와 대면하고 있다. 하지만 하나의 토기조각이 헤로도투스의 역사와 맞먹는다는 말[13]과 같이 연구되어진 유물은 그다지 많지 않은 실정이다.

유물에 새겨진 문자자료는 당시의 사실을 그대로 전하고 있는 점에서 중요한 자료이기는 하지만, 몇 가지 문제가 있어 연구상에 어려움도 다수 존재하고 있다.

① 오랜 세월 속에 마모되거나 손상(소수의 문자로 이루어진 점)되어 글자를 판독하기가 어려우며,

② 문자의 형태가 시기적으로 변하므로 자료로서 즉각 활용하기가 어려운 점,

③ 현재와 과거 사이에는 언어나 문장의 표현방식에 차이가 커서 그 해석에 세심한 주의와 많은 노력이 요구되는 점,

④ 금석문은 당시의 생활기록을 담고 있기 때문에 금석문 연구상의 기초작업인 판독과 해석 작업이 완료된 후 그 내용이 다루어져야 하는데, 특히 고대의 경우는 기록의 형태나 방식이 정형화되어 있지 않은 점 등이다.[14]

따라서 문자유물에 대한 연구는 고고학에 의해 다시 모습을 드러낸 후 다른 여러 분야의 학문, 즉 언어학, 역사학, 문학, 종교학, 인류학, 민속학, 자연과학 등의 도움이 필요하다.

마지막으로 다음 몇 가지 문자유물에 대해서 문제제기를 하도록 하겠다.

• 卩는 部인가?

卩가 사용된 예는 上·中·下·前·後·申 + 卩 + 甲·乙瓦, 卩下(인각와), 中卩(각서와), 上卩前卩명 각자성석, 西卩後巷, 六卩五方, 上·中·下·前卩 목간 등이다. 즉 『주서』 등의 백제 도성 오부[15]명과 합치되어 '卩'를 '部'로 판독하고 모든 보고서도 이를 따랐다. 하지만 上卩명 각자성석과 1조로 여겨지는 前部명 각자성석과 능산리사지에서 출토된 목간(□城下部對德疏加鹵)에서는 정자인 '部'로 표기되어 문제가 야기된다.

우선 部의 이체(형)자로는 郶 部 䪨 郶[16] 䢿[17]이다. 卩는 확인되지 않았다. 하지만 部의 우변인 邑의 이체자로 卩[18]가 자주 쓰이고, 고구려[19]와 일본[20]에서도 卩가 사용된 것으로 확인되었다.

따라서 삼국이 공존할 당시 部의 이체(형)자로 卩가 폭넓게 사용되었을 가능성이 높다. 하지만 部 = 卩의 명확한 연결고리가 밝혀지지 않으면 재고해야 할 것으로 판단된다.

---

13) 주보돈 1997, 「한국 고대의 토기명문」, 『유물에 새겨진 고대문자』, 부산광역시립박물관 복천분관, p.56 재인용.

14) 신석열, 1997, 「고대 명문의 해독과 분석」, 『유물에 새겨진 고대문자』, 부산광역시립박물관 복천분관, p.61 인용.

15) 『周書』卷四十九「百濟」, 都下有萬家 分爲五部 曰上部前部中部下部後部 統兵五百人.

16) 中華民國敎育部 異體字字典.

17) 한국고전번역원 이체자검색.

18) 中華民國敎育部 異體字字典.

19) 국립청주박물관, 2000, 『한국 고대의 문자와 기호유물』, p.46.

20) 奈良文化財研究所編, 2013, 『日本古代木簡字典』, 八木書店, p.206.

도면 12. 사비도성 문자유물 - ㄲ 사용 예

익산

고부

서울 아차산 4보루

도면 13. 사비도성 部 사용 예   도면 14. 기타지역 ㄲ 사용 예

• 己丑·乙丑명 인각와는 연도를 나타내는 것인가?

　己丑·乙丑명 인각와(이하 己丑瓦로 명함)는 丁巳명 인각와와 더불어 연도를 나타내는 간지로 여겨져 605년 혹은 629년으로 인식[21])되곤 하였다. 하지만 앞의 도면과 같이 위 문자는 己 혹은 乙이 명확하고,

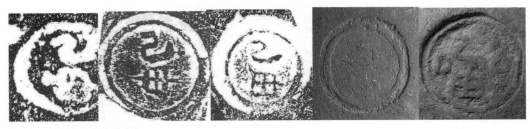

도면 15. 己丑 및 乙丑명 인각와

21) 국립부여문화재연구소, 2009, 『부여 관북리백제유적 발굴보고Ⅳ』, p.234 재인용.

아래 문자는 丑으로 판독하기에는 무리가 있어 보인다.

丑은 이체(형)자 자전에서 보면, 丑 丑 丑 丑 丑으로 가로획은 3, 세로획은 2획임을 알 수 있다. 하지만 위의 도면에서는 가로획과 세로획 모두 3획으로 이루어져 있으며, 흡사 申을 옆으로 눕혀 쓴 듯하다. 따라서 己丑瓦는 己丑 혹은 乙丑으로 판독하는 것에는 무리가 따른다.

일반적으로 백제시대의 인각와 중 한 원호에 두 개의 문자가 쓰인 예는 기축와, 정사와 말고도 지명을 나타내는 大通·下卩·上卩 등이 있으며, 그 뜻을 헤아리기 힘든 目次·本文·本夫 등이 있다. 그리고 모든 인각와의 판독은 상→하로 판독된다. 이처럼 같은 형식의 인각와를 통해 기축와로 명명된 인각와의 내용을 파악하기는 힘들다.

그런데 백제 인각와 중 도장 두 개를 찍어서 만든 인각와와 기축와의 내부 문자가 상관관계를 띠어 주목된다. 즉 생산년도를 뜻하는 십간십이지 중 한 글자와 공급(생산)집단을 나타내는 한 글자로 이루어져 있다는 것이다.

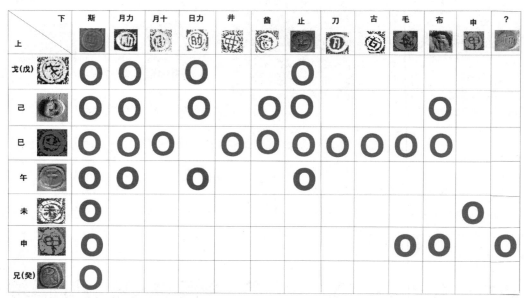

上＼下	斯	月力	月十	日力	井	酋	止	刀	古	毛	布	申	?
戊(戊)	O	O		O			O						
己	O	O		O	O						O		
巳	O	O	O		O	O	O	O	O	O	O		
午	O	O		O			O						
未	O											O	
申	O									O	O		O
兄(癸)	O												

도면 16. 도장 두 개 찍은 인각와 분석표

• 소위 p·pB명 인각와는?

인각와 내의 문자는 단순하지만, 아직 판독되지 않은 문자가 많다. 위의 인각와 또한 처음 보고시 P 혹은 pB 등으로 보고된 상태이다. 하지만 최근 이체자 자전이 인터넷으로 검색되면서 이것들이 기호가 아닌 문자일 가능성이 매우 높아졌다.

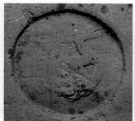

도면 17. 불명 인각와

卵 卵 聇 非 非 卯 卯 夘 夘 非 卯 卯 卯
卯 夘 夘 卯 卯 卯 卯 非 聇 聇 聇 非 冰 夘

즉, 卯의 이체자를 보면, 卯 卯   [22]로 pB가 卯일 가능
성[23]이 높아졌다.

투고일 : 2013. 10. 30.	심사개시일 : 2013. 11. 4.	심사완료일 : 2013. 11. 15.

22) 中華民國敎育部 異體字字典.
23) 이에 대해서는 이미 다른 여러 학자들(高正龍, 2007, 「百濟刻印瓦覺書」, 『朝鮮古代硏究』第8号, 朝鮮古代硏究刊行會)도
   인지하고 있는 실정이다.

인터넷

한국금석문 종합영상정보시스템.

中華民國敎育部 異體字字典.

한국고전번역원 이체자검색시스템.

사전

손환일, 2011, 『한국 목간자전』, 국립가야문화재연구소.

奈良文化財研究所編, 2013, 『日本古代木簡字典』, 八木書店.

이상은 감수, 1992, 『漢韓大字典』, 民衆書林.

도록

국립청주박물관, 2000, 『한국 고대의 문자와 기호유물』.

경희대학교중앙박물관, 2112, 『백제기와』.

국립공주박물관, 2010, 『백제의 목기』.

국립부여박물관, 2009, 『나무 속 암호 목간』.

국립부여박물관, 2010, 『백제와전』.

국립부여박물관, 2008, 『백제목간』.

국립중앙박물관, 2011, 『문자, 그 이후 한국고대문자전』.

부산광역시립박물관 복천분관, 1997, 『유물에 새겨진 고대문자』.

논문

심상육, 2005, 『백제시대 인각와에 관한 연구』, 공주대학교대학원 석사학위논문.

심상육·성현화, 2012, 「부여나성 청산성구간 발굴조사 성광돠 부여 북나성 명문석 보고」, 『목간과 문자』제9호, 한국목간학회.

高正龍, 2007, 「百濟刻印瓦覺書」, 『朝鮮古代研究』第8号, 朝鮮古代研究刊行會.

윤선태, 2007, 「백제의 문서행정과 목간」, 『한국고대사연구』48, 한국고대사학회.

박태우, 2010, 「목간자료를 통해 본 사비도성의 공간구조」, 『백제학보』제1호, 백제학회.

심상육, 2010, 「백제 인각와에 대하여」, 『목간과 문자』5호, 한국목간학회.

박방룡, 2012, 「한국 고대 축성금석문의 특성」, 『동아시아의 문물』, 중헌 심봉근선생 고희기념논선집.

심상육·김영문, 2013, 「부여 구아리 319번지 유적 출토 편지목간」, 『새로 만난 文物 다시 보는 文物』, 文文 제2회 정기 학술대회.

〈日文要約〉

百濟 泗沘都城 出土 文字遺物

沈相六

　百濟史研究において最も困難一点は零細一文獻記録だ。これを解消できるのが發掘調査を通じて確保される多数の考古遺構及び遺物だ。特に、文字遺物の場合、事実と考えられていた文獻記録を再考させる場合も発生する。

　本稿は百済泗沘時代都城で確認された文字遺物を土·木·石·金屬製品に単純分類して、簡単な特徴を列挙するほど疎略する。しかし、資料紹介だけでも2次以上の研究が行われることが期待する。そしてこれまで批判なしに盲目的に受け入れていたいくつか文字遺物(、己丑·乙丑、p·pB)について問題提起をした。

▶ キーワード：百濟, 泗沘都城, 文字遺物

함안 성산산성 출토 목간의 정리현황 검토

최상기 *

〈국문 초록〉

1차 사료가 부족한 한국 고대사 분야에서 목간은 중요한 역할을 한다. 특히 咸安 城山山城에서 출토된 대량의 목간들은 중고기 신라의 정치, 경제, 군사 등을 살필 때 빠뜨릴 수 없는 소중한 실물 자료이다. 그러나 현재까지 성산산성 목간 관련 간행물, 연구성과들이 다수 축적되었음에도 불구하고, 성산산성 목간에 대한 체계적인 번호 부여조차 이루어지지 않은 상태이다. 이는 연구 과정에서 오류, 비효율을 초래할 수 있는 심각한 문제 요인이다. 발굴보고서, 현장설명회 자료집의 경우 한 간행물 안에서도 번호 부여 방식이 여러 가지이며, 각 간행물마다 매번 목간 번호가 1번부터 시작하므로 일관적인 파악이 어렵다. 《韓國의 古代木簡》, 《韓國 木簡字典》은 현재까지 연구자들이 가장 많이 활용하는 기본 자료집이다. 그러나 다른 간행물들과의 연속성이 부족할 뿐만 아니라, 부여한 번호도 아직 문제점이 있어 그 형식을 한국에서 출토된 목간들에 일괄 적용하기 어렵다. 여러 종류의 번호 부여 방식이 혼재한 상황은 연구성과의 작성 단계부터 문제가 되며, 이로 인해 연구사의 신속, 정확한 파악도 곤란하다. 번호 부여 방식을 비롯해 성산산성 목간에 대한 체계적인 관리는 학문후속세대의 연구 지속성 측면에서도 중요한 과제이다. 차후 새로운 번호 부여 방식을 마련할 때에는 해당 목간의 출토 장소, 출토 연도, 일

---

* 서울대학교 국사학과 박사과정

련번호를 직관적으로 보여줄 수 있는 틀을 갖춰야 할 것이다.

▶ 핵심어 : 함안 성산산성 출토 목간(성산산성 목간), 번호 부여 방식, 번호 표기 방식, 《韓國의 古代木簡》, 《함안
　　　　 성산산성 11차 발굴조사 현장설명회 자료집》, 《함안 성산산성 제12차 발굴조사 현장설명회 자료집》,
　　　　 《韓國 木簡字典》

Ⅰ. 머리말

대학원에서 한국 고대사를 공부하면서 다른 시대, 다른 분야 전공자들로부터 "자료가 없는데 어떻게
연구를 진행하는가?"라는 질문을 자주 받는다. 그럴 때마다 기존 자료들도 새로운 논리로 해석할 수 있
고 인접 시기, 지역의 자료들을 방증 사례로 활용한다고 대답하지만, 1차 사료의 부족이 한국 고대사
분야의 근본적인 문제점임은 부정할 수 없다.

새로운 목간, 금석문 등의 발견은 이런 상황을 타개할 수 있는 가능성을 제공한다는 점에서 많은 연
구자들의 관심을 집중시킨다. 이중에서 어느 정도 완결된 서사 구조를 갖는 비석, 墓誌 등과 달리, 개
개의 목간은 설령 정확한 판독을 거치더라도 대부분 단편적인 정보만을 담고 있다. 그러나 행정 실무에
사용된 목간들은 대량으로 함께 발견되는 경우가 많다. 특히 운송 관련 목간들로부터는 새로운 지명,
관등명, 인명 등을 확인할 수 있을 뿐만 아니라, 그들을 종합적으로 검토함으로써 목간 작성 시점의 수
취, 운송 체계와 사회 구조까지 복원할 수 있다.

경상남도 함안의 성산산성에서 출토된 목간들은(이하 성산산성 목간이라 칭함) 그 대표적 사례이다.
1991년 발굴을 시작한 이래 이곳에서만 총 281점이 목간이 발견되었고,[1] 상당수가 물품 운반을 위한
꼬리표 용도로 제작되었음이 밝혀졌다. 다수의 목간이 발견된 만큼 지금까지 이들을 활용한 연구성과
가 매우 많이 축적되었을 뿐만 아니라,[2] 성산산성 목간을 소개하는 간행물들도 다양하다. 간행물은 발
굴보고서 외에 현장설명회 자료집, 도록, 자전 등 여러 형태로 제작되었고, 특히 『韓國의 古代木簡』,
『韓國 木簡字典』 등은 성산산성 목간을 연구할 때 필수적인 기초 자료집의 역할을 하고 있다.[3]

성산산성 목간이 중고기 신라의 정치, 경제, 군사 등 여러 모습을 살필 때 간과할 수 없는 중요 연구

---

1) 현재까지 간행된 성산산성 목간 관련 보고서, 자료집 등의 내용을 종합하면 목간은 1992년에 6점, 1994년에 21점, 2000년
　 에 2점, 2002년에 92점, 2003년에 1점, 2006년에 40점, 2007년에 79점, 2008년에 5점, 2009년에 35점이 확인되었다.
2) 이 글의 목적은 성산산성 목간의 정리현황 검토이므로, 기존 연구성과들을 상세히 분석하지는 않았다. 다만 성산산성 목
　 간에 부여된 번호를 활용하는 방식을 확인하기 위해 약 30편의 연구성과들을 검토했다. 그에 대해서는 Ⅲ장 참조.
3) 이 글에서 검토 대상으로 삼은 간행물들은 『함안 성산산성 발굴보고서 Ⅰ~Ⅳ』, 『韓國의 古代木簡』, 『(개정판) 韓國의 古
　 代木簡』, 『함안 성산산성 11차 발굴조사 현장설명회 자료집』, 『함안 성산산성 제12차 발굴조사 현장설명회 자료집』, 『함
　 안 성산산성 출토목간』, 『나무 속 암호 목간』, 『韓國 木簡字典』 등이다. 각 간행물의 구체적인 사항은 Ⅱ장 참조.

대상임은 부정할 수 없다. 그런데 성산산성 목간 및 관련 연구성과를 검토하려는 신진 연구자는 당혹감을 느낄 가능성이 높다. 우선 현재까지 확인된 281점의 목간을 일괄 수록한 간행물, DB가 존재하지 않고, 기존 간행물들도 동일 목간에 각기 다른 번호를 부여한 경우가 많다. 이로 인해 연구성과에서 어느 간행물을 활용했느냐에 따라 같은 목간의 번호가 달라지고, 그 표기 방식도 연구자마다 차이가 있다.

물론 기존 연구성과들을 세밀히 검토하면, 빈번히 다루어진 목간들의 취급 방식에 대해서는 암묵적인 공감대가 형성되었음을 알 수 있다. 그러나 목간을 공식적으로 목록화하지 않는 이상, 연구 과정에서 착오로 인한 비효율, 오류가 발생할 가능성은 상존한다. 현재 목간은 전국에서 출토되고 있다. 처리 역량을 초과할 정도로 목간이 누적된 중, 일 학계에 비해 아직 목간의 양이 많지 않은 한국 학계의 현재 상황이 인프라 구축의 최적기라는 견해를 감안하면,[4] 체계적인 목간 번호의 설정은 앞으로의 연구 진전을 위한 필수 요소라고 생각한다.

아래에서는 이를 위한 기초 작업으로서 성산산성 목간의 정리현황을 살펴보고자 한다. 우선 Ⅱ장에서는 현재까지 발간된 각종 간행물들에서 목간에 번호를 부여한 방식의 특징과 문제점을 검토할 것이다. 이어서 Ⅲ장에서는 성산산성 목간을 활용한 연구성과들이 어떤 간행물의 방식을 수용하여 표기했는지 구체적으로 확인하겠다. 마지막으로 Ⅳ장에서는 앞으로의 과제를 생각하면서 그에 대한 필자의 견해를 덧붙이도록 하겠다. 성산산성 목간의 핵심 내용도 정확히 파악하지 못한 상태에서 번호 형식을 검토하려는 필자의 시도가 본말전도처럼 느껴지지만, 현재 상황에 대한 정보 제공 측면에서는 약간의 의의가 있을 것이다.

Ⅱ. 관련 간행물의 번호 부여(numbering) 방식[5]

1. 『咸安 城山山城』(국립창원문화재연구소, 1998.12.24)

성산산성의 첫 번째 발굴조사 보고서로, 1991~1994년의 조사 결과를 수록했다. 총 27점의 목간을 실었고, 24점에서 묵서가 확인되었다. 여기에서 목간에 번호를 부여한 방식은 ① 분석표 번호[6], ② 도

---

4) 김경호, 2010, 「한·중·일 동아시아 3국의 목간 출토 및 연구 현황」, 『한국고대사연구』 59, pp.359~360.

5) 본문의 내용과 관련하여 각 간행물에서 성산산성 목간에 부여한 번호들을 〈별표〉에서 정리했다. 〈별표〉의 묵서는 『함안 성산산성 제12차 발굴조사 현장설명회 자료집』, 『함안 성산산성 출토 목간』에 실린 판독안을 기준으로 삼았고, 이후 추가된 목간에 대해서는 『韓國 木簡字典』의 판독을 따랐다. 묵서는 위→아래, 오른쪽→왼쪽 방향 순서로 입력했고, 각 글자의 크기와 서체, 목간의 형태 등은 고려하지 않았다. 한편 〈별표〉에서 정리한 4차 보고서의 목간 중 126~155번 목간(30개)은 새로 출토된 것이 아니라, 기존 다른 간행물에서 소개된 목간 중 묵서가 없어 『韓國 木簡字典』에 수록되지 않은 것들로 보인다. 성산산성 목간 전체를 직접 보지 못한 상태에서 현황을 정리한 결과 이들이 각각 어떤 목간에 해당하는지 판별할 수 없어 일단 별도의 항목에 기입해 두었다. 또한 수량 측면에서도 일부 오류가 있을 수 있다. 이러한 부분은 추후 보완하겠다.

6) 국립창원문화재연구소, 1998, 『咸安 城山山城』, p.103에 목간 분석표가 실려 있다. 그러나 어떤 기준에 따라 번호를 부여

면 번호, ③ 사진 번호, ④ 적외선 사진 번호 등 네 가지이다.

②, ③은 ①의 순서에 따라 나열된 목간의 도면, 사진 번호이다. 보고서 크기의 제약으로 한 페이지에 8개 전후의 도면과 사진을 실었고, 페이지가 바뀔 때마다 1번부터 다시 시작했다. 이들은 다른 유적, 유물들의 도면, 사진과 함께 제시된 것이므로, 보고서 외부에서 ②, ③을 사용할 여지는 높지 않다.[7]

연구자들이 주로 활용한 형식은 ①, ④이다. 그런데 27개 목간에 모두 번호를 부여한 ①과 달리, ④는 묵서가 없는 목간(①의 4, 5, 19번)을 제외한 결과 1~24번까지만 존재한다. 성산산성 목간에 대한 연구는 묵서에 집중하는 경향이 강하지만, 목간 자체도 중요한 연구 대상인 만큼 ④를 공식적으로 사용하는 것은 한계가 있다고 생각한다. 게다가 양자가 동일 형태(1, 2, 3, …)이므로 별도의 설명 없이 어느 한 쪽을 택할 경우 혼란을 초래할 가능성이 높다.

2. 『韓國의 古代木簡』(국립창원문화재연구소, 2004. 07. 20)

성산산성 목간의 대량 출토에 따른 목간 연구 활성화에 발맞춰 당시까지 확인된 목간들을 일괄 수록한 도록이다. 성산산성 목간은 총 116점을 수록했는데, 각 목간의 원색 사진과 적외선 사진 및 도면(일부 목간)을 함께 제시하여 번호 부여 방식을 하나로 통일했다.[8]

이 도록에서 가장 의문스러운 부분은 1차 보고서에서 소개한 목간 27개의 번호가 바뀐 점이다. 변경기준에 대한 특별한 설명 없이 1~27번의 순서가 달라졌는데, 새로 부여한 번호들은 이후의 간행물, 연구성과에서 가장 많이 사용되었다. 그러나 이는 형식의 연속성 측면에서 1차 보고서 단계와의 단절로 생각할 수 있다.

3. 『咸安 城山山城 Ⅱ』(국립창원문화재연구소, 2004. 12. 20)

성산산성의 두 번째 발굴조사 보고서로, 1차 보고서 이후 2002년까지의 조사 결과를 수록했다. 총 94점의 목간이 실려 있고,[9] 1차 보고서와 유사하게 ① 본문 번호, ② 도면 번호, ③ 사진 번호로 번호 부여 방식을 분류할 수 있다.

①의 경우 2000년부터 새롭게 발견된 목간들에 번호(1~94번)를 부여했으므로, 1차 보고서 및 『韓國의 古代木簡』과 연결되지 않는다. 목간만을 실은 도록, 자료집이 아닌 발굴조사 보고서에 연속성을 강요할 수는 없다. 그러나 형식 측면에 한정한다면 1차 보고서, 『韓國의 古代木簡』, 2차 보고서의 '1번'이

했는지는 밝히지 않았다. 이는 이후의 보고서, 자료집들도 마찬가지이다.

7) 이유를 알 수 없지만, ②, ③의 일련번호도 완전히 일치하지는 않는다.

8) 책 말미의 판독문 일람표에서 묵서가 있는 목간을 중심으로 번호를 제시했지만, 이는 사진 번호를 그대로 따른 것이다.

9) 국립창원문화재연구소, 2004, 『咸安 城山山城 Ⅱ』, p.98에서는 목간이 93점 출토되었다고 했으나, 실제로는 94개를 제시했다. 이는 미완성품으로 분류된 목간의 포함 여부에 의한 것으로 추정된다.

모두 다른 목간을 지칭한다. 한편 ②, ③은 1차 보고서와 같이 다른 곳에서 사용될 가능성이 낮다. 그러나 번호 뒤에 '−숫자'를 붙인 형식은 다른 간행물에서 목간의 전/후면을 가리키는 방식으로 사용되었으므로 번호만 볼 경우 착오를 일으킬 수 있다.

4. 『(개정판) 韓國의 古代木簡』 (국립창원문화재연구소, 2006.07.06)

여기에서는 『韓國의 古代木簡』에서 부여한 번호를 그대로 따랐다. 다만 묵서가 있는 목간을 중심으로 실은 결과 성산산성 목간의 수록량은 감소했다(116개→88개).[10]

5. 『함안 성산산성 11차 발굴조사 현장설명회 자료집』 (국립창원문화재연구소, 2006.12.19)

2006년 실시한 11차 발굴조사에 대한 현장설명회 자료집으로, 새로 출토된 34점의 목간(제첨축 1점 포함)을 소개했다. 단, 적외선 사진은 일부 목간에 한정되었고, 나머지 목간들은 자료집 말미의 정리현황표에서 번호와 묵서 내용, 형상, 출토 연도를 확인할 수 있다.

정리현황표에는 기존 목간들도 함께 수록했다. 이들은 『韓國의 古代木簡』에서 부여한 번호를 따랐는데, 결합이 인정되는 목간들의 번호는 '+'를 사용해 연결하여 순서가 앞서는 목간 항목에 표시했다.[11] 나머지 결합된 목간은 목록에서 제외시키되, 해당 번호에 새로운 목간을 배정하지 않았으므로 전체 순서는 『韓國의 古代木簡』과 동일하다. 한편 『韓國의 古代木簡』에 포함되지 않은 목간들은 그것이 실린 간행물에서 부여한 번호를 목록에 기입했다.

신규 출토 목간의 번호 부여 방식은 ① 본문 번호[12], ② 사진 번호, ③ 도 번호 ④ 표 번호로 나누어진다. 그런데 ①, ②, ③은 일부 목간에만 사용되었고, 상호 연계성도 약하므로 이들을 공식적으로 사용하기 어렵다. 특히 ①의 11번은 개별 번호가 아니라 그 뒤에 가, 나, 다, 라를 추가 부여한 4개 목간을 일괄 지칭한다.

이 자료집의 가장 큰 특징은 ④이다. 2차 보고서처럼 신규 목간들에 1부터 번호를 부여했지만, 그 앞에 출토 연도를 의미하는 '2006−'를 추가했다. 이를 통해 같은 1번이라도 다른 간행물들과의 구별이 명확해졌다. 다만 아직 13점에만 번호를 부여한 상태이고, 파편으로 추정되는 일부 목간들에는 별도로 'A~E'를 부여했으므로 완결성을 갖추었다고는 보기 어렵다.

---

10) 국립창원문화재연구소, 2006, 『(개정판) 韓國의 古代木簡』에서는 95번 목간까지 제시했지만, 중간의 묵서 없는 목간 7개 (25, 26, 27, 87, 91, 93, 94번)를 수록하지 않았다.

11) 단, 45번과 95번의 연결 번호(45+95)는 45번이 아니라 95번 항목에 기입했다. 또한 표에서 E 목간은 76번 목간과 접합 된다고 했지만, 76번 항목에 함께 표기하지 않았다.

12) 본문에서 주요 목간들을 열거할 때 사용한 번호를 의미한다.

6. 『咸安 城山山城 Ⅲ』(국립창원문화재연구소, 2006. 12. 28)

성산산성의 세 번째 발굴조사 보고서이다. 여기에서는 2003년에 출토되었지만 2차 보고서에 실리지 못한 목간 1점을 수록했다. 보고서 체제 안에서 도면, 사진 번호만 붙였을 뿐, 별도의 번호를 부여하지 않았다.

7. 『함안 성산산성 제12차 발굴조사 현장설명회 자료집』(국립가야문화재연구소, 2007. 12. 13)

2007년 실시한 12차 발굴조사에 대한 현장설명회 자료집으로, 새로 출토된 76점의 목간을 소개했다. 일부 목간들의 원색 사진과 적외선 사진을 실었고, 자료집 말미에 2006년, 2007년 출토 목간 일람표를 수록했다.

출토 연도별로 제작한 일람표에서는 각각 1번부터 번호를 부여했다. 대부분의 번호 앞에 'w'를 붙였는데, 이는 'wooden strip(tablet, document)'의 약자로 추정된다. 하지만 본문에서는 이 번호를 그대로 사용하는 대신, 'w'를 제거하고 앞에 '2006-/2007-'를 덧붙였다. 이는 『함안 성산산성 11차 발굴조사 현장설명회 자료집』에서 사용한 방식과 동일한데, 일련번호가 같은 목간들을 출토 연도에 따라 구별하기 위한 방식이라고 할 수 있다.

다만 이 자료집의 가장 큰 문제점은 2006년 출토 목간 일람표가 『함안 성산산성 11차 발굴조사 현장설명회 자료집』과 동일하게 '2006-번호' 형식을 사용했음에도 순서가 전혀 다르다는 점이다. 이는 두 자료집의 목간 정리 주체가 다르거나, 같더라도 전면적으로 다시 정리한 결과로 추정된다. 또한 본문 중에 '연도-번호' 형식과 『韓國의 古代木簡』에서 부여한 번호가 함께 등장하는데, 양자의 형식이 다르므로 읽는 사람에게 혼동을 초래할 수 있다.[13] 한편 일부 목간들에는 'w' 대신 'T'를 붙이거나 숫자 대신 'A~I'를 부여했는데, 이는 목간 정리를 완료하지 못한 상황의 반영일 것이다.

8. 『함안 성산산성 출토목간』(국립가야문화재연구소, 2007. 12. 28)

국립가야문화재연구소와 早稻田 대학 조선문화연구소가 2004~2007년까지 진행한 성산산성 목간에 대한 공동 연구의 결과물로 간행된 자료집이다. 1, 2차 보고서에서 소개한 목간 및 『함안 성산산성 11차 발굴조사 현장설명회 자료집』에 실린 목간 중 일부(A~F)를 수록했다.

여기에서는 『韓國의 古代木簡』에서 부여한 번호를 따랐는데, 세 자리 숫자를 기준으로 삼아 한 자리, 두 자리 숫자 번호는 앞에 '0'을 덧붙여 동일 형태를 갖추었다.[14] 각 파편들도 개별 사진과 번호를 수록했고,[15] 그들을 결합시킨 모습은 '번호+번호'의 제목과 함께 별도로 제시했다. 다만 제목에 사용한

---

13) 구체적으로 문장 중에 '2007-○○', '○○'를 나열할 경우, 후자가 '2007-○○'의 축약형인지, 아니면 『韓國의 古代木簡』에서 부여한 번호인지 파악하기 어려울 수 있다.

14) 사진 25~27번은 앞에 '0'을 붙이지 않았는데 제작 중의 실수라고 생각한다. 한편 자료집 말미에 실린 판독문 일람표에서는 번호들 전부에 '0'을 붙이지 않았다.

번호들의 순서와 목간의 실제 결합 순서(위→아래)가 일치하지 않는 경우가 있으므로, 결합된 목간의 번호 부여 방식도 아직 문제가 남아 있다.

9. 『나무 속 암호 목간』(국립부여박물관·국립가야문화재연구소, 2009.05.18)

2009년 5월 국립부여박물관에서 열린 목간 관련 특별전의 도록이다. 범례(일러두기)에 의하면 목간의 번호는 『韓國의 古代木簡』을 따랐고, 새로 추가된 목간들은 해당기관에서 부여한 번호를 사용하는 것을 원칙으로 하였다.

성산산성 목간은 총 40점이 실렸는데, 각 번호는 '06/07-w번호' 형식으로 이루어졌다. 번호를 통해 『함안 성산산성 제12차 발굴조사 현장설명회 자료집』의 순서를 따랐음을 알 수 있지만, 도록 제작 중에 번호의 형식 일부를 수정했다고 생각한다.[16]

10. 『韓國 木簡字典』(국립가야문화재연구소, 2011.11.25)

함안 성산산성 발굴을 주도한 국립가야문화재연구소에서 그동안 발견된 목간들의 묵서 내용을 종합하여 편찬한 자전으로, 성산산성 목간은 총 224점을 수록했다. 판독문과 적외선 사진을 각 장에 나누어 실었는데, 전자에는 〈咸安城山山城出土木簡〉번호'를, 후자에는 전자의 형식을 압축한 코드로 생각되는 '[城]번호'([城]1~[城]224)를 부여했다. 이는 목간의 출토 지역을 보여주는 점에서 큰 의미가 있다. 그러나 다른 산성에서 출토된 목간들도 존재하므로, 사용자가 범례나 별도의 설명 없이 이 코드만으로 그것이 성산산성 목간인지 파악하기 곤란하다.

여기에서 흥미로운 부분은 성산산성 목간 중 가장 먼저 소개된 27점에 번호를 부여할 때, 그동안 대부분의 간행물, 연구성과들이 수용한 『韓國의 古代木簡』 방식 대신 1차 보고서에서 부여한 번호를 따랐다는 점이다.[17] 처음 부여했던 번호를 사용한 점에서 연속성을 인정할 수 있지만, 이미 『韓國의 古代木簡』 방식을 따르는 것이 어느 정도 정착된 상황에서 그와 다른 번호를 부여함으로써 연구자들에게 혼란을 줄 여지가 있다.

자전의 번호 부여 방식의 또 다른 특징으로, 전/후면을 표시할 때 '-1/2'를 번호 뒤에 추가했다. 세 면 이상에 묵서가 있는 경우 '-3, -4'까지 존재한다. 이는 다른 나라 학계에서도 사용하는 방식이다.[18] 그러나 발굴조사 보고서, 현장설명회 자료집 등의 도록, 사진 번호와 착종될 위험성도 있다. 한편 여기

---

15) 다만 『함안 성산산성 11차 발굴조사 현장설명회 자료집』에서 소개한 E 목간은 사진을 제시하지 않고 76번 목간과 결합시킨 사진(E+76)만 제시했다.

16) 전체적인 형식 외에도 『함안 성산산성 제12차 발굴조사 현장설명회 자료집』의 일람표에서 'T'를 붙였던 목간들이 여기에서는 'w'가 붙었고, 일람표의 A 목간도 도록에서는 07-A1을 부여했다.

17) 자전에서는 1차 보고서의 번호를 수용한 이유를 명시하지 않았다. 『韓國 木簡字典』과 『韓國의 古代木簡』 모두 국립가야문화재연구소(국립창원문화재연구소)에서 발행한 것인데 번호 순서가 달라진 이유가 무엇인지 의문이다.

18) 中國簡牘集成編輯委員會 編, 2005, 『中國簡牘集成 [標註本]』에서도 전, 후면을 동일 방식으로 표기했다.

에서는 결합시킨 목간을 하나로 취급하여 개별 파편들에 번호를 부여하지 않았고, 묵서가 없는 목간들 대부분은 수록 대상에서 제외했다. 이로 인해 28번 이후의 순서도 『韓國의 古代木簡』과 달라져서, 결국 전체적으로 기존 간행물들과 크게 다른 번호 체계를 갖게 되었다.

11. 『함안 성산산성 발굴조사 보고서 Ⅳ』(국립가야문화재연구소, 2011. 11. 27)

성산산성의 네 번째 발굴조사 보고서로, 2006~2009년의 조사 결과를 수록했다. 총 155점의 목간을 소개했고, 번호 부여 방식은 기존 보고서와 유사하게 ① 표 번호[19], ② 사진 번호, ③ 도면 번호로 나눌 수 있다. 또한 표에 실린 각 목간의 항목에는 『韓國 木簡字典』의 코드도 함께 기입하여 비교할 수 있도록 하였다.

②, ③은 보고서 안에서 다른 유물들과 함께 부여된 번호이므로 큰 의미는 없다. 한편 명시하지 않았지만 4차 보고서에 실린 목간들은 『함안 성산산성 11차 발굴조사 현장설명회 자료집』에서부터 소개한 것들이다. 이미 이들에게 '연도-번호' 형식의 번호를 부여한 바 있지만, ①에서 『韓國 木簡字典』의 코드 순서를 따랐으므로 양자의 순서가 완전히 다르다. 한편 목간의 각 면을 나타낼 때에는 '전/후, 앞/뒤' 대신, '1면, 2면, 3면, 4면' 등의 방식을 취했다.

Ⅲ. 관련 연구성과의 번호 활용 및 표기 방식

이 장에서는 성산산성 목간을 활용한 연구성과들 중 일부를 검토하여 그들이 어떤 간행물의 번호 부여 방식을 따랐고, 글에서 번호들을 어떻게 표기했는지 확인하겠다.[20] 각 연구성과의 구체적인 관련 사

---

19) 국립가야문화재연구소, 2011, 『함안 성산산성 발굴조사 보고서 Ⅳ』, 283~289쪽에 실린 표에서 부여한 번호를 의미한다.
20) 성산산성 목간 관련 연구성과는 RISS(http://www.riss.kr/index.do)에서 키워드를 '성산산성' or '목간'으로 설정하여 검색했다. 이 글에서 검토대상으로 삼은 연구성과는 다음과 같다.
   윤선태, 1999, 「咸安 城山山城 出土 新羅木簡의 用途」, 『진단학보』88.
   박상진, 2000, 「출토 목간의 재질분석 : 함안 성산산성 출토목간을 중심으로」, 『한국고대사연구』19.
   박종익, 2000, 「咸安 城山山城 發掘調査와 木簡」, 『한국고대사연구』19.
   謝桂華, 2000, 「중국에서 출토된 魏晉代 이후의 漢文簡紙文書와 城山山城 출토 木簡」, 『한국고대사연구』19.
   이성시, 2000, 「韓國木簡연구의 현황과 咸安城山山城출토의 木簡」, 『한국고대사연구』19.
   주보돈, 2000, 「咸安 城山山城 出土 木簡의 基礎的 檢討」, 『한국고대사연구』19.
   平川南, 2000, 「日本古代木簡 硏究의 現狀과 新視點」, 『한국고대사연구』19.
   이경섭, 2004, 「咸安 城山山城 木簡의 硏究現況과 課題」, 『신라문화』23.
   이수훈, 2004, 「咸安 城山山城 出土 木簡의 稗石과 負」, 『지역과 역사』15.
   이경섭, 2005, 「城山山城 출토 荷札木簡의 製作地와 機能」, 『한국고대사연구』37.
   박종기, 2006, 「韓國 古代의 奴人과 部曲」, 『한국고대사연구』43.
   고광의, 2007, 「6~7세기 新羅 木簡 書體의 書藝史的 의의」, 한국목간학회 학술대회.

항들은 아래의 표에 정리했다.

순번	연구성과	번호 부여를 따른 간행물	본문 중 표기 방식	비고
1	윤선태, 1999	1차 보고서(분석표 번호)	'숫자'	형식 분류안 제시
2	박상진, 2000	1차 보고서(분석표 번호)	'숫자+번+(빈 칸)+목간'	
3	박종익, 2000	1차 보고서(분석표 번호)	'숫자+번+(빈 칸)+木簡'	도면, 사진, 적외선 사진 번호 함께 제시
4	謝桂華, 2000	1차 보고서(적외선 사진 번호)	'숫자+번+(빈 칸)+목간' / '숫자+簡'	'숫자+簡'은 중국 학계 방식으로 추정
5	李成市, 2000	1차 보고서(적외선 사진 번호)	'목간+숫자'	
6	주보돈, 2000	1차 보고서(적외선 사진 번호)	'목간+숫자'	목록에서는 '木簡+숫자'로 표기
7	平川南, 2000	1차 보고서(적외선 사진 번호)	'숫자+호'	
8	이경섭, 2004	1차 보고서(적외선 사진 번호)	'숫자+호+(빈 칸)+목간'	
9	이수훈, 2004	『韓國의 古代木簡』	'숫자+번+(빈 칸)+木簡'	
10	이경섭, 2005	『韓國의 古代木簡』	'숫자+호+(빈 칸)+목간'	
11	박종기, 2006	『韓國의 古代木簡』	'숫자+번+(빈 칸)+목간'	
12	고광의, 2007	『韓國의 古代木簡』	'숫자+번+(빈 칸)+목간'	
13	김희만, 2007	『韓國의 古代木簡』	'제+숫자'	
14	이경섭, 2007	2차 보고서 / 11차 자료집	'숫자+호+(빈 칸)+목간'	
15	이수훈, 2007	『韓國의 古代木簡』 / 11, 12차 자료집	'숫자+번+(빈 칸)+목간'	06년 출토 목간은 11차 자료집 07년 출토 목간은 12차 자료집

김희만, 2007, 「咸安 城山山城 出土 木簡과 新羅의 外位制」, 『경주사학』26.
이경섭, 2007, 「함안 성산산성 출토 제첨축(題籤軸)과 고대 동아시아세계의 문서표지(文書標識) 목간」, 『역사와 현실』65.
이수훈, 2007, 「新羅 中古期 행정촌·자연촌 문제의 검토 : 城山山城 木簡과「冷水里碑」를 중심으로」, 『한국고대사연구』48.
전덕재, 2007a, 「중고기 신라의 지방행정체계와 郡의 성격」, 『한국고대사연구』48.
전덕재, 2007b, 「함안 성산산성 목간의 내용과 중고기 신라의 수취체계」, 『역사와 현실』65.
권인한, 2008a, 「고대 지명형태소 '本波/本彼'에 대하여 : 咸安木簡의 예를 중심으로」, 한국목간학회 정기발표회.
권인한, 2008b, 「함안 성산산성 목간 속의 고유명사 표기에 대하여」, 『사림』31.
전덕재, 2008a, 「함안 성산산성 목간의 연구현황과 쟁점」, 『신라문화』31.
전덕재, 2008b, 「함안 성산산성 출토 신라 하찰목간의 형태와 제작지의 검토」, 한국목간학회 학술대회.
김경호, 2009, 「한국 고대목간 보이는 몇 가지 형태적 특징 : 중국 고대목간과의 비교를 중심으로」, 『사림』33.
김창석, 2009, 「新羅 中古期의 奴人과 奴婢 : 城山山城 木簡과「鳳坪碑」의 분석을 중심으로」, 『한국고대사연구』54.
이수훈, 2010, 「城山山城 木簡의 本波와 末那, 阿那」, 『역사와 세계』38.
윤선태, 2012, 「함안 성산산성 출토 신라 하찰의 재검토」, 『사림』41.
이경섭, 2012, 「新羅의 奴人」, 『한국고대사연구』68.
이수훈, 2012, 「城山山城 木簡의 '城下麥'과 輸送體系」, 『지역과 역사』30.
전덕재, 2012, 「한국의 고대목간과 연구동향」, 『목간과 문자』9.
이경섭, 2013, 「함안 城山山城 출토 新羅木簡 연구의 흐름과 전망」, 『목간과 문자』10.
이승재, 2013a, 「新羅木簡과 百濟木簡의 표기법」, 『진단학보』117.
이승재, 2013b, 「함안 성산산성 221호 목간의 해독」, 『한국문화』61.

순번	연구성과	번호 부여를 따른 간행물	본문 중 표기 방식	비고
16	전덕재, 2007a	『韓國의 古代木簡』 / 11, 12차 자료집	'숫자+번+(빈 칸)+목간'	2006-1~13번은 11차 자료집, 다른 06년 출토 목간 및 07년 출토 목간은 12차 자료집
17	전덕재, 2007b	『韓國의 古代木簡』 / 11차 자료집	'숫자+번+(빈 칸)+목간'	
18	권인한, 2008a	12차 자료집	'숫자+번_앞/뒤'	
19	권인한, 2008b	『韓國의 古代木簡』	'숫자+호+(빈 칸)+목간'	45, 95번을 결합한 목간을 '95+45'로 표기
20	전덕재, 2008a	『韓國의 古代木簡』 / 12차 자료집	'숫자+번+(빈 칸)+목간'	06년 출토 목간도 모두 12차 자료집에 의거
21	전덕재, 2008b	『함안 성산산성 출토목간』 / 12차 자료집	'숫자+번+(빈 칸)+목간'	
22	김경호, 2009	『韓國의 古代木簡』		2차 보고서 번호는 타 연구성과 인용 결과
23	김창석, 2009	『韓國의 古代木簡』 / 11, 12, 13차 자료집	'숫자'/'숫자+번' /'숫자+(빈 칸)+목간' /'숫자+번+(빈 칸)+목간'	
24	이수훈, 2010	『韓國의 古代木簡』 / 12차 자료집	'숫자+번+(빈 칸)+목간'	일람표에서 번호 앞에 붙인 'w' 생략 09년 출토 목간은 번호 미부여
25	윤선태, 2012	『함안 성산산성 출토목간』 (02년 이전 출토 목간) / 4차 보고서 (06~09년 출토 목간)	'숫자+호+(빈 칸)+목간' (02년 이전 출토 목간) / "자전"+(빈 칸)+숫자+호+(빈 칸)+목간' (06~09년 출토 목간)	06~09년 출토 목간의 번호가 02년 이전 출토 목간의 번호와 겹치는 것을 피하기 위해, 『韓國 木簡字典』의 번호([자전]+번호) 함께 제시
26	이경섭, 2012	『韓國 木簡字典』	'숫자+호+(빈 칸)+목간'	
27	이수훈, 2012	『韓國의 古代木簡』 / 12차 자료집	'숫자+번+(빈 칸)+목간'	일람표에서 번호 앞에 붙인 'w', 'I' 생략
28	전덕재, 2012	『韓國 木簡字典』	'숫자+번+(빈 칸)+목간'(최초) / '숫자+번'	
29	이경섭, 2013	『韓國 木簡字典』	'숫자+호+(빈 칸)+목간'	전/후면 표시에서 '-1/2'와 '-앞/뒤'가 혼재
30	이승재, 2013a	『韓國 木簡字典』	'성산산성+(빈 칸)+숫자+(빈 칸)+목간'	
31	이승재, 2013b	『韓國 木簡字典』	'숫자+호+(빈 칸)+목간'	

표를 통해 알 수 있듯이 상당수의 연구자들이 『韓國의 古代木簡』 방식을 따랐지만, 『韓國 木簡字典』의 간행 후 이를 택하는 경우도 늘어나고 있다. 또한 11, 12차 발굴조사 현장설명회 자료집도 자주 이용되었음을 알 수 있다. 이렇게 여러 종류의 번호 부여 방식이 혼재하는 상황에서 연구사의 흐름을 신속, 정확하게 파악하기는 곤란하다. 2장에서 이미 언급했지만 1차 보고서의 분석표 번호와 적외선 번호를 각각 선택한 연구성과들이 비슷하게 존재하며, 11차 자료집과 12차 자료집 사이의 연속성 없는 번호 부여는 연구성과의 작성 단계부터 문제가 되었다.[21] 한편 연구성과에서 목간 번호를 표기하는 방식은 대략 '숫자+번+(빈 칸)+목간'과 '숫자+호+(빈 칸)+목간'으로 구분된다. 이는 성산산성 목간의 번

호 부여 방식이 정비되면 자연스럽게 해결되겠지만, 규정된 방식의 준수에 대한 공감대 형성도 필요할 것이다.

IV. 앞으로의 과제 – 맺음말을 대신하여 –

지금까지의 검토에서 알 수 있듯이 성산산성 목간에 대한 관리는 여전히 체계적이지 못한 부분이 일부 남아 있다. 특정 연구 대상의 내용을 온전히 파악하는 것은 물론 연구자 개인의 책임이다. 그러나 누구나 쉽게 이해, 활용할 수 있도록 일관된 형식을 정비하는 것 또한 학문후속세대의 연구 지속 측면에서 중요한 과제가 아닐까.[22]

『韓國의 古代木簡』, 『韓國 木簡字典』 등이 간행 당시까지 확인된 목간들을 일괄 정리, 수록한 것은 분명하다. 그러나 양자를 포함한 기존 간행물들이 연속성 측면에서 문제점을 가진 것은 사실이며, 무엇보다 '서적' 형태인 이상 급속히 증가하는 자료들을 신속하게 추가하기 곤란하다는 문제를 극복하기 어렵다. 현재 목간연구센터(http://www.gaya.go.kr/mujian)에서 제공하는 목간 검색 서비스는 이러한 서적류의 한계를 보완한다고 할 수 있다. 그러나 여기에서는 『韓國 木簡字典』의 코드를 사용했으므로 『韓國 木簡字典』의 번호 부여 방식이 가진 문제점도 그대로 남아 있다.

목간에 부여하는 번호의 형식은 성산산성 목간만이 아니라 다른 곳에서 출토된 목간들에도 적용해야 하므로 관련 연구자들 사이의 충분한 논의와 합의가 이루어져야 한다. 새로운 부여 방식을 제안하는 것은 필자의 역량을 크게 초과하는 일이지만, 해당 목간의 출토 장소, 출토 연도, 일련번호를 직관적으로 보여줄 수 있는 틀이 마련되어야 한다고 생각한다.[23]

목간은 한국사만이 아니라 국어학, 자연과학 등의 분야에서도 연구가 진행 중이다. 그런 만큼 연구를 위한 전제 조건으로서 목간은 보다 세심히 관리되어야 하며, 일괄적인 번호 체계의 정비는 목간 관리의 첫 단계에 속한다고 할 수 있다. 이 글에서는 성산산성 목간만을 검토 대상으로 삼은 결과 국내 다른 지역에서 출토된 목간들의 현황 및 중국, 일본 학계의 목간 관리 방식을 구체적으로 살피지 못했다. 이러한 부분들은 추후 보완하도록 하겠다.

투고일 : 2013. 12. 9.   심사개시일 : 2013. 12. 11.   심사완료일 : 2013. 12. 19.

---

21) 전덕재, 2007a에서는 11차 발굴조사 현장설명회 자료집의 2006-1~13번 목간들을 제시할 때마다 그에 해당하는 12차 발굴조사 현장설명회 자료집의 번호를 추가로 각주에서 서술했다.

22) 목간의 번호 부여 외에 묵서 판독에서 사용하는 기호(□, △, …)도 통일되지 못한 상황이다.

23) 예를 들어, [성산산성2002] ○○○-(면 번호)의 형태를 생각할 수 있다.

〈별표〉

목서	城山山城 (1998.12.24)				韓國의 古代木簡 (2004.7.20)			咸安 城山山城II (2004.12.20)			(개정판) 韓國의 古代木簡 (2006.7.6)	咸安 성산산성 11차 발굴조사 현장설명회 (2006.12.19)				城山山城III (2006.12.28)		咸安 성산산성 12차 발굴조사 현장설명회 (2007.12.13)		咸安 성산산성 출토목간 (2007.12.28)		나무 속 암호 목간 (2009.5.18)	韓國 木簡字典 (2011.11.25)		咸安 성산산성 발굴조사 보고서IV (2011.11.27)		
	분석표번호	도면번호	사진번호	적외선사진번호	사진번호	판독표번호	사진번호	본문번호	도면번호	사진번호	사진번호	본문번호	도면번호	사진번호	표번호	도면번호	사진번호	본문번호	유림표번호	사진번호	판독문열람표번호	사진번호	식물표번호	사진번호	표번호	사진번호	도면번호
001 仇利伐 上?者村(波)婁	1	33-1	39-1	1	3	3	3				3				3		3	3		003	3		1	[城]1			
002 …(竹)?△利	2	33-2	39-2	2	24	24	24				24				24		24			024	24		2	[城]2			
003 …知上干支	3	33-3	39-3	3	23	23	23				23				23		23			023	23		3	[城]3			
004 무즉	4	33-4	39-4	-	27	27	27				27				27		27			027	27		4	[城]4			
005 무즉	5	33-5	39-5	-	26	26	26				26				26		26			026	26		5	[城]5			
006 甘文本波△村日(利)村村(伊	6	33-6	39-5	4	10	10	10				10				10		10	10		010	10		6	[城]6			
007 王松鳥 多伊伐支(上+2)(乃)八支	7	33-7	39-6	5	6	6	6				6				6		6			006	6		7	[城]7			
008 鳥欣彌村卜今稗石	8	33-8	39-7	7	11	11	11				11				11		11			011	11		8	[城]8			
009 上(盻)乃末居利支稗	9	33-9	39-8	6	12	12	12				12				12		12			012	12		9	[城]9			
010 仇伐干好村卑車部稗石	10	33-10	40-1	8	7	7	7				7				7		7			007	7		10	[城]10			
011 友伋波(秀)刀巴卑	11	34-1	40-2	9	8	8	8				8				8		8			008	8		11	[城]11			
012 △△△分只△△△	12	34-2	40-3	10	18	18	18				18				18		18			018	18		12	[城]12			
013 仇利伐上?者村 / 乙利	13	34-3	40-4	11	1	1	1				1				1		1	1		001	1		13	[城]13			
014 竹?△乎V干支卑一	14	34-4	40-5	12	9	9	9				9				9		9			009	9		14	[城]14			
015 前谷村 阿足只△	15	34-5	40-6	13	17	17	17				17				17		17	17		017	17		15	[城]15			
016 △△△	16	34-6	41-1	14	19	19	19				19				19		19			019	19		16	[城]16			
017 甘文城下?甘文波激(王)△ / (新)村△利今(負)	17	34-7	40-7	15	2	2	2				2				2		2	2		002	2		17	[城]17			
018 …言斯只一石	18	34-8	41-2	16	16	16	16				16				16		16			016	16		18	[城]18			
019 무즉	19	34-9	39-9	-	25	25	25				25				25		25			025	25		19	[城]19			
020 陳城巴兮支稗	20	34-10	41-3	17	13	13	13				13				13		13			013	13		20	[城]20			
021 古?利村阿那 / 仇(乃)支稗(麦)	21	35-1	41-4	18	20	20	20				20				20		20			020	20		21	[城]21			
022 夷△支口△△利△	22	35-2	41-5	19	22	22	22				22				22		22			022	22		22	[城]22			
023 …家村△△△	23	35-3	41-6	20	15	15	15				15				15		15			015	15		23	[城]23			
024 大村伊息智一伐	24	35-4	41-7	21	14	14	14				14				14		14			014	14		24	[城]24			
025 仇利伐 仇.?? 一伐 ?利△ 一伐(?)	25	35-5	42-1	22	4	4	4				4				4		4	4		004	4		25	[城]25			
026 仇利伐 △德知 一伐奴人( )	26	35-6	42-2	23	5	5	5				5				5		5	5		005	5		26	[城]26			
027 屈仇△村(元)△ / 稗石	27	35-7	42-3	24	21	21	21				21				21		21			021	21		27	[城]27			
028 古?伊骭利村阿那衆智卜利古△ / 稗△					28	28	28	1	49-1	57	28				28		28			028	28		28	[城]28			
029 古?新村智利知一尺△利 豆兮利智稗石					29	29	29	2	49-2	58	29				29		29			029	29		29	[城]29			
030 夷津支阿那古刀羅(只)豆支 / 稗					30	30	30	3	50-1	59	30				30		30			030	30		30	[城]30			

목서	咸安 城山山城 (1998.12.24)				韓國의 古代木簡 (2004.7.20)		咸安 城山山城II (2004.12.20)			(개정판) 韓國의 古代木簡 (2006.7.6)	함안 성산산성 11차 발굴조사 현장설명회 (2006.12.19)				咸安 城山山城III (2006.12.28)		함안 성산산성 12차 발굴조사 현장설명회 (2007.12.13)		함안 성산산성 출토목간 (2007.12.28)		나무 속 암호 목간 (2009.5.18)	韓國 木簡字典 (2011.11.25)		함안 성산산성 발굴조사 보고서IV (2011.11.27)		
	본문표번호	도면번호	사진번호	적외선사진번호	사진번호	판독표번호	본문번호	도면번호	사진번호	사진번호	본문번호	사진번호	도면번호	표번호	도면번호	사진번호	일련표번호	본문번호	판독표 일련표번호	사진번호	사진번호	석문번호	사진번호	표번호	사진번호	도면번호
031 古?・古利村末那 / 毛利次尸智稗石					31	31	4	50-2	60	31				31					31	031		31	[城31]			
032 上(仏)刀?村 / 加古(波)(孕)稗石					32	32	5	51-1	61	32				32					32	032		32	[城32]			
033 仇利伐 ?谷村 上?支負					33	33	6	51-2	62	33				33				33	33	033		33	[城33]			
034 仇利伐 上?者村 波婁					34	34	7	52-1	63	34				34				34	34	034		34	[城34]			
035 內里知 奴人 居助支負					35	35	8	52-2	64	35				35					35	035		35	[城35]			
036 (仇利伐) 只即智奴於△支負					36	36	9	52-3	65	36				36				36	36	036		36	[城36]			
037 內只次奴 湏?支負					37	37	10	53-1	66	37				37					37	037		37	[城37]			
038 比夕湏奴 ?先利支負					38	38	11	53-2	67	38				38				38	38	038		38	[城38]			
039 鄒文比尸河村?利牟利					39	39	12	53-3	68	39				39					39	039		39	[城39]			
040 阿卜智村 ?(私)( )( )					40	40	13	54-1	69	40				40					40	040		40	[城40]			
041 陳城巴兮弓支稗					41	41	14	54-2	70	41				41					41	041		41	[城41]			
042 友伐城(主)(龍)稗石					42	42	15	54-3	71	42				42					42	042		42	[城42]			
043 陽村文尸只					43	43	16	55-1	72	43				43					43	043		43	[城43]			
044 上( )( )村居利支稗					44	44	17	55-2	73	44				44					44	044		44	[城44]			
045 …阿那休智稗					45	45	18	55-3	74	45		95번과 결합		45					45	045		45	[城45]			
046 (乃)( )城(鄒)△△△支 / △△△					46	46	19	56-1	75	46				46					46	046		46	[城46]			
047 可初智(南)湏?石					47	47	20	56-2	76	47				47					47	047		47	[城47]			
048 ?鳥十之					48	48	21	56-3	77	48				48					48	048		48	[城48]			
049 三△△立△△石					49	49	22	57-1	78	49				49					49	049		49	[城49]			
050 △△△△△稗石					50	50	23	57-2	79	50				50					50	050		50	[城50]			
051 号尔					51		24	57-3	80	51				51	12-4	11			51	051		51	[城51]			
052 仇伐阿那古尸稗石					52	52	25	58-1	81	52				52						052		52	[城52]			
053 大村主舡(主人)					53	53	26	58-2	82	53				53				53		053		53	[城53]			
054 鄒文△△△村公?石					54	54	27	58-3	83	54				54						054		54	[城54]			
055 …号尔					55	55	28	59-1	84	55				55						055		55	[城55]			
056 △△(今)(朴)△支稗△ / 号亮					56	56	29	59-2	85	56				56						056		56	[城56]			
057 弘帝沒利負					57	57	30	59-3	86	57				57				57		057		57	[城57]			
058 …古謐(?)智私 / △利乃文屯支稗					59		31	60-1	87-1	59				59						059		59	[城59]			
059 …巴?号坂下… / …巴?号村…					60		32	60-2	87-2	60				60						060		60	[城60]			
060 (大舍)△△ / △稗石					61+75+90	61+75+90	33	60-3	88-1	61+75+90				61+75+90						061+75+90		61	[城61]			
061 …支村 ( )△(女)稗石					62+66	62+66	34	60-4	88-2	62+66				62+66						062+66		62	[城62]			
062 △舡(叔)(子)戸支 / 鄒(稗)					63	63				63				63						063		63	[城63]			

목서	城山山城(1998.12.24) 분석표번호	城山山城(1998) 도면번호	城山山城(1998) 사진번호	城山山城(1998) 적외선사진번호	古代木簡(2004.7.20) 사진번호	古代木簡(2004) 판독표번호	城山山城II(2004.12.20) 분석표번호	城山山城II 도면번호	城山山城II 사진번호	古代木簡 개정판(2006.7.6) 사진번호	11차(2006.12.19) 분문번호	11차 도면번호	11차 표번호	城山山城III(2006.12.28) 도면번호	城山山城III 사진번호	城山山城III 일람표번호	12차(2007.12.13) 분문번호	12차 일람표번호	출토목간(2007.12.28) 사진번호	나무속암호(2009.5.18) 사진번호	木簡字典(2011.11.25) 석문표번호	木簡字典 사진번호	보고서IV(2011.11.27) 표번호	보고서IV 사진번호	보고서IV 도면번호
063 (小)伊伐支人△ / 椑石					64	64	35	61-1	89-1	64			64						064		62	城62			
064 甘文? / (阿)△利					65	65	36	61-2	89-2	65			65						065		63	城63			
065 …△△△ / △△					66	66	37	61-4	90-1	66			62번과 접합						066						
066 …加? … / …刀椑…					67	67	38	61-4	90-2	67			67						067		64	城64			
067 屈?只乙支…					68	68	39	62-1	91-1	68			68						068		65	城65			
068 千竹利…					69	69	40	62-1	91-2	69			69						069		66	城66			
069 …千竹利					70	70	41	62-2	92-1	70			70						070		67	城67			
070 …利波椑石					71	71	42	62-3	92-2	71			71						071		68	城68			
071 …(一)伐椑					72	72	43	62-4	93-1	72			72						072		69	城69			
072 …(伐)椑石					73	73	44	62-5	93-2	73			73						073		70	城70			
073 及伐城只智椑石					74	74	45	63-1	94-1	74			74						074		71	城71			
074 …家△夫△…					75	75	46	63-2	94-2	75			61번과 접합						075						
075 …(伐)夫知眉兮					76	76	47	63-3	95-1	76			76						076		72	城72			
076 須伐?彼須智					77	77	48	63-4	95-2	77			77		E+76		2006~77		077		73	城73			
077 △村合生?支					78	78	49	64-1	96-1	78			78						078		74	城74			
078 伊伐支△利波椑					79	79	50	64-2	96-2	79			79						079		75	城75			
079 及伐城(前)伊伐椑石					80	80	51	64-3	97-1	80			80						080		76	城76			
080 …伊伐支石					81	81	52	65-1	97-2	81			81						081		77	城77			
081 …(智)支					82	82	53	65-2	98-1	82			82						082		78	城78			
082 召△伐					83	83	54	65-3	98-2	83			83						083		79	城79			
083 …(菊)尸子					84	84	55	65-4	99-1	84			84						084		80	城80			
084 (伊)失今利					85	85	56	66-1	99-2	85			85						085		81	城81			
085 (家)鄒加?支石					86	86	57	66-2	100-1	86			86						086		82	城82			
086 △					87	87	58	66-3	100-2				87						087		83	城83			
087 △(道)(毛)(?)支△					88	88	59	67-1	101-1	88			88						088		84	城84			
088 …千利沙…					89	89	60	67-2	101-2	89			89						089		85	城85			
089 …(鄒)尺△					90	90	61	67-3	102-1	90			61번과 접합						090						
090 목호					91	91	62	67-4	102-2				91						091		86	城86			
091 (今)知支					92	92	63	67-5	103-1	92			92						092		87	城87			
092 목호					93	93	64	67-6	103-2				93						093		88	城88			
093 (椑)一					94	94	65	68-1	104-1				94						094		89	城89			
094 其…					95	95	66	68-3	104-2	95			95+45						095+45						

목서	咸安城山山城(1998.12.24) 분석표번호	도면번호	사진번호	적외선사진번호	韓國의 古代木簡(2004.7.20) 사진번호	판독표번호	咸安城山山城II(2004.12.20) 본문번호	도면번호	사진번호	(개정판)韓國의 古代木簡(2006.7.6) 사진번호	함안 성산산성 11차 발굴조사 현장설명회(2006.12.19) 본문번호	사진번호	도면번호	표번호	咸安城山山城III(2006.12.28) 도면번호	사진번호	표번호	함안 성산산성 12차 발굴조사 현장설명회(2007.12.13) 본문번호	일람표번호	함안 성산산성 출토목간(2007.12.28) 사진번호	판독문일람표번호	나무 속 암호 목간(2009.5.18) 사진번호	韓國 大舘字典(2011.11.25) 석문번호	사진번호	함안 성산산성 발굴조사 보고서IV(2011.11.27) 표번호	사진번호	도면번호
095 목척					96	96	67	68-4	104-3											096			90	[城]90			
096 (石)					97	97	68	68-5	104-4											097			91	[城]91			
097 무촌					98	98	69	68-6	105											098							
098 무촌					99	99	70	69-1	106-1											099							
099 무촌					100	100	71	69-2	106-2											100							
100 무촌					101	101	72	69-3	107-1											101							
101 무촌					102	102	73	70-1	107-2											102							
102 무촌					103	103	74	70-2	108-1											103							
103 무촌					104	104	75	70-3	108-2											104							
104 무촌					105	105	76	71-1	109-1											105							
105 무촌					106	106	77	71-2	109-2											106							
106 무촌					107	107	78	71-3	110-1											107							
107 무촌					108	108	79	72-1	110-2											108							
108 무촌					109	109	80	72-2	111-1											109							
109 무촌					110	110	81	72-3	111-2											110							
110 무촌					111	111	82	72-4	111-3											111			92	[城]92			
111 무촌					112	112	83	73-1	112-1											112							
112 무촌					113	113	84	73-2	112-2											113							
113 무촌							85	73-3	113-1							사진113-1				117			93	[城]93			
114 무촌							86	73-4	113-2							사진113-2				118							
115 무촌							87	73-5							도면73-7												
116 利豆(村) 제첨축					58		88	74-1	114-1	58				58			58			114			94	[城]94			
117 제첨축					114	114	89	74-2	114-2											115							
118 제첨축					115	115	90	75-1	115-1											116							
119 제첨축					116	116	91	75-2	115-2											119							
120 제첨축							92	76-1	116-1											120							
121 제첨축							93	76-2	116-2											121							
122 제첨축							94	76-3	116-3																		
123 甘文城下麦?波?大村毛利只 / 一石											1	21-1		2006-1			2006-1	2006-1	(2006) w1	058		06-w1	100	[城]100	1	479	479
124 夷津支?波只那公(?)(稗)											2	21-2		2006-2			2006-2	2006-2	(2006) w4			06-w4	101	[城]101	2	480	480
125 陽村文尸只稗											3	21-3		2006-3			2006-3	2006-3	(2006) w6			06-w6	102	[城]102	3	481	481
126 (陽)村□□攸□□支負											4			2006-4			2006-4										

목서	城山山城(1998.12.24) 분석표번호	도면번호	사진번호	적외선사진번호	古代木簡(2004.7.20) 사진번호	판독표번호	城山山城II(2004.12.20) 분문번호	도면번호	사진번호	(개정판)古代木簡(2006.7.6) 사진번호	11차(2006.12.19) 분문번호	도면번호	표번호	사진번호	城山山城III(2006.12.28) 도면번호	사진번호	12차(2007.12.13) 분문번호	현장설명회(2007) 일람표번호	사진번호	출토목간(2007.12.28) 사진번호	판독문일람표번호	나무속 암호 목간(2009.5.18) 사진번호	韓國木簡字典(2011.11.25) 식문표번호	사진번호	발굴조사보고서IV(2011.11.27) 표번호	사진번호	도면번호
127 買谷村古光斯?干 / 稗石											5		2006-5	21-4			2006-~7	(2006)w7				06-w7	117	[城]117	18	496	496
128 勿利村(仇)蓋珍利支 / 稗石											6		2006-6	21-5				(2006)w8				06-w8	103	[城]103	4	482	482
129 次次支村知珎留 / 稗石											7		2006-7	21-6				(2006)w9				06-w9	118	[城]118	19	497	497
130 盈尺一石											8		2006-8	21-7				(2006)w11				06-w11	119	[城]119	20	498	498
131 鄒文村内旦利(魚)											9		2006-9	21-8				(2006)w17				06-w17	120	[城]120	21	499	499
132 形白女 / 月△△											10		2006-10					(2006)w19				06-w19	107	[城]107	8	486	486
133 仇利伐 比夕須奴 先能支負											11-가						2006-~24	(2006)w24				06-w24	121	[城]121	22	500	500
134 村( )△麥石											11-나							(2006)w37					126	[城]126	27	505	505
135 王松鳥多伊伐支卜烋											11-다							(2006)w25				06-w25	108	[城]108	9	487	487
136 古?伊骨村阿那 / 仇利伐支稗(麥)											11-라		2006-11					(2006)w30				06-w30	123	[城]123	24	502	502
137 제첨죽											12		2006-13					(2006)w20									
138 奸(思)(城)六入												8	2006-12					(2006)w12				06-w12	105	[城]105	6	484	484
미부여																											
139 무훈													2006-14~34 (A)					(2006)w2		A	A						
140 村													B					(2006)w3		B	B						
141 仇伐													C					(2006)w5		C	C						
142 ···史只													D					(2006)w10		D	D						
143 伐													E					(2006)w13		E	E						
144 무훈													F					(2006)w14		F							
145 무훈																		(2006)w15									
146 阿利只村△(那)△△ / 古十△△刀△△△(門)																		(2006)w16				06-w3			16	494	494
147 무훈																		(2006)w18									
148 (仇利村)△△奴( )△支負																	2006-~10	(2006)w21					104	[城]104	5	483	483
149 무훈																		(2006)w22									
150 무훈																		(2006)w23									
151 무훈																		(2006)w26									
152 무훈																						06-w16					
153 무훈																											
154 무훈																											
155 무훈																											
156 무훈																											
157 무훈																											

목서	咸安城山城 (1998.12.24)			韓國의 古代木簡 (2004.7.20)		咸安城山城 II (2004.12.20)				(개정판) 韓國의 古代木簡 (2006.7.6)	咸安城山城 11차 발굴조사 현장설명회 (2006.12.19)				咸安城山城 III (2006.12.28)		咸安城山城 12차 발굴조사 현장설명회 (2007.12.13)		咸安城山城 출토 목간 (2007.12.28)		나무 속 암호 목간 (2009.5.18)	韓國 木簡字典 (2011.11.25)		咸安 성산산성 발굴조사 보고서 IV (2011.11.27)		
	분석표 번호	도면 번호	사진 번호	사진 번호	적외선 사진 번호	본문 번호	도면 번호	사진 번호	판독표 번호	사진 번호	본문 번호	사진 번호	도면 번호	표 번호	도면 번호	사진 번호	본문 번호	일련표 번호	사진 번호	판독표 일련표 번호	사진 번호	식물호	사진 번호	표 번호	사진 번호	도면 번호
158 (仇利伐) 末甘村 借刀利支負																	2006-27	(2006) w27				109	[城]109	10	488	488
159 묵흔																		(2006) w28								
160 묵흔																		(2006) w29								
161 (仇利伐)… 兮 / 古西支 負																		(2006) w31				114	[城]114	15	493	493
162 △△利村 △△稗石																		(2006) w32				111	[城]111	12	490	490
163 무흔																		(2006) w33			06-w32	124	[城]124	25	503	503
164 무흔																		(2006) w34								
165 … 支鳥 / … △(沙)(利)																		(2006) w35								
166 무흔																		(2006) w36				125	[城]125	26	504	504
167 무흔																		(2006) w38								
168 무흔																		(2006) w39								
169 丁卅 一盆丁四村 … △二△十二村 …																	2006-40	(2006) w40			06-w40	127	[城]127	29	507	507
170 …竹烋?支稗石																		(2007) w1			07-w1	128	[城]128	28	506	506
171 제첨축																		(2007) w2								
172 제첨축																		(2007) w3								
173 (阿)盖次?利△?稗																		(2007) w4				129	[城]129	30	508	508
174 …村△天支石																		(2007) w5				130	[城]130	31	509	509
175 仇伐未那△小奴 / ?△△稗石																		(2007) w6				131	[城]131	32	510	510
176 丘烋稗																		(2007) w7				132	[城]132	33	511	511
177 仇(?)△一伐奴人毛利支負																	2007-7	(2007) w8				133	[城]133	34	512	512
178 ?彼?)波客智伊伐古古 / 攴(?)稗石																	2007-9	(2007) w9				134	[城]134	35	513	513
179 古?新村末那仇△△ / 沙△																		(2007) w10				135	[城]135	36	514	514
180 古?一古利村末那仇△△ / 沙稗石																		(2007) w11			07-w11	136	[城]136	37	515	515
181 仇烋支鳥村?稗石																		(2007) w12				137	[城]137	38	516	516
182 眞?△奴(?)智行																		(2007) w13				138	[城]138	39	517	517
183 古?一古利村末那仇△△ / 稗石																		(2007) w14				139	[城]139	40	518	518
184 勿思伐豆只稗 一石																	2007-15	(2007) w15			07-w15	140	[城]140	41	519	519
185 (阿)盖?(放)(彌)(支?)△																		(2007) w16				141	[城]141	42	520	520
186 古?一古利村末那 / 內兮支 稗石																		(2007) w17				142	[城]142	43	521	521
187 仇利烋 △伐只(奴) / 同伐支負																	2007-18	(2007) w18				143	[城]143	44	522	522
188 赤烋支村次(稗?)支																		(2007) w19				144	[城]144	45	523	523
189 仇(利烋)△△△△△△																		(2007) w20				145	[城]145	46	524	524

함안 성산산성 목간 일람표 (부분)

목서	咸安 城山山城 (1998.12.24) 분석표번호	도면번호	사진번호	韓國의 古代木簡 (2004.7.20) 적외선사진번호	판독순서번호	咸安 城山山城II (2004.12.20) 본문번호	도면번호	사진번호	(개정판) 韓國의 古代木簡 (2006.7.6) 사진번호	함안 성산산성 11차 발굴조사 현장설명회 (2006.12.19) 본문번호	사진번호	표번호	咸安 城山山城III (2006.12.28) 도면번호	사진번호	함안 성산산성 12차 발굴조사 현장설명회 (2007.12.13) 본문번호	입림번호	함안 성산산성 출토목간 (2007.12.28) 사진번호	판독문임람표번호	나무 속 암호 목간 (2009.5.18) 사진번호	韓國木簡字典 (2011.11.25) 석문번호	사진번호	함안 성산산성 발굴조사 보고서IV (2011.11.27) 표번호	사진번호	도면번호
190 豆留只 / (또?)																(2007) w21				146	[城]146	47	525	525
191 (洞)盖爻支(利)稗																(2007) w22				147	[城]147	48	526	526
192 及伐城文尸伊稗石																(2007) w23			07-w23	148	[城]148	49	527	527
193 及伐城文尸伊烏伐只稗石																(2007) w24			07-w24	149	[城]149	50	528	528
194 古?一古利村古?伊△△ / 稗石																(2007) w25				150	[城]150	51	529	529
195 △△△村古?△△稗石																(2007) w26				151	[城]151	52	530	530
196 仇利伐 ?豆智奴人 / △支負															2007-27	(2007) w27				152	[城]152	53	531	531
197 古利伐城夫酒只 / 稗一石															2007-28	(2007) w28				153	[城]153	54	532	532
198 古?密村沙乃毛 / 稗石															2007-29	(2007) w29			07-w29	154	[城]154	55	533	533
199 夷朋支未那?石村末支下(仇) / ?															2007-30	(2007) w30				155	[城]155	56	534	534
200 仇利伐仇?知一伐奴人毛利支負															2007-31	(2007) w31				156	[城]156	57	535	535
201 △△△ / …																(2007) w32				157	[城]157	58	536	536
202 古?一古利村末那沙見 / 日?利稗石															2007-33	(2007) w33				158	[城]158	59	537	537
203 伊失今村稗石															2007-34	(2007) w34				159	[城]159	60	538	538
204 ??利村 / 一合只稗石															2007-35	(2007) w35				160	[城]160	61	539	539
205 栗村稗石															2007-36	(2007) w36				161	[城]161	62	540	540
206 仇阿?那欣買子 / 一万買稗石																(2007) w37			07-w37	162	[城]162	63	541	541
207 末△△△村△ / 稗石																(2007) w38				163	[城]163	64	542	542
208 眞村稗石																(2007) w39								
209 力夫支城△△支稗一															2007-39	(2007) w40				165	[城]165	66	544	544
210 △卽△△ / 居利負															2007-40	(2007) w41				166	[城]166	67	545	545
211 及伐城登奴稗石																(2007) w42				167	[城]167	68	546	546
212 △△支△只稗石																(2007) w43				168	[城]168	69	547	547
213 夷津支城下?王智巴?今村 / ?次二石															2007-44	(2007) w44				169	[城]169	70	548	548
214 甘文城下△米十一斗石(喙?)大村卜只次(待)△															2007-45	(2007) w45				170	[城]170	71	549	549
215 小伊伐支村能毛? / 稗石															2007-46	(2007) w46			07-w46	171	[城]171	72	550	550
216 ?得智(私)仇△稗石																(2007) w47			07-w47	172	[城]172	73	551	551
217 丘伐稗															2007-48	(2007) w48				173	[城]173	74	552	552
218 伐△稗																(2007) w49				174	[城]174	75	553	553
219 △△△刀村△文△△二△ / 仇△△																(2007) w50				175	[城]175	76	554	554
220 △△△△支																(2007) w51				176	[城]176	77	555	555
221 鄒文(前)那牟只村 / (伊(利)眉)																(2007) w52			07-w52	177	[城]177	78	556	556

목서	咸安 城山山城 (1998. 12. 24)				韓國의 古代木簡 (2004. 7. 20)		咸安 城山山城 II (2004. 12. 20)			(개정판) 韓國의 古代木簡 (2006. 7. 6)	함안 성산산성 11차 발굴조사 현장설명회 (2006. 12. 19)				咸安 城山山城 III (2006. 12. 28)		함안 성산산성 12차 발굴조사 현장설명회 (2007. 12. 13)		함안 성산산성 출토목간 (2007. 12. 28)		나무 속 암호 목간 (2009. 5. 18)	韓國 木簡字典 (2011. 11. 25)		함안 성산산성 발굴조사 보고서 IV (2011. 11. 27)		
	분석표번호	도면번호	사진번호	적외선사진번호	사진번호	판독표번호	본문번호	도면번호	사진번호	사진번호	본문번호	도면번호	사진번호	표번호	도면번호	사진번호	본문번호	열람표번호	사진번호	판독문열람표번호	사진번호	석문번호	사진번호	표번호	사진번호	도면번호
222 仇利伐 習肹村 牟利之負																	2007-53	(2007)w53				178	[城]178	79	557	557
223 未攴支谷村男尺支稗																		(2007)w54			07-w54	179	[城]179	80	558	558
224 仇利伐△?次負																	2007-55	(2007)w55				180	[城]180	81	559	559
225 △△旦村今部△牟者足(利)																		(2007)w56			07-w56	181	[城]181	82	560	560
226 古?陂豆△村△△△ / 勿大兮																	2007-57	(2007)w57			07-w57	182	[城]182	83	561	561
227 △△支村△△? 稗																		(2007)w58			07-w58	183	[城]183	84	562	562
228 무촌																		(2007)w59								
229 계류죽?																		(2007)w60				184	[城]184	85	563	563
230 買谷村物?利 / 斯?于稗石																	2007-61	(2007)w61			07-w30					
231 무촌																		(2007)w62								
232 무촌																		(2007)w63								
233 上弗刀?村 / 歇(新?)古稗石																		(2007)w64			07-w64	185	[城]185	86	564	564
234 夷津支城鳴村 / 智巴 - 智巴 / △△																		(2007)T304			07-w304	197	[城]197	98	576	576
235 무촌																		(2007)T314			07-w314					
236 △△△△只兮																		(2007)T370			07-w370	198	[城]198	99	577	577
237 △智密村(知)△																		A			07-A1	186	[城]186	87	565	565
238 (稗)石																		B				187	[城]187	88	566	566
239 무촌																		C								
240 伊△△△村△																		D				188	[城]188	89	567	567
241 …支稗																	2007-E	E				189	[城]189	90	568	568
242 △△△△△ / 稗																		F				190	[城]190	91	569	569
243 牟△																		G				191	[城]191	92	570	570
244 무촌																		H				192	[城]192	93	571	571
245 △△稗石																		I				193	[城]193	94	572	572
246 (仇)利伐□誠□利稗																						106	[城]106	7	485	485
247 무촌																						110	[城]110	11	489	489
248 무촌																						112	[城]112	13	491	491
249 무촌																						113	[城]113	14	492	492
250 仇利伐含(?)(次)(負)																						116	[城]116	17	495	495
251 大(德)□(石)																						122	[城]122	23	501	501
252 무촌																						164	[城]164	65	543	543
253 □□□□稗石																						194	[城]194	95	573	573

목서	咸安 城山山城 (1998. 12. 24)			韓國의 古代木簡 (2004. 7. 20)			咸安 城山山城II (2004. 12. 20)			(개정판) 韓國의 古代木簡 (2006. 7. 6)	함안 성산산성 11차 발굴조사 현장설명회 (2006. 12. 19)				咸安 城山山城III (2006. 12. 28)		함안 성산산성 12차 발굴조사 현장설명회 (2007. 12. 13)		함안 성산산성 출토목간 (2007. 12. 28)		나무 속 암호 목간 (2009. 5. 18)	韓國 木簡字典 (2011. 11. 25)			함안 성산산성 발굴조사 보고서IV (2001. 11. 27)	
	분석표 번호	도면 번호	사진 번호	적외선 사진 번호	사진 번호	판독표 번호	본문 번호	도면 번호	사진 번호	사진 번호	본문 번호	사진 번호	도면 번호	표 번호	도면 번호	사진 번호	본문 번호	일람표	사진 번호	판독문 일람표 번호	사진 번호	식문 번호	사진 번호	표 번호	사진 번호	도면 번호
254 甘文卑□大只伐支原石																						195	[城]195	96	574	574
255 (永)(友)伐村□																						196	[城]196	97	575	575
256 之毛羅碑																						199	[城]199	100	578	578
257 麻日新元 / 麻古碑石																						200	[城]200	10	579	579
258 □□□世□□ / …																						201	[城]201	102	580	580
259 □□□時七斯 / …																						202	[城]202	103	581	581
260 仇利伐诘本?今負																						203	[城]203	104	582	582
261 (仇)(之)																						204	[城]204	105	583	583
262 목흔																						205	[城]205	106	584	584
263 목흔																						206	[城]206	107	585	585
264 智負																						207	[城]207	108	586	586
265 仇利伐 / □□谷村伊再上支負																						208	[城]208	109	587	587
266 □?(智)□(負) / 碑石																						209	[城]209	110	588	588
267 □□□ / □																						210	[城]210	111	589	589
268 及伐城田沙利碑石																						211	[城]211	112	590	590
269 목흔																						212	[城]212	113	591	591
270 목흔																						213	[城]213	114	592	592
272 (工)(利)盍奈																						215	[城]215	116	594	594
273 古陀□古利村木波 / 陀乙支稗發																						216	[城]216	117	595	595
274 (日)																						217	[城]217	118	596	596
275 正月中比思□古尸沙阿尺夷喙 / 羅兮□及伐尺 并作前□酒四□瓮																						218	[城]218	119	597	597
276 仇負刀箭負益人有 / 方□日七冠村																						219	[城]219	120	598	598
277 帶支村烏多支米一石																						220	[城]220	121	599	599
278 六月十日孟□本□阿□玉敬口之雨 □□成行之 / □□來昏□□地陷六語六城從人□六十日 / □云走石日来□□□□金有干 / 来日沿之遗乙白																						221	[城]221	122	600	600
279 목흔																						222	[城]222	123	601	601
280 二月□□□ / □□□□□耳耳□□□□ □大 / 号吾 / 목흔 / □□□□□十月廿月十一三又																						223	[城]223	124	603	603
281 豆古村																						224	[城]224	125	602	602

목서	咸安 城山山城 (1998. 12. 24)				韓國의 古代木簡 (2004. 7. 20)		咸安 城山山城 II (2004. 12. 20)			(개정판) 韓國의 古代木簡 (2006. 7. 6)	함안 성산산성 1차 발굴조사 현장설명회 (2006. 12. 19)				咸安 城山山城 III (2006. 12. 28)	함안 성산산성 12차 발굴조사 현장설명회 (2007. 12. 13)		함안 성산산성 출토목간 (2007. 12. 28)		나무 속 암호 목간 (2009. 5. 18)	韓國木簡字典 (2011. 11. 25)		함안 성산산성 발굴조사 보고서IV (2011. 11. 27)		
	분석표 번호	도면 번호	사진 번호	적외선 사진 번호	사진 번호	판독표 번호	본문 번호	도면 번호	사진 번호	사진 번호	본문 번호	사진 번호	도면 번호	표 번호	도면 번호	본문 번호	일람표 번호	사진 번호	판독문 일람표 번호	사진 번호	식물표 번호	사진 번호	표 번호	사진 번호	도면 번호
																							126	604	604
																							127	605	605
																							128	606	606
																							129	607	607
																							130	608	608
																							131	609	609
																							132	610	610
																							133	611	611
																							134	612	612
																							135	613	613
																							136	614	614
																							137	615	615
																							138	616	616
																							139	617	617
																							140	618	618
																							141	619	619
																							142	620	620
																							143	621	621
																							144	622	622
																							145	623	623
																							146	624	624
																							147	625	625
																							148	626	626
																							149	627	627
																							150	628	628
																							151	629	629
																							152	630	630
																							153	631	631
																							154	632	632
																							155	633	633

참/고/문/헌

국립창원문화재연구소, 1998, 『咸安 城山山城』.
국립창원문화재연구소, 2004, 『咸安 城山山城 Ⅱ』.
국립창원문화재연구소, 2006, 『함안 성산산성 11차 발굴조사 현장설명회 자료집』.
국립창원문화재연구소, 2006, 『咸安 城山山城 Ⅲ』.
국립가야문화재연구소, 2007, 『함안 성산산성 제12차 발굴조사 현장설명회 자료집』.
국립가야문화재연구소, 2011, 『함안 성산산성 발굴조사 보고서 Ⅳ』.

국립창원문화재연구소, 2004, 『韓國의 古代木簡』.
中國簡牘集成編輯委員會 編, 2005, 『中國簡牘集成 [標註本]』.
국립창원문화재연구소, 2006, 『(개정판) 韓國의 古代木簡』.
국립가야문화재연구소, 2007, 『함안 성산산성 출토목간』.
국립부여박물관·국립가야문화재연구소, 2009, 『나무 속 암호 목간』.
국립가야문화재연구소, 2011, 『韓國 木簡字典』.

윤선태, 1999, 「咸安 城山山城 出土 新羅木簡의 用途」, 『진단학보』88.
박상진, 2000, 「출토 목간의 재질분석 : 함안 성산산성 출토목간을 중심으로」, 『한국고대사연구』19.
박종익, 2000, 「咸安 城山山城 發掘調査와 木簡」, 『한국고대사연구』19.
謝桂華, 2000, 「중국에서 출토된 魏晋代 이후의 漢文簡紙文書와 城山山城 출토 木簡」, 『한국고대사연구』19.
이성시, 2000, 「韓國木簡연구의 현황과 咸安城山山城출토의 木簡」, 『한국고대사연구』19.
주보돈, 2000, 「咸安 城山山城 出土 木簡의 基礎的 檢討」, 『한국고대사연구』19.
平川南, 2000, 「日本古代木簡 硏究의 現狀과 新視點」, 『한국고대사연구』19.
이경섭, 2004, 「咸安 城山山城 木簡의 硏究現況과 課題」, 『신라문화』23.
이수훈, 2004, 「咸安 城山山城 出土 木簡의 稗石과 負」, 『지역과 역사』15.
이경섭, 2005, 「城山山城 출토 荷札木簡의 製作地와 機能」, 『한국고대사연구』37.
박종기, 2006, 「韓國 古代의 奴人과 部曲」, 『한국고대사연구』43.
고광의, 2007, 「6~7세기 新羅 木簡 書體의 書藝史的 의의」, 한국목간학회 학술대회.
김희만, 2007, 「咸安 城山山城 出土 木簡과 新羅의 外位制」, 『경주사학』26.
이경섭, 2007, 「함안 성산산성 출토 제첨축(題籤軸)과 고대 동아시아세계의 문서표지(文書標識) 목간」, 『역사와 현실』65.
이수훈, 2007, 「新羅 中古期 행정촌·자연촌 문제의 검토 : 城山山城 木簡과 「冷水里碑」를 중심으로」,

『한국고대사연구』48.

전덕재, 2007, 「중고기 신라의 지방행정체계와 郡의 성격」, 『한국고대사연구』48.

전덕재, 2007, 「함안 성산산성 목간의 내용과 중고기 신라의 수취체계」, 『역사와 현실』65.

권인한, 2008, 「고대 지명형태소 '本波/本彼'에 대하여 : 咸安木簡의 예를 중심으로」, 한국목간학회 정기발표회.

권인한, 2008, 「함안 성산산성 목간 속의 고유명사 표기에 대하여」, 『사림』31.

전덕재, 2008, 「함안 성산산성 목간의 연구현황과 쟁점」, 『신라문화』31.

전덕재, 2008, 「함안 성산산성 출토 신라 하찰목간의 형태와 제작지의 검토」, 한국목간학회 학술대회.

김경호, 2009, 「한국 고대목간 보이는 몇 가지 형태적 특징 : 중국 고대목간과의 비교를 중심으로」, 『사림』33.

김창석, 2009, 「新羅 中古期의 奴人과 奴婢 : 城山山城 木簡과 「鳳坪碑」의 분석을 중심으로」, 『한국고대사연구』54.

김경호, 2010, 「한·중·일 동아시아 3국의 목간 출토 및 연구 현황」, 『한국고대사연구』59.

이수훈, 2010, 「城山山城 木簡의 本波와 末那, 阿那」, 『역사와 세계』38.

윤선태, 2012, 「함안 성산산성 출토 신라 하찰의 재검토」, 『사림』41.

이경섭, 2012, 「新羅의 奴人」, 『한국고대사연구』68.

이수훈, 2012, 「城山山城 木簡의 '城下麥'과 輸送體系」, 『지역과 역사』30.

전덕재, 2012, 「한국의 고대목간과 연구동향」, 『목간과 문자』9.

이경섭, 2013, 「함안 城山山城 출토 新羅木簡 연구의 흐름과 전망」, 『목간과 문자』10.

이승재, 2013, 「新羅木簡과 百濟木簡의 표기법」, 『진단학보』117.

이승재, 2013, 「함안 성산산성 221호 목간의 해독」, 『한국문화』61.

〈日文要約〉

咸安城山山城出土木簡の整理現況に関する検討

崔尚基

　1次資料が不足している韓国古代史研究では、木簡は重要な役割を果たしている。特に咸安城山山城から出土した大量の木簡は新羅中古期の政治、経済、軍事などを考察する上で欠かせない貴重な資料である。しかし城山山城木簡関連の刊行物、研究成果などが多数蓄積されてきたにもかかわらず、いまだ城山山城木簡に関する体系的な番号すら付されていない状態である。これは研究過程では誤謬や非効率的な研究を引き起こす深刻な要因となっている。発掘報告書、現地説明会資料集の場合1つの刊行物の中でも番号を付す方法は多様であり、また各刊行物ごとに毎回木簡番号が1番から始まるため総合的に把握しがたい。《韓国の古代木簡》と《韓国木簡字典》は、現在研究者のなかでもっとも多く活用される基本資料集である。しかし、他の刊行物と対照させて活用しがたく、また付した番号自体にもまだ問題があり、その形式を韓国で出土した木簡に一括して適用できるわけではない。様々な番号を付す方法が混在した状況は、研究成果の作成段階から問題になっており、その結果研究史の迅速かつ正確な把握も困難となっている。番号付与の方式をはじめとする城山山城木簡に関する体系的な管理は後続世代の研究を行ううえでも重要な課題である。今後新たな番号を付す方法を定める際には、該当する木簡の出土位置、出土の年度、そして一連の番号を一目して理解できるような形が望まれる。

▶ キーワード: 咸安城山山城出土木簡(城山山城木簡), 番号付与方式, 番号表記方式, 《韓國の古代木簡》,《咸安城山山城11次發掘調査現場說明會資料集》,《咸安城山山城第12次發掘調査現場說明會資料集》,《韓國木簡字典》

신/출/토 목/간 및 문/자/자/료

신발견 〈集安高句麗碑〉의 판독과 연구 현황
-약간의 陋見을 덧붙여-

강진원*

Ⅰ. 머리말
Ⅱ. 〈集安高句麗碑〉의 개관
Ⅲ. 〈集安高句麗碑〉의 판독 및 해석
Ⅳ. 〈集安高句麗碑〉의 연구 동향
Ⅴ. 〈集安高句麗碑〉의 쟁점 정리
Ⅵ. 맺음말

〈국문 초록〉

2012년 7월 29일 고구려의 옛 도읍인 集安 麻線河 우측 연안 강바닥에서 集安高句麗碑가 발견되었다. 고구려인들이 남긴 비문으로는 廣開土王碑와 中原高句麗碑에 이어 세 번째다. 화강암을 다듬어 만든 이 석비는 후한에서 유행하던 圭形碑의 모습을 하고 있다. 비문의 앞면은 모두 10행으로 매 행마다 22자씩 새겼고, 마지막 행은 20자로 도합 218자이다. 단 우측 상단부가 깨어져 나가 손실된 글자들이 있고, 마모가 심하게 되어 알아볼 수 없는 글자들도 있다. 내용을 보면 서두에서 고구려의 건국과 왕위 계승을 기술한 뒤, 다음 부분에서 수묘제의 연혁을 말하고, 끝으로 왕의 敎言을 통해 수묘제의 확고한 운영을 도모하고 있다. 현재 한중학계에서 활발한 연구가 이루어지고 있다. 비의 건립 시기와 성격, 왕권전승, 墓祭, 守墓制, 율령, 서체, 碑形의 기원 등에 대해 다양한 견해들이 제기되었는데, 연구가 축적된다면 4~5세기 고구려의 실상에 보다 가까이 다가갈 수 있으리라 생각한다.

▶ 핵심어 : 集安高句麗碑, 麻線河, 圭形碑, 왕권전승, 墓祭, 守墓制, 敎言, 율령

---

* 서울대학교 국사학과 강사

Ⅰ. 머리말

지난 해 7월 고구려의 옛 도읍인 集安 일대에서 고구려시기의 산물로 여겨지는 한 石碑가 발견되었다. 흔히 '集安高句麗碑'라 일컫는 이 새로운 문자자료는 올 초 중국 언론을 통해 세상에 그 모습을 확연히 드러냈고, 이후 오늘날에 이르기까지 여러 방면에서 상당히 활발한 연구 성과가 축적되고 있다. 이는 다소 놀라운 일이라 할 수 있겠는데, 중국 언론에서 그 실체를 공개한지 채 1년도 지나지 않은 시점이기 때문이다.

집안고구려비에 대한 그간의 연구 성과들은 해당 시기 고구려사의 실상을 새롭게 밝히는 데에 큰 공헌을 하였고, 이러한 흐름은 앞으로도 지속되리라 생각한다. 단 짧은 시간동안 활발한 접근이 이루어졌던지라, 여러 안을 취합하여 공감이 갈 만한 판독안을 제시한다거나, 혹은 해당 비에 대해 적정 수준의 연구 현황을 정리할 시간이 마땅히 주어지지 않은 감도 있다.[1] 분주히 달려가기만 하였지 잠깐 멈춰 서서 지나온 길을 돌아볼 틈이 없었던 것이다. 이에 필자는 집안고구려비에 대한 판독을 시도함과 아울러 그 동안의 연구 현황을 정리하고, 나아가 쟁점 사안에 대해 살펴보는 시간을 갖고자 한다. 조금 있으면 집안고구려비가 우리 앞에 모습을 드러낸 지 정확히 1년이 되므로, 그 일이 결코 무의미한 일은 아닐 것이다. 개인적인 역량의 한계로 치열하게 전개된 先學諸賢의 논의를 제대로 담아낼 수 있을까 우려되지만, 잠시 돌아볼 공간을 마련했다는 데에 의의를 두며 글을 시작해본다.[2]

Ⅱ. 〈集安高句麗碑〉의 개관

1. 발견 경위

집안고구려비는 2012년 7월 29일 오전 중국 吉林省 集安市 麻線鄕 麻線村 주민 馬紹彬이 발견하였다. 그는 포도나무가지 지지대를 고정시킬 석재를 찾던 중, 麻線河 서쪽 강변의 舊橋에서 남쪽으로 83m 떨어진 지점 우측 河床에서 석판 하나를 습득하였다. 馬紹彬은 이 석판에 문자가 새겨져 있는 것을 보고 비석임을 알게 되어, 다음 날(30일) 이 사실을 集安市文物局에 알렸고, 문물국에서는 더욱 상세한 자료를 수집하기 위하여 전문가를 파견하여 조사를 진행하였다. 8월 14일 아침 高遠大, 周榮順, 郭建

---

1) 이에 대한 성과가 전혀 없었던 것은 아니다. 尹龍九, 2013, 「集安 高句麗碑의 拓本과 判讀」, 『韓國古代史研究』70에서는 지난 1월과 3월 및 6월에 있었던 한국고대사학회 측의 검토회의와 여러 견해에 기초하여 탁월한 판독문을 제시하였다. 또 鄭鉉淑, 2013, 「서예학적 관점으로 본 〈集安高句麗碑〉의 건립 시기」, 『書誌學研究』56(근간예정)에서는 문제되는 부분의 판독과 아울러 그간의 연구 현황에 대해 세심하게 접근하였다. 단 판독과 연구사 정리를 아울러 시도할 필요가 제기되는 상황이기에 이 글을 쓰게 되었음을 알린다.
2) 김현숙, 2013b, 「集安高句麗碑의 건립시기와 성격」, 『韓國古代史研究』72(근간예정) 및 鄭鉉淑, 2013b, 위의 논문. 이 두 논고는 아직 간행되지 않았기에 실제 책자에서의 쪽 번호와 여기서 언급될 때의 그것에 차이가 있을 수 있음을 알린다.

剛, 董峰, 劉賓 등이 千秋墓保護管理房 건물 앞에서 탁본을 시도하여 오전 10시경 周榮順1號拓片이 완성되었다. 여기서 "始祖鄒牟王之創基也", "祭祀", "亦不得其買", "碑文" 등의 글자를 확인할 수 있었기에 일단 고구려시기의 것임을 결론지었다.[3]

2. 출토 지점과 주변 환경

집안고구려비는 集安市區에서 서남쪽으로 3.5km 떨어진 麻線鄕 麻線河 우측 연안 河床에서 발견되었다. 집안분지 서쪽 끝에 해당한다. 중심 지점의 위치는 북위 41°05′46″, 동경 126°08′28″, 해발고도는 184m이다. 집안고구려비는 본래 斷崖 위에 있었는데, 강물이 서쪽으로 흐름에 따라 단애가 충격을 받아 무너지면서 비석이 물속으로 추락했다는 견해가 있다. 즉 비의 원 위치를 마선하 서안의 臺地로 보는 것이다.[4] 정확한 위치를 지정하기에는 무리가 있겠으나, 비의 크기와 무게를 보면 먼 거리에서 옮겨졌다고 보기는 힘들다.[5]

출토 지점은 남쪽으로 마선하 新橋와 110m 정도 거리를 두고 있으며, 북쪽으로 약 200m 떨어진 마선하 강변 양측에 고구려 고분군이 위치해 있다. 이는 고구려 왕릉으로 추정되는 고분 4기의 중간 지점에 해당하기도 한다. 즉 동남쪽의 千秋塚과는 458m, 동북쪽의 麻線區 2100호분과 659m, 서북쪽의 麻線區 626호분과는 861m, 서쪽의 西大塚과는 1149m 거리에 있다.[6]

3. 재질과 외형

집안고구려비는 화강암을 다듬어 만들었는데, 석재는 현지에서 조달하여 사용했다고 여겨진다. 칠성산 산맥 最西端에 위치한 紅星採石場의 석질이 집안고구려비의 그것과 같았기 때문인데, 이곳은 비의 출토 지점과 1.5km 떨어져 있다. 碑體는 넓고 납작한 장방형이다. 碑首部와 碑身은 一體를 이루고 있으며 碑體는 圭形이나 우측 상부 모서리 부분에는 결손이 있다. 하부 중간에는 榫頭가 있다. 아마 원래는 碑座도 있었을 것이나 현재는 없다. 碑身의 앞뒤 양면은 정밀하게 가공되어 있으며, 표면은 가지런하며 매끄럽다. 앞면의 상부는 마모와 부식이 심하고 하부는 그 정도가 덜하다. 비의 殘高는 173cm, 너비는 아래가 66.5cm, 윗부분은 60.5cm이다. 두께는 12.5~21cm인데 아래가 두텁고 위로 올라가면서

---

3) 集安市博物館 編著, 2013, 『集安高句麗碑』, 吉林大學出版社, pp.2~3; 尹龍九, 2013, 앞의 논문, p.6; 孫仁杰, 2013b, 「집안 고구려비의 판독과 문자 비교」, 『韓國古代史硏究』70, pp.221~222.
4) 集安市博物館 編著, 2013, 위의 책, p.7; 耿鐵華, 2013c, 「중국 지안에서 출토된 고구려비의 진위 문제」, 『韓國古代史硏究』70, pp.253~254; 孫仁杰, 2013b, 위의 논문, p.222.
5) 孔錫龜, 2013, 「『集安高句麗碑』의 발견과 내용에 대한 考察」, 『高句麗渤海硏究』45, pp.38~39; 정호섭, 2013, 「集安 高句麗碑의 性格과 주변의 高句麗 古墳」, 『韓國古代史硏究』70, p.116.
   여호규, 2013, 「신발견 〈集安高句麗碑〉의 구성과 내용 고찰」, 『韓國古代史硏究』70, p.95에서는 실견한 결과 流失이나 이동에 따른 훼손이 크지 않음을 지적하면서 출토지점 위쪽의 자연제방과 대지 주변에 서 있었을 것으로 추정하였다.
6) 集安市博物館 編著, 2013, 앞의 책, p.7; 孫仁杰, 2013b, 앞의 논문, p.222.

얇아지는 모양새다. 榫頭의 경우 높이는 15〜19.5cm이며 폭은 42cm, 두께는 21cm이다. 무게는 464.5kg이다.[7]

Ⅲ. 〈集安高句麗碑〉의 판독 및 해석

1. 비면과 비문의 상태

　비는 앞뒷면 모두 글자가 확인되지만, 河水에 의한 침식과 마모로 인해 문자의 흔적이 모호해진 경우가 있다. 앞면의 경우 모두 10행으로 매 행마다 22자씩 새겼고, 마지막 행은 20자이므로 도합 218자이다. 오른쪽 상단부가 떨어져 나가 11자가 소실되었다.[8] 단 Ⅳ행의 첫 자는 '戶'字로 보이는 좌측 자획이 남아있어 실제로 소실된 글자는 10자라 하겠다. 마지막 행 10행은 20자로 끝나기에 말미에 여백이 남게 되는데, 이는 한대 간독에서 보이는 것처럼 단락을 지어 문서로서 완결되었음을 표시한 것으로 처음부터 의도한 기재 방식으로 보인다.[9]

　뒷면의 경우 한 행은 확인이 가능하지만 판독에는 어려움이 있다.[10] 연호두의 이름을 새겼을 것으로 추정한다.[11] 뒷면 중간부위와 상단 및 양측에 모두 글자가 있었다고 하면서 판독을 시도하기도 하나,[12] 대부분의 연구자들은 뒷면을 판독하지 못하고 있으므로 취신하기에는 무리가 따른다. 주목되는 것은 과연 뒷면의 글자를 읽어낼 수 없는 원인이 인위적인 훼손 때문인가,[13] 아니면 河水와 沙石에 장기간 노출되었기 때문인가 하는 점이다. 실견 결과 군데군데 눌린 것 같은 흔적이 느껴질 뿐이라고도 하지만,[14] 글자를 거의 알아볼 수 없기에 인위적인 제거의 가능성 또한 상존한다.[15] 보다 면밀한 접근이 요

---

7) 集安市博物館 編著, 2013, 위의 책, pp.9〜10; 集安市博物館, 2013, 「集安高句麗碑調查報告」, 『東北史地』2013-3, p.4.
한편 조법종, 2013, 「집안 고구려비의 특성과 수묘제」, 『신발견 고구려비의 예비적 검토』, p.71에서는 碑體 상부가 온전히 남아있을 때의 碑首와 碑身이 도합 170cm, 비의 總高는 190cm 정도로 추정하였다. 비좌의 경우 耿鐵華, 2013c, 앞의 논문, p.256에서는 장방형으로 위쪽 부분에 비의 榫頭와 맞물리는 凹槽가 있었을 것으로 보았다.

8) 集安市博物館 編著, 2013, 위의 책, p.9; 集安市博物館, 2013, 「集安高句麗碑調查報告」, 『東北史地』2013-3, p.5.

9) 尹龍九, 2013, 앞의 논문, p.14.

10) 集安市博物館 編著, 2013, 앞의 책, p.9; 孫仁杰, 2013b, 앞의 논문, pp.222〜223; 集安市博物館, 2013, 앞의 논문, p.5.

11) 集安市博物館 編著, 2013, 위의 책, p.9; 서영수, 2013, 「說林- '지안 신고구려비' 발견의 의의와 문제점:『中國文物報』의 조사보고를 중심으로」, 『高句麗渤海研究』45, p.21; 여호규, 2013, 앞의 논문, p.93.

12) 張福有, 2013a, 「集安麻線高句麗碑探綜」, 『社會科學戰線』2013-5, p.13 및 pp.18〜19에 따르면 뒷면 중간 행에서 "□□國烟□守墓烟戶合卄家石工使烟戶頭六人", 좌측 하단에서 "國六人" 등의 글자를 판독하였다.

13) 集安市博物館 編著, 2013, 앞의 책, p.9; 孫仁杰, 2013b, 앞의 논문, pp.222〜223.
耿鐵華·董峰, 2013, 「新發現的集安高句麗碑初步研究」, 『社會科學戰線』2013-5, p.10에서는 烟戶頭의 자손이 훼손했을 가능성도 제기하였다.

14) 尹龍九, 2013, 앞의 논문, pp 13〜14.

15) 李成制, 2013, 「〈集安 高句麗碑〉로 본 守墓制」, 『韓國古代史研究』70, p.184 주4.

청된다.

2. 탁본 현황

현재 확인이 가능한 집안고구려비의 탁본은 앞면 15종, 뒷면 1종이다.

먼저 朱榮順을 대표로 하는 集安高句麗碑安保組和專家組 구성원들이 2012년 8월 14일 초탁 이래 9종의 탁본을 제작하였다. 2012년 8월 14~16일까지 5벌이 만들어졌는데, 1~3호는 朱榮順, 4호는 高遠大, 5호는 孫仁杰이 제작하였다. 2012년 8월 16일의 朱榮順拓本 3호가 초기작 가운데 선본이다. 2012년 9월 이후 朱榮順이 제작한 4벌의 탁본, 즉 朱榮順拓本 A~D가 확인되는데 A~C는 濃墨, D는 淡墨을 이용하였다. 이 가운데 9월 25일 제작된 A탁본이 선본이자 대표작이며, 10월 6일 156자 판독문 확정 때에 사용된 저본으로 여겨진다. 2013년 1월 4일『中國文物報』에 공개된 첫 탁본이 바로 A탁본이다. 10월 25일 나온 B탁본은 보고서 수록을 위해 작성한 탁본으로 추정된다.

다음으로 2012년 11~12일까지 洛陽文物考古研究所 소속 전문 탁본기사인 江化國과 李光夫가 4벌의 탁본을 제작하였다. 이 가운데 江·李拓本 2호가 선본으로 朱榮順拓本A가 濃墨拓本의 대표작이라면, 이것은 淡墨拓本의 대표작이다. 단 江·李拓本은 실제 보고서 작성에는 사용되지 못한 것 같다.

마지막으로 吉林省文物考古研究所의 于麗群이 2벌의 탁본을 제작한 것이 확인된다. Ⅱ-10자 "靈"이나 12자 "護"는 다른 탁본에서는 확인되지 않는 자형이다.『東北史地』2013년 第3期에 실린 성과들의 저본이 된 것이 于麗群拓本B이다.[16]

3. 판독 현황

중국학계의 경우 보고서에서는 218자 가운데 156자의 판독을 시도하였다.[17] 이견이 있는 字形을 제외한 공동판독문으로 耿鐵華를 비롯한 集安·通化 지역 연구자가 중심이 된 集安高句麗碑安保組和專家組의 공동 연구 성과이다. 한편 몇몇 중국인 연구자들은『通化師範學院學報』나『社會科學戰線』및『東北史地』등의 학술지를 통해 개별적인 견해를 발표하기도 하였다.『集安高句麗碑』에 참여했던 耿鐵華와 孫仁杰은 각기 178자와 188자, 그리고 張福有는 217자, 林澐은 172자, 徐建新은 160자를 판독하였다.[18] 그런데 張福有의 안은 지나치게 많은 글자를 판독하여 오히려 미심쩍은 부분이 있지 않은가 한다. 耿鐵華를 제외한 4인의 연구자는 앞서 언급한 于麗群拓本B를 저본으로 판독을 시도했는데, 유독 張福有만 저러한 결과물을 내놓을 수 있는 것인지 선뜻 이해하기 어렵다. 모두 뒷면의 글자를 읽어내지 못하고 있을 때 홀로 총 20자를 판독해낸 것을 생각하면 더욱 그러하다. 따라서 張福有의 판독문을 바라볼 때에는 더욱 신중을 기해야 할 것으로 생각한다.

---

16) 이상은 尹龍九, 2013, 앞의 논문, pp.18~23.

17) 集安市博物館 編著, 2013, 앞의 책, p.11.

18) 여호규, 2013, 앞의 논문, pp.55~58; 尹龍九, 2013, 앞의 논문, pp.23~30.

한국학계에서는 한국고대사학회의 주관 아래 2013년 3월 9일과 6월 1일 두 차례에 걸친 판독회가 이루어져 많은 의견이 오갔다. 이때 저본이 된 탁본은 朱榮順拓本 C의 사진과 『集安高句麗碑』 등이었다. 집안고구려비의 발견 초기부터 연구에 진력해 온 耿鐵華나 孫仁杰도 참가하여 그 실체를 구명하는 데에 적지 않은 성과를 거두었다.[19] 한편 개별 연구자들의 성과도 나왔다. 尹龍九는 183자, 余昊奎는 185자, 선주선은 168자, 洪承佑는 162자를 판독하였다.[20]

4. 판독

필자는 금석문 판독에 대해 문외한이기에 어떤 판독문을 제시할 입장은 못 된다. 다만 정리 차원에서 부족하나마 조심스러운 접근을 시도해보고자 한다. 그간의 성과를 종합하여 개인적인 견해를 덧붙여보자면 다음과 같다.

X	IX	VIII	VII	VI	V	IV	III	II	I	
賣	守	□	△	△	□	[戶]	■	■	■	1
△	墓	□	□	□	□	[守]	■	■	■	2
若	之	□	□	□	□	□	■	■	■	3
違	民	□	好	□	□	□	□	子	■	4
令	不	立	△	[世]	□	烟	各	河	世	5
者	得	碑	△	室	[王]	戶	△	伯	必	6
後	擅	銘	王	追	國	□	烟	之	授	7
世	買	其	日	述	岡	□	戶	孫	天	8
△	更	烟	自	先	上	□	以	神	道	9
嗣	相	戶	戊	聖	太	□	△	靈	自	10
□	[擅]	頭	△	功	王	富	河	祐	承	11
△	賣	廿	定	勳	△	△	流	護	元	12
看	雖	人	律	弥	平	□	四	△	王	13
其	富	名	教	高	安	轉	時	蔭	始	14
碑	足	△	內	悠	[太]	賣	祭	開	祖	15
文	之	示	發	烈	王	△	祀	國	鄒	16
与	者	後	令	継	神	△	然	璧	牟	17
其	亦	世	更	古	亡	守	而	土	王	18
罪	不	自	脩	人	□	墓	世	継	之	19
過	得	今	復	之	[興]	者	悠	胤	創	20
	其	以	各	慷	東	以	長	相	基	21
	買	後	於	慨	西	銘	烟	承	也	22

※ ■: 결손자, □: 미판독자, △: 판독 유보자, [ ]: 추독자

견해 차이가 없거나 적은 글자들은 차치하고, 여기서는 그것을 제외한 부분들에 대해 몇 마디를 이어가보겠다.

Ⅱ-10~12자의 경우 다양한 이견이 제기되고 있는 실정이지만 보고서대로 "靈祐護"로 보는 편이 타당하지 않을까 한다. 문제가 되는 것은 Ⅱ-13자인데 "蔽"·"葭"·"遐"·"假" 등으로 견해가 나뉜다. 자흔이 흐릿하여 정확한 판단을 내릴 수 없으므로 여기서는 미판독자로 둔다. 전후 문맥을 살펴보면 신령의 도움을 받은 건국신화의 내용을 전하고 있는 것으로 여겨진다.

Ⅲ-6자는 "家"·"墓"·"定" 등으로 보는데, 어떻게 읽어내는가에 따라 의미가 꽤 달라지겠으나 판독은 쉽지 않다. 따라서 미판독자로 남겨둔다.

Ⅲ-10자는 보고서에서 "此"로 보았으나 6월 1일 판독회 당시 회의적인 의견이 많았고, "安"이나 "交"로 읽기도 한다. 이에 난독자로 처리한 견해[21]를 따라 판독을 유보하고자 한다.

Ⅲ-19자는 6월 1일 판독회에서 "世"일 가능성이 높다는 분위기였을 뿐 아니라, 孫仁杰·張福有·林澐·徐建新 등의 중국인 연구자들도 그렇게 보고 있기에 따르기로 한다. 이어지는 Ⅲ-20자의 경우 보고서에서는 "備"라 하였으나 "悠"로 보는 견해도 많다. 뒤이어 수묘제의 혼란상을 기술했다고 여겨지므로,[22] '悠'로 보는 것이 타당하다고 생각한다.

Ⅳ-1자는 Ⅲ-22자가 "烟"이었으므로 "戶"로 추정되는데, 실제 비면에 삐침(丿)이 조금 남아있기에 [23] 그렇게 보는 편이 좋을 것이다. 다음 Ⅳ-2자는 "守"로 읽는 견해[24]에 일리가 있지만, 일단은 신중을 기할 필요가 있으므로 추독자로 두겠다.

Ⅳ-7자 및 8~10자는 각기 "爲"와 "劣甚衰"로 읽기도 한다.[25] 수긍할 만하다. 그러나 달리 판독하는 견해들도 상당하므로 지금은 미판독자로 둔다.

Ⅳ-11·12자의 경우 첫 자는 "富"로 보이는데, 다음 자는 확실히 모르겠다. 따라서 후자는 판독을 유보하는 것이 좋다고 생각한다. "當買"로 읽는 견해[26]도 있는데 추후 더욱 면밀히 살펴보아야 할 것이다.

Ⅳ-16·17자는 "數衆"으로 보기도 하는데 일리는 있으나 일단 판단을 유보한다.

---

19) 尹龍九, 2013, 위의 논문, p.30.
   판독회 결과인 판독문은 여호규, 2013, 위의 논문, p.60 표2; 尹龍九, 2013, 같은 논문, pp. 29 표3을 참조하기 바란다. 개별 연구자들의 견해는 鄭東珉, 2013, 「韓國古代史學會〈集安高句麗碑〉判讀會 結果」, 『韓國古代史研究』70, pp.409~417에 잘 정리되어 있다.

20) 선주선, 2013, 「〈集安高句麗碑〉판독 검토」, 『신발견〈集安高句麗碑〉판독 및 서체 검토』, p.15; 여호규, 2013, 위의 논문, pp.61~73; 尹龍九, 2013, 위의 논문, pp.30~45; 홍승우, 2013, 「〈集安高句麗碑〉에 나타난 高句麗 律令의 형식과 守墓制」, 『한국고대사학회 제134회 정기발표회 발표문』, pp.3~6.

21) 여호규, 2013, 위의 논문, p.62.

22) 홍승우, 2013, 앞의 논문, p.4.

23) 尹龍九, 2013, 앞의 논문, p.33.

24) 여호규, 2013, 앞의 논문, p.69.

25) 여호규, 2013, 위의 논문, p.69; 尹龍九, 2013, 앞의 논문, pp.33~35.

26) 여호규, 2013, 위의 논문, p.62.

V−1~5자의 경우 "守墓人標然"으로 읽는 경우도 있다.[27] 그러나 이를 제외하면 모두 명확히 판독할 수 없다고 보기에 취신하기에 무리가 있다. 미판독자로 처리한다.

V−6자는 크게 보면 "王"과 "唯"로 대별된다. 그런데 좌측 변을 유심히 보면 후자로 보기는 힘들고, "王"일 가능성이 높다고 보인다. 다만 추후 면밀히 살펴볼 필요가 있으므로 일단은 추독자로 둔다.

V−8자는 보고서에서 "罡"으로 보았으나 "岡"이 더 적합하다.[28] 이어지는 V−9자는 "上"으로 보는 것이 타당하다고 여겨진다. 그렇다면 V−7~11자는 "國岡上太王"으로 판독할 수 있겠다.

V−12자는 "國"으로 보기도 하고 "號"로 읽기도 한다. 그런데 글자 우측이 "虎"의 字形으로 보이지 않아[29] 후자는 문제가 있다. 전자로 보는 것은 일리가 있으나, 우선은 판독을 유보하기로 한다.

V−13자는 자획이 "平"으로 보일[30] 뿐 아니라, 孫仁杰·張福有·林澐·徐建新 등의 중국 연구자들도 "平"으로 보기에 그렇게 보아도 큰 문제는 없을 것이다. V−14자는 한국고대사학회 판독회 결과 "安"으로 확정되었고, 孫仁杰이나 張福有도 그렇게 보고 있으므로 그에 따른다. V−15자의 경우 "太"·"元"·"六" 등 여러 견해가 제시되었는데, V−13·14자가 "平安"으로 보이고 V−16자가 "王"임에는 이견이 없으므로, 해당 글자는 "太"로 읽는 것이 적절하지 않을까 한다.

V−18자는 6월 1일 판독회에서 "亡"字일 가능성이 높게 제시되었고, 필자 또한 자형을 보면 그렇다고 생각한다. V−20자는 "興"로 보기도 하지만 상단의 점은 흠집으로 확인되었고,[31] 자형을 보자면 "興"에 가까울 가능성이 높은 것 같다. 이는 6월 1일 판독회의 분위기와도 상응한다.

Ⅵ−1자는 "廟"로 보기도 하는데[32] 3월 9일 판독회에서도 그러하였고 자형을 보면 '南'字일 가능성이 있는 것 같다. V−21·22자가 "東西"인 점을 생각해도 그렇고, 만일 Ⅵ−5·6자가 "世室"이라면 "廟"가 아닐 수도 있을 것이다. 왜냐하면 世室 자체가 宗廟를 뜻하기에[33] 사당의 의미를 가진 글자가 앞서 또 언급되었다고 볼 수 있을지 잘 모르겠기 때문이다. 단 "南"이라는 확신도 없으므로 일단은 판독을 유보한다.

Ⅵ−5자는 "世"의 '卄'이 확인된다[34]고 하므로 그에 따르겠으나 추후 다시 논의할 필요가 있기에 추독자로 놓아두겠다. Ⅵ−6자는 대세를 좇아 "室"로 보는 데 큰 무리가 없을 것 같다. 중국학계 일부에서는 "國"으로 보기도 하지만 '囗'가 둘러져 있다는 느낌은 들지 않는다.

Ⅵ−15자는 자형상 "休"로 보는 것이 일견 타당성이 있지만,[35] 비면이 심하게 훼손되었음을 감안하

27) 張福有, 2013a, 앞의 논문, p.16.
28) 여호규, 2013, 앞의 논문, p.68.
29) 尹龍九, 2013, 앞의 논문, p.36.
30) 여호규, 2013, 앞의 논문, p.69.
31) 여호규, 2013, 위의 논문, p.68.
32) 尹龍九, 2013, 앞의 논문, p.37.
33) 여호규, 2013, 앞의 논문, p.76.
34) 여호규, 2013, 위의 논문, p.70.

여 "悠"로 판독하는 견해[36]를 좇는다. 판독 초창기 『中國文物報』단계부터 "悠"字로 보았으므로, 큰 문제는 없으리라 생각한다.

Ⅶ-1자는 자형으로 보아 "丁"으로 읽는 것[37]이 좋다고 생각한다. 다만 마모가 심한 부분이고 논의가 활발히 이루어지지 않은 감이 있으므로 일단 판독을 유보하겠다. Ⅶ-1~3자를 "此河流"로 판독하는 설[38]도 있지만 그렇게 보이지는 않는다.

Ⅶ-4~8자는 크게 "好(太聖)王日"로 보는 쪽과 "丁卯歲刊石"으로 보는 쪽으로 나눌 수 있다. 만일 후자일 경우에는 비를 세운 시기를 알 수 있으므로 더욱 유의되는 부분이다. 먼저 한국고대사학회 판독회 결과 Ⅶ-4자는 "好"로 확정된 바가 있다. 단 중국학계 일각에서는 "丁"으로 판독하고 있으며,[39] 한국 학계에서도 이에 긍정하는 움직임[40]이 있다. 다음 Ⅶ-5자는 "太"로 보기도 하고 "卯"로 읽기도 하는데 잘 모르겠다. Ⅶ-6자는 "聖"으로 판독[41]하기도 하지만 개인적으로는 확신하기 어렵다. Ⅶ-7·8자는 "王日"로 보인다는 데[42]에 동감을 표하지만, "刊石"으로 읽은 견해[43] 또한 가볍게 넘길 수는 없다. 사실 필자는 이렇게 첨예하게 논의가 오가는 부분에 대해 의견을 피력하기 모자란 됨됨이를 지녔다. 단 Ⅶ-4~8자만 바라볼 게 아니라 전후 문맥을 함께 살펴본다면 해결의 실마리를 찾을 수 있다고 생각한다. "丁卯歲刊石"으로 본다면 바로 뒤에 이어지는 定律 및 立碑 운운 부분과 매끄럽게 이어지지 못하는 감이 있다. 그에 비해 "好△△王日"로 판독하면 해당 군주의 발언이 되므로 딱히 무리가 가지는 않는 것 같다. 따라서 Ⅶ-4~8자의 경우 5·6자는 일단 판독을 유보한 채 "好△△王日"로 읽어두는 것이 좋지 않을까 한다.

Ⅶ-11자의 경우 "子"·"午"·"申" 등으로 견해가 엇갈린다. 자획이나 자형의 균형을 보면 申일 가능성은 희박하다고 여겨진다. 남는 것은 "子"와 "午"인데 전자일 가능성이 상존하지만,[44] 중간 가로획이 Ⅱ-4자 "子"처럼 가로로 길다는 점[45]을 생각하면 후자일 가능성도 있다. 단 초창기부터 많은 의견이 오갔던 글자이니만큼 실견하지 않은 상태에서 단정하는 것은 위험하다 여겨 판독을 유보한다.

Ⅶ-15자는 "內" 외에 달리 볼 여지가 적은 것 같다.

Ⅷ-15자는 "以"로 보기도 하지만 만일 그렇다면 Ⅷ-21자 "以"와 자형이 다른 점[46]이 걸린다. 인접

---

35) 여호규, 2013, 위의 논문, p.68.

36) 尹龍九, 2013, 앞의 논문, p.38.

37) 여호규, 2013, 앞의 논문, p.70.

38) 張福有, 2013a, 앞의 논문, pp.15~17.

39) 孫仁杰, 2013a, 「集安高句麗碑文識讀」, 『東北史地』2013-3, p.51; 張福有, 2013a, 앞의 논문, pp.15~16.

40) 선주선, 2013, 앞의 논문, pp.15; 鄭鉉淑, 2013b, 앞의 논문, pp.316~320.

41) 尹龍九, 2013, 앞의 논문, p.41.

42) 여호규, 2013, 앞의 논문, p.70; 尹龍九, 2013, 위의 논문, pp.40~41.

43) 鄭鉉淑, 2013b, 앞의 논문, p.321.

44) 尹龍九, 2013, 앞의 논문, p.42.

45) 여호규, 2013, 앞의 논문, p.71.

한 두 글자가 같았다면 과연 이러한 현상이 가능한지 의문이다. 따라서 "垂"로 볼 여지가 있다고 생각한다. 다만 보고서에서 "以"라고 한 데에도 나름의 이유가 있을지 모르므로 일단은 판독을 유보하는 것이 좋을 것 같다.

Ⅸ-8자는 보고서에서 "自"라 하였으나 한국고대사학회 판독회 결과 "買"로 확정되었으며, 앞 글자와 연결해 보아도 "擅自"보다는 "擅買"가 적당하다고 여겨지므로 그에 따른다.

Ⅸ-11자는 "轉"으로 볼 수도 있겠으나 그러하다면 Ⅳ-14자 "轉"과 다소 다르게 보이는 점이 의문이다. 또 Ⅸ-7자 "擅"과 비교해보면 양자 모두 좌측에 '扌'가 보이므로 "擅"일 가능성이 크다.[47] 단 6월 1일 판독회 당시 '扌'변이 안 보인다는 의견도 있었기에 일단은 추독자로 두겠다.

Ⅹ-2자는 보고서에서는 "如"라 하였으나 그렇게 보기에는 힘든 것 같다. "囚"으로 보는 견해[48]도 있으나 개인적으로는 '囗' 안에 어떤 자획이 보이는지 확신할 수 없다. 따라서 판독을 유보한다. 이어지는 Ⅹ-3자의 경우에는 최근 '若'으로 읽는 것이 추세라 하며,[49] 필자가 보기에도 글자 상단부에서 '艹'변이 보이므로 그 편이 좋을 것 같다.

Ⅹ-9자는 "繼"로 보기도 하지만[50] 개인적으로는 선뜻 수긍하기 어려우므로 판독을 유보하고자 한다. 이는 Ⅹ-12자도 마찬가지로 "墓"로 보는 설[51]이 있으나 조금 더 추이를 지켜보고 싶다.

한편 다른 고구려 문자자료의 문구를 토대로 글자가 손실되었다거나 판독이 난해한 부분에 새로운 시도를 해볼 수도 있다. 예컨대 Ⅷ-1~4자는 광개토왕비 끝부분과 대조하여 "先王墓上"으로, Ⅱ-1~3자는 모두루묘지나 광개토왕비를 통해 "日月之"나 "天帝之"로 추정할 수도 있겠다.[52] 또 Ⅰ-1~4자는 광개토왕비의 서두를 참조하여 "惟剖卵降" 정도로 상정하는 것도 가능하다. 단 이는 어디까지나 추측일 뿐이므로 이 글에서 다루는 판독의 범위에서는 다소 벗어난 감이 없지 않다. 따라서 제외하였음을 알린다.

5. 해석 및 단락 구성
위에서 언급한 판독문에 의거하여 해석을 시도해보면 대략 다음과 같다.

　　　　□□□□世, 필연적으로 天道가 내려져 스스로 元王을 계승한 始祖 鄒牟王이 創基하셨

---

46) 여호규, 2013, 위의 논문, p.68.
47) 홍승우, 2013, 앞의 논문, p.6.
48) 여호규, 2013, 앞의 논문, p.68.
49) 尹龍九, 2013, 앞의 논문, p.44.
50) 耿鐵華, 2013a, 「集安高句麗碑考釋」, 『通化師範學院學報』2013-3, pp.2~3.
51) 尹龍九, 2013, 앞의 논문, p.44.
52) 금경숙, 2013, 「새로 발견된 '지안고구려비'에 관한 몇 가지 고찰」, 『동북아역사문제』71, p.16; 여호규, 2013, 앞의 논문, pp.72~73.

다. (추모왕은) □□□子, 河伯의 外孫으로 神靈의 보호와 도움을 받아 나라를 열고 강토를 개척하셨으며, 뒤를 이어 서로 계승하셨고, □□□□各△烟戶가 河流…四時로 제사지냈으나, 세월이 길고 오래되니 烟戶[守]□□烟戶□□□□, 富□轉賣하고 △△하니 守墓者以銘[53]□□□□□[王], 國岡上太王, △平安[太]王의 神亡□, 東西…일으키고 [世]室을…하여, 先聖의 功勳이 아주 높고 매우 빛나 古人의 慷慨를 계승하였음을 追述하였다. △□□, 好△△王께서 가로되, "戊△(年)에 律을 정한 이래 敎內發令하여 다시 수복케 하였다. 各於□□□□…碑를 세우고 烟戶頭 20인의 名을 새겨 후세에 △示하라. 지금 이후부터 守墓之民은 함부로 사거나 서로 함부로 팔수 없게 한다. △만약 令을 어긴 자가 있다면 후세에 대를 이어…하도록 하고, 그 碑文을 보아 罪過를 주어라"고 하셨다.

이를 크게 보면 세 단락으로 구성되어 있다고 할 수 있다.

먼저 시조 추모왕에 의한 건국과 그 출자를 비롯한 전승을 거론한 뒤 후대 왕들로의 계승을 기술한 단락으로 그간의 왕실 내력을 압축적으로 표현한 도입부라 하겠다. 비문으로 보자면 손실된 Ⅲ행 앞부분까지 해당될 가능성도 있으나, 현재로서는 그것을 확인할 길이 없기에 일단은 Ⅰ～Ⅱ행으로 보고자 한다.

다음으로 守墓烟戶들이 사시제사를 거행하였는데 수묘제가 문란해져 방책을 취하였으나 몇몇 선왕들에게, 더욱 정확히 말하자면 그 제사시설에 문제가 발생하였고(神亡), 이에 世室 즉 종묘를 개편하여 [54] 선왕의 공훈을 추술하였음을 이야기한 단락이다. 墓祭와 종묘의 개편 등을 포함한 守墓制의 전반적인 연혁을 기술한 전개부라 하겠다. 그렇게 본 이유는 다음 단락에서 나오는 조치들을 서술하기 위한 밑바탕이 되는 부분이기 때문이다. 비문의 Ⅲ～Ⅵ행 끝까지가 이에 해당한다.

마지막으로 律의 제정과 令의 발포를 거론하며 烟戶頭를 새긴 비를 세우게 하고 수묘연호의 매매 금지와 처벌을 논한 好△△王의 언사를 기술한 단락이다. 이 비가 세워지게 되는 직접적인 원인을 거론한 부분이니 결론부라 하겠다. 비문의 Ⅶ～Ⅹ행 끝까지가 이에 해당한다.

요컨대 집안고구려비는 서두에서 고구려의 건국과 왕위계승을 기술한 뒤, 다음 부분에서 왕릉 수묘

---

53) 홍승우, 2013, 앞의 논문, pp.4～5에서는 종래 Ⅳ-18～20자 "守墓者"와 21·22자 "以銘"을 연결하여 해석하던 것과 달리, 烟戶를 비에 새기는 조치가 뒤에 다시 나오므로 양자를 분리하여 이해하였다. 새로운 접근이며 일리가 있다고 여겨지는데, 논의의 추이를 지켜보는 게 좋다고 여겨지므로 일단은 위처럼 놓아둔다.

54) Ⅴ-7～11자가 "國岡上太王"으로 판독되는데 이는 고국원왕을 가리킨다고 여겨지므로 일단 고국원왕대 이후의 일이라 하겠다. 그런데 『삼국지』동이전이나 『삼국사기』동천왕 21년(247)조를 보면 이미 3세기에 종묘가 존재하였음은 확인할 수 있으므로 종묘를 새롭게 일으켰다기보다는 개편했다고 보는 편이 좋겠다. 그 면에서 주목되는 것이 고국양왕 말년의 '修宗廟' 기사로, 그것이 가지는 의미에 대해서는 姜辰垣, 2007, 「高句麗 始祖廟 祭祀 硏究-親祀制의 成立과 變遷을 중심으로-」, 서울대학교 석사학위논문, pp.55～65를 참조하기 바란다.

제의 연혁을 말하고, 끝으로 好△△王의 敎言을 전하며 수묘제의 확고한 운영을 도모하고 있다. 전체적으로 보자면 수묘제의 원활한 운영을 목적으로 하여 비를 세운 게 아닌가 하는데, 이에 대해서는 추후 보다 면밀한 논의가 이어져야 할 것이다.

IV. 〈集安高句麗碑〉의 연구 동향

1. 중국 측 연구 동향

2012년 7월 29일 비의 발견 이래 기초적인 연구가 진행되고,[55] 8월 14일 본격적인 탁본 작업에 들어가 오전에 周榮順拓本 1호가 나왔다. 集安市文物局은 集安高句麗碑安保組和專家組를 구성하였는데 耿鐵華·孫仁杰·王志敏·董峰·高良田 등의 연구자가 소속된 專家組에서는 그 날 97자를 판독하는 성과를 거두었다. 연구가 거듭된 결과 10월 6일에는 156자 판독문이 나왔고, 이튿날인 10월 7일 비문 모사도를 작성하였으며, 10월 9일에는 보고서 초안을 작성하기에 이른다.[56]

11월 5~6일에는 文物專家論證會를 열어 林澐·魏存成·張福有·徐建新·耿鐵華·孫仁杰 등이 지난 조사 내용을 검증하고 광개토왕대의 고구려비임을 추인하였다. 또 11월 7~8일 專家論證會의 검토내용을 반영하여 비문 모사도를 재작성하고, 11월 12일에는 보고서 최종 원고를 작성하였다. 약 3개월에 걸친 비문 조사와 검증 작업이 일단락된 것이다. 한편 11월 11~12일에는 洛陽文物考古研究所 소속의 탁본 기사인 江化國과 李光夫를 초청하여 4벌의 濃墨拓本을 제작하기도 하였다.[57]

비문 내용이 처음 공개된 것은 해가 지난 2013년 1월 4일자 『中國文物報』에 集安市文物局 측의 「吉林集安新見高句麗石碑」란 글에 140자 판독문이 함께 실리면서부터이다. 여기서는 비문이 크게 네 부분으로 나누어진다고 보았으며, 광개토왕이 선왕을 위해 건립한 것으로 파악하였다. 이어 1월 15일자 『新文化報』에는 盧紅의 「吉林集安發見高句麗時期記事碑」란 글이 게재되었다.

이후 공식보고서인 『集安高句麗碑』가 간행되었다.[58] 이는 集安·通化 지역 연구자들의 공동 성과물이다.[59] 여기에는 비석의 발견과 조사현황, 판독문과 주요 내용, 건립 시기와 성격 등에 대한 상세한 기술과 아울러 탁본이 실렸으며, 판독문은 『中國文物報』에 비해 16자가 많은 156자였다. 주목할 점은

---

55) 이영호, 2013, 「集安 高句麗碑의 발견과 소개」, 『韓國古代史研究』69, p.298에 따르면 새로운 비석의 출토 소식은 8월 9일자 集安市政府 홈페이지에 올랐다.

56) 集安市博物館 編著, 2013, 앞의 책, pp.141~146; 여호규, 2013, 앞의 논문, p.54; 孫仁杰, 2013b, 앞의 논문, pp.221~222.

57) 集安市博物館 編著, 2013, 위의 책, pp.148~149; 여호규, 2013, 위의 논문, p.54.

58) 尹龍九, 2013, 앞의 논문, p.7 주3에 따르면 이 보고서의 인쇄는 2013년 2월 28일이었으나 이것이 일반에 배포된 것은 3월 이후였으며, 국내에는 4월 10일 무렵 반입되었다.

59) 이성제, 2013 「《집안 고구려비》의 내용과 검토」, 『한국고대사학회 집안고구려비 제2차 판독회 발표문』, 한국고대사학회 (尹龍九, 2013, 위의 논문, p.10에서 재인용).

Ⅶ-10·11자를 판독문에서는 "戊□"로 보았으나, 연구보고를 통해 "戊子", 즉 고국양왕 5년(388)으로 추정함과 아울러, 광개토왕이 부왕인 고국양왕을 위해 건립한 비로 보아 그 대상 고분을 천추총이라 한 것이다.[60]

공식보고서 발간에 즈음하여 비문 연구에 참가한 중국 연구자들의 개별 성과들도 연이어 발표되었다. 3월 20일에 나온 『通化師範學院學報』2013年 第3期에는 董峰·郭建剛의 「集安高句麗碑出土紀」, 耿鐵華의 「集安高句麗碑考釋」란 글이 실렸고, 4월 5일에 나온 『名家』2013年 第2期에는 張福有의 「吉林集安高句麗碑碑文補釋」란 글이, 또 4월 10일자 『中國文物報』제3판에는 같은 연구자의 「集安麻線高句麗碑碑文補釋」란 글이 게재되었다. 5월 1일에 나온 『社會科學戰線』2013年 第5期에는 耿鐵華·董峰의 「新發現的集安高句麗碑初步研究」, 張福有의 「集安麻線高句麗碑探綜」란 성과가 실렸다.

이어 5월 10일 나온 『東北史地』2013年 第3期는 집안고구려비 특집으로 관련성과가 집성되었다. 集安市博物館의 「集安高句麗碑調查報告」, 林澐의 「集安麻線高句麗碑小識」, 徐建新의 「中國出土"集安高句麗碑"試析」, 魏存成의 「關于新出集安高句麗碑的幾點思考」, 張福有의 「集安麻線高句麗碑碑文補釋與識讀解析」, 孫仁杰의 「集安高句麗碑文識讀」, 耿鐵華의 「集安新出土高句麗碑的重要價值」와 같은 글들이 그것이다.[61] 저자 가운데 2012년 11월의 專家論證會에 참여한 林芸·徐建新·魏存成·張福有·孫仁杰의 논문이 주목되는데, 왜냐하면 이들의 입장은 비문 판독과 비의 건립 시기 등에서 『集安高句麗碑』와 상이한 면을 드러내고 있기 때문이다. 이 논문들은 張福有가 제공한 탁본과 사진을 자료로 한 吉林省 단위의 공동연구 결과물 같은 모습을 띠고 있다.[62]

2. 한국 측 연구 동향

집안 고구려비의 소식이 한국학계에 처음 알려진 것은 2012년 12월 20일로 거슬러 올라간다. 제6회 신라학 국제학술대회에서 北京大의 宋成有 교수가 그 존재에 대해 언급한 것이다. 이후 해가 바뀌고 2013년 1월 4일자 『中國文物報』에서 집안고구려비의 실체가 드러남에 따라 한국학계의 움직임 또한 활발해지기 시작하였다. 한국고대사학회에서는 1월 16일 학회 홈페이지에 이 기사를 게재하였고, 1월 23일 임원진이 회동하여 검토회의에 대해 논의하였다. 그 결과 1월 29일 한국고대사학회 주최, 동북아역사재단·서울교육대학교 후원으로 〈신출토 고구려비의 검토와 연구방향〉이란 주제의 비공개 검토회의가 이루어졌다. 이때 윤용구는 「신발견 '集安 高句麗碑'의 현상과 판독」, 여호규는 「신발견〈集安高句麗碑〉의 현황과 비문검토」란 글을 통해 집안고구려비에 대한 한국학계 최초의 성과물을 발표하였다. 이날의 검토와 토론을 토대로 다음 날인 1월 30일 한국외국어대학교에서 〈신출토 '集安高句麗碑' 언론 설

---

60) 集安市博物館 編著, 2013, 앞의 책, pp.120~121.
61) 이 가운데 『通化師範學院學報』2013-3에 실린 董峰·郭建剛의 글과 『東北史地』2013-3에 실린 集安市博物館의 글은 보고서 내용을 요약하거나 전재한 것이다.
62) 尹龍九, 2013, 앞의 논문, pp.9~10.

명회〉가 열렸다.[63]

한편 동북아역사재단에서는 1월 15일자 『新文化報』 기사를 통해 비석의 발견 사실을 파악하였다. 이어 1월 19일 재단 연구원인 금경숙·고광의·김현숙 등이 집안고구려비 발견 현장을 답사하였으며, 이튿날인 20일 孫仁杰과 耿鐵華를 만나 비의 발견 상황을 듣고 관련 연구를 진행하여 2월 25일자 『동북아역사문제』 71호에 그 성과를 실었다.[64]

2월 22일에는 〈신발견 고구려비의 예비적 검토〉라는 주제로 고구려발해학회 제59차 정기발표회가 열렸다. 이때 공석구는 「고구려 守墓碑의 발견과 몇 가지 해석」, 이용현은 「신발견 고구려비와 광개토왕비의 비교」, 고광의는 「신발견 集安高句麗碑의 형태와 書體」, 조법종은 「집안고구려비를 통해 본 고구려비의 특성과 수묘제」, 서영수는 「'지안 신고구려비' 발견의 의의와 문제점」이라는 성과를 발표하였다. 비의 발견을 인지하게 된 이후 오래지 않은 시점임에도 상당한 성과들이 축적되었는데, 그만큼 한국학계의 관심이 뜨거웠음을 반증한다 하겠다.

한국고대사학회 측에서는 2월 22~26일 이영호·여호규·윤용구 등이 集安 현지로 떠나 비 출토지점을 답사하고 孫仁杰과 耿鐵華를 만나 조사 현황을 청취하고 탁본 사진도 입수하였다.[65]

이어 3월 9일 한국고대사학회·한국목간학회·동아시아자료학연구회 공동주최, 동북아역사재단·성균관대학교 동아시아학술원 후원으로 〈신출토 '集安高句麗碑' 판독회〉라는 이름으로 제1차 판독회가 열렸다. 윤용구는 孫仁杰로부터 받은 탁본과 『集安高句麗碑』에 실린 판독문을 바탕으로 여러 글자를 새로 판독한 「비문의 기재방식과 판독」을 발표하였고, 여호규는 「판독 및 토론」에서 여러 참가자들의 의견을 수렴하여 판독 현황을 정리하였다.[66]

3월 13일자 중앙일보 8면에는 한상봉이 2월 초 확보했다는 탁본이 보도되었는데, 『中國文物報』 탁본에서는 희미했던 Ⅶ-4~8자를 "丁卯年刊石"으로 읽을 수 있었다. 이에 정현숙 등의 연구자들은 3월 16일과 4월 8일 해당 탁본을 실견한 결과 해당 탁본이 『中國文物報』에 소개된 그것과는 다른 것임을 확인하였다.[67]

한편 3월에 나온 『高句麗渤海硏究』 45輯에는 고구려발해학회 제59차 정기발표회에서 발표된 성과들 중 서영수·공석구·고광의의 논고가 추후 보완 연구를 거쳐 게재되었다. 또 『韓國古代史研究』 69號에는

---

63) 이영호, 2013, 앞의 논문, pp.299~302.
   이후 1월 17일자 중앙일보 2면 및 1월 31일자 중앙일보 23면을 통해 문성재가 僞碑라는 주장을 하기도 하였으나, 현재 여기에 공감을 표하는 견해는 보기 힘들다. 僞碑說에 대한 중국인 연구자의 입장은 耿鐵華, 2013c, 앞의 논문에 잘 정리되어 있다고 생각한다.

64) 김현숙, 2013a, 「集安高句麗碑의 건립시기와 성격」, 『한국고대사학회 제134회 정기발표회 발표문』, p.1.

65) 여호규, 2013, 앞의 논문, p.53.

66) 이영호, 2013, 앞의 논문, pp.304~309.

67) 鄭鉉淑, 2013b, 앞의 논문, pp.308~309.
   한상봉 소장 탁본에 대해 역사학계에서는 僞本으로 보고 있지만, 정현숙은 張福有가 읽었다는 '丁卯歲刊石'의 '丁卯'를 확인시켜준다는 점에서 간과할 수 없다는 견해를 피력하기도 한다.

한국고대사학회 회장이었던 이영호가「集安 高句麗碑의 발견과 소개」라는 글을 통해 한국고대사학회의 집안고구려비 관련 활동 경과를 알렸다.

그런데 4월 9일 연합뉴스는 張福有가 비문의 Ⅶ-4~8자를 "丁卯歲刊石"으로 판독하여 집안고구려비를 427년에 건립했다고 본다는 소식을 전하였다. 이튿날인 4월 10일 연합뉴스는 뒷면의 글자까지 판독하였다는 장복유의 설에 대해 다시 상세히 보도하였다.[68]

4월 11일 동북아역사재단에서는 〈신발견 集安高句麗碑 한·중·일 전문가 워크숍〉이 개최되었는데, 이때 孫仁杰이「集安高句麗碑發現調査與搨拓」, 耿鐵華가「集安高句麗碑搨拓與硏究」란 글을 발표하며 비석 조사와 탁본 현황을 소개하였다. 이 날 워크숍에서는 비석의 탁본에 대한 상세한 보고가 있었다.[69]

4월 13일에는 〈신발견「集安 高句麗碑」종합 검토〉라는 주제로 한국고대사학회 제131회 정기발표회가 열렸다. 한국고대사학회가 주최하고 (재)고려문화재연구원·동북아역사재단이 후원한 이 발표회는 국내 유수의 고구려사 연구자들은 물론이요, 중국학계에서 집안고구려비 조사를 주도한 孫仁杰과 耿鐵華까지 글을 발표하며 큰 성황을 이루었다. 이 발표회에서 윤용구는「集安 高句麗碑의 判讀과 釋文」, 孫仁杰은「集安高句麗碑識讀與文字比較」, 耿鐵華는「中國集安出土高句麗碑的眞實性」, 여호규는「〈集安高句麗碑〉의 구성과 내용 검토」, 윤재석은「中國古代의 守墓制度」, 정호섭은「集安 高句麗碑의 性格과 주변의 高句麗 古墳」, 조우연은「集安 高句麗碑에 나타난 왕릉제사와 조상인식」, 이성제는「〈集安高句麗碑〉로 본 守墓制」라는 성과를 발표하였다. 이 날 발표회에서는 집안고구려비의 건립 시기와 성격을 중심으로 많은 논의가 오갔는데 그간 치열하게 진행되었던 비문 연구의 서막이 종결되는 시점이라 해도 과언이 아닌 것 같다.

5월 16~20일에는 주보돈·이영호·여호규·강현숙·윤용구 등의 한국고대사 및 고고학 연구자들이 집안 현지를 방문하여 비석 출토 지점을 재차 확인하고 集安博物館에 전시된 비석을 실견하였다.

5월 23일에는 〈신발견〈集安高句麗碑〉판독 및 서체 검토〉라는 주제로 원광대학교 서예문화연구소 2013년 발표회가 열렸다. 원광대학교 서예문화예술학과가 주최한 이 발표회는 서예를 전공한 연구자들이 집안고구려비에 대해 살펴보았다는 점에서 의의를 갖는다. 여기서 정현숙은「〈集安高句麗碑〉의 발견 경위와 한·중·일의 연구 동향」, 선주선은「〈集安高句麗碑〉판독 검토」, 정현숙·조미영·이순태·이은솔·황인현은「〈集安高句麗碑〉의 서체 분석」이라는 성과를 발표하였다. 선주선의 판독안에서는 Ⅶ-4~8자를 "丁卯年刊石"으로 읽은 것과 서체 분석 시 한상봉 소장본을 함께 고려 대상에 넣었다는 점은 특기할 만하다.

이어 6월 1일에는 한국고대사학회 주최로 제2차 판독회가 열려 지난 3월 판독회에서 한 걸음 더 나아간 많은 논의가 오갔다.

6월 18일 한국고대사학회 제133회 정기발표회에서는 김수태가「「집안 고구려비」에 보이는 율령제」

---

68) 鄭鉉淑, 2013b, 위의 논문, pp.306~307.

69) 여호규, 2013, 앞의 논문, p.53 주5; 尹龍九, 2013, 앞의 논문, p.8.

란 글을 발표하였다.

한편 6월에 나온 『韓國古代史研究』70號에는 한국고대사학회 제131회 정기발표회에 발표된 성과들 대부분이 추후 보완 연구를 거쳐 게재되었다.[70] 다양한 방면에서 집안고구려비를 살펴본 연구자들의 최종 성과가 나온 것이기에 그 의의가 실로 크다 하겠다. 또 여기에는 정동민이 지난 두 차례의 한국고 대사학회 판독회 결과를 정리한 「韓國古代史學會〈集安高句麗碑〉判讀會 結果」란 글을 올렸는데, 그간 의 판독 현황을 아는 데에 많은 도움을 주었다고 생각한다.

10월 12일 한국고대사학회 제134회 정기발표회에서는 김현숙이 「集安 高句麗碑의 건립시기와 성 격」, 홍승우가 「〈集安 高句麗碑〉에 나타난 高句麗 律令의 형식과 守墓制」란 글을 발표하였다.[71]

현재까지의 추세를 보았을 때에는 내년에도 성과물들이 끊이지 않고 나오지 않을까 예상해본다.[72]

V. 〈集安高句麗碑〉의 쟁점 정리

1. 비의 건립 시기

종래 가장 큰 논란이 되었던 부분으로 크게 보자면 광개토왕대설과 와 장수왕대설로 견해가 나뉜다.

먼저 광개토왕대설의 경우 Ⅶ-10·11자를 "戊子"로 판독하여 고국양왕 5년(388)에 (守墓)律을 제정 했다고 보고, 나아가 집안고구려비를 광개토왕이 지시했던 墓上立碑 정책의 산물인 守墓碑로 여기는 경우가 상당하다. 『中國文物報』에서는 집안고구려비를 광개토왕이 선왕을 위해 세운 석비로 추정하였 다. 나아가 공식보고서에서는 Ⅶ-10·11자가 "戊子", 즉 고국양왕 5년(388)이며 광개토왕이 선왕인 고 국양왕을 위해 건립한 것이라 여겼다.[73] 戊子年(388)에 수묘 관련 법률이 제정되었으며, 광개토왕이 祖 先王을 위해 墓上立碑하였고, 집안고구려비의 수묘제에 대한 사항은 광개토왕비보다 세부적이지 않기 에 광개토왕대일 가능성을 제기[74]되기도 하였다.

---

70) 한국고대사학회 제131회 정기발표회에서 발표되었던 윤재석의 성과는 추후 보완 연구를 거쳐 2013년 9월 『東洋史學研 究』124에 「中國古代의 守墓制度」란 제목으로 게재되었다.

71) 12월에 나올 『韓國古代史研究』72에서는 김현숙이 지난 한국고대사학회 제134회 정기발표회 발표문에 보완 연구를 더하 여 「集安 高句麗碑의 건립시기와 성격」이란 논문을 게재할 예정이다. 또 『書誌學研究』56에서는 정현숙이 원광대학교 서 예문화연구소 2013년 발표회 때의 성과에 보완 연구를 더하여 「서예학적 관점으로 본 〈集安高句麗碑〉의 건립 시기」란 논 문을 게재할 것이다.
이제 막 집필을 마치신 玉稿를 흔쾌히 보내주시어 동향을 정리하는 데에 큰 도움을 주신 金賢淑·鄭鉉淑 두 선생님께 이 자리를 빌려 깊은 감사를 표한다.

72) 정현숙, 2013a, 「〈集安高句麗碑〉의 발견 경위와 한·중·일의 연구 동향」, 『신발견〈集安高句麗碑〉판독 및 서체 검토』, pp.9~10에 따르면 일본 측에서는 한국과 중국의 보도 자료를 인용해서 싣는 정도로 연구의 활발함 면에서 보자면 아직 은 미온적인 수준으로 여겨진다.

73) 集安市博物館 編著, 2013, 앞의 책, pp.119~122.

74) 孔錫龜, 2013, 앞의 논문, pp.33~36 및 p.50; 금경숙, 2013, 앞의 논문, p.21; 이용현, 2013, 「신발견 고구려비와 광개

이와는 달리 Ⅶ-10·11자를 "戊申", 즉 광개토왕 18년(408)으로 파악하면서 광개토왕대설을 주장한 견해들도 있다. 즉 무신년 정률에서 머지않은 시기에 비가 세워졌을 것이라며 묘상입비의 하나로 여겨 광개토왕대에 건립되었다고 하거나,[75] 무신년에 일어난 왕자 巨連의 태자 책봉과 입비 조치가 연관된다고 보기도 한다.[76] 한편으로는 해당 부분을 "戊午", 즉 고국원왕 28년(358)에 비정하며 이때 종묘 관련 율이 제정되었으며, 종묘제 정비가 광개토왕대에 일단락되어 비가 세워졌다고 보는 입장[77]도 있었다.

그런데 판독 문제는 차치하고서라도 戊子든 戊午든 戊申이든 이는 율이 제정된 해이지 집안고구려 비가 건립된 시기를 말해주는 것은 아니다. 따라서 추후에는 보다 넓은 시각에서 "戊□定律" 조치를 살펴보아야 할 것이라 여겨진다. 그 면에서 비문 다른 부분의 판독을 통해 건립 시기를 유추한 견해들이 주목된다. 그 하나가 Ⅶ-1~8자를 "丁□□好太△王日"로 판독하며 광개토왕대로 보는 견해이다. 현전 사료상 최초로 好太王을 칭한 인물이 광개토왕이므로 해당 문구를 丁□年, 즉 丁酉年(397)이나 丁未年(407)에 왕이 교언을 하였다고 파악한 뒤, 이 해를 墓上立碑 건립 시점으로 본 것이다.[78] 또 Ⅶ-4~8자를 "癸卯歲刊石"으로 읽어 광개토왕 13년(403) 祖先王을 위해 세운 비로 보기도 한다.[79] 이 부분은 판독이 엇갈리는 만큼 보다 면밀한 연구가 진행되어야 할 것이다.

그밖에 비문의 Ⅶ~Ⅹ행을 광개토왕의 敎로 보면서 이 부분이 광개토왕비의 敎슈과 동일하기에 광개토왕대에 건립되었다고 파악한 견해도 있는데, 이 논의에서는 광개토왕비의 수묘인연호 부분의 텍스트를 집안고구려비로 여긴다.[80] 또 비문의 Ⅴ-7~16자를 "國罡上太王國平安太王"으로 판독하며 고국원왕과 고국양왕으로 보며 광개토왕에 대한 언급이 없다는 것을 거론하고, 광개토왕의 완전한 시호가 나오지 않으므로 광개토왕 치세에 건립된 것으로 보는 설[81]도 제기되었다. 碑形을 통해 광개토왕비와 중원고구려비보다 앞선 시기의 산물이라 보기도 한다.[82]

토왕비의 비교」, 『신발견 고구려비의 예비적 검토』, 고구려발해학회, pp.34~37 및 p.42.

75) 耿鐵華, 2013a, 앞의 논문, p.5; 耿鐵華·董峰, 2013, 앞의 논문, pp.10~11.
    耿鐵華, 2013c, 앞의 논문, pp.264~265에서는 광개토왕비에 보이는 國烟이나 看烟 같은 호칭이 집안고구려비에 보이지 않는다는 점을 증거로 들기도 한다.

76) 조법종, 2013, 앞의 논문, pp.85~86; 張福有, 2013b, 「集安麻線高句麗碑碑文補釋與識讀解析」, 『東北史地』2013-3, p.47.

77) 李成制, 2013, 앞의 논문, pp.201~206.

78) 여호규, 2013, 앞의 논문, pp.79~83. 여기서는 율의 제정 시기를 戊子年, 즉 고국양왕 5년(388)으로 보며, 광개토왕이 이 율을 근거로 조치를 취했다고 추정한다.

79) 林澐, 2013, 「集安麻線高句麗碑小識」, 『東北史地』2013-3, pp.15~16. 여기서는 비문의 '戊□'를 '戊申'으로 판독하면서도 고국원왕 18년(348)으로 본 점이 특기할 만하다.

80) 정호섭, 2013, 앞의 논문, pp.131~132.

81) 趙宇然, 2013, 「集安 高句麗碑에 나타난 왕릉제사와 조상인식」, 『韓國古代史研究』70, pp.148~150.

82) 금경숙, 2013, 앞의 논문, p.18.
    한편 김수태, 2013, 「「집안고구려비」에 보이는 율령제」, 『한국고대사학회 제133회 정기발표회 발표문』, p.4에서도 집안 고구려비의 건립 시기를 광개토왕대로 보고 데에 동의하고 있다.

다음으로 장수왕대설의 경우 Ⅶ-4~8자를 "丁卯歲刊石"으로 읽어 丁卯歲는 장수왕 15년(427)이며, Ⅹ-13~16자 "看其碑文"의 비문은 광개토왕비를 가리킨다고 본 견해[83]가 대표적이다. 여기서는 420년대에 만들어진 陶淵明의「感士不遇賦」에 보이는 '古人之慷慨'라는 표현이 비문에 나온다는 점을 들어 장수대왕대설을 뒷받침한다.[84] 또 "丁卯歲刊石"으로 보면서 Ⅴ-7~11자 "國岡上太王"이나 Ⅵ행-9·10자 "先聖"을 광개토왕에 비정하고 追述한 이를 장수왕이라 한 설[85]도 있다. 마찬가지로 비문의 國岡上太王을 광개토왕으로 보아 장수왕이 평양으로 천도하기 이전인 412~427년 사이에 비를 세웠을 것이라 본 입장[86]도 있다. 비문의 國岡上太王과 Ⅶ-4·5자 및 10·11자의 干支를 상호 연관시켜 여러 가능성을 검토한 뒤 장수왕이 추모왕의 제사와 관련하여 평양천도 이전에 세운 비로 파악하기도 한다.[87]

이상은 비문 판독을 중요한 매개로 장수왕대설을 주장하였는데, 이외에 문장과 서체에 주목한 입장도 있다. 집안고구려비가 세련된 正格漢文을 구사하였고 陶淵明의 詩句를 활용하였으며, 서체도 과도기의 楷書의 필의가 있는 隸書란 점에 더하여 Ⅶ-4~8자를 '丁卯歲刊石'으로 파악하여 장수왕 15년(427) 무렵 세워졌다고 본 것이다.[88]

지금까지의 살펴본 장수왕대설은 '丁卯歲刊石'이란 판독과 陶淵明의 시구에 의존하는 경우가 상당한 것 같다. 그런데 Ⅶ-4~8자를 과연 "丁卯歲刊石"으로 읽을 수 있을지는 의문이다.[89] 또 비문의 '古人之慷慨'는「感士不遇賦」의 '慷慨'와 의미가 다르며,[90] 그 점을 차치한다 해도 陶淵明이 해당 작품을 작성한 시기에 정설이 없고,[91] 陶淵明의 작품들이 唐代에 이르러서야 널리 인정받았음[92]을 감안하면,「感士不遇賦」가 결정적인 단서는 되지 못할 것 같다. 양자 모두 취신하기에 문제가 있는 것이다.

그렇기에 다른 방면을 통해 장수왕대에 건립되었다고 한 설들이 주목된다. 먼저 광개토왕비와의 대조를 통해, 집안고구려비에서는 수묘인 매매 문제에만 집중하고 있고 그 외형과 서체도 광개토왕비와 달라 광개토왕이 건립한 墓上立碑(守墓碑)로 여기기 힘들며, 처벌 시의 기준이 되는 '其碑文'이 다른 비이고, 집안고구려비와 달리 광개토왕비에는 후손에게 죄가 미침을 언급하였다는 점을 들어 장수왕대설

---

83) 張福有, 2013a, 앞의 논문, p.20; 張福有, 2013b, 앞의 논문, p.46.

84) 張福有, 2013a, 위의 논문, p.18.

85) 孫仁杰, 2013a, 앞의 논문, pp.53; 孫仁杰, 2013b, 앞의 논문, pp.227~229. 그런데 해당 논자의 경우에는 定律 조치가 戊子年, 즉 고국양왕 5년(388)에 행해졌다고 본 점이 기억될 만하다. 보통 戊子로 보면 광개토왕대설과 연계되는 경우가 많기 때문이다.

86) 徐建新, 2013,「中國出土'集安高句麗碑'試析」,『東北史地』2013-3, pp.26~28. 여기서는 Ⅶ-10·11자를 '戊申'으로 판독하여 광개토왕 18년(408)에 율이 제정되었다고 본다.

87) 魏存成, 2013,「關于新出集安高句麗碑的幾點思考」,『東北史地』2013-3, pp.34~39.

88) 정현숙·조미영·이순태·이은솔·황인현, 2013,「〈集安高句麗碑〉의 서체 분석」,『신발견〈集安高句麗碑〉판독 및 서체 검토』, pp.19~20.

89) 한편 비문의 國岡上太王 또한 광개토왕보다는 고국원왕으로 보는 편이 더 적절하지 않을까 한다.

90) 여호규, 2013, 앞의 논문, pp.83~84.

91) 尹龍九, 2013, 앞의 논문, p.38.

92) 趙宇然, 2013, 앞의 논문, pp.145~146.

에 선 견해[93]가 있다. 또 고구려의 비석 문화가 점차 비면을 다듬은 방향으로 나아갔을 것이란 점, 광개토왕비의 문체는 소박하지만 집안고구려비의 문체는 고답적인 점, 집안고구려비에는 독자적인 표현이 거의 없는 점을 거론한 입장[94]도 있다.

이외에 집안고구려비를 墓上立碑의 하나이거나 그 단계의 수묘제를 반영하는 것으로 보면서도, 연호를 새기는 법령이 광개토왕비 건립 당시까지 시행되었을 것이라며 건립 시기를 광개토왕대~장수왕대 초반으로 상정한 설[95]도 있다.

2. 비의 성격

건립 시기 못지않게 그간 활발히 논의되어 온 문제인데, 건립 시기와 맞물려 전개된 감이 없지 않다. 광개토왕대에 건립되었다고 보면 墓上立碑의 하나로 파악하여 그 성격을 守墓碑로 생각한 견해들이 상당하기 때문이다. 즉 광개토왕 생시에 수묘인연호를 새겨 역대 왕릉에 건립한 비 중 하나로 보는 것이다.[96] 수묘인 규정이 가장 마지막 부분에 나오므로 수묘비라 하는 설[97]도 광개토왕대에 건립되었다고 여기고 있다.

그에 비해 장수왕대에 비가 건립되었다고 여기면 수묘비가 아니라고 보는 경향이 있다. 예컨대 수묘인연호에 관한 제도를 명기한 律令碑,[98] 또는 장수왕이 광개토왕의 '存時敎言'에 근거하여 세운 定律碑라 하기도 하고,[99] 위법을 도모하려는 자들에게 告誡(훈계)하는 일종의 告誡碑로도 본다.[100] 한편으로는 비문 건립에서 定律과 告誡 외에 제사활동 또한 주목하면서 추모왕의 제사와 관련되었을 가능성을 이야기하기도 한다.[101] 수묘인 매매금지 법을 상기시키고 처벌 규정을 강조하기 위해 세운 警告碑로 보는 견해 또한 그 건립 시기를 장수왕대로 파악한다.[102]

단 이러한 흐름과는 달리 광개토왕대에 집안고구려비가 건립되었다고 여김에도 그것이 墓上立碑와는 다른 성격을 가진 비라고 상정하는 견해들도 있어 주목된다. 피장자를 서술한 부분을 찾기 어렵고,

---

93) 김현숙, 2013b, 앞의 논문, pp.6~8 및 pp.9~10.

94) 서영수, 2013, 앞의 논문, pp.21~22.
한편 여호규, 2013, 앞의 논문, p.79에서는 광개토왕비의 운문적 요소가 집안고구려비의 그것에 비해 두드러지기에, 집안고구려비에 운문적 요소를 가미하여 광개토왕비가 탄생하였다고 본다.

95) 홍승우, 2013, 앞의 논문, p.19.

96) 集安市博物館 編著, 2013, 앞의 책, p.130; 孔錫龜, 2013, 앞의 논문, pp.38~44; 여호규, 2013, 앞의 논문, p.79; 조법종, 2013, 앞의 논문, p.82; 耿鐵華, 2013b, 「集安新出土高句麗碑的重要價値」, 『東北史地』2013-3, pp.58~59; 耿鐵華·董峰, 2013, 앞의 논문, p.11; 林澐, 2013, 앞의 논문, pp.15~16.

97) 이용현, 2013, 앞의 논문, p.35.

98) 孫仁杰, 2013a, 앞의 논문, p.51 ; 孫仁杰, 2013b, 앞의 논문, p.226

99) 張福有, 2013a, 앞의 논문, pp.19~21; 張福有, 2013b, 앞의 논문, pp.46~47.

100) 徐建新, 2013, 앞의 논문, p.28.

101) 魏存成, 2013, 앞의 논문, pp.37~39.

102) 김현숙, 2013b, 앞의 논문, pp.11~14.

각 왕릉마다 이름을 비에 새겼다고 생각하기 힘들며, 집안고구려비와 같은 비석을 여러 개 세웠다는 정황이 어색하고, 묘상입비를 한 원인이나 배경이 비문에서는 뚜렷하게 드러나지 않으므로, 집안고구려비를 수묘제에 관한 광개토왕의 교령을 담은 麻線區 일대 유일의 教令碑로 이해하는 견해[103]가 일례이다. 또 비에 穿孔이 없어 神主로서의 의미가 없으므로 특정 왕을 위해 조성되었다고 짐작할 단서가 없고, 건립 시기에 대한 직접적인 언급이 없으며, 비의 출토 지점과 연계될 만한 고분을 찾기 힘들고, 수묘 원칙을 제시하고 있기에 수묘에 관한 율령을 공표한 定律碑로서 일종의 勅令碑로 보는 견해,[104] 나아가 烟戶頭 20인을 기재하는 데 그치고 처벌 내용도 명시되지 않았기에, 墓上立碑 등의 수묘제 정비를 통해 본격적인 왕릉 수묘제가 시행된다는 사실을 선포하는 비라 한 입장[105]도 마찬가지다.

그밖에 비의 성격이 복합적인 것이라 보는 입장 또한 제기되었다. 출토지점과 왕릉급 고분의 거리가 상거하고 수묘제 원칙을 담고 있으므로 守墓定律碑일 가능성을 언급하거나,[106] 수묘역 혼동 방지와 법 조문 인지를 함께 지향했기에 修墓碑와 律令碑(發令碑)의 성격을 모두 가졌다고 보기도 하며,[107] 教令碑·律令碑·守墓律令碑라 파악한 견해[108]도 있다.

이 문제는 집안고구려비를 살핌에 핵심적인 사항이므로 앞으로도 지속적인 고찰이 필요한데, 건립 시기와 비의 성격을 꼭 연계해서 이해해야 할 필요는 없다고 본다. 그 면에서 집안고구려비가 광개토왕 대에 건립되었지만 수묘비로서의 성격은 아니라는 견해는 의의가 있다. 왕릉급 고분들과의 거리라든가 비문의 내용을 보면 과연 수묘비인지 의문스러운 부분이 있기도 하다. 다만 만일 그러하다면 광개토왕 대 묘상입비, 나아가 광개토왕비와의 관계에 대해 고려해봐야 한다고 생각한다. 묘상입비는 수묘비로서의 성격을 가지고 왕릉 근방에 세워졌고, 집안고구려비는 수묘율의 제정과 공표를 꾀한 文書碑로 볼 수 있으며, 이들은 광개토왕비 건립과 함께 폐기되었을 가능성이 있다.[109] 한편으로는 집안고구려비 자체가 定律 등의 사항을 담은 묘상입비지만 그것이 매 왕릉마다 세워진 것이 아니라 일정 권역을 하나로 묶어 권역별로 하나씩 세워졌을 수도 있다. 단 그렇다면 Ⅹ-14~16자 "其碑文"을 어떻게 이해해야 할지에 대한 해명이 요구된다.

3. 元王의 실체

비문의 Ⅰ~Ⅱ행은 광개토왕비의 서두와 비슷한 내용으로 여겨진다. 다만 Ⅰ행의 '天道'와 '元王'은

---

103) 정호섭, 2013, 앞의 논문, pp.122~125 및 pp.129.

104) 趙宇然, 2013, 앞의 논문, pp.143~152.

105) 李成制, 2013, 앞의 논문 pp.183~185 및 pp.203~204.

106) 李道學, 2013, 「신발견 고구려비의 예비적 검토에 대한 토론문」, 『신발견 고구려비의 예비적 검토』, p.112.

107) 홍승우, 2013, 앞의 논문, pp.19~20.

108) 김수태, 2013, 앞의 논문, p.19.

109) 그렇다면 집안고구려비가 마선구 일대를 관할하는 문서비이고 다른 왕릉 밀집 구역, 예컨대 우산하 일대에도 비슷한 비가 세워졌을 것이란 억측을 해볼 수도 있겠다.

다소 생소한 표현이라 이에 대한 접근이 이루어졌다. 이것이 董仲舒의 天道論과 元氣論에서 유래했을 가능성을 제시한 뒤, Ⅰ-6~9행의 "必授天道"를 "조물주인 元=天이 天道를 수여했다"고 이해하면서, '元王'이란 만물의 본원이자 조물주를 뜻하는 '元'에서 유래한 단어로 고구려 건국신화의 天帝에 해당한다고 본 견해[110]가 주목된다. 반면 涓奴部의 전왕족이나 시조모, 혹은 북부여의 건국자 解慕漱라 추정하기도 한다.[111] 그런데 이미 오래 전에 주몽을 主神으로 하는 始祖廟에 대한 親祀 행위가 이루어졌고, 해당 시기 왕권이 부체제의 그것을 뛰어넘은 시기에 연노부 인물을 치제했으리라고 생각하긴 어렵다. 또 시조모가 '王'으로 여겨진 흔적을 찾기 어려우며, 후대의 문헌에 나오는 해모수란 존재로 상정하는 것도 다소 무리가 있다. 5세기 고구려의 天은 자연현상이나 理法이 아니라 왕실의 조상신은 인격신적인 天帝인 점[112]을 보자면, 비문의 '元王'은 바로 이러한 왕실 天 관념을 漢代 유학 이론을 빌려 표현하였던 것이 아닐까 한다. 다시 말해 유학 이론을 활용하여 고구려 재래의 사고를 나타냈다 하겠다. 고구려 권력이 지향하였던 중국의 문물과 제도가 한대의 그것을 기준으로 하였으며, 陵園制의 정비 또한 그 연장선상에 있음[113]을 보면 이는 자연스러운 일인지도 모르겠다.[114]

4. 墓祭의 양상과 변화

비문 Ⅲ행은 수묘연호가 河流를 매개로 사시제사를 거행하였음을 전하고 있는데, 그에 따라 고구려에서 墓祭가 존재하였음을 알 수 있게 되었다. 고구려의 墓祭에 대해서는 이미 기존에 언급이 있었지만,[115] 그 실상을 전해주는 문자자료가 나온 것은 처음이기에 墓祭에 대한 언급도 이루어졌다.

먼저 墓祭의 시기, 즉 Ⅲ-13~16자 '四時祭祀'에 대해서이다. 문자 그대로 춘하추동 四季라고도 하지만,[116] 이는 관용적 표현일 뿐 다양한 제사를 거행했을 것으로 보기도 한다.[117] 단순히 생각하기에도

---

110) 여호규, 2013, 앞의 논문, p.84~88.

111) 趙宇然, 2013, 앞의 논문, pp.168~169.

112) 노태돈, 1999, 『고구려사 연구』, 사계절, pp.362~363

113) 강진원, 2013a, 「고구려 陵園制의 정비와 그 배경」, 『東北亞歷史論叢』39, pp.37~38.

114) 단 그러한 한대의 풍조를 얼마만큼이나 체내화하였는지는 별도로 생각해볼 문제가 아닌가 한다. 일례로 天의 경우 노태돈, 1999, 앞의 책, pp.362~363에 보이듯, 중국 황제가 天을 대리하여 천명을 받은 이라면, 고구려왕은 天과 혈연계보로 직접 닿아있는 존재다. 天 관념 자체가 다른 것이다. 따라서 특정한 표현으로 수식한다 해도 본질적으로 바라보는 입장에 차이가 있기에, 그것을 완전히 흡수했다고 보기에는 주저됨이 있다. 이는 다른 영역에서도 마찬가지다.
실제로 대략 5세기 전후 즈음을 넘어서면 새로운 양상들이 나타난다고 볼 여지가 있다. 광개토왕비가 집안고구려비보다 후대에 건립되었다는 전제 아래서 보자면, '天道'나 '元王'과 같은 표현들이 이후 지속되지 않았고, 비의 형태 또한 한대 성행한 圭形이 아니라 方柱狀의 덜 다듬은 양식을 채용하고 있다. 또 강진원, 2013b, 「고구려 陵園制의 쇠퇴와 그 배경」, 『韓國文化』63, pp.197~201에 나타나듯 陵園制도 쇠퇴하여 한대와는 다른 양상을 보이고 있다. 어쩌면 내부적으로는 굳건한 사고체계가 자리하고 있었던지라 외래 문물이나 사조를 깊숙이 체내화하지는 않았기에 쉽게 다른 흐름으로 나아갈 수 있었는지도 모르겠다. 물론 그 영향력을 과소평가하는 것은 아니며, 그 정도를 어떻게 볼 지에 대해서는 더 숙고해야 할 일이다.

115) 姜辰垣, 2007, 앞의 논문, pp.58~61; 강진원, 2013a, 앞의 논문, pp.43~44.

116) 孫仁杰, 2013b, 앞의 논문, p.227.

후자가 타당하다. 물론 국가제사로서의 묘제는 5세기 전후 사라졌기에 비문의 '사시제사' 운운은 일종의 유교적 관용구라 한 설[118]도 있다. 그러나 비문을 보면 사시제사는 입비로부터 오래 전의 일이므로 그렇게까지 볼 필요는 없을 것 같다.[119]

다음으로 墓祭의 장소 및 그와 연관된 Ⅲ-9~12자 '以△河流'의 문제이다. 사시제사를 물가에서 지냈다고 보기 어려우므로 수묘인연호의 주거지를 河流로 상정하기도 하지만,[120] 제사 장소 자체를 河流, 즉 麻線河로 보는 설[121]도 있다. 國東大穴 隧神祭나 沛水 제의를 보면 고구려에서 하천이 祭場이란 점을 들거나,[122] 通溝河는 政事 활동 구역이었기에 麻線河가 선택되었다고 본 것[123]도 마찬가지다. 이와는 달리 河流의 물을 이용했다는 뜻으로 이해하기도 한다.[124] 필자 또한 이에 공감하는데, 이렇게 볼 경우에는 '以此河流'로 판독해도 "이 하류로 (사시제사를 거행했다)"는 의미가 되어 별 문제가 없다.

墓祭의 변화 또한 간과할 수 없는데 수묘인의 역할이 집안고구려비에서는 제사활동이었으나 광개토왕비에서는 洒掃인 것을 들어 그 제도에 변화가 왔다고 하거나,[125] 고국양왕 말년의 修宗廟 조치로 조상제사의 무게추가 墓祭에서 宗廟祭로 이동하였음[126]을 감안하여, Ⅴ행 하단에서 Ⅵ-6자 부분을 수묘제의 문란에 의해 제사시설이 망실(神亡)되었기에 世室(宗廟)을 作興한 것으로 이해한 뒤, 왕릉에서 거행하던 조상제사가 종묘제사로 변화했다고 추정한 견해[127]가 대표적이다.

이밖에 비문 자체를 종묘제와 관련된 것으로 보거나,[128] 고구려의 사시제사가 중국보다 일찍 성립하였을 가능성을 언급한 설[129]도 있다.

5. 烟戶頭의 실체와 수묘제의 연혁

집안고구려비는 '守墓'나 '烟戶' 등 수묘제에 관련된 용어들이 누차 나옴과 아울러 '烟戶頭'라는 생소한 표현이 등장하여 그간 논의가 활발히 이루어졌다.

---

117) 孔錫龜, 2013, 앞의 논문, pp.44~45; 여호규, 2013, 앞의 논문, pp.89~90.

118) 趙宇然, 2013, 앞의 논문, pp.161.

119) 한편 趙宇然, 2013, 위의 논문, pp.159~160에서는 始祖廟 親祀가 2·4·9월에 이루어진 것을 들어 사시제사도 그때 이루어졌다고 보는데, 시조묘와 일반 왕릉은 경우가 다르므로 곧바로 대입하여 이해하기는 곤란하다.

120) 孔錫龜, 2013, 앞의 논문, p.48.

121) 耿鐵華, 2013a, 앞의 논문, p.3; 耿鐵華, 2013c, 앞의 논문, p.265; 耿鐵華·董峰, 2013, 앞의 논문, p.7; 孫仁杰, 2013b, 앞의 논문, p.222.

122) 李道學, 2013, 앞의 토론문, pp.113~114.

123) 魏存成, 2013, 앞의 논문, p.38.

124) 여호규, 2013, 앞의 논문, pp.90~91; 徐建新, 2013, 앞의 논문, pp.27~28.

125) 孔錫龜, 2013, 앞의 논문, p.46.

126) 姜辰垣, 2007, 앞의 논문, pp.61~65.

127) 여호규, 2013, 앞의 논문, pp.91~92.

128) 李成制, 2013, 앞의 논문, pp.195~200.

129) 趙宇然, 2013, 앞의 논문, pp.159.

먼저 연호두의 경우 그 실체가 무엇인지가 큰 관심사가 되었다. 이에 대해 호주로 보는 견해가 있는데, 여기서는 왕릉 수묘의 기본단위를 20家로 파악한다.[130] 연호두 20인이 호주라면, 이는 연호 20가가 있음을 말하기 때문이다. 戶頭가 호주를 뜻하는 용례가 다수 확인되기에[131] 일견 타당성이 있다 하겠다.

하지만 연호두를 연호의 대표자나 관리자 등으로 보는 견해 또한 상존한다. 이때는 연호두를 國烟으로 보는 경우가 상당한데, 국연과 간연이 1:10의 비율이므로 20가의 國烟이 200가의 看烟을 이끈다고 파악하기도 하고,[132] 國烟과 看烟으로 구분되지 않고 烟戶와 烟戶頭로 나뉜 것을 통해 비의 건립 시기가 광개토왕비보다 빠르다고 추정하기도 한다.[133] 집안고구려비가 건립되기 이전 중국 문헌에서는 戶頭를 戶主로 본 용례를 찾기 힘들기에 연호두는 연호들의 우두머리, 즉 국연을 가리키는 고구려식 표현으로 추정한 견해[134]도 있는데 戶頭를 고구려식 표현으로 이해했다는 점이 주목된다.[135]

최근에는 호주설의 입장에서 연호두 20인이 집안 일대의 왕릉 전체를 담당하는 것으로 보기는 힘들다는 입장도 표명되었다. 먼저 烟戶頭는 연호의 대표라는 의미이고 연호는 家戶를 뜻하는 일반명사이므로 수묘역 책임자를 단순히 烟戶頭로 보기도 힘들고, 광개토왕비에 나오는 전체 수묘연호 330가를 연호두 20인으로 정확히 나누어 관리하기도 어려우며, 20개 왕릉이 어떤 것인지도 분명하지 않기 때문이다.[136]

한편 烟戶頭人名을 새겼다는 것의 경우 몇 세대가 경과하면 해당 연호의 대가 끊길 가능성이 충분한데 반해 비문은 수정할 수 없기 때문에 이름을 새긴 것이 아니라 잠정 수묘인 출자 집단을 銘記한 것이라 본 설도 있다. 연호두를 잠정 수묘인 출자 집단의 지칭으로 이해한 것이다.[137]

다음으로 수묘제의 연혁에 대해 보자면, 우선 수묘자 개인의 이름을 기록하는 방식이 갖는 효력이 오래 지속될 수 없었기에 결국 수묘인을 출신별·종족별로 일일이 기록하는 방식이 나타났다고 한 견해[138]가 있다. 또 Ⅵ-17~22자 "繼古人之慷慨"의 '慷慨'를 비극적인 상황으로 보아 전사한 선왕의 공훈을 기리며 수묘제를 재정비했다고 보거나,[139] 일원화된 종묘제와 왕계를 갖추기 전에는 선대 왕릉에 대한 조치에 한계가 있었고, 수묘인이 체계 없이 피장자와의 연고에 따라 차출되었기에 수묘인 매매 문제가 나

---

130) 孔錫龜, 2013, 앞의 논문, p.43 및 p.49; 이용현, 2013, 앞의 논문, p.40; 조법종, 2013, 앞의 논문, p.83.
131) 여호규, 2013, 앞의 논문, pp.93~94.
132) 林澐, 2013, 앞의 논문, pp.15.
133) 耿鐵華, 2013c, 앞의 논문, pp.264~265.
　　한편 孫仁杰, 2013b, 앞의 논문, p.228에서는 연호두를 수묘연호의 頭目으로 국연일 수도 있고, 국연 중의 領頭일 수도 있다고 본다.
134) 정호섭, 2013, 앞의 논문, pp.118~121.
135) 김현숙, 2013b, 앞의 논문, pp.13~14에서는 수묘연호들의 대표자로 보고 있다.
136) 홍승우, 2013, 앞의 논문, pp.7~8.
137) 趙宇然, 2013, 앞의 논문, pp.152.
138) 孔錫龜, 2013, 앞의 논문, pp.49~50.
139) 이용현, 2013, 앞의 논문, pp.40~41.

타났다고 파악하기도 하였다.[140] 그리고 연호두를 호주로 보는 전제 아래서 종래에는 왕릉 수묘연호의 기본 단위가 20가였고 원근의 舊民을 임의로 차출하였는데, 광개토왕비 건립 단계에 이르러 수묘연호의 기본 단위가 30가로 늘어났으며, 보다 넓은 지역에서 체계적으로 수묘연호가 차출되었을 것임을 상정한 견해[141]도 제기되었다.

그밖에 수묘인의 신분과 매매 대상에 대해서도 눈에 띄는 견해가 제기되었다. 중국 守陵人의 사례나 집안고구려비의 '守墓之民'이란 표현에 주목하여 수묘인을 良人으로 볼 수 있으며, 수묘인 사이에 사고 되팔 수 있었던 매매 대상은 수묘역 수행을 위해 수묘인들에게 지급된 토지라 추정한 것이다.[142] 이 경우에는 당시 수묘인의 처지를 중국과 비슷하게 볼 수 있을지, 그리고 토지를 연상케 하는 뚜렷한 문구가 나오는지에 대해 생각해볼 필요가 있겠다.

6. 율령의 실상

종래 고구려 율령에 대해서는 진한대와 달리 律典과 令典이 구분되는 西晉 泰始律令(267)을 본보기로 삼은 율령이 소수림왕 3년(373)에 반포되었다고 이해하는 견해[143]가 통설이었다. 그런데 근년에 새로운 견해가 제기되어 주목을 받았다. 고구려의 令은 왕의 言敎가 敎令으로 법제화된 것으로 진한대 詔를 집적한 슈의 의미에 가까우며 고구려의 율령은 律과 令이 분리된 형식의 법체계를 갖고 있지 않았기에, 법전체제 면에서 보자면 진한대와 유사하고 '律令'이라는 호칭도 사용하지 않았을 가능성이 있다고 본 것이다.[144]

집안고구려비에서는 律과 令·敎 등의 표현이 나와 고구려 율령의 실상을 밝히려는 움직임 또한 이루어졌다. 고국양왕 5년(388) 수묘 관련 법률이 제정되었고, 광개토왕이 敎하여 發令함으로써 세부적인 법령이 만들어졌으며, 이것이 큰 효과를 보지 못하여 광개토왕비 단계에서 보다 규정을 만들었다고 본 견해[145]가 있다. 또 소수림왕의 율령 반포(373) 때에는 守墓律을 마련하지 못하였다가 戊子年(388)에 수묘율이 제정되었는데, 律은 일정 시점(388)에 제정된 반면, 令은 敎의 형태로 수시로 발포되는 성격을 가지고 있었음을 논한 견해[146]도 있다. 고구려의 令이 진한대 양식과 유사하다는 입장이라 하겠다.

물론 이와 달리 보는 시각도 존재한다. 집안고구려비에서는 律과 令이 함께 나오고 있으니 '律令'이라는 호칭을 사용했다는 것이고, 律을 정하고 敎로 令을 내린 것을 통해 律과 令이 분리되었음을 논하

---

140) 李成制, 2013, 앞의 논문, pp.205~207.
141) 홍승우, 2013, 앞의 논문, pp.7~8 및 pp.17~19.
142) 조법종, 2013, 앞의 논문, p.90~99.
    이용현, 2013, 앞의 논문, p.35에 따르면 신라비문에서 '~人'은 역역 편제 대상을, 광개토왕비의 '民'은 체제 내에 포섭된 백성을 가리키는데, 광개토왕비에서는 '守墓人'이라 한 데 비해 집안고구려비에서는 '守墓之民'이라 하였다고 한다.
143) 田鳳德, 1968, 『韓國法制史研究』, 서울大學校出版部; 盧重國, 1979, 「高句麗 律令에 關한 一試論」, 『東方學志』21.
144) 洪承佑, 2011, 「韓國 古代 律令의 性格」, 서울대학교대학원 박사학위논문, pp.48~50.
145) 孔錫龜, 2013, 앞의 논문, pp.50~51.
146) 여호규, 2013, 앞의 논문, pp.92~93.

면서 이는 소수림왕대 율령 반포 때부터 그러했을 것이며, 律과 令이 분리된 것은 泰始律令이니 고구려가 이 율령의 영향을 받았다고 상정한 것이다. 또한 守墓律에 의해 처벌받는 것이 아니라 수묘인 관련 令을 어겼을 때 律의 적용을 받는 것이며, '戊子定律'이란 고국양왕대에 율을 개정했음을 뜻한다고 파악하였다. 요컨대 고구려 율령이 서진 태시율령의 영향을 받았음을 논한 것이다.[147]

이에 고구려 율령이 진한대의 양식과 유사하다는 견해가 다시 제기되었다. '敎內發令'이란 문구를 통해 왕의 敎 중에 법제화해야 할 것들이 敎令으로 항구화된다고 보고, 광개토왕비의 문구를 통해 고구려 令이 진한대 詔를 집적한 (詔)令의 의미에 가까웠다고 추정한 것이다. 또 敎令에 형법적인 내용이 포함된 점, 나아가 고구려에서 법전이나 법조목을 '~律'이라 칭했을 가능성이 높음을 지적하였다. 집안고구려비의 律과 令은 진한대 율령처럼 그 구분이 모호하며 율이 형법전 외에 법제나 법전을 지칭하는 일반명사로 사용되었다는 것이다.[148]

고구려 율령의 실상을 둘러싼 논의는 집권체제가 궤도에 오른 시기의 실상을 밝히는 데에도 적지 않은 도움을 줄 것으로 여겨지므로, 향후 보다 진전된 논의가 이루어져야 할 것이다.

7. 서체

먼저 蠶頭燕尾가 명확한 표준적인 隷書體로 보는 설로 『中國文物報』를 비롯한 초기 중국 측 성과에서 두드러졌다.[149]

다음으로 隷書와 楷書의 과도기적 존재인 新隷體로 보는 견해도 나왔다. 신예체는 八分의 규범적인 字形과는 차이가 많이 나는 새로운 서체로 楷書의 초기 형태를 띠는데, 魏晉16國 시기의 碑刻이나 墓誌에서 주류적 지위를 점했다고 한다. 그런데 집안고구려비의 서체는 표준적인 예서 즉 팔분보다는 신예체에 가까우며, 3세기 중엽~4세기 고구려 명문의 서체를 보면 이미 신예체가 일정하게 사용되었음을 알 수 있다고 하였다.[150]

이와는 달리 과도기의 楷書의 필의가 있는 隷書로 본 견해가 있다. 집안고구려비의 서체는 해서의 기필이 부분적으로 보이지만 신예체의 기필처럼 방필이 아니며, 예서의 수필이 보이지만 신예체의 수필처럼 강하지 않기에 신예체라 할 수 없다고 한다. 그렇다고 하여 동시기 劉宋(421~479)의 예서와도 다르며, 광개토왕비의 古隷를 바탕으로 진일보한 것으로서 예서에서 해서로의 변천 과정을 잘 보여주고 있다고 논하였다.[151] 해서와 예서 사이에 있는 이 비는 고예와 예서 사이에 있는 광개토왕비와 행기가 있는 해서인 모두루묘지 사이에 둘 수 있다고 하였다.[152]

---

147) 김수태, 2013, 앞의 논문, pp.5~24.

148) 홍승우, 2013, 앞의 논문, pp.10~13.

149) 集安市博物館 編著, 2013, 앞의 책, p.134; 耿鐵華, 2013b, 앞의 논문, p.61; 孫仁杰, 2013b, 앞의 논문, p.229; 集安市博物館, 2013, 앞의 논문, p.5.

150) 高光儀, 2013, 「신발견〈集安高句麗碑〉의 형태와 書體」, 『高句麗渤海研究』45, pp.66~71.

151) 정현숙·조미영·이순태·이은솔·황인현, 2013, 앞 논문, pp.19~22. 및 pp.30~31.

집안고구려비는 글자의 모양과 서체에 일관성이 없고[153] 단단한 화강암으로 만들어졌기에, 일관된 서체로 쓰였다거나 재질이 전혀 다른 금석문의 서체와 비교할 때는 더욱 신중을 기해야 할 것으로 여겨진다.[154]

8. 圭形碑의 기원과 立碑

집안고구려비는 碑首部가 圭形을 한 圭形碑의 하나로 이러한 형태의 비는 후한대에 성행하였다.[155] 그런데 광개토왕비나 중원고구려비 등 기존에 알고 있던 고구려비와는 그 형태와 구조가 상이하다. 특히 비슷한 시기에 세워졌다고 여겨지는 광개토왕비와의 차이는 두드러진다.[156] 광개토왕비는 중원고구려비와 無字碑 등 이후의 고구려 석각물에 영향을 끼쳤다.[157] 그에 따라 다소 이질적인 圭形碑 양식을 띤 집안고구려비의 기원을 어디로 보아야 하는지에 대한 논의가 이루어졌다.

먼저 圭形碑를 선택하는 데 실질적으로 영향을 준 것은 前秦의 문물제도였을 가능성이 제기되었다. 전진에서 鄧太尉祠碑(367)나 光武將軍碑(368)와 같은 규형비가 만들어졌고, 고구려와 우호적인 관계에 있었던 전진이 쇠락할 때 많은 유이민들이 고구려로 왔기에, 그 묘비 제도 또한 고구려에 수용되었다고 본 것이다. 그리고 집안고구려비의 立碑 직후 세워진 광개토왕비는 그러한 중국적 형식이 아닌 고구려 고유의 형식으로 전환되었다고 하였다.[158] 집안고구려비 건비 시기로부터 오래 전에 사라진 한의 석비 문화보다는 전진의 그것에 영향을 받았다고 보는 편이 타당하다는 설[159]도 제기되었다.

이와 달리 규수비 형태를 한 毌丘儉紀功碑 등에서 기원을 찾는 견해도 나왔다. 당시 고구려에는 관구검기공비처럼 중국인들이 세운 각종 비석이 있었을 것이며, 광개토왕대 선대 왕릉에 墓上立碑를 시행함에 이러한 사례를 참조하였을 것이란 추정이다. 여기에 더하여 당시 중국 동진에서 禁碑令이 강화되어가는 추세였던 것과 달리, 대대적으로 입비 정책이 추진된 것을 통해 고구려의 입비 정책이 자주적인 성격을 가졌음을 논하기도 하고, 또 광개토왕비는 다루어야 할 내용이 많고 주인공인 광개토왕의 공적이 너무 뛰어났기에 거대한 方柱形 석비를 세우게 되었다고 보기도 하였다.[160]

집안고구려비는 규형비가 성행했던 후한대보다 후대에 건립되었다. 그러나 위진남북조시대에 이르면 비수의 형태가 螭首碑로 변하고, 비좌 또한 점차 龜趺 형태가 된다.[161] 또 전진의 규형비로 거론되

---

152) 鄭鉉淑, 2013b, 앞의 논문, p.321.

153) 尹龍九, 2013, 앞의 논문, pp.15~16.

154) 집안고구려비가 광개토왕비 이전에 만들어졌든 이후에 만들어졌든 양자의 시기적 격차는 크지 않을 것이다. 그러므로 다양한 변수들을 감안하여 서체 분석에 임해야 하지 않을까 한다.

155) 集安市博物館, 2013, 앞의 논문, p.6.

156) 耿鐵華, 2013b, 앞의 논문, p.60.

157) 耿鐵華, 2013c, 앞의 논문, pp.257~259.

158) 조법종, 2013, 앞의 논문, pp.72~78.

159) 정현숙·조미영·이순태·이은솔·황인현, 2013, 앞의 논문, pp.18~19.

160) 高光儀, 2013, 앞의 논문, pp.61~64 및 p.73; 耿鐵華, 2013c, 앞의 논문, pp.259~261.

는 사례들을 보면 鄧太尉祠碑는 穿孔이 있고 光武將軍碑는 외형상 비수와 비신 부분 사이가 구분되는 등 그 모양새가 집안고구려비와 다소 다르다. 오히려 관구검기공비와 매우 유사한 생김새인데, 전진의 규형비와 완전히 동일한 형태가 아니라면, 관구검기공비처럼 고구려 사회에서 전해져오던 한대 석각물의 영향을 상정하는 편이 좋지 않을까 한다. 물론 전진의 영향을 완전히 배제할 수는 없겠으나, 전진의 규형비 문화가 해당 사회에서 큰 무게감을 가지지 않았다면 신중히 접근해야 할 일이라 본다. 국가권력이 이러한 형태의 비를 선택하게 된 배경에 대해서는 앞으로 더 많은 논의가 이루어져야 할 것이다.[162]

Ⅵ. 맺음말

집안고구려비는 고구려인들이 만든 비석으로는 광개토왕비, 중원고구려비에 이어 세 번째로 우리 앞에 모습을 드러냈다. 그렇기에 그 중요성은 재언할 필요가 없다. 문헌사료가 한층 더 빈약해지는 4~5세기 고구려의 실상에 다가갈 수 있는 다양한 요소들을 담고 있다는 점을 생각하면 더욱 그러하다.

비문을 보다 좋은 여건에서 실견하고 이를 바탕으로 진일보한 논의가 무수히 쏟아질 날을 기약해야겠지만, 그 날이 올 것을 믿기에 지금 처해진 환경 속에서 면밀한 검토를 통해 튼튼한 연구 기반을 만들어가려는 자세도 필요할 것이다. 지난 1년간 좋은 논의가 오갔듯이 앞으로도 그러하기를 진심으로 바라마지 않는다.

투고일 : 2013. 12. 2.	심사개시일 : 2013. 12. 3.	심사완료일 : 2013. 12. 20.

---

161) 高光儀, 2013, 위의 논문, pp.58~60.

162) 강진원, 2013a, 앞의 논문, pp.37~38에서는 종래 고구려 국가권력이 漢代의 문물을 수용하는 데에 별다른 거부감이 없었음을 지적하였는데, 이 문제를 생각함에 참고가 된다.

참/고/문/헌

노태돈, 1999, 『고구려사 연구』, 사계절.
集安市博物館 編著, 2013, 『集安高句麗碑』, 吉林大學出版社.

姜辰垣, 2007, 「高句麗 始祖廟 祭祀 研究-親祀制의 成立과 變遷을 중심으로-」, 서울대학교대학원 석사학위논문.
강진원, 2013a, 「고구려 陵園制의 정비와 그 배경」, 『東北亞歷史論叢』39.
강진원, 2013b, 「고구려 陵園制의 쇠퇴와 그 배경」, 『韓國文化』63.
高光儀, 2013, 「신발견〈集安高句麗碑〉의 형태와 書體」, 『高句麗渤海研究』45.
孔錫龜, 2013, 「『集安高句麗碑』의 발견과 내용에 대한 考察」, 『高句麗渤海研究』45.
금경숙, 2013, 「새로 발견된 '지안고구려비'에 관한 몇 가지 고찰」, 『동북아역사문제』71.
김수태, 2013, 「「집안고구려비」에 보이는 율령제」, 『한국고대사학회 제133회 정기발표회 발표문』.
金瑛河, 2013, 「'중국 집안 출토 고구려비의 眞僞問題'를 읽고」, 『한국고대사학회 제131회 정기발표회 토론문』.
김현숙, 2013a, 「集安高句麗碑의 건립시기와 성격」, 『한국고대사학회 제134회 정기발표회 발표문』.
김현숙, 2013b, 「集安高句麗碑의 건립시기와 성격」, 『韓國古代史研究』72(근간예정).
盧重國, 1979, 「高句麗 律令에 關한 一試論」, 『東方學志』21.
서영수, 2013, 「說林- '지안 신고구려비' 발견의 의의와 문제점:『中國文物報』의 조사보고를 중심으로」, 『고구려발해연구』45.
여호규, 2013, 「신발견〈集安高句麗碑〉의 구성과 내용 고찰」, 『韓國古代史研究』70.
尹龍九, 2013, 「集安 高句麗碑의 拓本과 判讀」, 『韓國古代史研究』70.
李道學, 2013, 「신발견 고구려비의 예비적 검토에 대한 토론문」, 『신발견 고구려비의 예비적 검토』.
李成制, 2013, 「〈集安 高句麗碑〉로 본 守墓制」, 『韓國古代史研究』70.
이영호, 2013, 「集安 高句麗碑의 발견과 소개」, 『韓國古代史研究』69.
이용현, 2013, 「신발견 고구려비와 광개토왕비의 비교」, 『신발견 고구려비의 예비적 검토』.
鄭東珉, 2013, 「韓國古代史學會〈集安高句麗碑〉判讀會 結果」, 『韓國古代史研究』70.
정현숙, 2013a, 「〈集安高句麗碑〉의 발견 경위와 한·중·일의 연구 동향」, 『신발견〈集安高句麗碑〉판독 및 서체 검토』.
鄭鉉淑, 2013b, 「서예학적 관점으로 본 〈集安高句麗碑〉의 건립 시기」, 『書誌學研究』56(근간예정).
정현숙·조미영·이순태·이은솔·황인현, 2013, 「〈集安高句麗碑〉의 서체 분석」, 『신발견〈集安高句麗碑〉판독 및 서체 검토』.
정호섭, 2013, 「集安 高句麗碑의 性格과 주변의 高句麗 古墳」, 『韓國古代史研究』70.

조법종, 2013, 「집안 고구려비의 특성과 수묘제」, 『신발견 고구려비의 예비적 검토』.

趙宇然, 2013, 「集安 高句麗碑에 나타난 왕릉제사와 조상인식」, 『韓國古代史硏究』70.

洪承佑, 2011, 「韓國 古代 律令의 性格」, 서울대학교대학원 박사학위논문.

홍승우, 2013, 「〈集安高句麗碑〉에 나타난 高句麗 律令의 형식과 守墓制」, 『한국고대사학회 제134회 정기발표회 발표문』.

耿鐵華, 2013a, 「集安高句麗碑考釋」, 『通化師範學院學報』2013-3.

耿鐵華, 2013b, 「集安新出土高句麗碑的重要價値」, 『東北史地』2013-3.

耿鐵華, 2013c, 「중국 지안에서 출토된 고구려비의 진위 문제」, 『韓國古代史硏究』70.

耿鐵華·董峰, 2013, 「新發現的集安高句麗碑初步硏究」, 『社會科學戰線』2013-5.

董峰·郭建剛, 2013, 「集安高句麗碑出土紀」, 『通化師範學院學報』2013-3.

徐建新, 2013, 「中國出土"集安高句麗碑"試析」, 『東北史地』2013-3.

孫仁杰, 2013a, 「集安高句麗碑文識讀」, 『東北史地』2013-3.

孫仁杰, 2013b, 「집안 고구려비의 판독과 문자 비교」, 『韓國古代史硏究』70.

魏存成, 2013, 「關于新出集安高句麗碑的幾點思考」, 『東北史地』2013-3.

林澐, 2013, 「集安麻線高句麗碑小識」, 『東北史地』2013-3.

張福有, 2013a, 「集安麻線高句麗碑探綜」, 『社會科學戰線』2013-5.

張福有, 2013b, 「集安麻線高句麗碑碑文補釋與識讀解析」, 『東北史地』2013-3.

集安市博物館, 2013, 「集安高句麗碑調査報告」, 『東北史地』2013-3.

〈Abstract〉

Reading and Analyzing the Newly Discovered JianGoguryeo Bi:
the Report of Current Research Situation and the Author's Personal Opinion

Kang, Jin-won

On July 29th, 2012, JianGoguryeo Bi was discovered from the East bed of the Maxianhe River at Jian - the old capital of Goguryeo. This is the third time that the epigraph made in Goguryeo was ever found; the first one was King Gwanggaeto's memorial stone and the second one was Jungwon-Goguryeo Bi. This granite memorial stone represents the style of Gui which had been in fashion in the Later Han. The front side of the stone has 10 lines of letters inscribed on it. Each line includes 22 letters except the last one including 20. The total number of the letters inscribed on this stone is 218. Since its upper right corner got damaged, some letters are out of recognition. Also, some letters are incomprehensible because of wear-out.

The initial part of the epigraph explains about the establishment of Goguryeo and the succession to the throne. Next, the history of the tomb preservation system is described. Finally, the royal command to continue and solidify the tomb preservation system is presented. The discovery of Jian-Goguryeo Bi is tremendously attracting academic interest both in Korea and China. The previous researches address the production time and the use of JianGoguryeo Bi, as well as the various perspectives towards the historical issues such as the succession of royal right, the memorial service held before the grave, the tomb preservation system, ordinance, typeface, and the origin of the memorial stone styles. I hope that JianGoguryeo Bi helps to better understand the history of the 4th and the 5th-century Goguryeo as more and more scholars engage in the research.

▶ Key words : JianGoguryeo Bi, Maxianhe River, gui-shaped memorial stone, royal legend, a memorial service held before the grave, the tomb preservation system, royal command, ordinance

扶餘 雙北里 173-8番地遺蹟 木簡의 出土 現況 및 檢討*

李浩炯**

〈국문 초록〉

2010년 3월 2일부터 6월 6일까지 (재)동방문화재연구원에서 실시한 扶餘 雙北里 173-8번지유적 발굴조사에서 각종 유물과 함께 5점의 木簡이 출토되었다. 이 유적은 크게 5개의 堆積層이 형성되어 있었는데 木簡은 Ⅴ층인 最下層에서 수습되었다.

이 木簡들 중에 〈표〉와 같이 4점의 木簡에서 墨書가 확인되었는데, 그 내용이 무엇인지는 알 수 없었으나 무게를 계측하는 단위와 행정구역을 나타내는 단위 등의 정보를 파악할 수 있었다.

區 分	文 字 內 容
223번 木簡	앞면: …○四斤一兩 × / …○五斤四兩 ×
	뒷면: × …○丁卅四 / × …婦十三 / × …泊一○
224번 木簡	墨書 확인되지 않음
194번 木簡	玉石○十斤 ×
197번 木簡	×部 ×
122번 木簡	앞면: × 部兮礼至文(久?)利○○ ×
	뒷면: ×○可(移?)○(去?)背　○(禾?)(礻?)○○×

*　본고는 2013년 11월 22일 한국목간학회 제17회 정기발표회에 제출하였던 원고를 보완한 것이다.
**　東邦文化財硏究院長

즉, 223번 木簡과 194번 木簡에서 무게를 計量하는 單位로 '斤'을 사용하였음을 확인할 수 있었으며, 223번 목간에서 '…○四斤一兩 × / …○五斤四兩 ×' 墨書 내용을 통하여 '斤'의 下位單位로 '兩'을 사용하였음 알게 되어, 百濟時代 泗沘都邑期에는 '斤-兩'이 무게를 計量하는 단위로 사용되었음을 알 수 있었다.

또한 扶餘地域에서 出土된 木簡에 기록된 '部'字는 陵山里 寺址에서 출토 木簡 중 [---下部---]의 '部'字를 제외하면 모두 'ㄇ'字로 기록되어 있었는데, 이번에 197번 木簡과 122번 木簡에서 '部'字가 추가로 확인되어 百濟 沙沘都邑期에는 '部'字와 'ㄇ'字가 함께 사용되었을 것으로 판단되며, 이 '部'字는 기존의 研究 成果에서 알 수 있듯이 百濟時代에 都城 또는 王京의 行政區域을 나타내는 '部'자로 이해된다.

그리고 木簡과 共伴된 遺物들의 編年을 통하여 이들 木簡의 廢棄時點이 6世紀 後半에서 7世紀 前半이었을 것으로 추정된다.

▶ 핵심어 : 木簡, 最下層, 墨書, 斤, 兩, 部, ㄇ, 泗沘都邑期

Ⅰ. 머리말

부여 쌍북리 173-8번지 유적은 부여군 119안전센터 조성부지에 대하여 2009년 8월 05일부터 24일까지 한국전통문화학교 고고학연구소에서 진행한 시굴조사에서 백제시대 문화층과 함께 목책열, 사비도읍기 토기편 등이 확인되면서 알려진 유적이다. 이후 정밀발굴조사는 2010년 3월 2일부터 6월 6일까지 2차에 걸쳐서 (재)동방문화재연구원에서 진행하였으며, 그 결과 수혈유구 3기, 구상유구 3기, 고상건물지 3동, 목책 6개소, 용해로 1기 등 17기의 유구가 조사되었으며, 각종 토기, 암·수기와, 도가니, 금동제 이식, 각종 철기, 각종 목기 등이 출토되었다.

부여 쌍북리 173-8번지 유적 출토유물 중 목간은 묵서가 확인된 2점과 묵서가 확인되지 않은 2점 등 4점이 출토된 것으로 보고되었고, 이 중 묵서가 비교적 뚜렷하게 남아 '五石○十斤'으로 판독되었던 194번 목간[1]에 대하여 간단히 소개된 바[2] 있다.

그 후 망태기와 볏짚 등 초본류 2점과 외박자, 飾履, 漆器, 木簡 등 목제품 51점에 대하여 국립부여박물관에 보존처리를 의뢰하였다.[3] 그 결과 목제 유물 중 목간 1점이 추가로 확인되어 목간은 모두 5점

---

1) 본고에서 사용하는 부여 쌍북리 173-8번지 유적 출토의 목간 번호는 보고서의 유물 번호를 따른다.
2) 손호성 2011, 「부여 쌍북리 119안전센터부지 출토 목간의 내용과 판독」, 『木簡과 文字』7, 한국목간학회.
3) 이경철 2013, 「부여 사비 119안전센터 신축부지내 유적출토 목제품 보존처리」, 『부여 사비 119안전센터 신축부지내 쌍북리 173-8번지 유적』, 東邦文化財硏究院 學術調査報告 第4冊.

이 확인되었고, 이들 목간에 대한 적외선 촬영을 통한 조사 결과 모두 4점에서 묵서가 확인되어 2013년 1월 발간된 발굴보고서에 보고된 바 있다.[4]

본고에서는 부여 쌍북리 173-8번지 유적에서 새롭게 묵서가 확인된 것을 포함하여 4점의 목간을 중심으로 목간의 출토 현황과 공반유물을 살펴보고, 보고서에 보고된 묵서의 내용에 대하여도 보완하여 검토해 보고자 한다.

Ⅱ. 木簡 出土 現況과 共伴 遺物

1. 조사지역의 토층

조사지역인 부여 쌍북리 173-8번 지 유적의 퇴적 층위는 27개 층으로 細分되나 크게는 5개층으로 나눌 수 있다.

최상층인 Ⅰ층은 경작층으로 근래 에 복토되었으며, 조사 당시에는 휴경 지로 방기되어 있었다. Ⅱ층은 4층 모 두 조선시대 이후 형성된 층으로 추정 되며, 특히 사질토층와 유기질이 포함 된 층이 교차하여 반복적으로 퇴적되 는 양상을 보이는데 이러한 양상은 금 강의 범람과 관련이 있는 것으로 판단 되며, 문화층은 확인되지 않았다. Ⅲ 층도 Ⅱ층과 같이 모두 조선시대에 형 성된 것으로 보이나 최하층인 Ⅲ-4층 은 고려시대까지 소급될 가능 있는 것으로 판단되며, Ⅲ층 중 Ⅲ-2층인 사질토층이 상대적으로 두껍게 퇴적 된 양상을 제외하면 역시 Ⅱ층과 같이

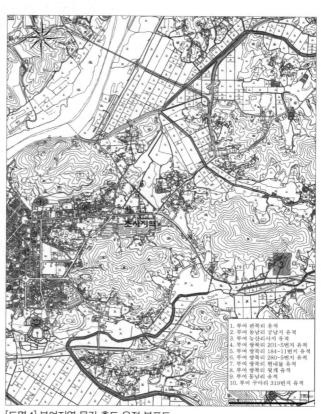

1. 부여 관북리 유적
2. 부여 동남리 궁남지 유적
3. 부여 능산리사지 유적
4. 부여 쌍북리 201-5번지 유적
5. 부여 쌍북리 184-11번지 유적
6. 부여 쌍북리 280-5번지 유적
7. 부여 쌍북리 현내들 유적
8. 부여 쌍북리 뒷개 유적
9. 부여 동남리 유적
10. 부여 구아리 319번지 유적

[도면 1] 부여지역 목간 출토 유적 분포도

4) 최종래·손호성·이은·임채선 2013, 『부여 사비 119안전센터 신축부지내 쌍북리 173-8번지 유적』, 東邦文化財研究院 學術 調査報告 第4冊.

사질토층와 유기질 포함층이 교차하여 반복적으로 퇴적되어 금강의 범람과 관련이 있는 것으로 추정되며 문화층 역시 확인되지 않았다.

백제 사비도읍기에 형성된 층은 Ⅳ층과 Ⅴ층에서 확인되는데, 목간은 최하층인 Ⅴ층에서만 출토되었다.

먼저 Ⅳ층(이하 사비도읍기 제2문화층)은 14개 층으로 나누어지는데, 전체적으로는 앞에서 살펴본 Ⅱ·Ⅲ 층과 같이 사질토층과 유기질 포함층이 교차하여 반복적으로 퇴적된 양상을 보여 역시

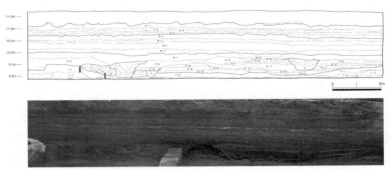

[도면 2] 토층도

금강의 범람과 관련이 있는 것으로 추정되며, 세부적으로는 토기편 등 유물이 포함되어 있는 Ⅳ-1층이 구상유구와 수혈유구 및 자연유로 등 유구가 확인되는 Ⅳ-2·3·4·6층을 동시에 덮고 있는 양상이다.

Ⅴ층(이하 사비도읍기 제1문화층)은 고상건물지, 목책, 구상유구, 수혈유구 등 대부분의 유구와 木簡을 비롯하여 木履, 漆器, 토기편 등 다량의 유물이 출토된 층이다. 그러므로 이 Ⅴ층을 백제 사비도읍기

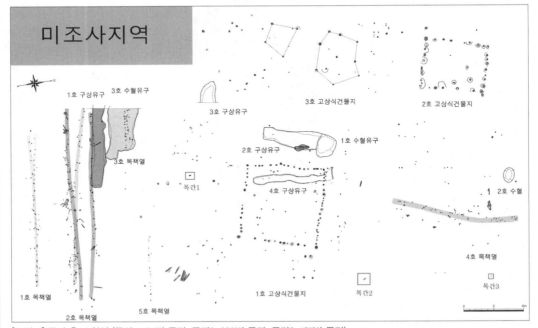

[도면 3] 목간 출토 위치 (목간1: 194번 목간, 목간2: 223번 목간, 목간3: 197번 목간)

제1문화층으로, 세부적으로는 이후 Ⅴ-1층은 사비도읍기 제1-①문화층으로, Ⅴ-2·4층은 사비도읍기 제1-②문화층으로, Ⅴ-3층은 사비도읍기 제1-③문화층으로 설명하고자 한다.[5]

2. 목간 출토 현황과 공반 유물

1) 사비도읍기 제1-①문화층

이 문화층은 사비도읍기 제1문화층의 최하층으로 개·완·파수부옹·도가니·수키와·木履·망태기 등과 함께 목간 2점(223·224번)이 출토되었다.(도면4 참조)

① **223번 목간**: 사비도읍기 제1-①문화층에서 조사된 1호 고상식 건물지의 동쪽인 조사지역의 東端에 치우친 지점에서 上部가 일부 결실된 상태로 출토되었다. 단면형태는 세장방형이다.

잔존길이 15.2㎝, 너비 3.7㎝, 두께 0.7㎝.

② **224번 목간**: 사비도읍기 제1-①문화층에서 下端部가 일부 결실된 상태로 출토되었는데, 출토 지점은 확실하지 않다. 附礼形 목간으로 묵서가 확인되지 않았으며, 단면은 직사각형이다.

잔존길이 16.1㎝, 너비 2.5㎝, 두께 1.2~1.4㎝.

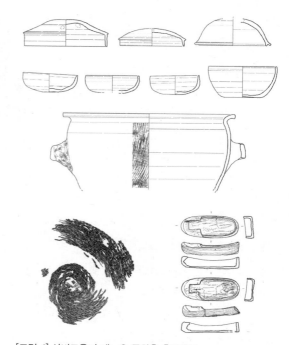

[도면 4] 사비도읍기 제1-① 문화층 출토유물

2) 사비도읍기 제1-②문화층

이 문화층에서는 제1문화층의 중간층으로 개·배·삼족배·완·대부완·옹·호·소호·파수부호·접시·시루·암·수기와·도가니 등과 철정·살포형 철기·지석 및 목제의 숟가락·빗·칠기 등 다양한 유물과 함께 목간 2점(194·197번)이 출토되었다.(도면5 참조)

---

5) 보고서에서는 충위 및 문화층의 번호가 상층으로부터 하층으로 부여하여 기술하고 있어 퇴적 순서와 상대적으로 반대로 부여되어 있다. 본고에서는 이 토층에 대한 기술을 크게 분류한 Ⅰ층~Ⅴ층은 보고서의 토층번호를 그대로 사용하고, 백제시대 유구 및 유물과 함께 목간이 출토된 Ⅳ층과 Ⅴ층을 문화층으로 설명할 때는 층위 조성순서에 따라 Ⅴ층을 사비도읍기 제1문화층으로, Ⅳ층을 사비도읍기 제2문화층으로 기술하여 보고서의 문화층 번호와는 차이가 있음을 밝혀둔다.

③ 194번 목간: 사비도읍기 제1-②문화층의 1호 고상식 건물지의 남쪽인 조사지역 중앙에서 남쪽으로 약간 치우친 지점에서 上·下端部가 일부 결실된 상태로 출토된 附礼形 목간으로 단면 형태는 장방형이다.

잔존길이 10.0cm, 너비 1.7cm, 두께 0.7cm.

④ 197번 목간: 사비도읍기 제1-②문화층의 4호 목책열의 동쪽으로 東北端 모서리부분에서 上·下部가 대부분 유실된 상태로 출토되었다. 단면형태는 세장방형이다.

잔존길이 9.1cm, 너비 5.1cm, 두께 1.1~1.3cm.

3) 사비도읍기 제1-③문화층

이 문화층에서는 제1문화층의 최상층으로 개·배·삼족배·완·대부완·호·대부호·고사리무늬장식 기대·암·수기와·도가니 등과 耳飾·철정·동사·꺽쇠 및 목제의 빗·대부완 등이 목간 1점(122번)과 함께 출토되었다. 특히 중국제 五銖錢과 靑瓷碗 底部片이 각각 1점씩 출토되어 주목된다.(도면6 참조)

⑤ 122번 목간: 사비도읍기 제1-③문화층에서 上·下端部가 일부 결실된 상태로 출토되었는데, 출토 지점은 확실하지 않다 단면은 세장방형이다.

잔존길이 22cm, 너비 4cm, 두께 0.8cm.

앞에서 살펴보았듯이 목간은 모두 사비도읍기 제1문화층에서 각종 토기 및 목기 등과 함께 출토되었다.

사비도읍기 제1-①~③문화층(도면 4~6)

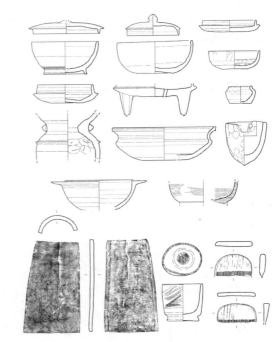

[도면 5] 사비도읍기 제1-② 문화층 출토유물

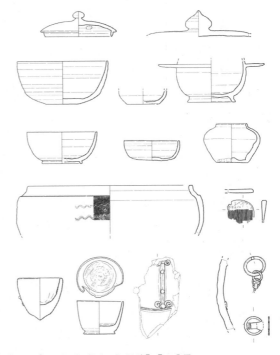

[도면 6] 사비도읍기 제1-③ 문화층 출토유물

의 토기의 공반 유물의 변화양상을 살펴보면, 蓋는 사비도읍기 제1-①문화층에서 점차 사비도읍기 제1-③문화층으로 가면서 기신이 얕아지고 드림턱이 낮아지며 꼭지(鈕)가 발달되는 경향성을 보이며, 盌은 굽이 사비도읍기 제1-①문화층에서는 보이지 않았는데, 사비도읍기 제1-②·③문화층에서 굽이 나타나는 경향성을 보이고 있다. 또한 기대편, 전달린 토기 등도 사비도읍기 제1-①문화층에서는 보이지 않고 사비도읍기 제1-②·③문화층에서 보이는데, 특히 사비도읍기 제1-③문화층에서는 중국제 오수전과 청자완 저부편이 출토되기도 하였다. 이들 유물에 대한 기존 연구성과를 토대로 이 유적의 조성 연대를 살펴보면 대체로 6세기 후반에서 7세기 전반으로 편년할 수 있겠다. 그러므로 이 유적에서 출토된 목간 역시 600년을 전후한 시점에 약간의 시간을 두고 단계적으로 폐기된 것으로 이해된다.

Ⅲ. 木簡의 檢討

부여 쌍북리 173-8번지 유적에서 출토된 목간은 묵서가 확인된 4점과 묵서가 확인되지 않은 1점이 출토되었다. 이 장에서는 묵서가 확인된 문자를 검토하여 판독[6]하고 그 내용을 살펴보고자 한다.

1. 223번 목간

223번 목간[도면7]은 앞면과 뒷면에 묵서가 확인된다. 뒷면의 묵서는 앞면과 비교하여 거꾸로 쓰여 있다. 앞면에는 2줄의 墨書가 확인되는데 문장이 시작되는 상반부가 깎여진 상태로 보아 부분적으로 지운 것으로 추정되고, 뒷면에는 3줄의 묵서가 확인되는데 역시 문장이 시작되는 부분이 깎여 지워진 것으로 판단되며 남아 있는 문자도 대부분 판독되지 않아 내용을 파악할 수 없다. 판독된 내용을 살펴보면 다음과 같다.

앞면: ‘…○四斤一兩 × / …○五斤四兩 ×’ [보고서: ‘…○官○一○ × / …○五斤四○ ×’]
뒷면: ‘× …○丁卅四 / × …婦十三 / × …洎一○’

묵서의 내용을 살펴보면, 앞면은 보고서에서 우행의 2번째 문자를 ‘官’자로 보았으나, 이는 우행의 3번째 문자가 우행의 ‘斤’자와 획이 그어진 형태가 유사하여 같은 ‘斤’자로 판독이 가능하며, 우행과 좌행의 4번째 문자가 각각 ‘一’자와 ‘四’자인 숫자로 판독되는 점, 그리고 마지막 5번째 문자인 ‘ 𠂤 ’자[7]가 무

---

6) 판독과 내용에 대한 해석은 발굴조사 보고서의 내용을 기본적으로 따르면서, 필자의 생각을 약간 더하고자 한다. 그리고 발굴조사 보고서의 목간 판독과 내용 해석은 보고서 작성 시 이용현 선생님으로부터 많은 교시를 받은 것으로 보고되었다.

7) 이 문자는 한국목간협회의 윤독에서 "무게를 나타내는 ‘兩’자로 판독되었다"고 김재홍선생님이 가르쳐 주었다. 고마움을 전하며 필자도 이에 따른다.

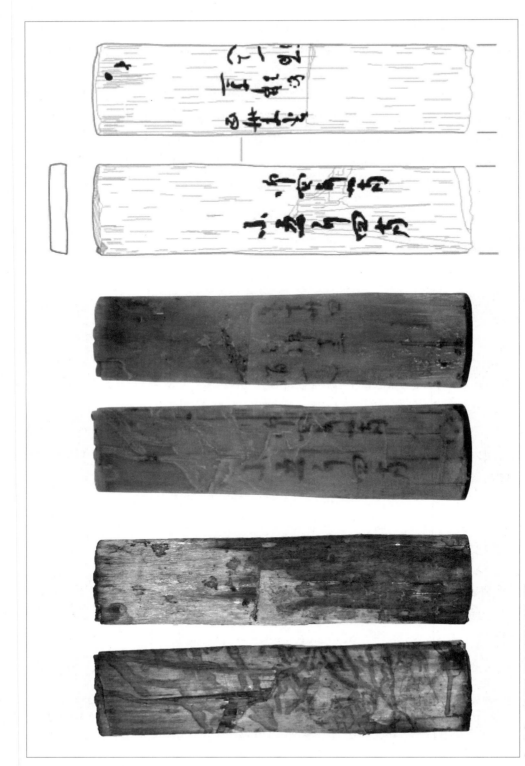

[도면 7] 223번 목간 사진, 적외선 사진, 실측도

게 단위인 '兩'자로 읽히는 점 등을 고려하면, 우행의 2번째 문자 역시 좌행의 두 번째 문자와 같이 숫자일 가능성이 높다. 그러므로 필자는 우행의 2번째 글자를 문장의 구조상으로 보아 숫자로 파악하고, 글자의 형태로 보아 '四'자 로 보고자 한다.[8] 그러면 앞면은 '… ○四斤一兩 × / … ○五斤四兩 ×'으로 판독된다.

즉 이 목간의 앞면에 기록된 내용은 어떤 물건의 무게를 기록한 표찰 목간이며, 백제시대 사비도읍기에 무게 단위로 '斤'과 '斤'의 하위 단위로 '兩'이 사용되었음을 알려 주었다.

뒷면은 우행의 '×…○丁卅四'은 '×…장정(남자) 34명'으로, 중행의 '×…○婦十三' 아녀자(여자) 13명으로 판독할 수 있다. 그러므로 뒷면의 내용은 어떤 마을의 인구수 또는 公役 등에 동원된 사람 수 등을 기록한 문서의 일부로 추정된다.

2. 224번 목간

224번 목간[도면 8]에서는 묵서가 확인되지 않아 검토대상에서 제외하였다. 다만, 224번 목간이 194번 목간과 같이 附礼形 목간인데, 194번 목간보다 현저히 두꺼운 차이를 보인다.

3. 194번 목간

194번 목간[도면 9]은 上端가 일부 훼손되었으나 5각형의 형태를 띠었을 것으로 추정되며, 상단부에 끈 등으로 묶을 수 있게 양쪽에 V홈 형태의 홈이 만들어진 附礼形 목간이며, 下端部도 훼손되었다. 묵서는 앞면에서만 확인되었는데, 판독된 내용을 살펴보면 다음과 같다.

앞면:  '玉石○十斤 ×'

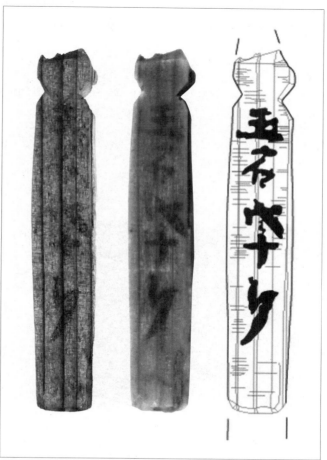

[도면 9] 194번 목간 사진, 적외선 사진, 실측도

---

8) 그러나 전면 우행의 2번째를 '四'자로 보는데에는 전면 좌행의 4번째 글자 '四'자와 후면 우행의 마지막 4번째 글자인 '四'와 비교하여 약간의 차이를 보이고 있어 다른 글자일 가능성은 여전히 인정된다.

이 묵서는 손호성이 적외선 촬영한 후 내용을 '五(玉?)石○十斤(阝?)'로 판독하고, 손환일의 교시를 받아 '五(玉?)石'의 해석을 다섯 가지 광물질 약(丹沙·雄黃·白礬·曾靑·磁石)을 섞어 만든 仙藥의 일종인 五石散(또는 漢食散)으로 파악하고자 하였으며, 세 번째 문자도 '九'자로 읽어 '五石九十斤'으로 해석하면서 五石散 九十斤으로 해석하고자 하였으며,[9] 나아가 발굴조사 보고서에서는 五石散은 淸談을 즐기던 귀족들 사이에 즐기던 환각제로 동 시대 중국 남조의 귀족사회에서 유행하던 청담사상이 백제에 깊은 영향을 준 것으로 해석하였다.[10]

 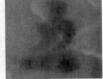

〈194번 목간〉   〈223번 목간〉

필자는 첫 번째 문자인 '五'는 223번 목간의 앞면 좌행의 두 번째 문자인 '五'자와 획이 다르게 그어져 있는 점으로 보아 오히려 '玉'으로 읽는 것이 타당할 것으로 판단되어 이 목간의 묵서는 '玉石○十斤 ×'이었을 것으로 판단된다.

4. 197번 목간

197번 목간[도면 10]은 上·下端部가 대부분 결실된 상태로 출토되었으며, 묵서는 전면에 '部'자 1자가 확인된다.

[도면 10] 197번 목간 사진, 적외선 사진, 실측도

---

9) 손호성, 2011, 「부여 쌍북리 119안전센터부지 출토 목간의 내용과 판독」, 『木簡과 文字』7, 한국목간학회.

10) 최종래·손호성·이은·임채선, 2013, 『부여 사비 119안전센터 신축부지내 쌍북리 173-8번지 유적』, 東邦文化財硏究院 學術調査報告 第4冊.

앞면: 'ｘ部 ×'

부여지역에서 '部'가 기록된 목간은 동남리 궁남지유적['――― 卩 夷' 및 '西卩後巷―――'],[11] 능산리 사지['漢(韓?)城下部―――' 및 '―――六卩五方×'],[12] 쌍북리 현내들유적['○上卩 ×'],[13] 부여 구아리 319번지 유적['―――中卩―――/下卩―――' 및 '―――前卩―――'],[14] 쌍북리 280-5번지 유적['外椋卩―――'][15] 등 羅城區域 내외 각지에서 출토되었다.

이와 같이 부여지역에서 출토된 목간[16]에 기록된 '部'자는 능산리사지에서 출토된 목간 중 [―――下部―――']의 '部'자를 제외하면 모두 '卩'로 기록되어 있어 차이를 보이고 있는데, 일반적으로 '卩'자가 '部'의 이체자로 인식되고 있어,[17] 도성 또는 왕경의 행정구역 단위의 '部'로 해석되고 있다. 그러므로 197번 목간에 기록된 '部'자 역시 도성 또는 왕경의 행정구역을 나타내는 '部'자로 보아야 할 것이다.

5. 122번 목간

122번 목간[도면 11]은 上端部와 下端部가 훼손된 형태이며, 앞면과 뒷면 양면에서 묵서가 확인되었다.

앞면: 'ｘ 部兮礼至文(久?)利○○ ×'
뒷면: 'ｘ○可(移?)○(去?)背 ○(禾?)(礻?)○○×'

앞면의 '部'자는 197번 목간에서 살펴보았듯이 사비도읍기 도성 또는 왕경의 행정구역을 나타내는 '部'자로 보고자하며, 여섯 번째 문자는 보고서에서 '奴'자의 이체자인 '又'자로 보았는데, '又'자일 가능성이 있지만 '久'자일 가능성이 높은 것으로 판단된다. 그리고, 보고서에서는 두 번째 문자 이후의 '兮礼至文(久?)利'는 人名으로 파악한 바 있다.

---

11) 國立扶餘文化財研究所, 1999, 『宮南池發掘調査報告書』.

12) 李炳鎬, 2008, 「扶餘 陵山里 出土 木簡의 性格」, 『木簡과 文字』創刊號, 韓國木簡學會.

13) ① 이판섭·윤선태 2007, 「扶餘 雙北里 현내들유적 출토 百濟 木簡」, 『신출토 목간의 향연』, 한국목간학회 제2회 박술대회 발표집.
② 이판섭·윤선태, 2008, 「扶餘 雙北里 현내들·北浦유적의 조사 성과 ―현내들유적 출토 百濟木簡의 소개―」, 『木簡과 文字』創刊號, 韓國木簡學會.
③李浩炯·李販燮, 2009, 『扶餘 雙北里 현내들·北浦유적』, 충청문화재연구원.

14) 심상육·이미현·이효중, 2011, 「부여 '중앙성결교회유적' 및 '뒷개유적'출토 목간 보고」, 『木簡과 文字』7, 한국목간학회.

15) 朴泰祐, 2009, 「木簡 資料를 통해 본 泗沘都城의 空間構造―'外椋部'명 木簡을 중심으로―」, 『百濟學報』創刊號, 百濟學會.

16) 부여지역에서 출토된 묵서 목간은 국립부여박물관·국립가야문화재연구소, 2009, 『나무 속 암호 목간』과 홍승우, 2012, 「扶餘 지역 출토 백제 목간의 연구 현황과 전망」, 『제7회 정기학술회의 자료집』.)에 의하여 잘 정리되어 있으며, 필자도 이를 참고하였다.

17) 이외에도, 백제시대 유물에서 '部'자가 기록된 유물은 토제품에는 모두 '卩'자로, 동남리 출토 성석에는 '部'자와 '卩'자가 함께 기록되어 있다(심상육, 2013, 「백제 사비도성 출토 문자유물」, 『2013 한국목간학회 하계 워크샾 자료집』).

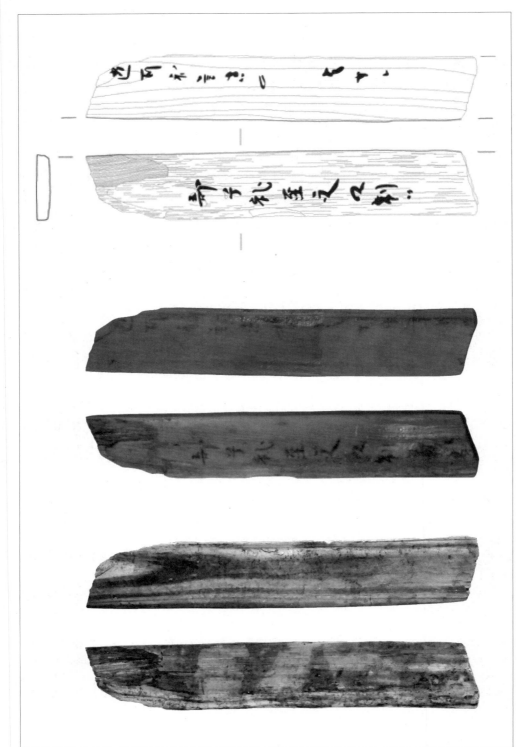

[도면 11] 122번 목간 사진, 적외선 사진, 실측도

뒷면은 보고서에서는 '×○○利○去背 ○廾斗○○×'로 판독하였으나, 필자가 검토한 결과 두 번째 판독되지 않은 문자는 '可'자로, 세 번째 문자는 보고서에서는 '利'자로 판독하였는데 필자는 '移'자로 보고자 한다. 또한 일곱 번째 문자는 보고서에서 '廾'으로 판독하였으나, 필자는 樂자의 이체자인 '乐'자일 가능성도 있으나 "禾"자의 가능성이 높을 것으로 판단된다. 그리고 여덟 번째 문자도 보고서에 서는 '斗'자로 보았으나 필자는 '礻'자 일 가능성이 높을 것으로 판단하였다.

그러므로 뒷면의 묵서는 '×○可(移?)○(去?)背 ○(禾?)(礻?)○○×'으로 판독하고자 하나, 그 내용이 무엇인지는 파악하지 못하였다.

'(久)'자 사진   '可'자 사진   '(移?)'자 사진   '背'자 사진   '(禾?)'자 사진   '(礻)'자 사진

Ⅳ. 맺음말

木簡이란 木片에 문자가 기록된 것[18]을 말하며, 한국의 고대사회에서 목간이 사용되었음은 『三國遺事』「居陀知」설화[19] 등을 통하여 알 수 있다. 그리고 고고 유물로서 문자와 관련된 자료는 昌原 茶戶里 遺蹟[20]에서 문자를 기록하던 붓 5자루와 목간을 제작하거나 잘못 쓴 글자를 깎아 낼 때 사용하던 削刀가 출토되어 늦어도 기원전 1세기에는 木簡에 붓(筆)을 이용하여 墨書가 기록되고 있었음을 알 수 있다.

지금까지 三國時代 木簡은 주지하듯이 1975년 慶州 雁鴨池에서 50여점이 출토된 이래 扶餘, 益山, 高阜邑城, 羅州 伏岩里,[21] 錦山 栢嶺山城, 仁川, 金海, 咸安 등 주로 百濟, 新羅의 都邑地 및 地方의 중요 據點地域의 官廳 및 山城에서 출토되는 양상을 보인다.

특히 扶餘의 羅城區域內의 低濕地에 대한 發掘調査에서는 거의 모든 遺蹟에서 木製 遺物이 出土되고, 적지 않은 遺蹟에서 木簡이 출토되고 있어, 관련 자료가 부족한 百濟史 硏究에 활력이 되고 있음은 주지하는 바와 같다. 이번 發掘調査에서 出土된 木簡 5점은 대부분 훼손되어 전체적인 내용을 파악할

---

18) 鬼頭淸明, 1991, 「木簡」, 『ライブラリー』57, ニューサイエンス社.

19) 『三國遺事』 紀異 第二 「眞聖女大王 居陀知」'…(中略)… 宜以木簡五十片書我輩名 沈水而鬮之'.

20) 李健茂 1992, 「茶戶里遺蹟 出土 붓(筆)에 대하여」, 『考古學誌』4, 韓國考古美術硏究所.

21) 羅州 伏岩里 製鐵유적에서는 백제의 행정구역 편제 방식을 알 수 있는 '前巷' 및 관등을 알 수 있는 '奈率·德率·扞率' 그리고 인명인 '毛羅·烏胡留' 등이 기록된 목간이 출토되었다(金聖範, 2009, 「羅州 伏岩里遺蹟 出土 百濟木簡과 其他 文字 關聯 遺物」, 『동아시아 고대목간의 형태』, 한국목간학회제3회 학술대회 논문).

수 없었지만, 이 木簡들 중에 〈표〉와 같이 4점의 木簡에서 墨書가 확인되었는데, 그 내용이 무엇인지는 알 수 없었으나 무게를 계측하는 단위와 행정구역을 나타내는 단위 등 약간의 정보를 파악할 수 있었다.

區 分	文 字 内 容		
223번 木簡	앞면: …○四斤一兩 × / …○五斤四兩 ×		
	뒷면: × …○丁卅四 / × …婦十三 / × …泊一○		
224번 木簡	墨書 확인되지 않음		
194번 木簡	玉石○十斤 ×		
197번 木簡	×部 ×		
122번 木簡	앞면: × 部兮礼至文(久?)利○○ ×		
	뒷면: ×○可(移?)○(去?)背 ○(禾?)(礻?)○○×		

즉, 223번 木簡과 194번 木簡에서 무게를 計量하는 單位로 '斤'을 사용하였음을 확인할 수 있었으며, 223번 목간에서 '…○四斤一兩 × / …○五斤四兩 ×' 墨書 내용을 통하여 '斤'의 下位單位로 '兩'을 사용하였음 알게 되어, 百濟時代 泗沘都邑期에는 '斤-兩'이 무게를 計量하는 단위로 사용되었음을 알 수 있었다.

또한 扶餘地域에서 出土된 木簡에 기록된 '部'字는 陵山里 寺址에서 출토 木簡 중 [---下部---]의 '部'字를 제외하면 모두 'ㅏ'字로 기록되어 있었는데, 이번에 197번 木簡과 122번 木簡에서 '部'字가 추가로 확인되어 百濟 沙沘都邑期에는 '部'字와 'ㅏ'字가 함께 사용되었을 것으로 판단되며, 이 '部'字는 기존의 研究 成果에서 알 수 있듯이 百濟時代에 都城 또는 王京의 行政區域을 나타내는 '部'자로 이해된다.

그리고 木簡과 共伴된 遺物들의 編年을 통하여 이들 木簡의 廢棄時點이 6世紀 後半에서 7世紀 前半이었을 것으로 추정된다.

투고일 : 2013. 11. 22.　　　심사개시일 : 2013. 11. 28.　　　심사완료일 : 2013. 12. 12.

참/고/문/헌

『三國遺事』

국립공주박물관, 2010, 『새로운 만남 百濟의 木器』.

국립부여박물관·국립가야문화재연구소, 2009, 『나무 속 암호 목간』.

國立扶餘文化財硏究所, 1999, 『宮南池發掘調査報告書』.

國立昌原文化財硏究所, 2006, 『韓國의 古代木簡』-개정판-.

金聖範, 2009, 「羅州 伏岩里遺蹟 出土 百濟木簡과 其他 文字 關聯 遺物」, 『동아시아 고대목간의 형태』, 한국목간학회 제3회 학술대회 논문.

朴泰祐·鄭海濬·尹智熙, 2011, 「扶餘 雙北里 280-5番地 出土 木簡 報告」, 『木簡과 文字』2, 한국목간학회.

부여군·정림사지박물관, 2008, 『백제의 나무』.

손호성, 2011, 「부여 쌍북리 119안전센터부지 출토 목간의 내용과 판독」, 『木簡과 文字』7, 한국목간학회.

심상육·이미현·이효중, 2011, 「부여 '중앙성결교회유적' 및 '뒷개유적'출토 목간 보고」, 『木簡과 文字』 7, 한국목간학회.

심상육, 2013, 「백제 사비도성 출토 문자유물」, 『2013 한국목간학회 하계 워크샾 자료집』.

尹善泰, 2007, 「韓國古代木簡의 形態와 分類」, 『한국고대목간과 고대 동아시아세계의 문화교류』 한국 목간학회 제1회 국제학술대회 자료집.

이경철, 2013, 「부여 사비 119안전센터 신축부지내 유적출토 목제품 보존처리」, 『부여 사비 119안전센터 신축부지내 쌍북리 173-8번지 유적』, 東邦文化財硏究院 學術調査報告 第4冊.

李健茂, 1992, 「茶戶里遺蹟 出土 붓(筆)에 대하여」, 『考古學誌』4, 韓國考古美術硏究所.

李炳鎬, 2008, 「扶餘 陵山里 出土 木簡의 性格」, 『木簡과 文字』創刊號, 韓國木簡學會.

이판섭·윤선태, 2007, 「扶餘 雙北里 현내들유적 출토 百濟 木簡」, 『신출토 목간의 향연』, 한국목간학회 제2회 학술대회 자료집.

이판섭·윤선태, 2008, 「扶餘 雙北里 현내들·北浦유적의 조사 성과 -현내들유적 출토 百濟木簡의 소개 -」, 『木簡과 文字』創刊號, 韓國木簡學會.

李浩炯·李販燮, 2009, 『扶餘 雙北里 현내들·北浦유적』, 忠淸文化財硏究院, 文化遺蹟 調査報告 第94輯.

최종래·손호성·이은·임채선, 2013, 『부여 사비 119안전센터 신축부지내 쌍북리 173-8번지 유적』, 東 邦文化財硏究院 學術調査報告 第4冊.

홍승우, 2012, 「扶餘 지역 출토 백제 목간의 연구 현황과 전망」, 『제7회 정기학술회의 자료집』.

鬼頭淸明, 1991, 「木簡」, 『ライブラリー』57, ニューサイエンス社.

〈日文要約〉

扶餘雙北里173-8番地遺蹟木簡の出土現況と検討

李浩炯

　2010年3月2日から6月6日まで,(財)東邦文化財研究院で実施した扶餘雙北里173-8番地遺蹟の發掘調査でいろいろの遺物とともに5点の木簡が出土された。この遺蹟は5つの堆積層が形成されているが,木簡はⅤ層の最下層で収拾された。

　この木簡の中には下の表のように4点の木簡で墨書きが確認された。その内容が何かは分からないが、重さを計測する単位と行政区域を表す単位などの情報を把握することができた。

区 分 け	文 字　内 容
223番 木簡	前面: …〇四斤一兩×/…〇五斤四兩×
	後面: ×…〇丁卅四/×…婦十三/×…洎一〇
224番 木簡	墨書なし
194番 木簡	玉石〇十斤×
197番 木簡	×部×
122番 木簡	前面: ×部兮礼至文(久?)利〇〇×
	後面: ×〇可(移?)〇(去?)背　〇(禾?)(ネ?)〇〇×

　すなわち、223番の木簡と194番木簡で重さを計量する單位として＜斤＞を使用したことを確認することができた。その上、223番の木簡で,'…〇四斤一兩×/…〇五斤四兩×'と言う墨書の内容を通じて,＜斤＞の下位単位として＜兩＞を使用したことが分かったので,百濟の泗沘都邑期には＜斤－兩＞が重さを計量する単位で使われたことが分かった。

　また、扶餘地域で出土された木簡に書かれた＜部＞は,陵山里寺址で出土された木簡の中で[－－－下部－－－]の＜部＞を除けば,すべて＜卩＞として記されているが、今回197番木簡と122番木簡で＜部＞が追加的に確認され、百濟の沙沘都邑期には＜部＞と＜卩＞がともに使用されたものと判断される。この＜部＞は今までの研究成果からも分かったように,百濟時代の'都城'または王京の行政區域を示す＜部＞として理解される。

　そして木簡と共伴された遺物らの編年を通じて、これら木簡の廢棄時點が6世紀後半から7世紀前半であることを推定できる。

▶ キーワード：木簡, 最下層, 墨書, 斤, 兩, 部, 卩, 泗沘都邑期

2011年 秦漢魏晉 簡牘의 연구 개술[*]

魯家亮[**]

〈국문 초록〉

본고의 주요내용은 2011年 秦漢魏晉簡牘研究 槪況의 간략한 소개이다. 글의 체계·분류표준은 대체로 작년에 작성된 槪述과 같고, 몇몇 곳은 구체적인 정황에 의거하여 증감·조정하였다. 특별히 언급해 둘 것은, 일부 연구 성과가 일찍이 인터넷에 발표되어 작년의 개술에 이미 수록되어 있다는 점이다. 나중에 비록 정식으로 지면으로 간행되었지만, 결론은 실질적으로 변화한 것이 없기에 다시 중복 소개하지 않는다. 졸고가 秦漢魏晉簡牘研究에 관심 있는 학자들에게 약간의 편리를 제공하기를 희망하며, 그 누락되고 부족한 부분은 또한 독자들의 양해를 바란다. 글 진행의 편리를 위해 본고에서는 모든 학자들의 이름을 그대로 드러냈고 경칭을 붙이지 않았으니, 양해 바란다.

▶ 핵심어 : 진, 한, 위, 진, 간독

* 본고는 教育部哲學社會科學研究重大課題攻關項目 "秦簡牘의 종합정리와 연구"(항목비준번호, 08JZD0036)의 지원으로 작성되었다.
** 武汉大学简帛研究中心

Ⅰ. 秦簡牘의 研究

李零은 秦簡 자료를 文書·古書의 두 가지 대분류로 나누고, 문서는 다시 관문서와 개인문건의 두 분류로 나누었다. 전자는 律令·獄訟·薄記·徒勞里程·文告·官員守則의 여섯 종류를 포함하고, 후자는 年譜·日表의 두 종류를 포함한다. 古書는, 주로 六藝·詩賦·數術·方技의 네 종류가 있다. 또한 그는 秦簡의 이름은 응당 최대한 原書의 편명을 사용하고, 부제의 편명도 고대의 표현에 부합해야 한다고 지적했다.[1]

1. 雲夢睡虎地4號秦墓木簡과 11號秦墓竹簡

1) 編聯과 綴合

凡國棟은 嶽麓秦簡《爲吏治官及黔首》의 기록을 이용하여, 睡虎地秦簡《爲吏之道》38-49號簡의 簡文 순서를 조정할 수 있다고 보았다. 즉 42·43號簡은 45號簡의 뒤로 갈 수 있다고 지적했다.[2]

2) 文獻 考釋과 研究

陳偉는《爲吏之道》"吏有五失" 중의 "夸以迣"의 "迣"를 "誰"로 읽고, "多言"으로 이해했다.[3] 劉雲은《爲吏之道》13-18號簡의 "吏有五失"과 嶽麓秦簡《爲吏治官及黔首》41-46號簡의 "吏有五過"를 비교하여, 기존 견해들을 평론한 뒤 이를 바탕으로 "夸以迣"는 "夸以肆"로 읽을 수 있고, 뜻은 사치스러움을 다하다이며, "貴以大"는 "貴以泰"로 읽을 수 있고, 뜻은 존귀하며 교만하고 자만하다이고 "犯上佛知害"의 "害"는 두려워하다로 해석해야 한다고 지적했다.[4] 蔡偉는《爲吏之道》27號簡 "尊賢養孼"의 "孼"는 응당 "艾"로 읽어야 하고, 뜻은 "老"라고 보았다.[5]

趙久湘·張顯成은《秦律十八種·田律》제4號簡 "毋敢夜草爲灰" 중의 "夜"는 "熱"과 통할 수 있고, 뜻은 "燒"라고 보았다.[6] 方勇은《秦律十八種·倉律》27號簡에서 원래 "豖"의 글자는 마땅히 "豖"으로 釋讀하고, 응당 "彔"字의 異體로 "錄"으로 써야 하며, 簿籍에 기재한다는 것을 나타낸다고 보았다.[7] 湯志彪·孫德軍은《秦律十八種·倉律》38-39號簡 중의 "利"는 응당 "饒"·"善"으로 풀이해야 한다고 보고, 그

---

1) 李零, 2011, 「秦簡的定名與分類」, 『簡帛』제6輯, 上海古籍出版社.
2) 凡國棟, 2011, 「嶽麓秦簡〈爲吏治官及黔首〉與睡虎地秦簡〈爲吏之道〉編連互徵一例」, 『江漢考古』제4期.
3) 眞僞, 2011년 4월 8일, 「嶽麓秦簡〈爲吏治官及黔首〉識小」, 簡帛網(http,//www.bsm.org.cn/).
4) 劉雲, 2011년 4월 15일, 「〈爲吏之道〉與〈爲吏治官及黔首〉對讀札記」, 復旦大學出土文獻與古文字研究中心網(http//www.gwz.fudan.edu.cn/, 이하 復旦網으로 지칭).
5) 蔡偉, 2011년 4월 9일, 「讀竹簡札記四則」, 復旦網.
6) 趙久湘·張顯成, 2011, 「世說〈睡虎地秦墓竹簡〉"夜草爲灰"的"夜"字」, 『古籍整理研究學刊』제2期.
7) 方勇, 2011, 「讀秦簡札記兩則」, 『江漢考古』제3期.

중 "本"字는 整理者의 관점을 지지하여, "農作物"로 이해한다.[8] 楊廣成·李軍은 《倉律》 중의 "更隸妾"은 "隸妾"의 일종이고, 본질적으로 관부소유에 속하고, 인신의 자유가 없었다고 보았다. 그 특수신분은, 관부가 백성들에게 빌려주어 일을 시킬 수 있으며, 그 노동력은 관부와 백성들의 공동 소유였는데 "更隸妾"은 일부 시간은 백성들을 위해 복역했고, 관부에서 노역임무가 있을 때는 "總冗"이라고 불렸다.[9] 曹旅寧은 《秦律雜抄》 중에 보이는 "公車司馬獵律"이 비록 두 簡에 나누어 쓰였지만, 두 章으로 나눠질 가능성은 없고, 이 律은 公車司馬狩獵의 紀律과 義務에 관련된 것이며, 목적은 천자를 호위하고, 사냥감을 취하는 것이지, 각종 수렵활동의 제한규범에 대한 것이 아니었다고 보았다.[10] 于洪濤는 睡虎地秦簡에 관련된 秦"禀衣"제도에 대해 토론했는데, 그는 "禀衣者"는 주로 刑徒 혹은 刑徒 신분과 유사한 사람 중에 弱勢者 부류이고, 이런 사람들은 "禀衣收費者"와는 다르며, 그 방출한 의복은 국가가 무상으로 배급하는 것이고, 구체적으로 방출된 것은 완성된 의복이 아닐 뿐만 아니라, 錢도 아니고, 대부분 布料 혹은 반완성품 의복이었다고 보았다.[11] 劉釗는 《封診式·盜馬》 20-21號簡 중의 "雛牝有剽"의 "剽"는 응당 "標"로 읽어 標誌를 의미하며, 그에 알맞게 끊어 읽기는 "雛, 牝, 有剽"로 조정될 수 있다고 보았다.[12]

邱亮·王煥林은 《日書》甲種61-62號簡 중의 "紙"는 마땅히 "砥"로 해석해야 하고, 함의는 "磨"라고 보았다.[13] 劉增貴는 放馬灘秦簡 《日書》甲種154號簡 뒷면의 "傅戶"가 가리키는 것은 門戶건축의 일이라고 보았고, 아울러 두 종류의 가능한 해석방안을 제시했다.[14]

2. 甘肅天水放馬灘秦簡牘

1) 編聯과 綴合

劉增貴는 放馬灘秦簡 《日書》 乙種簡1-15 아래 칸, 簡16-24 중간 칸과 아래 칸의 내용은 《直室門》篇이라고 이름 정할 수 있다고 보았다. 아울러 같은 簡9와 13을 묶은 후 簡8·10의 사이에 병치하여 이어서 읽고, 簡18과 19簡의 위치는 서로 바꾸어야 하고, 簡21을 簡20의 앞에 두어 簡18의 위 칸과 같이 이어서 읽고, 그에 따라 簡20·22 중간 칸은 이어서 읽을 수 있고, 簡21·20 아래 칸은 이어서 읽을 수 있으며, 簡23 아래 칸 문자의 절반은 응당 簡24 중간 칸과 이어서 읽는다는 것에 동의했다. 이외에, 簡24의 아래 칸의 문자는 "北門"과는 무관하고, 어쩌면 "獲門"과 상관있을 지도 모른다고 보았다. 그러나 簡

---

8) 趙久湘·張顯成, 2011, 「秦簡文字瑣記(三則)」, 『西華大學學報』 제1期, 哲學社會科學版.

9) 楊廣成·李軍, 2011년 5월 25일, 「睡虎地秦簡"更隸妾"蠡則」, 復旦網.

10) 曹旅寧, 2011, 「睡虎地秦簡〈公車司馬獵律〉的律名問題」, 『考古』 제5期.

11) 于洪濤, 2011년 10월 25일, 「睡虎地秦簡中"禀衣"制度試析」, 簡帛網.

12) 劉釗, 2011, 「說秦簡"右剽"一語並論歷史上的關馬標識制度」, 『出土文獻與古文字研究』 제4輯, 上海古籍出版社.

13) 邱亮·王煥林, 2011, 「睡虎地秦簡"紙"字新釋」, 『現代語文』 제8期, 言語研究版.

14) 劉增貴, 「放馬灘秦簡〈日書·直室門〉及門戶宜忌簡試釋」, 『簡帛』 제6輯.

17·18·21·23의 일부 문자는 《直室門》에 속하지 않으며, 혹 "築四門宜忌"라고 칭할 수도 있다.[15] 孫占宇는 放馬灘秦簡乙種《日書》가 "星度"篇에 속하는 12매 簡이고, 簡 순서는 마땅히 167-174-168-173-169-176-175-170-缺簡-缺簡-171-177-172-178로 조정해야 한다고 보고,[16] 이어서 또 원래 보고에서는 빠졌던 172號簡 사진 한 장을 게재했다.

2) 文獻 考釋과 硏究

孫占宇는 甲種《日書》의 73매簡에 대해, 15篇으로 나누어 集釋 성격의 校註를 진행했고, 아울러 일부 簡牘의 적외선 사진을 게재했다.[17] 曹方向은 《天水放馬灘秦簡》의 釋文에 초점을 맞춰 다수의 보충의견을 제시했고, 그중 甲種日書에 대한 것은 7條, 乙種日書 3條, 《志怪故事》1條이며, 그 예로는 甲種 72號簡의 "弗尼"·乙種 65號簡의 "漑困"·《志怪故事》 6號簡의 "日" 등을 들 수 있다.[18]

劉增貴는 《直室門》篇의 簡文에 속하는 放馬灘秦簡 日書乙種에 대해, 각 학자들의 의견을 종합하고, 또 8條의 새로운 보충 해석을 제시했으며, 아울러 전체의 編聯·分篇·讀法에 대해 골고루 조정했다. 이러한 바탕 위에, 그것과 睡虎地·孔家坡簡의 연관내용 비교를 진행했다. 이외에, 또 放馬灘秦簡와 기타 門戶宜忌에 상관있는 簡文을 토론했는데, 예컨대 "築四門宜忌"로 묶인 17·18·21·23 일부분과, 簡52·53·132-135 아래 칸에 언급된 啓門, 祭門宜忌 등이 있다.[19] 劉國勝은 《日書》乙種 簡160-161 중 원래 "昴"·"旦" 및 "早"字로 해석했던 것을 모두 "泉"으로 고쳐 해석하고, "享"은 "孰"으로 고쳐 해석했으며, 아울러 이 段簡文의 함의에 대하여 분석을 진행했다.[20] 孫占宇는 적외선 사진자료를 이용하여 放馬灘秦簡乙種《日書》에 속하는 "星度"篇의 12매簡에 대한 釋文 보충 해석·簡 순서 정리에 기초해, 본편에 사용된 "二十八宿"체계와 石氏가 일치하며, 그 距度는 곧 《洪範傳》古度를 대표로 하는 古距度체계에 속한다는 것을 지적하고, 아울러 日躔과 기존에 전해지던 문헌의 차이·簡文 용도 추측 문제를 토론했다.[21] 陳偉는 350·192號簡에 기재된 "占病祟除文"釋文에 기초하여, 그것과 182-190號簡 세 번째 칸에 기재된 "占病祟除圖"가 같이 연관되었음을 서술했고, 그 상호 위치·편차 등의 문제를 토론했으며, 아울러 圖·文의 사용방법은 일종의 投擲式의 선택을 채용한 것이라고 추측했다.[22]

李零은 일부 적외선 사진자료를 《志怪故事》의 釋文과 결합하여 수정했고, 아울러 간략한 주석과 설명을 넣었다.[23]

---

15) 劉增貴, 『放馬灘秦簡〈日書·直室門〉及門戶宜忌簡試釋』.
16) 孫占宇, 2011, 「放馬灘秦簡日書"星度"篇初探」, 『考古』제4期.
17) 孫占宇, 2011, 「放馬灘秦簡甲種日書校注」, 『出土文獻研究』제10輯, 中華書局.
18) 曹方向, 2011, 「讀〈天水放馬灘秦簡〉小札」, 『江漢考古』제2期.
19) 劉增貴, 『放馬灘秦簡〈日書·直室門〉及門戶宜忌簡試釋』.
20) 劉國勝, 「秦簡〈日書〉零拾」, 『簡帛』제6輯.
21) 孫占宇, 2011, 「放馬灘秦簡日書"星度"初探」, 『考古』제4期.
22) 陳偉, 2011, 「放馬灘秦簡日書〈占病祟除〉與投擲式選擇」, 『文物』제5期.
23) 李零, 「秦簡的定名與分類」之「附錄」, 『簡帛』제6輯.

3. 湖北雲夢龍崗秦簡牘

曹方向은 적외선 사진자료를, 龍崗秦簡의 釋文에 결합하여 보충 해석을 진행했는데, 합계 10조항으로, 즉 簡1의 "葦"·"茅", 簡6의 "獥", 簡15의 "其非", 簡27의 "坦", 簡43의 "監", 簡192의 "分" 등이다.[24] 湯志彪·孫德軍는 龍崗秦簡 제151號簡 중의 "詐僞"는 응당 "欺壓과 欺詐" 두 종류의 수단으로 이해해야 하고, 264號簡 중의 "販假"는 곧 "買賣"로 이해해야 한다고 보았다.[25]

4. 湖北江陵王家臺秦簡

梁韋弦은 文獻 중 관련있는 殷易《歸藏》의 논지는 믿을 만하고, 《周禮》에 기술된 三易 중 하나인 《歸藏》과, 《禮記》에 공자가 얻었다고 기록된 《坤乾》, 秦簡《歸藏》·漢人이 본 《歸藏》 및 淸人이 輯錄한 《歸藏》 간의 연계를 나타내는 단서는 따를 만하며, 秦簡《歸藏》의 卦名은 일찍이 傳本《周易》의 卦名에 존재했고, 일정 정도는 殷易의 내용을 반영하고 있을 것이라고 보았다.[26]

5. 湖北江陵周家臺秦簡

劉國勝은 周家臺秦簡《日書》簡297-302 위 칸에 출현하는 다섯 개의 "置"는 아마 "德"의 假借字로, 簡文에서는 "刑德", 즉 値神之德을 가리킨다고 보았다.[27] 陶安·陳劍은 《病方及其它》315-316號簡의 "洂(和)"을 응당 "染"으로 고쳐 해석하고, 그 용법은 고서에서 豉醬에 식물을 물들이는 것을 가리키는 "染"字와 서로 같다고 보았다.[28] 方勇은 338-339號簡 중의 "楳"字는 응당 "楣"로 읽어야 하고, 門楣를 가리킨다고 보았다.[29]

6. 湖南龍山里耶古城秦簡牘

陳劍은 J1(8)133 뒷면 등 여섯 簡 중 출현하는 7곳 "某手"의 "手"를 "半"으로 고쳐 해석하여, "判" 혹은 "胖"으로 읽을 수 있으며, 그 뜻은 "分爲兩半"이라고 하였다. 이외에, 일부 중요한 수정·보충 해석으로는 J1(8)133의 "留"를 "丞"으로 고쳐 해석한 것, "陘"字를 보충 해석한 것, J1(8)134의 "蕩陰"을 "漢陰"으로 고쳐 해석한 것, J1(9)984의 "有律"을 "有逮"·"遷陵"을 "遣歸"로 고친 것·"巳"·"以"를 보충 해석한 것, J1(9)10 세 곳의 人名 "勝日"을 "勝白"으로 고친 것, J1(16)5 "巫"字를 보충 해석한 것 및 J1(8)774와 J1(9)2318에서 출현하는 두 개의 "以"를 "已"로 고쳐 해석한 것 등이 있다.[30] 遊逸飛는 8-

---

24) 曹方向, 「龍崗秦簡文字補釋」, 『簡帛』제6輯.
25) 湯志彪·孫德軍, 2011, 「秦簡文字鎖記(三則)」, 『西華大學學報』제1期, 哲學社會科學版.
26) 梁韋弦, 2011, 「〈歸藏〉考」, 『古籍整理研究學刊』제3期.
27) 劉國勝, 「秦簡〈日書〉零拾」, 『簡帛』제6輯.
28) 陶安·陳劍, 「〈奏讞書〉校勘札記」, 『出土文獻與古文字研究』제4輯.
29) 方勇, 2011, 「讀秦簡札記兩則」, 『江漢考古』제3期.
30) 陳劍, 「讀秦漢簡札記三篇」, 『出土文獻與古文字研究』제4輯.

455號 木方 釋文에 대한 보충 해석에 기초하여, 전체 木方의 내용을 11개의 그룹으로 분할하고, 아울러 語法·避諱·省字 등 8개 방면에 대해 토론을 진행했다.[31] 朱紅林은 8-455號 木方이 관원 개인이 필사 기록한 秦 통일시기 관련 문서용어의 모음에 속한다고 보고, 아울러 이 木方이 생산된 시대배경과 체현된 秦의 문서제도 등의 문제를 분석했다.[32] 張樂은 告地策 格式과 그중 "某手"가 어디에 속하는가라는 데에서 출발하여, 里耶秦簡 J1⑨1-12號木牘 중 "敬"은 陽陵縣人이며, 遷陵縣이나 酉陽縣人이 아니고, "某手"의 신분은 관부의 하급 사무원(佐吏)이므로, J1⑨1-12號木牘 중에 "敬"은 陽陵縣 司空騰의 佐이며, 기록자는 문서의 운영 중에 이름을 남기지 않았다는 것을 지적했다. 이외에, 또 J1⑨1-12號 木牘 문서의 운영·형성과정의 복원을 진행했다.[33] 戴世君은 J1(9)1-12 중 출현하는 "已訾其家"·"已訾責其家"의 "訾"는 "責"으로 이해하고, 收取의 뜻이 있다고 보았다.[34] 또 J1(9)3과 J1(9)9 중의 "環書"는, 응당 "문서를 卻 혹은 駁해서 돌려보낸다"로, "環"은 拒絶하다는 뜻으로 이해해야 하고,[35] J1(9)981"及讞問"의 "及"은 "急" 혹은 "亟"으로 읽고, 신속하다·빠르다는 뜻이며,[36] J1(16)5 중 "告鄕司空·倉主"의 표점은 "告鄕·司空·倉主"로 해야 하고, 告의 대상은 鄕主·司空主·倉主이고, "尉別都鄕司空"은 "尉別都鄕·司空"으로 끊어 읽어야 하고, 다른 대상은 모두 都鄕·司空이라고 보았다.[37] 楊廣成·李軍은 里耶戶籍 K4 중의 "隷大女子華", 그 "隷"는 南陽戶主 "繇喜"의 호적상에 신분이 "更隷妾"인 成年여자 "華"의 신분 표시를 가리킨다고 보았다.[38]

7. 湖南嶽麓書院藏秦簡

1) 資料 公開

2011년 12월《嶽麓書院藏秦簡(貳)》가 출판됐고,《數》書 219매簡(별도 殘片 12매)의 자료 전부를 공개했다.[39]

2) 編聯과 綴合

陳偉는《二十七年質日》의 6·7號簡 사이에 빠진 한 簡,《二十五年質日》27號簡 및 이하의 복원에 문제가 있고, 27號簡에 잔존하는 干支는 응당 "正月"과 "三月"에 대응하며, 최초 복원시 보충했던 2매의

---

31) 遊逸飛,「里耶秦簡8-455號木方選擇」,『簡帛』제6輯.
32) 朱紅林, 2011,「里耶秦簡8-455號木方硏究-竹簡秦漢律與〈周禮〉比較硏究(七)」,『井岡山大學學報』제1基, 社會科學版.
33) 張樂, 2011년 4월 18일,「里耶簡牘"某手"考-告地策入手考察」, 簡帛網.
34) 戴世君, 2011년 6월 3일,「里耶秦簡辨正(二)」, 簡帛網.
35) 戴世君, 2011년 5월 31일,「里耶秦簡辨正(一)」, 簡帛網.
36) 戴世君, 2011년 6월 4일,「里耶秦簡辨正(三)」, 簡帛網.
37) 戴世君, 2011년 9월 30일,「里耶秦簡辨正(五)」, 簡帛網.
38) 楊廣成·李軍, 2011년 5월 25일,「睡虎地秦簡"更隷妾"蠡測」, 復旦網.
39) 朱漢民·陳松長主編, 2011,『嶽麓書院藏秦簡(貳)』, 上海辭書出版社.

簡 중, 1매만 보충할 수 있다고 보았다.[40] 孫沛陽은 簡册 뒤 割綫의 표시를 이용하여, 《二十七年質日》의 簡25는 응당 《二十四年質日》에 귀속되고, 그 篇의 簡4와 簡5의 사이에 병치되어야 하며, 《二十五年質日》의 簡17은 즉 응당 《二十七年質日》에 귀속되고, 그 篇의 簡6과 簡7의 사이에 병치되어야 한다고 지적했다.[41]

復旦大學出土文獻與古文字研究中心研究生讀書會는 《爲吏治官及黔首》篇에 대하여 여러 개의 編聯방안을 제시했는데, 82+79+81+83+84+65, 34와 41號簡의 위치 교환, 85號簡을 5·6號簡의 사이에 삽입, 68+23+22, 62+72+71 등으로 나눌 수 있다.[42] 陳劍은 한발 더 나아가 62+72+71의 뒤에 다시 69號簡을 붙일 수 있다고 제시하고, 별도로 또 簡74+78+77+75+76+73 혹은 簡74+78+77+73+75+76의 두 종류의 編次 가능성을 제시했다.[43] 85·86·87 세 簡의 編聯에 대해, 凡國棟은 陳松長의 최초의 編聯방안, 즉 87-85-86을 지지했다.[44] 이외에, 陳劍은 원래 簡85 윗부분에 결합되었던 작은 조각을 簡5와 다시 결합시켜, "歆"字를 복원할 수 있었다.[45] 《爲吏治官及黔首》의 分篇에 대해, 高一致는 1-58號簡 제2칸 簡文이 종료된 뒤 1號簡 제3칸으로 전환되는 것 같고, 全篇은 네 부분으로 나눌 수 있는데, 즉 59-84號簡 앞 세 칸이 제1부분, 1-58號簡이 제2부분, 59-84號簡 제4칸이 제3부분, 제4부분은 3매의 通欄書寫簡이라고 지적했다.[46]

陳偉는 《占夢書》48號簡도 通欄書寫의 一組簡에 속하며, 또 마땅히 1號簡의 뒤에 두고 연달아 읽고, 2號簡은 1號簡을 대체하여 전편의 첫 부분일 가능성이 크며, 조정 후의 簡文編聯 순서는 응당 2-3-4-5……1+48이고, 중간에 여전히 한두 매의 缺簡이 있다고 보았다.[47] 高一致는 《占夢書》15號簡을 10號簡의 뒤로 조정했다.[48] 陳劍은 《占夢書》중에 원래 簡38의 상부에 결합했던 작은 조각을 簡23과 다시 결합시켰고, 결합 후 "潰"字를 釋讀할 수 있었다.[49]

3) 문헌 考釋과 연구

復旦大學出土文獻與古文字研究中心研究生讀書會는 《嶽麓書院藏秦簡(貳)》각 篇의 釋字와 注釋에 대해 30여 항목의 보충의견을 제시했다.[50] 高一致는 全書에 수록된 내용에 대해 集釋작업을 진행했으며,

40) 陳偉, 2011년 4월 17일, 「嶽麓秦簡曆表的兩處訂正」, 簡帛網.
41) 孫沛陽, 「簡册背割綫初探」, 『出土文獻與古文字研究』 제4輯.
42) 復旦大學出土文獻與古文字研究中心研究生讀書會, 2011년 2월 28일, 「讀《嶽麓書院藏秦簡(壹)》」, 復旦網.
43) 復旦大學出土文獻與古文字研究中心研究生讀書會, 2011년 3월 1일, 「讀《嶽麓書院藏秦簡(壹)》文後跟帖, 復旦網을 볼 것.
44) 凡國棟, 2011, 「嶽麓秦簡〈爲吏治官及黔首〉與睡虎地秦簡〈爲吏之道〉編連互徵一例」, 『江漢考古』 제4期.
45) 陳劍, 2011년 10월 5일, 「嶽麓簡〈占夢書〉校讀札記三則」, 復旦網.
46) 高一致, 2011, 「〈嶽麓書院藏秦簡(壹)〉集釋」, 碩士學位論文, 武漢大學.
47) 陳偉, 2011년 4월 9일, 「嶽麓簡〈占夢書〉1525號等簡的編聯問題」, 簡帛網.
48) 高一致, 『〈嶽麓書院藏秦簡(壹)〉集釋』.
49) 陳劍, 『嶽麓簡〈占夢書〉校讀札記三則』.
50) 復旦大學出土文獻與古文字研究中心研究生讀書會, 2011년 2월 28일, 「讀〈嶽麓書院藏秦簡(壹)〉」, 復旦網.

그는 또 《廿七年質日》44號簡 "楊口"는 "揚口"를 가리키는 것 같고, 대략 지금 湖北天門 西南 부근에 있다는 의견을 제기했다.[51] 郭濤는 《二十七年質日》 중의 "波留"는 지명으로 이해하면 안 되고, "波留"는 "陂留"라고도 쓰이므로, 무언가 가로막혀 縣內에 체류하게 되었다는 뜻을 표시하거나, 혹은 하천 제방의 修築공사와 관련이 있을 것이라고 보았다.[52]

方勇은 《爲吏治官及黔首》 5號簡 "食"의 앞에 殘字는 "歙(飮)"일 것이라고 보았다.[53] 伊强은 5號簡의 "毒"은 "每"로 고쳐 해석해야 하며, "毒"字의 잘못임을 제기했다.[54] 陳偉는 8號簡의 "質"은 "躓"로 읽고, 뜻은 "礙也"라고 보았다.[55] 湯志彪는 14號簡 "徼迣不數"의 "數"를 "慺"로 읽고, "徼迣不數(慺)"는 응당 "徼迣"가 謹愼·恭敬하지 않고, 장차 모종의 징벌을 받을 것이라는 뜻을 가리킨다고 보았다.[56] 張新俊은 제19號簡 아래 칸의 "郭道不治"의 "郭"을 "障"으로 고쳐 해석하는데 동의하지만, "郭"을 "墇"의 異體로 간주하여 "堤"로 이해하여, "障道"는 둑 위의 도로를 가리킨다는 것에는 동의하지 않았다.[57] 劉雲은 41-46號簡의 "吏有五過" 중에 "夸而夬"는 "夸而快"로 읽을 수 있고, "貴而企"는 "貴而盈"으로 읽을 수 있으며, 양자의 의미 구분은 睡虎地秦簡 《爲吏之道》 13-18號簡의 "吏有五失" 중의 "夸以迣(肆)", "貴以大(泰)"와 같고, "犯上不知其害"의 "其"는 "忌"로 읽어야 하고, "害"도 忌憚의 뜻이라고 보았다.[58] 何有祖는 復旦讀書會의 20號簡 "遏"에 대한 釋讀에는 동의하지만, "退"로 읽는 데는 동의하지 않고, "遏"은 그대로 읽어야 하는데, "進遏"은 "雍遏"로 읽을 수 있으므로, "雍遏不繫"는 다른 사람이 벼슬하는 것을 가로막았던 사람이 繫治할 수 없게 하는 것을 가리키며,[59] 簡26은 원래 "兩"字로 釋讀했으나 "雨"로 고쳐 해석해야 한다고 지적했다.[60] 方勇은 44號簡의 "折"字의 字形은 "歽"이고, "熱"의 잘못일 수 있으며, 57號簡의 "表"字는 "衵"로 釋讀해야 하고, 通假는 "壹"字라고 보았다.[61] 蔡偉는 48號簡 "五日閒(賤)士貴貨貝"의 "閒"은 "簡"으로 읽어야 하고, "簡"은 업신여기다·깔보다의 의미이며, "賤"·"閒(簡)"의 사이는 異文으로, 응당 같은 뜻이지만 假借가 아닌 관계이며, 71號簡 "過之貴也"의 "貴"는 "階"로 읽을 수 있다고 보았다.[62] 于洪濤는 53號簡의 "吏有六怠"는 응당 "有"의 아래로 구분하고, 관련 부분의 釋文 끊어읽기는 "吏有, 六怠不審, 所親不祭(察), 所使親人不固, 同某(謀)相去, 起居不指, 屚(漏)

---

51) 高一致, 『〈嶽麓書院藏秦簡(壹)〉集釋』.

52) 郭濤, 2011년 12월 30일, 「嶽麓秦簡〈二十七年質日〉"波留"或非地名」, 簡帛網.

53) 芳容, 2011년 4월 11일, 「讀嶽麓秦簡札記(一)」, 簡帛網.

54) 伊强, 2011년 8월 26일, 「嶽麓秦簡〈爲吏治官及黔首〉札記二則」, 簡帛網.

55) 陳偉, 2011년 4월 8일, 「嶽麓秦簡〈爲吏治官及黔首〉識小」, 簡帛網.

56) 湯志彪, 2011년 6월 15일, 「嶽麓秦簡拾遺」, 簡帛網.

57) 張新俊, 2011년 3월 16일, 「讀嶽麓秦簡劄記一則」, 復旦網.

58) 劉雲, 2011년 4월 15일, 「〈爲吏之道〉與〈爲吏治官及黔首〉對讀札記」, 復旦網.

59) 何有祖, 2011년 4월 9일, 「嶽麓秦簡〈爲吏治官及黔首〉補釋二則」, 簡帛網.

60) 何有祖, 2011년 4월 11일, 「嶽麓簡〈爲吏治官及黔首〉補釋一則」, 簡帛網.

61) 芳容, 2011년 4월 13일, 「讀嶽麓秦簡札記(二)」, 簡帛網.

62) 蔡偉, 2011년 4월 9일, 「讀竹簡札記四則」, 復旦網.

表不審, (徽)蝕(識)不齊"로 조정될 수 있고, 그와 함께 "六殆"의 내용은 "上計"의 표준과 관련이 있고, "上計"제도를 위반한 "爲吏"의 惡習일 수 있다고 보았다.[63] 湯志彪는 이러한 끊어읽기 의견에 동의하지 않고, 아울러 56號簡의 "指"는 "稽"로 읽고, "當"으로 해석해야 한다고 지적했다.[64] 陳偉는 아마도 62號簡의 "奴"을 埂(壋)으로 읽어야 할 것 같고, 71號簡의 "狠"는 같은 글자로 읽을 수 있으며, 본 뜻(嚙 혹은 豕嚙) 혹은 파생된 뜻(减)으로 이해할 수 있다고 보았다.[65] 劉雲은 75號簡의 "密"은 破讀할 필요가 없고, 촘촘하다는 뜻으로 보면 되며, 81號簡의 "工"은 "攻"으로 읽고, "攻用必審"은 加工·使用(羽毛·皮革)에 반드시 명확함을 요구한다고 이해할 수 있다고 보았다.[66] 方勇은 76·84號簡 중 두 곳의 "巢"字를 "瞜"字로 읽고, 도움을 준다는 뜻으로 표현했다.[67] 伊强은 芳容의 이 두 글자의 함의에 대한 해석에 동의했지만, 이 두 글자를 "巢"로 해석해 쓰고, "資"로 읽었다.[68] 廖繼紅은《爲吏治官及黔首》의 釋文에 대해 55항목을 보충 해석했다.[69] 馬芳·張再興은《爲吏治官及黔首》중 글자와 단어의 함의 이해에 대해서도 7항목의 보충의견이 있다.[70] 廖繼紅은 또 기원·형상·내용의 세 방면에서부터 그것과 睡虎地秦簡《爲吏之道》의 비교를 진행하고, 양자가 일부 내용은 동일한 母本에서 나왔다고 보았다.[71] 許道勝은《爲吏治官及黔首》의 取材가 당시의 율령과 관계가 밀접하고 睡虎地秦簡의《爲吏之道》와도 유사하여 당시 學吏제도의 산물이라고 보았고, 글에서는 또 본편의 성질과 年代에 대하여 분석을 진행했다.[72] 于洪濤는《爲吏之道》와《爲吏治官及黔首》중에 모두 어구가 연관되지 않는 내용이 있고, 원문의 소유자가 업무 필요에 따라 선택적으로 필사했을 수 있다는 것에 주목했으며, 아울러 두 개의 원문 사이 및 그것과 母本의 관계·원문 소유자의 신분 등의 문제를 분석했다.[73] 于선생은 또 이 두 篇의 연관내용을 다섯 부분으로 나누어 대조해 읽고, 동시에 두 篇의 제목과 取材문제를 토론했다.[74] 朱紅林은 그중 농업관리와 연관된 조목을 분류하여 토론을 진행했다.[75]

凡國棟은《占夢書》1號簡 "醉飽而夢雨·變氣, 不占"의 "夢"字 아래를 계속 읽을 수 있다고 보았다.[76] 1號簡 중의 "時"를, 高一致는 "蒔"로 읽었고, 재배하다·배양하다로 이해했다.[77] 陳偉는 2−3號簡 중 "必

63) 于洪濤, 2011년 5월 24일, 「嶽麓簡〈爲吏治官及黔首〉札記二則」, 簡帛網.
64) 湯志彪, 2011년 6월 15일, 「嶽麓秦簡拾遺」, 簡帛網.
65) 陳偉, 2011년 4월 8일, 「嶽麓秦簡〈爲吏治官及黔首〉識小」, 簡帛網.
66) 劉雲, 2011년 4월 26일, 「讀嶽麓秦簡〈爲吏治官及黔首〉札記二則」, 簡帛網.
67) 方勇, 2011년 4월 18일, 「讀嶽麓秦簡札記(四)」, 簡帛網.
68) 伊强, 2011년 8월 26일, 「嶽麓秦簡〈爲吏治官及黔首〉札記二則」, 簡帛網.
69) 廖繼紅, 2011년 2월 28일, 「〈爲吏治官及黔首〉補釋」, 簡帛網.
70) 馬芳·張再興, 2011년 4월 25일, 「嶽麓簡〈爲吏治官及黔首〉校讀(一)」, 簡帛網.
71) 廖繼紅, 2011년 3월 4일, 「〈爲吏治官及黔首〉與〈爲吏之道〉比較」, 簡帛網.
72) 許道勝, 2011, 「嶽麓秦簡〈爲吏治官及黔首〉的取材特色及相關問題」, 『湖南大學學報』 第2期, 社會科學版.
73) 于洪濤, 2011년 5월 24일, 「嶽麓簡〈爲吏治官及黔首〉札記二則」, 簡帛網.
74) 于洪濤, 2011년 7월 20일, 「秦簡〈爲吏治官及黔首〉與〈爲吏之道〉對讀(一)」, 簡帛網.
75) 朱紅林, 2011년 5월 27일, 「嶽麓簡〈爲吏治官及黔首〉分類研究(一)」, 簡帛網.
76) 凡國棟, 2011년 4월 8일, 「嶽麓秦簡〈占夢書〉校讀六則」.

順四時而豫其類"의 "豫"를 "與"로 읽고, 그 뜻은 "順"과 비슷하다고 보았으며,[78] 魯家亮은 《禮記》·《呂氏春秋》 중 유사한 서술을 통해, "豫"의 함의는 "因"과 비슷하며, "因"은 "順應"으로 이해할 수 있다고 지적했고,[79] 袁瑩은 "豫"는 응당 "敍"로 읽고, 뜻은 "順"이라고 보았다.[80] 魯家亮은 5號簡에 해석되지 않은 글자는 "分"字의 殘文일 수 있고, "分山"은 산림 개척을 가리킨다고 보았다.[81] 陳偉는 이 글자를 "次"로 해석했고, "即"이라고 주석을 달았다.[82] 高一致는 응당 "攻"이라고 해석해야 하고, "攻山"은 광산 채굴을 가리키며, 같은 簡의 "行川"·"爲橋"는 두 항목의 내용 같으므로, 끊어 읽을 수 있다고 보았다.[83] 方勇은 5號簡의 "鑄(?)"는 응당 "鏄"으로 고쳐 해석하고, 8號簡 "雨" 뒤에 해석되지 않은 글자는 "風"일 수 있으며,[84] 11號簡 중 "見" 뒤의 한 글자는 "昜"으로 釋讀하고, 그 "煙"로 通假할 수 있을지도 모르겠다고 했다. 譚競男은 6號簡 釋文을 "春夢飛登丘陵·緣木·生長燔(繁)華"로 끊어 읽고, 春天夢이 "飛登丘陵"·"緣木"·"生長燔(繁)華"를 보이니, 이 세 가지 일은, 吉하다고 설명했다. 13號簡의 "夢有夬去魚身者, 乃有內資", 그중에 "魚"를 陳劍은 "烏"로 고쳐 해석하고, 方勇은 "夬"를 "喙"로 읽었다. 眞偽는 같은 簡의 "軫"을 "裖"으로 읽었는데, "裖玄"은 위아래가 같은 색인 검은 옷과 검은 치마이고, "歌帶裖玄"은 검은 색의 의상을 걸치고 노래하는 것을 말한다.[89] 凡國棟은 16號簡의 "臘"字에 대한 復旦讀書會의 수정 해석에 동의하고, "臘月"는 해를 마치는 12월로 이해할 수 있음을 지적했다.[90] 17號簡의 아직 해석되지 않은 글자는, 譚競男은 "身" 혹은 "巢"로 해석했고,[91] 陳劍은 "掌"으로 해석했다.[92] 夔一은 17號簡의 "鬶"을 "簪"로 읽을 수 있을 지도 모르겠다고 했는데, "簪"은 머리장식이고, 왕왕 여자의 머리 장신구 전체를 대신 지칭할 때 사용되었다.[93] 17·18號簡에 두 번 보이는 "産毛"의 毛는, 高一致는 응당 눈썹 종류 및 짐승의 털을 가리킨다고 보았다.[94] 小草는 18號簡에 원래 "从古从肉"으로 釋讀된 글자를

---

77) 高一致, 2011년 4월 9일, 「讀嶽麓秦簡〈占夢書〉札記四則」, 簡帛網.

78) 陳偉, 2011년 4월 9일, 「嶽麓簡〈占夢書〉1525號等簡的編聯問題」, 簡帛網.

79) 魯家亮, 4월 10일, 「嶽麓秦簡〈占夢書〉"必順四時而豫其類"補議」, 簡帛網.

80) 袁瑩, 2011년 10월 23일, 「嶽麓秦簡〈占夢書〉補釋二則」, 復旦網.

81) 魯家亮, 2011년 4월 1일, 「讀嶽麓秦簡〈占夢書〉筆記(一)」, 簡帛網.

82) 陳偉, 2011년 4월 9일, 「嶽麓簡〈占夢書〉1525號等簡的編聯問題」, 簡帛網.

83) 高一致, 2011년 7월 8일, 「讀嶽麓秦簡〈占夢書〉筆記四則」, 簡帛網.

84) 方勇, 2011년 4월 16일, 「讀嶽麓秦簡札記(三)」, 簡帛網.

85) 方勇, 2011년 4월 21일, 「讀嶽麓秦簡札記(五)」, 簡帛網.

86) 譚競男, 2011년 9월 15일, 「嶽麓書院藏秦簡〈占夢書〉拾遺」, 簡帛網.

87) 陳劍, 『嶽麓簡〈占夢書〉校讀札記三則』.

88) 芳容, 2011년 10월 12日, 「嶽麓秦簡〈占夢書〉補釋一則」, 復旦.

89) 陳偉, 2011년 4월 10일, 「嶽麓秦簡〈占夢書〉臆說(三則)」, 簡帛網.

90) 凡國棟, 2011년 4월 8일, 「嶽麓簡〈占夢書〉校讀六則」.

91) 譚競男, 2011년 9월 15일, 「嶽麓書院藏秦簡〈占夢書〉拾遺」, 簡帛網.

92) 陳劍, 『嶽麓簡〈占夢書〉校讀札記三則』.

93) 夔一, 2011년 4월 19일, 「讀嶽麓簡〈占夢書〉小札五則」, 復旦網.

94) 高一致, 2011년 4월 2일, 「嶽麓秦簡〈占夢書〉補釋四則」, 簡帛網.

응당 "育"字로 해석하고, 簡文 중에서는 "繁殖·孕育·生育"으로 이해할 수 있을 뿐 아니라 또한 "生長·生存·存活"로 이해할 수도 있다고 보았다.[95] 袁瑩은 이 "育"字를 "抽"로 읽고, 빼다·잡아당기다·뽑다 등의 뜻을 표시하며, 《備急千金要方》"有蛇入口中, 挽不出方" 중의 "挽"과 비슷하다고 하였다.[96] 張崇禮는 이 글자가 "胤"으로 해석하여 "引"으로 읽을 수 있을지 모르겠다고 보았다.[97] 이외에, 陳劍은 19號簡의 "則"을 "蚝" 즉 속칭 "楊瘌子"(혹은 "楊辣子"·"楊腊子"·"洋辣子" 등)로 읽을 수 있고, 簡29의 "洫"는 응당 "溢"을 써야 하며, 31號簡에서 원래 "奴"로 해석된 자는 "弩"로 해석해야 하고, "奴"라고 읽으며, 簡38에 "菁(溝)"字는 "漢"·"難"등의 "莫"으로 고쳐 해석해야 하고, "韓(韓)"으로 읽으며, "封"字는 "毛(耗)" 혹은 "圵"으로 해석할 수 있을지 모호하지만 모두 가능성이 있다고 보았다.[98] 凡國棟은 20號簡의 "燔"을 같은 자로 읽고, "洛"을 "絡"으로 읽으며, 21號簡의 "又"를 "未"로 고쳐 해석하고, 35簡의 "笥"를 "嗣"로 읽으며, 43號簡의 "天闕"은 별의 이름이고, 44號簡의 "彭"을 같은 자로 읽고, 전쟁 중의 북소리를 가리킨다고 보았다.[99] 陳偉는 20號簡의 "燔洛"은 아마도 "炮烙" 혹은 "炮格"과 같은 말이고, "毇(擊)囚"는 "吉"의 주어로 보고, 20·21號簡 중의 "蒿"는 응당 "禱"로 읽어야 하는 게 아닌지 의심하였다.[100] 譚競男은 "蒿"가 "䓍"字와 통하고, "新蒿"는 새로 지은 雞舍이며, "蒿未塞"는 雞舍가 아직 닫히지 않은 것을 가리킨다고 보았다.[101] 方勇은 24號簡 중의 "夢見" 뒤의 두 개의 해석되지 않은 글자를 "朱(珠)玉"으로 해석한다.[102] 高一致는 34號簡의 "邦門"이 혹 邑 안에 설치된 문이며, 응당 "城門"과 서로 구별되어야 하고, 36號簡 제1칸은 "夢伐鼓, 聲必長, 衆有司必知邦端"으로 끊어 읽을 수 있고, "聲"은 聲勢를 가리키며, 43號簡 중의 "天闕"을 "天門"으로 이해하고, 門神을 가리킨다고 보았다.[103] 夒一은 37號簡의 "有行乙里"의 "乙"을 "千"으로 고쳐 해석한다.[104] 魯家亮은 44號簡 뒷면의 殘字는 "夢書" 두 글자라고 지적하며, 아울러 해당 간이 全篇의 말미에 위치할 수 있고, 그것이 篇의 제목이었을 가능성이 매우 높다고 추측한다.[105]

許道勝·李薇는 "大卒數"·"兩和"등 관건인 술어의 해석에서 출발하여, 《數》書 중 "營軍之術" 계산문제의 통독과 계산방법에 대해 토론과 논증을 진행했다.[106] 陳松長·肖燦은 《數》書 중 두 개의 "衰分"에

---

95) 小草, 2011년 3월 7일, 「〈嶽麓書院藏秦簡〉(壹)考釋一則－兼談"育"字」, 復旦網.

96) 袁瑩, 2011년 10월 23일, 「嶽麓秦簡〈占夢書〉補釋二則」, 復旦網.

97) 張崇禮, 2011년 10월 25일, 「釋嶽麓秦簡〈占夢書〉的"胤"字」, 復旦網.

98) 陳劍, 『嶽麓簡〈占夢書〉校讀札記三則』.

99) 凡國棟, 2011년 4월 8일, 「嶽麓簡〈占夢書〉校讀六則」.

100) 陳偉, 『嶽麓秦簡〈占夢書〉臆說(三則)』.

101) 譚競男, 2011년 9월 15일, 「嶽麓書院藏秦簡〈占夢書〉拾遺」, 簡帛網.

102) 方勇, 『讀嶽麓秦簡札記(五)』.

103) 高一致, 2011년 7월 8일, 「讀嶽麓秦簡〈占夢書〉筆記四則」, 簡帛網.

104) 夒一, 2011년 4월 19일, 「讀嶽麓秦簡〈占夢書〉小札五則」, 復旦網.

105) 魯家亮, 2011년 4월 19일, 「小議嶽麓秦簡〈占夢書〉44號簡背面文字」, 簡帛網.

106) 許道勝·李薇, 2011, 「嶽麓書院秦簡〈數〉"營軍之述(術)"算題解」, 『自然科學史研究』제2期.

관련된 문제에 대하여 토론과 연산을 진행하여, 계산문제의 "一分負米"(簡2082+簡0951)가 《九章算術》에 기록된 현미밥의 比率로 수정될 수 있고, 계산문제 "一人斗食"(簡1826+簡1842+簡0898)은 《墨子·雜守》의 관련내용과 대조할 수 있다고 지적했다.[107] 肖燦는 또 《數》書 중 "贏不足"에 관련된 하나의 계산문제 簡文에 대해 복원을 진행하고, 아울러 지금 이 계산문제와 관련된 세 종류의 해석방안을 소개했으며,[108] 이외에, "芻童"(簡1740+簡1746)·"救(求)隄"(簡0940+簡0845)·"方亭"術文(簡0830과 簡0818) 등 난해한 계산문제의 이해와 계산법에 대해서도 토론을 진행했다.[109]

Ⅱ. 漢簡牘의 硏究

姜維는 20세기 80년대 중후반부터 2010년까지 이 20여 년간 출토 공개되어 여기저기 보이는 漢代 簡牘자료를 모았는데, 모두 24그룹으로 이를 출토지역에 근거해 나누고, 출토선후를 순서로 삼아, 輯錄된 釋文을 분별하고, 아울러 주석을 진행하고, 또한 부록에 출토 소식이 드물게 보이는 13그룹의 簡牘자료를 수록하여 참고하도록 했다.[110]

1. 敦煌漢簡帛

曹方向은 敦煌漢簡 風雨詩 중의 "彭池"의 "池"는 "沱"로 고쳐 해석해야 한다고 보았다.[111] 楊芬은 敦煌에서 출토된 한 건의 漢代 帛書서신《政與幼卿·君明書》의 釋文·함의 이해에 대해서 다시금 설명을 진행했는데, 예를 들면 "君明" 두 글자에 대해, "明"은 "幼卿"처자의 이름, "君"은 그 처자에 대한 존칭 등으로 보고, 아울러 그 뒤에《敦煌漢簡》1872號帛書를 연결시켜서는 안된다고 보았다.[112]

2. 居延漢簡

魯惟一은 居延簡연구의 초기 단계에 대해, 자신의 학습·연구 경력과 묶어 회고했는데, 초기 居延簡연구의 주요학자·성과·圖片著錄版本·연구방법과 소감 등의 부분이 포함되었다.[113] 劉釗는 居延漢簡 중 출현하는 "左斬"을 "斬割左耳"로 이해해야 한다고 보았다.[114] 郝良直·朱建路는 居延漢簡 중의 "邯鄲銚"

---

107) 陳松長·肖燦, 「嶽麓書院藏秦簡〈數〉的兩例衰分類問題研究」, 『出土文獻研究』제10輯.
108) 肖燦, 2011년 4월 12일, 「嶽麓書院藏秦簡〈數〉贏不足算題研討」, 復旦網.
109) 肖燦, 2011년 4월 12일, 「嶽麓書院藏秦簡〈數〉疑難算題研討」, 簡帛網.
110) 姜維, 2011, 「近二十年散見漢簡牘輯錄」, 碩士學位論文, 武漢大學.
111) 曹方向, 2011년 5월 9일, 「敦煌漢簡風雨詩"池"字辨析」, 簡帛網.
112) 楊芬, 2011, 「讀敦煌帛書〈政與幼卿·君明書〉札記」, 『敦煌學輯刊』제1期.
113) 魯惟一, 2011, 「居延簡研究的早期階段」, 『出土文獻』제2輯, 中西書局.
114) 劉釗, 「說秦簡"右剽"一語並論歷史上的關馬標識制度」, 『出土文獻與古文字研究』제4輯.

162 _ 한국목간학회『목간과 문자』 11호(2013. 12.)

의 "銚"는 응당 일종의 漢代 趙나라 도성 邯鄲에서 생산되는 銅制 취사도구라고 보았다.[115] 王子今·呂宗力은 전해지는 문헌을 결합하여, 居延漢簡 購賞文書 중에 보이는 "渠率"신분은, 일반적으로 非正統으로 漢왕조와 협력하지 않고 심지어는 적대상태인 사회세력의 수령을 가리킨다고 지적했다.[116] 王子今은 또 33.8에 기재된 "臨淮海賊"에 관련된 역사사실·배경 등 문제에 대해 고증을 진행했고, 글에서는 해당 簡의 년대가 늦어도 漢 明帝 永平 13년 이전이고, 기존에 전해지는 문헌의 "海賊" 관련 기록보다 빠르다고 보았다.[117] 張朝陽은 金關漢簡73EJT3.55 중에 기재된 "王禁"과 居延漢簡 259.1에 기재된 "王禁"은 응당 동일한 개인이고, 王禁은 成帝 河平2~3년간에 刑徒가 되어, 居延에서 복역했고, 徒王禁으로 불렸으며, 259.1에 기재된 《徒王禁責誠北侯長東門輔錢》문서는 즉 河平 3년 4월 5일에 奏封된 것으로 보았다.[118]

3. 甘肅武威磨咀子18號漢墓木簡

莊小霞는 安徽天長紀莊漢墓書寫木牘 중 "玉體"라는 단어의 자형과 함의를 판별하고 분석하여, 武威磨咀子18號漢墓에서 나온 "王杖十簡"과 그 후 발견된 "王杖詔書令"木簡 중의 "王杖"은 "玉杖"일 가능성이 훨씬 크다고 지적했다.[119]

4. 山東臨沂銀雀山1號漢墓簡牘

程浩는 1號木簡의 篇 제목에 대해 다시 복원을 진행했고, 아울러 簡牘《孫子兵法》의 篇 순서는 《計》·《作戰》·《謀攻》·《勢》·《形》·《九變》·《行軍》·《軍爭》·《虛實》·《地形一》과 《地形二》·《九地》·《用間》·《火攻》이라고 추론했다. 今本과 비교하면, 簡本은 개별 篇 순서에 약간의 차이가 있을 뿐이다. 今本 《虛實》과 《軍爭》그룹은 《九變》과 《行軍》그룹의 앞에 있는데 簡本은 그것과 상반되며, 簡本 《形》과 《勢》그룹·《虛失》과 《軍爭》그룹·《火攻》과 《用間》그룹 등 세 그룹 내부 선후순서는 今本과 도치되어 있다. 양자의 차이는 성질이 비슷하게 구현된 같은 그룹의 篇目 사이에서 선후순서만 다르게 체현된 것이다. 그밖에, 《地形二》는 今本13篇의 내용과 비록 같은 시기에 만들어진 것은 아니지만, 簡本 중에 여전히 기타 13篇과 함께 《孫子兵法》의 핵심내용으로서 篇題木牘에 적혀져 있고, 《吳門》·《黃帝伐赤帝》등 失傳된 篇과는 구분되어 있다.[120] 蔡偉는 銀雀山漢簡《孫臏兵法·見威王》"堯身衰而治屈"의 "治"는 "志"로 읽을 수

---

115) 郝良直·朱建路, 「居延漢簡所見邯鄲銚」.

116) 王子今·呂宗力, 「說居延漢簡購賞文書所見"渠率"身分」, 『出土文獻硏究』제10輯.

117) 王子今, 2011, 「居延簡文"臨淮海賊"考」, 『考古』제1期.

118) 張朝陽, 2011년 10월 26일, 「由肩水金關漢簡解讀居延漢簡一案例」, 簡帛網; 2011년 11월 18일, 「〈由肩水金關漢簡解讀居延漢簡一案例〉補考, 兼回答商権文」, 簡帛網.

119) 莊小霞, 2011, 「天長紀莊漢墓書寫木牘所見"玉體"考－兼及武威出土"王杖"簡的釋讀」, 『簡帛硏究二○○九』, 廣西師範大學出版社.

120) 程浩, 2011, 「銀雀山漢墓一號木牘重審」, 『上海大學學報』제5期, 社會科學版.

있고, "屈"은 즉 "拙"의 借字로 의심되며, "肩天下"는 즉 "擧天下"라고 보았다.[121] 鄔可晶은《王兵》篇과《管子》를 비교하여,《王兵》868-869簡 "則賢臣權盡"의 "盡"은 "進"으로 읽을 수 있고, 그 함의는 "權(勸)"과 유사하며,[122] 동시에《王兵》869簡 "選才(材)官"의 기록을 이용하여,《管子·選陳》"謀十〈才-材〉官"의 "謀"는 "課"의 잘못일 수 있다고 지적한다.[123] 方勇은 銀雀山漢簡《陰陽時今·占候之類·五今》1908簡 중의 "開"字의 자형에는 잘못된 정황이 존재하는데, 해당 글자는 "幵"에서 음을 얻어 "研"으로 읽으며, 생각한다는 뜻을 표현하고, 같은 篇 1869簡의 "巢"는 아마 "蔽"로 읽고, 둥지라는 뜻을 표현하는 것 같으며,[124] 같은 篇 1906簡 "徹悍"은 睡虎地秦簡《爲吏之道》의 "徹悍"과 같고, 모두 응당 사납다는 뜻을 표시하며,《陰陽時今·占候之類·曹氏陰陽》1690簡 중 "鼓麾"의 "麾"은 "旆"와 통할 수 있고, 깃발의 총칭이라고 보았다.[125]

5. 湖南長沙馬王堆3號漢墓簡牘·帛書

范麗梅는 郭店楚簡《五行》의 "疋膚膚"·馬王堆帛書《五行》"素繻繻" 및《五行說》"衡盧盧" 셋은 응당 하나의 단어이고, 모두 "赫戲戲"이며, "赫戲"·"赫赫"·"赤赤"·"虩虩"·"塹塹"·"爀爀" 등 단어의 의미와 서로 같다고 보았다.[126] 伊強은《十大經·果童》중의 "險"은 그대로 읽고, "平"과 대조되며, "諶"은 "枕" 혹은 "淫"으로 읽을 수 있고, 그 함의는 "正"과 대조된다고 여기며, 이러한 기초 위에서 "不險則不可平·不諶則不可正"·"險若得平, 諶【若得正】·【貴】賤必諶, 貧富又等" 등 문구의 함의에 대하여 설명을 진행했다.[127] 劉玉堂·賈海燕은《五十二病方》중 "四方"에 관련된 어휘를 정리하여, "東"은 13차례, "西"는 2차례, "北"은 11차례, "南"은 2차례, 공통으로 관련된 21개의 처방을 발견했고, 게다가 이러한 처방은 대부분 무속처방이며, 글에서는 또 이러한 단어가 商周이래로 출현한 "四方神"·"四方風"·"四象"·"四門" 심지어 팔괘 등 관념과 복잡하게 연계되어 있으나, 계절인 "四時"·睡虎地秦簡〈日書·病〉중의 "五方" 및《黃帝內經》중의 "八風"과 명확한 관련은 없다고 지적했다.[128]

6. 湖北江陵鳳凰山漢墓竹簡

劉國勝은 8호 漢墓《遺冊》169簡에서 "□漿瓶"의 未釋讀된 글자를 "䐑"라고 釋讀하고 얼굴에 바르는 일종인 화장품인 "脂"로 읽어야 한다고 주장했다. "漿"은 두발과 얼굴을 씻는데 쓰이는 세정제이다.[129]

---

121) 蔡偉, 2011년 4월 9일, 「讀竹簡札記四則」, 復旦網.
122) 鄔可晶, 2011, 「銀雀山漢簡〈王兵〉與〈管子〉互校(一)」, 『文史』제2輯.
123) 鄔可晶, 2011, 「銀雀山漢簡〈王兵〉與〈管子〉互校(二)」, 『文史』제3輯.
124) 方勇, 2011년 12월 23일, 「漢簡零拾兩則」, 簡帛網.
125) 方勇, 2011년 10월 28일, 「讀秦漢簡札記二則」, 簡帛網.
126) 范麗梅, 2011년 6월 17일, 「釋簡帛〈五行〉"疋膚膚"·"素繻繻"·"衡盧盧"」, 復旦網.
127) 伊強, 「〈十大經·果童〉中的"險"·"諶"及相關文句的解釋」, 『簡帛研究二〇〇九』.
128) 劉玉堂·賈海燕, 2011, 「馬王堆帛書〈五十二病方〉與楚人"四方"觀念」, 『中國文學研究』秋之卷.

7. 江蘇連雲港海州西漢霍賀墓木牘

竇磊는 連雲港海州西漢霍賀墓에서 출토된 《衣物疏》 木牘의 제2란 제4행의 첫 번째 글자를 "細"이라고 釋讀하고 담황색을 가리키며, 또 木牘 제3란 제2행의 "索"字를 "素"라 읽어야 한다고 하는데 그 뜻은 무늬가 없는 것을 말한다고 보았다.[130]

8. 居延新簡

1) 資料 公開

2011년 8월 《肩水金關漢簡(壹)》이 출판되었다. 여기에는 1970년대 발굴된 肩水金關에서 얻어진 간독의 일부분을 공포하고 모두 10개의 연구 방법에 대해 언급하였으며, 2351매의 간독 채색 도판·적외선 사진과 釋文을 실었다.[131] 張俊民은 즉시 《肩水金關漢簡(壹)》 釋文의 전자문서를 제공했는데,[132] 그 중에는 보고서에는 넣지 않았던 몇몇 비교적 초기 釋讀 의견이 남아 있는데, 참고할 만하다.

2) 文獻 考釋과 研究

李智令·安忠義는 《塞上蓬火品約》의 원문을 분석하는 것에서 출발하여 이 문서의 성질을 거듭 토론하였는데, 品約은 品程이며, 科라고도 불렀으며, 이것은 중앙 및 지방각급 정부 내부의 사무 표준과 人員 행동의 준칙이었고 후에 격식으로 발전하였다고 지적하였다.[133] 鄔文玲은 《甘露二年御史書》에 실려 있는 73EJT1:1-3호 簡의 釋文·斷句·含義에 대해서, 先賢의 연구를 결합하여 매 조문의 校讀을 진행하였고 또한 문서의 성질과 事由에 대해서도 설명하였다.[134] 程少軒은 《肩水金關漢簡(壹)》 중 공포된 11매의 曆譜簡 자료를 수집·정리하였고 이러한 간독을 이용하여 대응되는 曆譜를 복원하였다.[135] 曹方向은 《肩水金關漢簡(壹)》 釋文에 대해서 19개의 補釋 혹은 改釋 의견을 제시했다. 예를 들어 T4:171A의 "七"·T5:73의 "表"·T6:75의 "子"·T7:45의 "戊"·T9:338의 "已入"·T10:200의 "卯"·T10:203A의 "通道"·T10:327B의 "持"·T10:401의 "脊" 등이 있다. 이외에도 부분적인 簡文에 보이는 인명 및 年代 문제에 대해서도 토론하였다.[136] 方勇은 73EJT5:73 중 "虑"를 "僞"로 읽을 수 있고 허위라는 뜻을 표시하며, 簡文의 "詐僞"는 麗戎의 巧詐虛僞한 성격을 형용하는 것이라고 보았다. 73EJT3:55의 "對"는 "首"

---

129) 劉國勝, 2011, 「讀西漢喪葬文書札記」, 『江漢考古』제3期.

130) 竇磊, 2011년 5월 21일, 「漢代衣物疏補釋五則」, 簡帛網.

131) 甘肅簡牘保護研究中心·甘肅省文物考古研究所·甘肅省博物館·中國文化遺産研究院古文獻研究室·中國社會科學院簡帛研究中心編, 2011, 『肩水金關漢簡(壹)』, 中西書局.

132) 張俊民, 2011년 5월 21일, 〈肩水金關漢簡(壹)〉釋文」, 簡帛網.

133) 李智令·安忠義, 2011, 「居延所出〈塞上蓬火品約〉性質再探」, 『魯東大學學報』제4期, 哲學社會科學版.

134) 鄔文玲, 2011, 「〈甘露二年御史書〉校釋」, 『中國古代法律文獻研究』제5輯, 社會科學文獻出版社.

135) 程少軒, 2011년 9월 1일, 「〈肩水金關漢簡(壹)〉曆譜簡初探」, 復旦網.

136) 曹方向, 2011년 9월 16일, 「初讀〈肩水金關(壹)〉」, 簡帛網.

로 改釋하고 "種"은 "重"으로 改釋하되 "中"으로 읽고, "袞"는 "表"로 改釋해야 한다고 여겼다.[137] 張俊民은 73EJT3:55 중의 "五月"을 "正月"의 誤字일 가능성이 매우 높다고 생각하여 역사적 사실과 결부하여 분석을 진행하였다.[138] 그는 또한 73EJT3:55에 의거하여 73EJT5:31의 "驗決"을 "結法"으로, 73EJT3:58A의 "綏和六年"을 "綏和二年"으로 改釋해야 한다고 여겼고, 73EJT1:125A의 "辛卯"는 분명 "甲申"의 誤字일 것이라 하였으며 73EJT8:104의 "馬"는 "馮"이어야 한다고 지적하였다.[139]

黃浩波는 73EJT5:68A 簡 등에 기재된 것을 이용하여 73JT9:62A 중의 "甘露四年四月□□朔"의 缺字를 "戊寅"으로 補釋하고, 73EJT5:68의 "甲渠部守候何齋"가 地節年間의 甲渠候 史 高何齋라고 지적하고 高何齋의 직무·본적 등의 문제에 대해서 분석을 진행하였다.[140] 黃氏는 또한 논문에서 《肩水金關漢簡(壹)》 중 "淮陽"과 관련된 간독을 토론했다. 그는 모두 21매 簡이 "淮陽"을 언급하고 있는데 그중 "淮陽郡"이라고 단정할 수 있는 것은 17매, "淮陽國"에 속하는 것은 2매, 나머지 2매 簡은 어디에 속하는지 판단하기 어렵다고 하면서 73EJT10:41 "淮陽國始昭陽里郭賢"에 적혀 있는 "國始"는 아마 "固始"의 誤字일 것이라고 하였다.[141] 李均明은 金關漢簡에 보이는 "通道廄"에 대해서 토론하였는데 그는 "通道"가 交通要道의 뜻을 갖고 있다고 여겼다. 通道廄는 額濟納河(옛 弱水) 東岸의 연안의 교통선상에 위치하고 있으며 河西走廊에서 漠北으로 통하는 유일한 요로였는데, 이것이 通道廄라는 명칭을 얻게 된 이유이기도 했다. 簡文에서 보이는 昭帝 시기 金關과 通道廄는 이미 같은 시기에 존재하고 있었고 通道廄는 金關의 하나의 구역이 되었는데 그 首長은 "廄嗇夫"라고 불렀으며 斗食의 秩級이었다. 廄佐는 廄嗇夫의 조수로 일상 관리 업무를 담당하였고, 廄御는 骨幹이 되어 주요 업무를 담당하였으며, 廄卒은 잡무에 종사하였다. 敦煌懸泉廄와 비교해보면 通道廄는 규모가 훨씬 작았음을 알 수 있다. 그러나 兩者의 기능은 대체적으로 일치하는데 즉 車馬의 保養과 사용, 규정된 증빙물을 소지한 過客의 전송, 過客과 傳馬에 필요한 양식과 사료의 공급·일부 우편을 전달하는 임무를 담당하였다.[142]

9. 北京大葆臺1號漢墓竹簡

王子今은 大葆臺漢簡에 나오는 문자 중 "樵中格"의 "格"이 漢代 취락 호칭의 일종이고 "樵中格"은 "樵中村"과 같다는 견해에 의문을 표하고, 그중 放馬灘 지도의 "山格"·太室闕名 "陽陵格" 등 例證의 이해에 대해 분석을 진행하고 있다. 논문에서 언급한 "樵"字의 본래 뜻은 "散木(쓸데없는 나무)"를 가리키는 것이고 "格"은 표준·규정의 함의가 있다고 하여 "樵中格"은 아마도 "黃腸"의 尺寸 규모가 요건에 부합하는지 검사하는 기록일 것이라고 했다.[143] 陸德富는 "樵中格"의 "格"이 취락 호칭의 일종이라고

---

137) 方勇, 2011년 9월 16일, 「讀肩水金關漢簡札記二則」, 簡帛網.

138) 張俊民, 2011년 9월 30일, 「肩水金關漢簡札記二則」, 簡帛網.

139) 張俊民, 2011년 10월 15일, 「金關漢簡札記」, 簡帛網.

140) 黃浩波, 2011년 9월 20일, 「讀〈肩水金關漢簡(壹)〉釋文札記一則」, 簡帛網.

141) 黃浩波, 2011년 11월 25일, 「〈肩水金關漢簡(壹)〉所見"淮陽簡"」, 簡帛網.

142) 李均明, 「通道廄考-與敦煌懸泉的比較研究」, 『出土文獻』 제2輯.

이해하는 데 동의하며 또한 "格"을 "落"으로 읽고 논증을 진행했다. "某某格" 외에, 이 글에서는 "某某聚" 역시 또한 성읍의 바깥에 있는 농촌 취락을 가리킨다고 여겼다.[144]

10. 安徽阜陽雙古堆 1號漢墓簡牘f

夏含夷는 阜陽雙古堆漢簡《周易》의 57과 58簡, 125·126簡, 151·152簡이 각각 1매의 簡으로 綴合하여도 좋다고 생각하였고 또 《周易》篇 原簡의 길이는 35㎜ 정도일 것이라 추측하였는데 이 외에도 阜陽雙古堆漢簡《周易》寫本의 완정한 모습을 추정해 보았다.[145] 蔡偉는 北大漢簡《蒼頡篇》의 "鶡鵙"章에 기재된 "鶡鵙牝牡, 雄雌俱鳴, 屈寵躍急, 邁征覺驚, 猏澊傛繚, 頒科樹莖"를 이용하여 阜陽漢簡《蒼頡篇》C006은 C048·C030과 연결해야 한다고 지적하였다. "雄雌具鳥"는 "雄雌具鳴"으로 고쳐야 한다고 하였다.[146] 梁靜은 北大漢簡《蒼頡篇》"漢兼"章의 기재에 의거해 阜陽漢簡《蒼頡篇》C089는 C002와 C003 의 사이에 위치시켜야 한다고 하고, 그 뒤에는 C004와 이을 수 있는데, C004에서 "巴蜀笮杆"의 "杆"은 "竹"으로 改釋해야한다고 추측했다.[147]

陳炎는 木牘 잔편 중의 한 조각이 2호 木牘(즉《春秋事語》章 題木簡)에 붙여 넣어야 한다고 보았고, 합친 뒤에 3章의 章題는 바로 "晉平公築施祁之臺"가 되며 좌측 제 4章 章題를 "【晉平】公使【叔】嚻(向)聘於吳"가, 우측 제 2章 章題를 "或謂[趙簡子曰]君矣(侯)不更"이 된다고 지적하였다.[148]

11. 江蘇邗江胡場5號漢墓簡牘

梁勇은 邗江胡場5號漢墓의 소위"文告牘"釋文에 대해 이미 축적된 연구성과를 기초로 시평하며 句讀 조정을 진행했다. 또한 이러한 간독의 성질과 定名을 "告地策"이라고 해야 한다고 거듭 주장하였다.[149]

12. 湖北江陵張家山247號漢墓竹簡

1) 編聯과 綴合

王元均은《張家山漢墓竹簡》의 책 뒤에 정리된 殘簡도판에서 제7列 제1片이《曆譜》제10簡 상부 오른쪽 부분의 나머지에 해당한다고 하고, 제3列 제1片은《脈書》제4簡의 일부분이고, 제3列 제2片은《蓋

---

143) 王子今, 2011, 「大葆臺漢墓竹簡 "樵中格"的理解與 "漢代聚落自名"問題」, 『中國國家博物館館刊』제10期.

144) 陸德富, 2011, 〈北京大葆臺漢墓竹竿釋義〉讀後」, 『中國國家博物館館刊』제10期.

145) 夏含夷, 「阜陽漢簡〈周易〉簡册形制及書寫格式之蠡測」, 『簡帛』제6輯.

146) 蔡偉, 2011년 7월 9일, 「讀北大漢簡〈蒼頡篇〉札記」, 復旦網.

147) 蔡偉, 2011년 8월 5일, 「出土本〈蒼頡篇〉對讀一則」, 簡帛網.

148) 陳炎, 2011년 12월 8일, 「木牘拼綴之一例」, 復旦網.

149) 梁勇, 2011, 「邗江胡場五號漢墓簡牘·鋼印及相關問題再考」, 『東南文化』제2期.

廬》제50簡의 일부분이며 제6列 제4片은《二年律令》제148簡의 오른쪽 부분에 해당하고, 제5列 제3片은《二年律令》제447簡과 綴合할 수 있다고 하였다.[150] 陳劍은《二年律令·戶律》341簡과《二年律令·置後律》375簡을 하나의 簡으로 합쳐야 한다고 하면서 367·368簡의 뒤에 위치시켜야 한다고 하였다.《二年律令》《行書律》270簡과《二年律令·戶律》336簡의 위치는 교환할 수 있고, 269簡과 336簡, 335簡과 270簡은 각각 連讀할 수 있다고 한다.[151] 何有祖는 374簡의 두 개 부분을 합쳐 놓을 수 없다고 하며 그 중에 왼쪽 부분은 381簡과 綴合해야 하고 379·380을 連讀해서 한 條의 律文으로 만들어야 한다고 주장한다. 또 그 오른쪽 부분은 373簡과 綴合하여 釋讀하거나 "死事者後及爵" 등의 글자를 복원할 수 있다고 하였다.[152] 陶安은 "古文書學"과 簡牘 "形態學"이라는 시각에서 奏讞書의 격식을 결합하였는데, 92簡은 마땅히 97簡과 98簡의 사이에 삽입할 것을 제안하였고 160簡은 150簡과 151簡의 사이에, 161簡은 87簡과 88簡의 사이에 위치하도록 조정하는 새로운 배열 방안을 제시하였다.[153]

2) 文獻 考釋과 硏究

劉欣寧은《二年律令·具律》121簡·107-109簡 네 개의 簡에 나와 있는 "城旦舂·鬼薪白粲有罪遷, 耐以上而當刑復城旦舂, 及日黥之, 若刑爲城旦舂, 及奴婢當刑畀主" 부분은 한정적 조건에서 적용되는 것이지 본래 律文의 "主語"로 사용되지 않는다고 하였다. 또 이 조문은 열 가지 종류의 범죄 행위 및 그 量刑에 대하여 세 가지로 분류하여 상세한 분석을 진행하였으며 律文疏解·通釋을 통해《二年律令·具律》121簡·107-109簡 네 개 簡이 連讀된다는 방안을 지지하였다.[154] 何有祖는 213簡과 233簡에서 보이는 "屬"은 모두 "新爲屬(새롭게 屬 으로 하다)"을 가리키고 簡文 중에 "新爲官"과 밀접한 관계가 있다고 하였다. 그러므로 "屬"의 뒷부분은 마땅히 끊어 읽어야 하는데 "屬"의 뒤에 "尉佐"가 오면 반드시 점 찍어 끊을 필요는 없다고 한다.[155] 貝大偉는 226簡의 두 번째 글자를 "告"라고 釋讀하였고, 또한《津關令》에 劃入할 때 492簡의 뒤에 連讀하는 방안을 지지했다. 그러나 "告"의 앞부분을 끊어 읽을 필요는 없다고 하였다.[156] 何有祖는《田律》246-247簡의 "利津梁"의 "梁"을 마땅히 "㷼"라고 고석하고 "隧"로 읽어야 한다고 하였다. 또 簡文 중 "利津隧"는 道路(혹은 水道·地下水道)를 소통시키는 것 같다고 추측했다.[157] 陳劍은《二年律令·戶律》328簡 및 331簡에 두 차례 보이는 소위 "細"字의 字形을 "紺"라고 보고 "紬"라고 釋讀할 수 있다고 하였다. 또 그 표시하는 바는 하나이고 "籍" 의미와 비슷한 단어일 것이

---

150) 王元均, 2011년 3월 24일, 「張家山漢墓參簡綴合五例」, 復旦網.
151) 陳劍, 「讀秦漢簡札記三篇」, 『出土文獻與古文字研究』제4輯.
152) 何有祖, 「張家山簡校讀三則」, 『出土文獻研究』제10輯.
153) 陶安, 「張家山漢簡〈奏讞書〉編排商榷兩則」, 『出土文獻與古文字研究』제4輯.
154) 劉欣寧, 「張家山漢簡〈二年律令〉簡121-107-108-109 釋讀」, 『簡帛』제6輯.
155) 何有祖, 「家家山漢簡校讀三則」.
156) 貝大偉, 2011년 9월 12일, 「張家山漢簡〈二年律令〉簡226補釋」, 簡帛網.
157) 何有祖, 2011년 11월 17일, 「釋張家山漢簡〈二年律令·田律〉"利津遂"-從秦牘·楚簡"澗"字說起」, 簡帛網.

라고 추측했는데 당시에는 "爵紬"·"田紬"·"年紬"이 있었고 각각 登記爵·田·年와 유관한 簿籍였다. 이와 같이 328簡 관련된 簡文은 구절을 끊어 "戶 및 年籍·爵紬"라고 할 수 있고 각기 戶籍·年籍·爵紬"의 세 종류의 簿籍를 가리킨다고 한다. 331-332簡에서 "年紬籍"은 바로 "年紬"의 籍에 대한 것이다. 陳氏는 또한 《戶律》340簡 의 "後"字를 마땅히 "民"으로 釋讀해야 한다고 하고, 이 簡은 평소에 재산을 가르고 戶를 나누는 문제로 여겼지 "置後"와는 무관하다고 보았다.[158] 陳偉는 《二年律令·戶律》의 두 곳에 나오는 "紬"를 "媭"로 읽어야 한다고 보고 이것은 묘주의 책무 기록과 관련된 것이라고 하였다. 그중 328簡에 나오는 "年籍爵紬"는 年籍·爵·紬(媭)의 세 가지 일을 포함하고 331簡에 나오는 "年籍" 혹은 "年籍"·"紬(媭)籍"의 생략하여 베낀 형태라고 여겼다.[159] 413簡 중의"塹奴苑"의 "奴"를 陳偉는 壌(墻)으로 읽어야 하는 것이 아닐까 추측하고 있다.[160] 陳偉는 《二年律令》簡文의 釋讀·斷句·含義 이해에 대해서 8가지의 새로운 의견을 제시하였다. 예를 들면 6-8簡의 "出"을 배상책임을 면하는 것이라고 이해하였고, 245簡의 "穀"·"樹"는 동사로 작용한다고 하였으며 305簡의 "辨"字 뒤의 未釋字를 "者"로 補釋하였고 "信"을 "長"으로 改釋하였다. 436簡 의 "漢"은 "潦"로 改釋했는데 "遼"로 사용되어 遼水 등을 가리킨다고 했다. 또한 끊어 읽기에 관한 의견은 주로 172·236-237·305·312-313·331-333簡 등을 언급했다.[161] 陳治國은 《秩律》44簡의 "御史, 丞相·相國長史, 秩各平石"를 "御史長史, 丞相長史 및 相國長史의 秩祿은 一千石"이라고 이해했다.[162] 王元均는 《張家山漢墓竹簡》책 뒷부분에 殘簡 도판 중에서 제5列 제5片과 《二年律令》447簡을 綴合한 후, "鄭"등의 글자를 釋讀하였다.[163] 藤井律之는 《二年律令》중의 刑罰과 "罪之加減"의 각도로 분석하여 《二年律令》자체의 특징 및 秦律과의 관계를 탐구하였고, "一等之罪"의 明文化와 "先自告·告不審"일 때의 減刑 및 刑罰에 보이는 性別 차이 등에 대한 문제를 언급하였다.[164]

陶安·陳劍은 《奏讞書》釋字에 대해 20여 條의 새로운 의견을 제시하였는데 그중 중요한 것은 예를 들면 63簡의 "一月"을 "·今"으로 改釋한 것, 82·87簡의 "道"를 "適"으로 고친 것, 120簡의 "盜牛"를 "誠失"로 고치고 "問"을 "它"로 고친 것, 143簡의 "失"을 "先"으로 고친 것, 152簡의 "朵"字, 164簡의 "枸"字, 167簡의 "褒"字, 163簡의 "刮削", 183簡의 "濾"字, 198簡의 "華"字, 210簡의 "田"字 등과 같은 것들이 있다. 이 외에 原釋文 隷定寬嚴의 문제 분류에 대하여 논술을 진행하였다.[165]

陳劍은 嶽麓秦簡 《占夢書》29簡의 "洫"字가 "溢"로 쓰이는 상황을 결부시킨 뒤 나아가 《脈書》53簡

---

158) 陳劍, 「讀秦漢簡札記三篇」, 『出土文獻與古文字研究』제4輯.

159) 陳偉, 2011년 6월 4일, 「也說〈二年律令·戶律〉中的"紬"」, 簡帛網.

160) 陳偉, 2011년 4월 8일, 「嶽麓秦簡〈爲吏治官及黔首〉識小」, 簡帛網.

161) 陳偉, 「〈二年律令〉新硏」, 『中國古代法律文獻硏究』제5輯.

162) 陳治國, 2011, 「對張家山漢墓〈二年律令·秩律〉一條律文的理解」, 『中國國家博物館館刊』제6期.

163) 王元均, 2011년 3월 24일, 「張家山漢墓參簡綴合五例」, 復旦網.

164) 藤井律之, 「罪是加減與兩性差別」, 『簡帛研究2009』.

165) 陶安·陳劍, 「奏讞書校讀札記」, 『出土文獻與古文字研究』제4輯.

의 "脈盈而洫之"의 "洫"역시 "溢"로 작용한다고 지적하였다.[166]

吳朝陽은 《算數書》 146簡에서 두 군데의 "救(求)"는 "扱"으로 釋讀해야 한다고 하고 "扱"은 "求"字의 通假字일 가능성이 극히 높다고 하였다.[167] 吳氏는 "醫"簡 算題釋文을 다음과 같이 복원하였다. "醫 程 日, 醫治病者得六十算而負廿算. 稽從程, 及弗及, 以六十計之. 今醫得算千三百卅五, 而負算三百八十二 (072), 得六十而負幾何? 日, 負十七算二百六十九分算十一. 其術日, 以今得算爲法, 令六十乘負算爲 賞.(073)"[168] 또 "羼材" 算題釋文을 다음과 같이 복원하였다. "羼材 有國[材]一, 斲之入二寸, 而得[平尺 四]寸, 問[徑]大幾何? 日, 大[二尺有六] 寸半寸. 迷[街]日, [七]寸自乘, 以(156)入二寸[爲法, 又以入二寸] 益之, 即大數已.(158)"[169]

劉國勝은 《遣册》 24簡 제2란의 "蒈部娶一"의 "蒈"를 "脂"로 釋讀하고 얼굴에 바르는 화장품의 일종 이라고 하였다.[170]

13. 湖北江陵毛家園1號漢墓簡牘

劉國勝은 毛家園1號漢墓에서 출토된 告地策木牘의 釋文에 대해 補釋과 改釋을 진행하였다. 예를 들면 "所與"의 "與", "七十三"의 "三", "令吏"의 "吏", "受數" 등이 있다.

14. 甘肅敦煌懸泉置遺址簡牘[171]

初世賓은 《敦煌懸泉置漢簡釋粹》 중에서 공포된 제 51~76호 册書의 釋文·注釋에 대해 보완 설명을 진행하였고 이러한 簡牘에 언급된 시대·職官·地名地望·郵驛系統·戰時糧食의 방출 기준 등에 대한 고 증과 보충을 진행하였다.[172] 張俊民은 懸泉漢簡 중의 문서 격식을 갖춘 간독에 대해 토론하며, "占功勞 文書"·"案獄文書", "度用文書" 및 기타 총괄·분류하기 어려운 것들, 총 네 개의 넓은 분류를 주로 언급 하였다.[173]

15. 湖北江陵高臺6號漢墓竹簡

劉國勝은 高臺6號漢墓 《遣册》 11簡의 "▨十一"을 "薄土一"로 改釋해야 한다고 하였다.[174]

---

166) 陳劍·也陳劍, 「嶽麓簡〈占夢書〉校讀札記三則」.

167) 吳朝陽, 2011년 6월 23일, 「張家山漢簡〈算數書〉"少魔"之"救"字應釋"扱"」, 簡帛網.

168) 吳朝陽, 2011년 7월 4일, 「張家山漢簡〈算數書〉"醫"簡🔲測」, 簡帛網.

169) 吳朝陽, 2011년 6월 28일, 「張家山漢簡〈算數書〉"羼材"試釋」, 簡帛網.

170) 劉國勝, 2011, 「讀西漢喪葬文書札記」, 『江漢考古』 제3期.

171) 劉國勝, 『讀西漢喪葬文書札記』.

172) 初世賓, 「懸泉漢簡拾遺(三)」, 『出土文獻研究』 제10輯.

173) 張俊民, 「懸泉漢簡所見文書格式簡」, 『簡帛研究2009』.

174) 劉國勝, 2011, 「讀西漢喪葬文書札記」, 『江漢考古』 제3期.

16. 江蘇連雲港東海縣尹灣漢墓簡牘

竇磊은 連雲港尹灣二號漢墓 출토의《衣物疏》木牘 背面 제3란의 "青幕一·白幕一"의 "幕"을 "𩮰"으로 읽어야 하는데 이것은 여자가 머리를 묶을 때 쓰는 일종의 끈을 가리킨다고 하였다.[175]

周群은 尹灣六號漢墓 출토 簡牘 "集簿"와 "東海郡吏員簿"에서 東海郡의 吏員人數를 통계 낼 때 한 사람의 오차가 있음을 지적하였다. 이 오차는 "佐使·亭長" 두 명의 통계에서 나타나는데, 주된 원인은 兩者가 사용한 통계 방법이 동일하지 않았기 때문이고, 또 다른 방면역시 郡府亭長이 "以故事置"에서 "員"으로 轉變하는 이러한 상황과 관련이 있다.[176] 買買提祖農·阿布都克力木·蔡萬進은 尹灣六號漢墓 墓中에서 출토된 簡牘文書·유물을 이용하여 墓主인 師饒의 사상과 정치관을 분석하였다. 이들은 師饒가 西漢 시기의 儒家 사상 체계를 비교적 강하게 받아들인 동시에 師饒의 사상에는 당시에 유행한 陰陽五行 災異思想과도 다소 섞여있으며 墓主는 일을 행할 때 西漢의 통치·忠君·孝親 등의 수호를 체현하려는 경향을 가지고 있었다고 보았다.[177]

17. 湖北隨州孔家坡8號漢墓簡牘

陳劍은 孔家坡漢簡《日書》345-364簡의《有疾》과《死》兩 篇 중에 여러 차례 출현하는 "𥛱(患)"字를 "祟"字로 改釋해야 하고 그 글자 모양 아래는 "柰"이고 윗부분은 "朮"形(혹은 "出"形에 가깝게 볼 수도 있다)인데 "朮"(혹은 "祟")과 "柰"의 兩 種 서사법의 "혼합"과 느슨한 관계에 있다고 하였다.[178]

18. 湖北荊州印臺漢簡

曹旅寧은 印臺漢簡에서 보이는 "秦始皇三十年蒼梧尉徒唯攻陸梁地" 중의 "蒼梧尉徒唯"는 바로《准南子》에서 나오는 "尉屠睢"라고 하면서 이 公大名은 또한 張家山漢簡《奏讞書》에 기재된 秦代 案例 중에 보이는데 모두 秦이 南越을 공격하기 시작한 시기를 秦始皇 30년(前 217)이라고 하였다. 이는《准南子·人間訓》에 기재된 事實과 부합하고 또한 "陸梁地"의 명칭은 秦人의 눈에는 南越이 높은 산과 우뚝 선 봉우리의 지역에 있고 그 지역 사람들의 풍속은 날래고 용맹하다고 여긴 데에서 유래되었다고 하였다.[179]

19. 湖北荊州松柏1號漢墓簡牘

徐暢은 秦漢年齡의 고찰을 통해 分層할 때 "使"와 "未使"를 자주 사용하였는데, 이것은 松柏53號 木簡에서 보이는 "使大男"의 "使"와, 秦漢年齡을 分層할 때 "使"와 "未使" 含意와 응용범위는 완전히 다

175) 竇磊,『漢晉衣物疏補釋五則』.
176) 周群, 2011,「尹灣漢簡所載東海郡吏員總額考」,『南都學壇』제5期, 人文社會科學學報.
177) 買買提祖農·阿布都克力木·蔡萬進, 2011,「尹灣六號漢墓墓主師饒思想探析」,『鄭州大學學報』제1期, 哲學社會科學版.
178) 陳劍, 2011년 11월 8일,「孔家坡漢簡的"祟"字」, 復旦網.
179) 曹旅寧, 2011년 8월 18일,「從出土簡牘考證秦始皇攻南越之年代」, 簡帛網.

른데 松柏漢簡의 "使大男"는 免老·罷癃등 특수상황을 제외한 정상적으로 부역에 나아갈 수 있는 남자를 가리키는 말이라고 하였다.[180]

20. 安徽天長安樂紀莊19號西漢墓木簡

王冰은 安徽省 天長市 安樂鎮 19호 漢墓에서 출토된 編號 M19:40−10 木牘《貴且致謝孟書》의 釋文에 대해 전면적인 해석을 진행하여, 일부 문자의 釋讀과 斷句에 조정된 점이 있었다.[181] 戴衛紅은 TJM19D14호 木牘의 정면 제2란 제1행의 세 字를 "鐵官丞"으로 釋讀해야 한다고 지적하였다. "鐵官丞" 謝漢이 임직한 장소는 두 가지 가능성이 있는데, 하나는《漢書》《地理志》에 기재된 臨淮郡에서 鐵官이 설치된 堂邑縣 혹은 鹽瀆縣이고, 또 하나는 廣陵國이다. 이 관직은 다만 漢 武帝 元狩 5년 대규모로 鹽鐵 官營이 시행된 이후에야 비로소 출현할 수밖에 없으므로, 우리는 이 墓葬의 연대를 漢 武帝 元狩 5년 이후로 정할 수 있다고 하였다.[182] 何有祖는 M19:40−15 정면 "東陽丞莞橫"의 "莞"을 "英"으로 고쳐 釋讀하였다.[183]

楊振紅은 10호 "貴且" 木牘의 釋文·斷句·함의 이해에 대하여 종합적으로 評議한 기초 상에서, 木牘에 기록된 "貴且"·"十二月"·"上計" 등의 내용 및 廣陵國의 존속 기간에 의거하여, 이 19호 漢墓의 연대는 漢 武帝 太初 3년에서 宣帝 五鳳 3년 사이이고, 貴且의 신분은 臨淮郡行守丞이어야 하며, 謝孟과 아마 친척관계일 것이라고 추론하였다. 26호 木簡을 결합하면, 謝孟은 곧 東陽尉 謝高子로 추정할 수 있으니, 이름이 高子이고 字가 孟이다.[184] 鄔文玲은 오히려 이 墓에서 출토된 漆器 내측 아래의 墨書 銘文 "謝子翁" 자구와 木牘에 기록된 내용을 결합하여, 초보적으로 19호묘 墓主의 성은 謝, 이름은 孟, 字는 子翁이라고 생각하였다.[185]

馬怡는 紀莊漢墓에 보이는 "奉謁" 木牘 몇 건에서 그 문자의 내용이 "請病" 문안과 관련 있고, 그 구조와 필기격식 모두 謁의 특징에 부합하여, "請病謁"이라 할 수 있다고 여겼다. 논문에서《英橫請病謁》(TJM19D15)·《方被請病謁》(TJM19D12) 두 가지 典型의 請病謁 및 書 와 謁이라는 두 가지 특징을 겸하여 갖춘《孫覇買藥事書謁》(TJM19D6)의 釋文·양식·사용방법에 대하여 분석을 진행한 뒤 이를 바탕으로 기타 문헌이나 고고실물을 결합하고 "謁"·"刺" 관계 및 그 변화를 토론하여, "刺"의 출현은 "謁"보다 늦었고 상당히 오랫동안 병존하였다고 보았다. 양자는 문자 내용과 구조상 모두 차이가 있고 양자의 용도도 서로 다름을 보여주는데, 刺는 謁의 通名問候하는 일부 기능을 취했지만, 謁의 더욱 정중한 示敬 기능과 謁告 기능은 오히려 보류되었다. 이외에, 整理者가 발굴 簡報에서 謁의 격식과 용법을 잘 알

---

180) 徐暢, 「再辨秦漢年齡分層中的"使"與"未使"−兼論松柏出土53號木牘"使大男"之含義」, 『簡帛研究2009』.

181) 王冰, 「天長紀莊漢墓〈貴且致謝孟書〉牘考釋」, 『簡帛』제6輯.

182) 戴衛紅, 「天長紀莊漢墓木牘所見"鐵官丞"」, 『簡帛研究2009』.

183) 何有祖, 2011년 4월 29일, 「天長漢墓所見書信牘補釋一則」, 簡帛網.

184) 楊振紅, 「紀莊漢墓"貴且"書牘的釋讀及相關問題−紀莊漢墓木牘所反映的西漢地方社會研究之一」, 『簡帛研究2009』.

185) 鄔文玲, 「天長紀莊漢墓墓主人姓名試探」, 『簡帛研究2009』.

지 못해《英橫請病謁》·《方被請病謁》·《孫覇買藥事書謁》木牘 세 건의 正背 방향이 뒤바뀐 것을 지적하였다.[186]

21. 湖北雲夢睡虎地77號西漢墓簡牘

熊北生·蔡丹은 J組149−152號簡을 사례로 이 竹簡을 정리할 때 殘簡 輟合상의 기본 구상과 방법을 소개하였다. 그들은 J組 중의 9매 殘片을 연결하여 6개 殘段을 만들고, 또한 그 상술한 네 簡을 복원할 때에 네 簡 編聯 순서는 152−151−150−149이어야 한다고 하였다. 이러한 복원과 編聯은 竹簡의 구조·字體·필기의 특징 및 현존문헌과의 대응 등의 방면에서 모두 능히 비교적 잘 부합하였고, 문장에 따라 관련 竹簡의 채색 도판을 게재하였다.[187]

22. 甘肅永昌水泉子5號漢墓木簡

蔡偉는 北大漢簡《蒼頡篇》에 기재된 "飭端脩灋, 變大制裁. 男女蕃殖, 六畜逐字"라는 구절을 이용하여, 水泉子漢簡《蒼頡篇》暫編 제12號簡의 釋文 구두를 "……□□(陶?)主, 變大制裁好衣服, 男女藩屛(?)……"으로 조정하고, 暫編 제22號簡의 "雒" 앞에 "伊"字를 보충할 수 있었다.[188] 梁靜은 北大漢簡《蒼頡篇》"漢兼"章의 기재에 의거하여, 水泉子漢簡《蒼頡篇》관련 簡文 배열순서의 당위성을 지적하였다(暫14−暫15−暫12−暫20−暫25−暫36). 또한 비슷한 "閭里書師本"의 居延漢簡·水泉子漢簡《蒼頡篇》의 비교를 통해 하나의 가설을 제기하였다. 즉, "閭里書師"들은 개편과정 중에 단지 "六十字"의 원칙에 근거하여 재차 分章을 진행했을 뿐, 결코 문구에 대해 刪改를 진행한 적이 없으며, 北大漢簡·阜陽漢簡·水泉子漢簡·居延漢簡은 내용상 대체로 동일한 것이고, 문구 역시 기본적으로 하나하나 대응할 수 있다는 것이다.[189]

23. 北京大學藏西漢竹簡

1) 資料 公開

北京大學 出土文獻研究所는 北京大學에 收藏된 일군의 漢簡에 대하여 9종류로 나누어 공식적으로 소개를 진행하고, 문장에 따라 30枚簡에 가까운 채색 도판을 발행하였다.[190] 整理小組의 구성원들은 또한 각기 논문을 작성하여《蒼頡篇》[191],《趙正書》[192],《老子》[193],《周馴》[194],《妄稽》[195],《反淫》[196], 數術

---

186) 馬怡, 「天長紀莊所見"奉謁請病"−兼談簡牘時代的謁與刺」, 『簡帛研究2009』.
187) 熊北生·蔡丹, 「雲夢睡虎地77號墓竹簡拼接綴聯擧例」, 『出土文獻研究』제10輯.
188) 蔡偉, 2011년 7월 9일, 「讀北大漢簡〈蒼頡篇〉札記」, 復旦網.
189) 梁靜, 2011년 8월 5일, 「出土本〈蒼頡篇〉對讀一則」, 簡帛網.
190) 北京大學出土文獻研究所, 2011, 「北京大學藏西漢竹簡概說」, 『文物』제6期.
191) 朱鳳瀚, 2011, 「北大漢簡〈蒼頡篇〉槪述」, 『文物』제6期.

書[197], 《雨書》[198], 《六博》과 《荊決》[199], 醫簡[200]을 소개하였다. 그 밖에 한 편의 과학기술 분석보고는 北大漢簡에 사용된 竹簡 재료가 剛竹이고, 竹簡에 발견된 붉은 색 안료는 朱砂이며, 竹簡을 엮는 데에 사용된 재료는 모시풀이라고 초보적으로 판정했음을 지적하였다.[201] 閻步克은 《周馴》篇 2290簡과 2280簡 두 매 簡의 釋文을 공포하고, 그중 "享"·"冬"·"駕"·"膡" 등 字의 함의에 대하여 변별·분석을 진행하였다. 또 논문에서 "享"은 응당 《周禮》의 "冬享"에 가까운 것으로 종묘의 제사를 가리키고, "駕"는 駕車로 제사에 출행함을 가리키며, "膡"은 "彤"과 관련 있음을 지적하였다.[202]

2) 文獻 考釋과 硏究

蔡偉는 《蒼頡篇》 2396號簡 "六畜逐字"의 "逐"이 응당 "遂"字의 誤記이며, "遂"은 "育"의 의미를 가지고 있다고 여겼다. 그리고 2148簡 "顫鯱觭贏"의 "觭"는 곧 奇餘의 奇로, 字는 또한 殢로 쓰는데, "奇"는 마땅히 "남다"의 뜻이라고 釋讀해야 한다고 하였다.[203] 梁靜은 北大漢簡 《蒼頡篇》과 阜陽漢簡·居延漢簡 두 판본 《蒼頡篇》의 異文에 대하여 다음과 같이 지적하였다. "胡無噍類, 菹䐔離異, 戎翟給賓, 百越貢織" 네 마디는 秦本에 원래 있던 것이 아니므로, 그 歌頌의 대상도 秦始皇이 아니라 漢武帝이다. 北大漢簡에 반영된 分章 정황은 居延漢簡 《蒼頡篇》의 分章을 추론하는 데에 사용될 수 없다. "閭里書師"의 改編 이전 《蒼頡篇》(阜陽本과 北大本)은 당시 사회상층에서 時習한 것일 가능성이 높은데, "閭里書師"의 改編 이후 《蒼頡篇》(居延本)을 거치면 "通俗化" 이후 "閭里書師本"의 流傳 범위의 광범함을 재차 어느 정도 말해준다.[204]

程少軒은 《周馴》 2290簡 "維歲冬享駕之日"의 "享駕"를 "享賀"로 釋讀하여 聘享朝賀의 禮를 가리키는 것으로 여겼다. 그리고 2280簡 "膡之明日"의 "膡"은 마땅히 "臘"으로 釋讀하여 過臘小年을 가리키는 것이라 하였다. 또한 "維歲終享駕之日"은 冬至를 가리킬 가능성이 가장 큰 것으로 추측하였다.[205] 이후 더 나아가 그 관점을 수정하여, "享賀之日"도 마땅히 過臘이고, 過臘은 小新歲가 되어, 聘享朝賀의 禮

---

192) 趙化成, 2011, 「北大藏西漢竹書〈趙正書〉簡說」, 『文物』 제6期.

193) 韓巍, 2011, 「北大漢簡〈老子〉簡介」, 『文物』 제6期.

194) 閻步克, 2011, 「北大竹書〈周馴〉簡介」, 『文物』 제6期.

195) 何晉, 2011, 「北大漢簡〈妄稽〉簡述」, 『文物』 제6期.

196) 傅剛·邵永海, 2011, 「北大漢簡〈反淫〉簡說」, 『文物』 제6期.

197) 李零, 2011, 「北大漢簡中的數術書」, 『文物』 제6期.

198) 陳蘇鎭, 2011, 「北大漢簡中的〈雨書〉」, 『文物』 제6期.

199) 陳侃理, 2011, 「北大漢簡數術類〈六搏〉·〈荊決〉等簡略述」, 『文物』 제6期.

200) 李家浩·楊澤生, 2011, 「北京大學藏漢代醫簡簡介」, 『文物』 제6期.

201) 胡東波·張瓊·王愷, 2011, 「北大西漢竹簡的科技分析」, 『文物』 제6期.

202) 閻步克, 2011, 「"維歲冬享駕之日"與"膡之明日"小考–北大竹書〈周訓〉札記之一」, 『中國文化』 제1期.

203) 蔡偉, 2011년 7월 9일, 「讀北大漢簡〈蒼頡篇〉札記」, 復旦網.

204) 梁靜, 2011년 7월 19일, 「由北大漢簡查考〈蒼頡篇〉流傳中的一處異文」, 簡帛網.

205) 程少軒, 「也談〈周訓〉的"維歲冬享駕之日"和"膡之明日"」, 復旦網 2011년 6월 4일.

를 행해야 함을 지적하였다.[206]

Ⅲ. 魏晉簡牘의 硏究

1. 長沙走馬樓三國吳簡

1) 編連과 綴合

凌文超는《長沙走馬樓三國吳簡·竹簡[參]》에 제공된 作部工師簿揭剝位置示意圖를 이용하여 "作部工師簿" 簡册을 복원·정리하고, 그 복원방법을 상세히 예를 들어 설명하였다. 또한 闌入簡 및 몇 가지 特殊簡 관련문제에 대하여 토론을 진행하였다. 이러한 기초 상에서 그것과《長沙走馬樓三國吳簡·竹簡[壹]》중 師佐簡을 비교·대조하여 배열하고 상호 검증하여, 대응하지만 격식이 다른 두 作部工師簿를 정리하였다. 논문에서《長沙走馬樓三國吳簡·竹簡[參]》에 보이는 作部工師簿는《長沙走馬樓三國吳簡·竹簡[壹]》에 보이는 作部工師簿의 기초 상에서 편제된 것이라고 여겼다. 진일보한 문헌 내용의 고찰을 통해, 作部工師簿의 편제는 孫吳의 武陵蠻 정벌에 대량의 工師가 전쟁무기를 제조할 필요가 있었던 것과 관련 있고, 구체적으로 潘濬軍府·長沙郡兵曹·作部에 作部工師簿의 제작과 工師의 調徒를 책임진다는 것을 지적하였다. "作部工師簿"와 "戶籍簿"에 보이는 工師와 吏民은 동일인이라 하더라도 신분에 구별이 있었다.[207]

2) 文獻 考釋과 硏究

陳榮傑은《嘉禾吏民田家莂》釋文에 존재하는 誤釋·漏釋·衍文 등의 정황에 대해 비교적 전면적인 보충을 진행하였다.[208] 이후 또한 "嘉禾五年吏民田家莂" 중 釋文 殘缺字에 대해 수 條를 補釋하였다.[209] 王子今은 走馬樓吳簡 중 "單身" 관련 자료를 계통적으로 수집·정리하여, 名籍 중 "單身"이라는 자구로 특별히 표식된 것은 현존 자료를 가지고 보면 주로 일정한 工作 기능을 가진 청장년 노동력임을 지적하고, 또한 이러한 특별한 표식의 원인 및 그에 반영된 당시 사회상황을 분석하였다.[210] 沈剛은 走馬樓吳簡 중 "郵卒"이 국가 통제 하의 특수한 인구에 속하여, 집중적으로 거주시켜 관리하는 경향이 존재하고, 專有하는 토지인 "郵卒田"을 지닌다고 여겼다. 이러한 특징은 秦漢시대로부터 계속 전해지고 더욱더 강화되었다.[211] 沈氏는 또한 吳簡 중 "歲伍"·"月伍"의 함의를 토론했는데, 그는 그들이 새로이 출

206) 程少軒, 2011년 6월 7일, 「關於"維歲冬享駕之日"的補記」, 復旦網.
207) 凌文超, 「走馬樓吳簡兩套作部工師簿比對復原整理與研究」, 『簡帛研究2009』.
208) 陳榮傑, 2011년 3월 28일, 「〈嘉禾吏民田家莂〉釋文校勘記」, 復旦網.
209) 陳榮傑, 2011년 4월 14일, 「嘉禾五年釋文缺字補釋舉隅」, 簡帛網.
210) 王子今, 「說走馬樓名籍"單身"身份」, 『簡帛』제6輯.

현한 "丘"의 관리자로, "歲伍"는 주로 丘 중의 民戶를 관리하고, "月伍"는 토지 관리를 책임지는데, 때에 따라 本丘 居民의 賦稅에 대한 대리납부를 책임질 필요도 있었다고 여겼다.[212) 吳簡 중의 "私奴婢" 문제에 관해서, 沈氏는 호적문서 격식과 노비 신장기록 두 방면에서 더 보충하였다.[213) 蔣福亞는 吳簡 중의 "復民"을 復客賜客制 중의 "復人"으로 이해하는 데에 동의하지 않고, 마땅히 簡牘 중 기재된 "尪 羸老頓貧窮女戶"와 "老頓窮獨女戶"를 가리키는 것이며, 그 신분은 응당 자유민이지 종속민은 아니라고 한다.[214) 王素는 출판을 기다리는 소량의 《竹簡》[柒] 관련 釋文을 공포하고, 아울러 長沙走馬樓吳簡 중의 "佃客"·"衣食客" 자료로부터 착수하여, 西晉 戶調式의 南朝化 문제를 토론하였다.[215) 韓樹峰은 走馬樓吳簡에 보이는 "大"·"小"·"老"의 성질에 대해 판별하여 분석하였는데, 논문에서 "大"·"小"·"老"가 吳簡 簿籍 중에서 연령 교차의 현상이 존재함을 지적하였다. 구체적으로 말하면, "老"는 위아래로 확장하여 이른바 役齡의 제한을 돌파해버린다. 동종의 簿籍 중에서 동일 연령대의 호칭은 반드시 같지는 않고, 동일인도 다른 호칭방식을 가지는데 심지어 호칭이 기록되지 않기도 한다. 이러한 현상은 다음과 같은 점을 설명한다. "大"·"小"·"老" 호칭은 정부가 제정한 것이 아니고 정부가 簿籍 내에 써넣으라고 지시한 것도 아니다. 민간 혹은 사회에서 오랫동안 관용적으로 쓰인 호칭일 가능성이 더 크다. 簿籍의 잠재의식적인 기록이 내려왔고, 더 많이 반영된 것은 일종의 민간관습이지, 이것으로 정부의 의지를 대표할 수는 없는 것이다. 이렇게 제도적인 개념이 아닌 "大"·"小"·"老"는 대체로 東漢 후기에 이미 출현하였다. 吳簡에 반영된 孫吳 시기의 稅賦 징수에는 다양한 표준을 가지고 있는데, "大口"·"小口"제도가 있고 "了中"제도도 있다. 전자는 옛 제도로 아마도 漢制에 대한 沿襲일 것이고, 후자는 새로이 창조된 것으로 西晉에 의해 계승된다. 이러한 다양한 표준에 대한 정합·선택은 바로 西晉 정권의 공헌 중 하나이다.[216) 侯旭東은 漢代 "給事"로부터 출발해서, 走馬樓三國吳簡에 보이는 "給吏"와 "吏子弟" 등의 문제를 토론하였다. 논문에서 "給事"는 秦漢 이래 官·民이 官府 업무를 하는 일종의 방식, 즉 임시로 본직·본기구에서 벗어나 기타 기구에서 어떠한 업무를 맡는 것으로, 오늘날의 차출과 비슷하다고 보았다. 또 西漢代에는 기본적으로 편제를 차지하지 않고 업무의 다름에 따라 다른 칭호를 얻었는데, 東漢代에는 부분적으로 편제를 가지기 시작하여 통일적으로 "給吏"라고 부르기 시작하였다고 보았다. 吳簡에 보이는 孫吳 초년 臨湘 지역의 "給吏"는 바로 이러한 전통적인 방법의 지속과 발전으로, 주로 給吏 者를 맡는 데에 있어서 吏家의 父兄子弟에 집중하기 시작하는 것으로 변화했는데, 吏子弟는 이미 일정한 세습성과 신분성을 지녔던 것이다. 성년이 되고 나서 官府의 給吏로 가기 전에 吏子弟의 주요임무는 子弟限田를 경작하여 子弟限米를 납부하는 것이었는데, 吏子弟가 부족하면 本鄕 下戶民 중에서 징발하

---

211) 沈剛, 2011, 「試論走馬樓吳簡中的"郵卒"」, 『吉林師範大學學報』 제4期, 人文社會科學版.

212) 沈剛, 2011, 「走馬樓吳簡所見"歲伍"·"月伍"新解」, 『魯東大學學報』 제5期, 哲學社會科學版.

213) 沈剛, 「『走馬樓吳簡所見私奴婢剩義」, 『出土文獻研究』 제10輯.

214) 蔣福亞, 2011, 「走馬樓吳簡中的"復民"」, 『許昌學院學報』 제6期.

215) 王素, 2011, 「長沙吳簡中的佃客與衣食客-兼談西晉戶調式中的"南朝化"問題」, 『中華文史論叢』 제1期.

216) 韓樹峰, 2011, 「走馬樓吳簡"大"·"小"·"老"性質解析」, 『文史』 제1輯.

여 보충하였다. 吏子弟는 給吏로 충당된 이후에도 정식 吏員이 될 기회를 가졌고, 吏子弟를 給吏로 충당하는 것이 부족할 때에는 民戶에서 인원을 징발하여 보충하려고 했다.[217]

　　陳榮傑은《嘉禾吏民田家莂》중 "租田"에 대한 분석 및 竹簡 중 "租田"과 관련된 사례의 기재를 통해 다음과 같이 지적하였다. 吳簡 중 "租田"은 모두 熟田을 가리키는 것으로, 일정한 특혜의 성질을 가지며, 가히 米納 定額의 특혜를 향유하는 二年常限田을 가리키는 것이다. 餘力·火種·餘力火種田 등의 收米 定額은 一斛二斗之田과 달랐다. 저작은 또한 租田과 기타 각 종류의 田 간의 관계를 토론했는데, 租田과 稅田·旱田이 병렬된 것은 餘力·火種·餘力火種田 중의 熟田 및 二年常限田 중의 일부 熟田의 조화이다. 州吏의 "租田" 문제에 관해서는, 곧 州吏의 "租種的田地"는 또한 40畝의 제한이 없지만, 米納 定額의 특혜를 향유하는 "租田"의 상한은 40畝를 넘지 않았다.[218]

　　沈剛은 走馬樓吳簡 중 納錢簡의 격식을 복원하고 이를 바탕으로 納錢 기록이 日統計와 月度統計 두 종류로 나뉠 수 있다고 지적하였는데, 전자는 鄕을 단위로 해서 納錢의 유형에 의거하여 배열되고, 후자는 承餘·新入·支出·今餘의 형식에 따라 배열되었다. 이외에 또한 "庫所納錢"의 성질과 납부시간·入錢종류 등의 문제에 대하여 분석을 진행하였다.[219] 魏龍環은 走馬樓吳簡 중 "入布"와 관련된 明細類와 結計類簡에 대하여 분석을 진행하여, 孫吳 倉庫 중에 "每日編制"와 "每月編制" 두 종류의 帳簿가 있었음을 지적하고, 또한 두 종류의 帳簿의 배열방식 및 그 격식 복원을 토론하였다.[220] 孫東波는 走馬樓吳簡 중 "襍(雜)"字를 언급한 각종 米簿, 예를 들어 "襍(雜)米"·"租稅襍(雜)米"·"限襍(雜)米"·"襍(雜)吳平斜米"·"襍(雜)䊒米"·"襍(雜)摘米"·"襍(雜)鹽米"·"襍(雜)溢米"·"襍(雜)盈米" 등은 모두 아마 당시 지방 관부가 正稅 이외에 교묘하게 명목을 붙여 세운 가혹한 雜稅일 것이라고 생각하였다.[221] 蔣福亞는 吳簡 중 반영된 고용노동문제를 토론하여, 당시의 傭價가 대략 매일 0.31-0.5斛의 糯米였는데, 이는 兩漢代와 대체로 같으며, 고용형식에는 "先幹活·後取酬"와 "先取酬·後幹活" 두 종류가 있었음을 지적하였다.[222] 그는 또한 吳簡에 반영된 鹽鐵官營과 酒類專賣 문제를 토론했다. 그의 논문에 따르면 孫吳는 非鹽鐵產區에서 工匠과 "鋘銀"을 통제하는 것을 통해 鐵官營을 시행하였고, "鹽米"·"醬賈米" 등의 명목을 통해 鹽官營을 널리 시행하였으며, 嘉禾 6년 "酒租具錢"을 통해 酒類專賣를 실현하였다.[223] 邱敏은 吳簡을 이용하여 孫吳시기의 수공업·상업상황에 대해 복원을 진행하였는데, "作部"·"師佐籍"에 보이는 수공업 工匠의 신분·지위"·"조선업 규모와 수준"·"市租·䊒錢·地䊒錢" 등의 문제를 중점적으로 토론하였다.[224]

---

217) 侯旭東, 2011, 「長沙走馬樓三國吳簡所見給吏與吏子弟-從漢代"給事"說起」, 『中國史研究』 제3期.

218) 陳榮傑, 2011년 12월 29일, 「走馬樓吳簡"租田"及相關問題」, 復旦網.

219) 沈剛, 「長沙走馬樓吳簡錢出入記錄格式復原及相關問題探討」, 『簡帛研究2009』.

220) 魏龍環, 2011, 「三國吳簡"入布簿"的初步復原」, 『華章』 제31期.

221) 孫東波, 2011, 「長沙走馬樓吳簡中"雜"字簡撫談」, 『唐都學刊』 제5期.

222) 蔣福亞, 2011, 「走馬樓吳簡所見雇傭勞動」, 『首都師範大學學報』 제1期, 社會科學版.

223) 蔣福亞, 2011, 「走馬樓吳簡所見鹽鐵官營和酒類專賣」, 『史學月刊』 제12期.

楊小亮은 吳簡에 새로 보이는 명사 "八億錢"이 아마 도박과 관련 있고, 아마도 곧 禁賭法令을 위반한 것으로 인해 납부한 벌금일 것이라고 여겼다.[225] 蔣福亞는 走馬樓吳簡 중에 보이는 화폐관련사료에 대해 전면적인 정리와 통계를 진행하였다. 臨湘縣 당시 화폐유통은 參·7186簡에 보이는 "五千七百七十萬"의 기재보다 훨씬 높을 것으로 추산하였다. "八億錢"은 새로 출현한 화폐로서 상품화폐경제의 회복에 반응한 것이지만, "八億錢" 또한 당시 臨湘 지역의 주요 유통화폐는 아니었다. 시장에서 화폐와 米·布는 병용되었고, 화폐는 가치척도의 기능을 잃어졌다.[226]

刑義田은 吳簡 중에 보이는 "雀手足"의 "雀"이 아마 本字와 같이 釋讀해야 할 것이라고 여겼다. "雀"手·足은 아마 손·다리가 선천적이거나 후천적인 원인으로 인해 굽은 것을 가리키는 것으로, 手足을 토막내거나 手足을 잘라버리는 것이 아니다. 다만 어떻게 "屈"手·足과 구별하는지는 여전히 문제이다. 이른바 刑手足은 비교적 아마 어느 정도 손이나 다리의 상해를 가리키는 것인데, 정도의 경중이 도대체 어떠한지는 더 많은 자료를 기다려야만 비로소 더 분명히 밝힐 수 있을 것이다.[227] 周祖亮은 走馬樓吳簡 중에 질병을 언급한 어휘에 대해 총괄과 분석을 진행하고, "腫"·"風"·"雀"·"刑"·"盲" 등 어휘의 함의와 용법을 중점적으로 토론하였다.[228]

2. 江西南昌陽明路東吳高榮墓簡牘

竇磊는 江西南昌東吳高榮墓《衣物疏》木牘 제4란 중 "故帛繡不□一量"의 未釋字를 "措"로 釋讀하였다. 借·措는 諧聲이고 通假字로, 不措는 곧 不借이고 不借는 곧 짚신으로, "故帛繡不措(借)一量"은 곧 하얀 麻로 만든 짚신 한 쌍이다.[229]

3. 甘肅高臺駱駝城98-6號墓木牘

劉樂賢은 1998년 5월 甘肅 高臺 駱駝城 98-6號木에서 출토된 木牘 문서 한 건의 釋文·함의에 대해 상세한 疏解를 진행하였다. 이를 바탕으로 관련된 출토문헌과 현존문헌을 결합하여, 이 冥婚 문서 중의 "男祥"·"女祥"은 바로 문헌 중의 "男祥鬼"·"女祥鬼"로, 결혼한 적이 없는 나이 어린 死者, 즉 젊은 남녀 孤鬼를 전칭한다고 지적하였다. 이 冥婚 문서는《昨夢錄》 중의 "鬼媒人"과 같은 전문인사에 의해 써졌을 것인데, 그 제작 목적은 남녀 死者의 결혼 후 생활을 축원하거나 구속하기 위한 것이었고 이외에 더욱 직접적인 목적은 生死異路를 강조하여 죽은 자와 산 자 간의 연결을 끊는 것이었다. 이러한 관념은 東漢 이래 발견된 墓葬문서의 주제와 일맥상통하여, 중국 고대 冥婚과 관련된 사후관념은 마땅히 본토

---

224) 邱敏, 2011, 「走馬樓吳簡與孫吳時期的工商業」, 『南京曉莊學院學報』 제2期.

225) 楊小亮, 「"八億錢"臆說」, 『出土文獻研究』 제10輯.

226) 蔣福亞, 2011, 「議走馬樓吳簡中的貨幣」, 『中華文史論叢』 제1期.

227) 刑義田, 2011년 6월 10일, 「"雀"手足與"刑"手足-長沙走馬樓三國吳簡讀記」, 簡帛網.

228) 周祖亮, 2011, 「長沙走馬樓三國吳簡疾病詞語略考」, 『廣西社會科學』 제3期.

229) 竇磊, 『漢晉衣物疏補釋五則』.

신앙에서 발원한 것으로, 唐代 冥婚 현상의 성행은 반드시 불교지옥관념 영향의 각도에서 해석할 필요는 없다.[230]

4. 甘肅高臺駱駝城前凉夫婦合葬墓木牘

寇克紅은 2000년 6월 발굴한 甘肅 高臺 駱駝城 前凉 夫婦合葬墓에서 출토된 두 건의 衣物疏木牘의 사진 및 釋文을 공포하고, 또한 남녀 墓主의 복식특징·墓主 신분 및 그 반응인 관련 사회생활 등의 문제에 대해 초보적인 연구를 진행하였다.[231]

5. 甘肅玉門花海畢家灘木牘

張俊民은 2002년 6월 甘肅省 玉門市 花海鄕 畢家灘에서 발굴된 五凉十六國 시기 墓葬 53座의 상황과 衣物疏의 출토위치, 형태와 구조 및 書寫 특징을 상세히 소개하였다. 또 M26 衣物疏圖版과 총 9장인 衣物疏의 釋文을 발표하고, 아울러 紀年 문제 분석까지 진행하였다.[232] 竇磊는 圖版을 합하여 M26에서 출토된 衣物疏 釋文에 대해 보충하였는데, 예를 들면 "緗羅繡"의 "緗", "碧禪"의 "禪", "練手"의 "手", "生時所秉"의 "秉", "留停" 등이 있다.[233]

Ⅳ. 秦漢魏晉簡牘綜合研究

1. 法律

1) 律令體系

張忠煒는 그동안 전해지던 典籍과 出土된 典籍을 결합하여, "律令轉化", "律主令輔", "律令分途"라는 3가지 방면으로부터 착수하여, 율령체계 형성 초기의 율령 관계 문제를 분석하였다. 논문에서 "律令轉化"라는 것은 우선 초기의 律이 나타낸 것은 令의 내용이며, 王者의 令으로부터 律로 轉化되었음을 말하는데, 그 안에는 令의 흔적이 남아있었다. 그 다음으로 律이 나타내는 내용이 主旨가 되었고, 令이 律의 闡發 혹은 세분화된 규정으로 출현하게 되었다. "律主令輔"은 律 규정내용·범위에서 주로 體現되었는데, 令에 비해서 광범위할 필요가 있었다. "律主令輔"는 판결과 양형의 기본 원칙이었으며, 수많은 상황 하에서 令은 律의 보충법으로 출현하였다. "律令分途"라는 것은 곧 秦에서 漢初까지의 律이 결코

---

230) 劉樂賢, 2011, 「"生死異路, 各有城郭"-讀駱駝城出土的一件冥婚文書」, 『歷史研究』제6期.

231) 寇克紅, 2011, 「高臺駱駝城前凉墓葬出土衣物疏考釋」, 『考古與文物』제2期.

232) 張俊民, 2011, 「甘肅玉門畢家灘出土的衣物疏初探」, 『湖北省博物館館刊』第7輯, 嶽麓書社.

233) 竇磊, 2011년 12월 9일, 「畢家灘出土衣物疏補釋」, 簡帛網.

刑律에만 한정되지 않고 事制性 律篇을 포함하였으나 후대에는 이러한 律篇은 많은 경우 令의 형식으로 출현하였음을 가리키는 것이다.[234] 凡國棟은 松柏의 "令丙第九" 木簡에서 출발하여 "令"의 編序 등의 문제를 논의하였다. 그의 논문에서는 秦漢 시대 "令"의 편찬 및 배열에는 10天干만을 사용한 計數, 數目字만을 사용한 計數, 天干과 數目字를 함께 사용한 計數 등 3가지 방식이 있었음을 밝혔다. 그 탄생 경로나 형식에는 2가지가 있었는데 하나는 "天子令"이고 또 하나는 "官署令"이다. 이러한 令들은 天子 또는 各級各類의 官署에 의해 각각의 令文 체계에서 시간 선후 순서에 따라 자의적으로 編號가 나누어 붙여졌고, 서로 다른 부문·編序가 각자의 체계를 만들어 서로 연계되지 않은 채 "集類爲篇, 結事爲章"의 구성을 이루게 되었다.[235] 曹旅寧 역시 松柏 "令丙第九" 木簡에서 출발하여, 기존에 전해지던 문헌에 나타난 "令丙"의 기록과 모순이 있음을 지적하고, 아울러 漢代 令의 편집은 甲, 乙, 丙 등으로 분류된 동시에, 서로 다른 사무 조정에 의해 津關令, 功令 등의 명목이 있었다고 추측하였다. 즉, 令은 서로 다른 官署의 직분에 의해 분류되었을 가능성, 예컨대 "令丙九"는 "少府令丙"의 분류에 편입되었을 가능성 등을 배제할 수 없다고 추측하였다.[236] 籾山明은 王杖詔書册을 기초로, 3종의 王杖木簡을 가지고 종합 연구를 진행하여, 王杖詔書의 구성, 挈令의 형태 등의 문제에 대해 상세히 논술하였다.[237] 徐世虹은 출토된 법률문헌에 대해 秦漢令 연구의 역사·현상·성과와 더불어 전면적인 분석과 비평을 진행하고, 성과와 득실을 총결하는 동시에, 출토 문헌에 대한 인식 및 기본 개념 해석이 각각 다른 것으로부터, 秦漢시대 令典의 유무, 挈令의 형태가 어떠하였는지, 干支令·挈令·事項令의 관계가 어떠하였는지, 令을 甲乙丙으로 나눈 기준이 무엇이었는지, 秦漢令의 법률지위에 대해 어떠한 판단을 하는지, 중국법률사 발전 과정 중 그것의 작용을 어떻게 평가할 수 있는지 등의 문제와 관련이 있음을 지적하였다. 또한 이들은 새로운 자료의 공표 및 진일보한 투철한 연구가 있어야만 비로소 점차 해소될 수 있음을 지적하였다.[238] 徐世虹은 또한 淸末~民國 시기 漢律 연구에 대해 회고와 술평을 진행하였는데 주로 杜貴墀의 《漢律輯證》, 張鵬一의 《漢律類纂》, 沈家本 《漢律摭遺》, 程樹德 《漢律考》 그리고 通史類 저술 가운데 관련 연구 등 5개 방면을 포괄하였다.[239]

2) 專門法

鍾文榮은 秦漢 출토 문헌과 傳承 문헌을 결합하여 張家山漢簡에 보이는 관문서 관련 위법행위 처벌에 대해, 관문서 제작 부문의 위법행위 처벌, 관문서 傳遞 부문에서의 위법행위 처벌, 그리고 관문서 사용과 관리 부문에서의 위법행위 처벌 등 3개의 방면으로 나누어 논술하였다.[240]

---

234) 張忠煒, 2011, 「秦漢律令關係試探」, 『文史哲』第6期.

235) 凡國棟, 「秦漢出土法律文獻所見 "令"的排序問題—由松柏1號墓『令』丙第九木簡引發的思考」, 『出土文獻研究』第10輯.

236) 曹旅寧, 2011, 「松柏漢簡 "令丙第九獻枇杷"和秦漢律令法系的復原」, 『讀書』第12期.

237) 籾山明, 「王杖木簡再考」, 『中國古代法律文獻研究』第5輯.

238) 徐世虹, 2011, 「百年回顧: 出土法律文獻與秦漢令研究」, 『上海師範大學學報』第5期, 哲學社會科學版.

239) 徐世虹, 「秦漢法律研究百年(一)—以輯佚考證爲特徵的淸末民國時期的漢律研究」, 『中國古代法律文獻研究』第5輯.

3) 刑罰·刑名과 刑徒·刑期

南玉泉은 贖刑을 독립적인 속형과 대체형 속형 두 종류로 나누는 것에 찬성하였다. 그는 "贖"은 하나의 광범위한 개념으로, 이러한 의의로부터 秦漢 속형은 "혼합형"이었다고 보았다. 그러나 구체적인 조문에 있어서는 2가지 유형의 속형 중 하나만 취할 수밖에 없었다고 보고 秦漢 속형 제도의 구체 내용에 대해 분별하고 속형의 기원, 발전, 연혁 등 문제에 대해 분석하였다.[241]

任仲爀은 죄인이 서인 신분으로 회복하는 경로와 과정을 고찰하였다. "以赦令免"의 죄수는 즉시 석방되었던 것이 아니라 계속 "復作" 신분으로 복역해야 했고 복역 年限은 원래 형기에서 2년을 줄인 후 나머지 年數였고, 復作의 목적은 노동력 수량을 보장하는 데에 있었다. "以律減罪" 역시 서인이 되는 경로였는데 다만 "以律減罪"는 죄인 본인의 신청에 의해, 그리고 다시 관부 심의·비준에 의할 필요가 있었는데, 점점 (형량이 : 역자) 감소되어 통상 "爲"라는 표현을 사용하여 표시하고, 오직 최종적으로 서인이 된 후에야 비로소 "免"이라고 할 수 있었다. 이러한 서인은 국가로부터 토지를 얻을 수 있었지만 동시에 국가의 算賦 및 요역을 부담했다. 그 아래 는 진급을 얻어 사오가 될 수 있었다.[242] 林炳德은 서인을 公卒, 사오와 비교하였는데 그들 모두 작위는 없었으나 공졸, 사오는 유작자 혹은 무작자 출신이지만 서인은 노비 혹은 범죄자 출신이었으며, 이 외 서인이 부담한 노역은 공졸과 사오보다 무거웠다고 보았다. 또한 논문에서 漢文帝 개혁 이후의 시기와 여성은 요역을 부담하지 않았던 것까지 분석하였다.[243]

4) 司法節次

周祖亮은 居延漢簡, 居延新簡, 敦煌漢簡 등 출토 문헌에 보이는 법의학 검사 관련 자료를 귀납하여 傷情검사, 시체검사, 獸醫검사 3종으로 나누고 이를 바탕으로 秦簡과 同類문헌을 가지고 비교하였고 아울러 예를 들어가며 이 문헌의 언어학·역사학적 가치를 분석하였다.[244]

2. 經濟

1) 土地, 戶籍, 稅收 그리고 徭役제도

胡平生은 松柏 "二年西鄕戶口簿", 天長安樂紀莊木牘 "戶口簿"와 "樂浪郡初元四年縣別戶口集簿" 등의 자료 대조·교정을 바탕으로, 鄕, 縣, 郡 3급의 "戶口簿" 기본 내용과 격식을 총결하고 아울러 호적의 기본 격식을 복원하는데 힘썼다. 그는 漢代 호적의 원래 격식은 里耶秦簡《戶籍》에 보이듯 주소, 성

---

240) 鍾文榮, 2011, 「張家山漢簡所見對官文書違法行爲的處罰研究」, 『福建師範大學學報』 제3期, 哲學社會科學版.

241) 南玉泉, 「讀秦漢簡牘再論贖刑」, 『中國古代法律文獻研究』 제5輯.

242) 任仲爀, 2011, 「秦漢律中的庶人」, 『簡帛研究二〇〇九』, 廣西師範大學出版社.

243) 林炳德, 2011, 「秦漢時期的庶人」, 『簡帛研究二〇〇九』, 廣西師範大學出版社.

244) 周祖亮, 2011, 「漢簡法醫檢驗文獻及其硏究價値」, 『廣西社會科學』 제7輯.

2011年 秦漢魏晉 簡牘의 연구 개술 _ 181

명, 작급, 호주 혹은 호주와의 관계 등을 가장 기본으로 간단한 내용을 기록한 것이라고 보았다. 또 그는 吳簡 中 戶籍簡과 관련 있는 내용에 대해 논의하고 아울러 주의할 만한 가치가 있는 특징을 총결하였다. 논문에서 鄕, 縣, 郡 戶口類簿籍의 편제 순서에 관해 추측하기를, 그 편제는 기본 자료에 대한 조사와 등록으로부터 발생한 것이고 1家에서 1里, 1鄕, 1縣, 1郡, 1國까지 이루어졌다고 보았다. "籍"은 "婦"로 바뀌어 주로 鄕吏의 일이 되었고 다시 縣戶曹에 의해 수합되어 상부에 보고되었으며, 鄕은 戶口類簿籍의 편제 과정에서 아주 중요한 역할을 하였다.[245] 袁延勝 역시 "二年西鄕戶口簿", 天長安樂紀莊木牘 "戶口簿"와 "樂浪郡初元四年縣別戶口集簿"등 세 개의 漢代《戶口簿》를 표제, 기년, 통계술어, 통계분류, 인원분류 등의 방면에서 같은 점과 다른 점을 비교하고, 아울러 上係簿와의 관계를 논술하였다.[246] 張燕蕊는 走馬樓吳簡에 나타난 호적 자료를 가지고 秦漢시기 호적 자료와 비교하여 孫吳는 秦漢호적 제도를 계승한 동시에, 孫吳 호적 제도만의 특수성과 진보발전 추구로부터 출발하여 서사격식과 기록내용 방면에서 秦漢호적제도에 비해 발전과 혁명이 있었다고 설명하였다.[247] 楊振紅 역시 秦漢시대부터 三國吳시기까지 賦役簿籍의 제작 문제에 대해 논의하였다.[248]

馬怡는 漢晉畫像의 倉廩圖에 나타난 "糧食出納" 장면에서 출발하여, 이러한 장면 속 인물이 손에 쥐고 있는 작은 막대기와 다발 모양의 사물이 식량출납을 기록한 券 혹은 簡札일 가능성이 높으며, 이들이 倉廩圖 안에 그려진 것은 倉廩의 풍요와 흥성함을 나타내기 위해서이며 우리는 오늘날 이를 간독시대의 흔적으로 볼 수 있다.[249]

徐暢은 秦漢 시기 "使"字의 용법과 秦漢 年齡 分層 때 항상 쓰이는 "使"와 "未使"의 출현 사례를 살펴본 후에, 이를 바탕으로 "使"와 "未使"는 役을 부과한다는 뜻을 갖고 있지 않기 때문에, 자유민의 호적에 적용되는 것이 아니라 관부에서 노역하여 양식을 분배받았던 특수한 집단에 적용되었던 것이었으며, "使"와 "未使"라는 명칭은 7歲에 口錢을 납부하는 제도보다 먼저 존재했다가 나중에 賦役이라는 의미가 부가된 것임을 밝혔다. 그 役을 부과한다는 함의는 후대에 부가된 것임을 밝혔다. 단, "使"는 단독 사용할 때에 여전히 자유민의 요역을 가리켰는데 松柏木簡에 보이는 "使大男"이 그러한 예이다.[250] 楊振紅은 秦漢魏晉簡牘 자료를 모아 기존 학설을 분석하고 이를 바탕으로 새로 나타난 "算"·"事"簡 中 "事"는 동사로 이해해야 하며, 그 뜻은 "服事"를 가리킨다고 보았다. "算"은 국가가 징수한 賦稅와 徭役의 단위로, "算賦"는 구체적인 세목이 아니라 "算"을 단위로 징수한 부세라는 의미이고, "算"은 납부한

---

245) 胡平生, 「新出漢簡戶口簿籍研究」, 『出土文獻研究』第10輯.

246) 袁延勝, 2011, 「漢牘〈戶口簿〉探析」, 『魯東大學學報』第3期, 哲學社會科學版.

247) 張燕蕊, 2011, 「從走馬樓吳簡戶籍書式看孫吳對秦漢戶口制度的繼承和發展」, 『中國人民大學學報』第1期.

248) 楊振紅, 2011, 「從出土"算", "事"簡看兩漢三國吳時期的賦役結構—"算賦"非單一稅」, 『中華文史論輯』第1期.

249) 馬怡, 2011, 「簡牘時代的倉廩圖: 糧倉, 量器與簡牘─從漢晉畫像所見糧食出納場景說起」, 『中國社會科學院歷史研究所學刊』第7集, 商務印書館.

250) 徐暢, 2011, 「再辨秦漢年齡分層中的"使"與"未使"─兼論松柏出土53號木簡"使大男"之含意」, 『簡帛研究二〇〇九』, 廣西師範大學出版社.

부세와 복역한 요역을 중첩적으로 함의하고 있으며, 算賦는 매년 120錢의 인두세 이외에도 吏俸, 轉輸, 繕兵 등 각종 잡세를 포괄하였다. 兩漢에서 三國吳 시기 문헌에 보이는 "算事", "事算", "復算", "復事", "算賦" 등에서 말하는 "算"은 일반적으로 법정 과징 부세와 요역의 연령(15세에서 免老까지)에 이른 인구수, "事"는 부역에 복역한 인구수, "復"은 復除 혹은 부세와 요역이 免除된 인구수를 가리킨다.[251] 朱繼平은 張家山漢簡 자료를 결합하여 漢初 "戶賦"와 "戶芻" 兩者는 특수한 성질의 戶稅로, 그 특징은 모두 세율이 가벼운 것이라고 보았다. 아울러 그는 漢代 戶稅의 연혁 과정과 원인에 대해 분석하였다.[252]

龍仕平은 秦漢魏晉簡帛문헌에 토지단위와 관련된 기록을 총결하여 모두 9개의 단어가 토지단위를 표시하는데 사용되었음을 밝혔는데 그중 개체단위는 2개, 면적단위는 7개였다. 그는 개체단위를 표시하는 "町", 면적단위를 표시하는 "石"은 기존에 전해지던 문헌에는 보이지 않으며, "步", "畹" 등의 단어의 뜻과 용법 역시 기존을 학설을 보정할 수 있다고 밝혔다.[253] 李建平은 "參"이 秦漢簡帛문헌에서 용량단위로 사용되었으며 곧 "小斗"의 3분의 1을 가리키고 이는 기존에 전해지던 문헌에서 사용된 중량단위와 다르다는 것을 지적하였다.[254]

2) 馬政과 人員管理

劉釗는 睡虎地秦簡의 "右剽"라는 단어에서 출발하여 秦漢簡牘자료와 기존 문헌 사료를 모아 역사상 출현한 官馬標識제도에 대해 비교·계통적 분석을 실시하였다. 그는 이러한 제도가 역대 馬政의 중요한 구성부분으로 역대로 파견된 專門관원이 烙馬작업을 책임지고 아울러 정기적으로 검사와 勘檢을 진행하였다고 보았다. 이 외, 그는 馬印의 尺寸, 印文내용, 제작, 처분, 사용시간, 年間, 馬印이 찍힌 말의 부위 등 문제에 대해 총결하였다. 마지막으로 출토문물자료를 종합하여 역대 烙馬印 實物에 대한 개요 소개와 辨析을 진행하였다.[255] 伊傳寧은 주로 西北漢簡을 이용하여 西漢의 馬政과 사료의 공급, 馬匹 등기와 馬匹 질병의 치료 등의 방면까지 논의하였다.[256]

3. 文化, 禮儀와 社會

1) 葬禮風俗, 祭祀와 信仰

高崇文은 현재 이미 공포된 5枚의 雲夢睡虎地漢簡《葬律》자료를 이용하여 先秦周代祭奠과 西漢 前期 祭奠의 차이를 분석하고 나아가 관련 喪禮禮俗의 변화를 분석하였다.[257] 楊華는 새로 출토된 戰國秦

---

251) 楊振紅, 2011, 「從出土"算", "事"簡看兩漢三國吳時期的賦役結構—"算賦"非單一稅」, 『中華文史論輯』 제1期.

252) 朱繼平, 2011, 「從〈張家山漢簡〉談漢初的戶賦與戶芻」, 『江漢考古』 제4期.

253) 龍仕平, 2011, 「先秦兩漢魏晉簡帛文獻所見土地單位考」, 『求索』 제9期.

254) 李建平, 2011, 「秦漢簡帛中的度量衡單位"參"—兼與肖從先生商榷」, 『敦煌研究』 제4期.

255) 劉釗, 「說秦簡"右剽"一語並論歷史上的關馬標識制度」, 『出土文獻與古文字研究』 제4輯.

256) 伊傳寧, 2011, 「由漢簡所見西漢馬政」, 『和田師範專科學校學報』 제1期.

漢簡帛자료와《史記》,《漢書》등의 기존 문헌 사료를 가지고 秦漢제국이 분산된 종교신앙을 통합하여 統一神權을 만들어가는 과정을 고찰하였다. 그의 논문에 따르면 先秦시기 각국은 모두 고유의 山神, 水神을 가지고 있었는데, 秦漢제국이 되면서 秦, 楚, 晉, 齊 등의 몇몇 大祭祀圈의 山川神祇가 합해져 "五嶽四瀆"의 계통이 만들어졌다. 국가는 淫祀에 대해 처벌하고 巫覡·巫術 관리를 강화하였으며 민간제사를 제한하였다. 漢初 巫官의 설치는 全國의 巫術계통에 대한 "重新洗牌(새로운 재조정)"였는데, 秦始皇과 漢武帝의 封禪과 巡遊 역시 東方神祇 추구를 인정하는 목적을 지니고 있었다. 秦漢의 여러 황제들의 노력을 거쳐 全國神權의 歷程은 東漢에 이르러 완성·확립되었다.[258] 王朝陽은 睡虎地秦簡日書에서 "牽牛織女故事"와 관련 있는 두 개의 재료를 가지고 牛郞織女故事 형성의 시기와 지역을 논술하였다. 그는 戰國末期 이러한 고사가 이미 기본적인 定型으로 존재하였고 그 기원은 漢水 유역일 가능성이 가장 높다고 지적하였다.[259]

2) 社會生活

李天虹은 "期會"와 "醫病養生" 두 개의 방면으로부터 예를 들어가며 秦漢시기 分層된 紀時制가 당시 사회생활 가운데 응용되었던 상황을 서술하였다.[260] 王子今은 居延漢簡의 소금 사용 관련 기록, 즉《鹽出入簿》와《廩鹽名籍》를 가지고 漢代 居延軍人 廩鹽 定量은 3升, 즉 오늘날 600.72㎖로 현재 일반인과 비교했을 때 아주 높다는 것을 밝혔다. 이러한 鹽은 식용 이외에도 醫用, 祿用 등과 같이 다른 용도로 사용되었을 가능성이 있다. 이 외에도 居延鹽産자원과 鹽用 조건, 居延戍卒의 食鹽 정량, 나아가 飮食史, 營養史, 醫療衛生史 및 이들 군인의 노동생활 등 문제까지 분석하였다.[261]

3) 基層社會 控制

孫聞博은 秦漢簡牘자료를 이용하여 秦漢시대 鄕政 발전 시기에 나타난 특징을 묘사하였다. 그의 논문에 따르면 秦代 국가역량이 기층으로 투입되어 鄕의 지위가 더욱 突出하였다. 西漢 초기에는 다시 三老를 두어 鄕吏와 함께 지방을 다스리게 하였다. 西漢 중기 이후에는 鄕吏 질급은 "상대적"으로 낮아지고 국가역량은 기층사회에서 점차 후퇴하였다.[262] 侯宗輝는 西北漢簡 등 출토문헌자료를 가지고 당시 유동인구를 客, 商人, 傭人, 亡人, 流民 등 5가지 대분류로 나누었고, 이러한 유동인구의 신분은 복잡하였고 그들이 생겨난 기원도 단일하지 않았으며 수많은 사회문제를 야기하였는데, 이러한 문제를 해결하기 위해 정부는 일련의 조치를 취하여 대응하였다.[263]

---

257) 高崇文, 2011, 「論漢簡〈葬律〉中的祭奠之禮」, 『文物』제5期.

258) 楊華, 2011, 「秦漢帝國的神權統一 — 出土簡帛與〈封禪書〉, 〈郊祀志〉的對比考察」, 『歷史研究』제5期.

259) 王朝陽, 2011, 「從秦簡〈日書〉看牛郞織女故事之形成與流變」, 『貴州文史叢刊』제2期.

260) 李天虹, 「分段紀時與秦漢社會生活舉隅」, 『出土文獻研究』제10輯.

261) 王子今, 「居延〈鹽出入籍〉〈廩鹽名籍〉研究: 漢塞軍人食鹽定量問題」, 『出土文獻』제2輯.

262) 孫聞博, 「簡牘所見秦漢鄕政新探」, 『簡帛』제6輯.

4) 少數民族問題

馬智全은 西北漢簡자료를 이용하여 漢代 羌人의 河西지구 활동 상황을 논술하고 漢代 정부의 羌人에 대한 관리와 하서지구 羌人의 생활방식 및 羌人의 漢邊塞事務 참여 등의 문제를 중점적으로 분석하였다.[264] 그는 또한 간독에 보이는 書翰 中後期 漢王朝와 車師國의 교류 상황에 대해 분석하여 당시 양자관계가 밀접하고 왕래가 빈번하였음을 보여주었다.[265]

5) 術語

袁瑩은 "芮薪"의 "芮"는 "䎡"의 通假字로 "柔軟하다"는 뜻을 나타내고, "薪"은 불을 때는 연료로, 즉 "芮薪"은 재질이 비교적 연한 풀 종류의 燃料를 통칭하는 것이라고 보았다. 아울러 漢簡에서 量詞 "束"와 결합한 식물, 예컨대 "葵", "蔥", "毋菁", "韭", "目宿", "蒲", "葦", "慈其", "需藪" 등을 일일이 분석하여 西北漢簡의 蘆葦, 慈其는 연료로 사용될 때 모두 "芮薪"으로 불렸을 가능성이 있으며 "蒲"와 "需藪" 역시 연료를 가리키는 "芮薪"이었을 가능성이 있다고 보았다.[266]

鄒水杰은 秦簡 평행문서에 나타는 "敢告某某主……敢告主"는 관문서에서 시작과 끝을 나타내는 격식용어로 상행문서의 "敢言之"와 같은 역할을 하였다고 보았다. 단, 하행문서에서는 종종 머리말에서만 "敢告某某主"를 사용되었다. 이러한 격식용어에서 "主"는 "책임관리"의 뜻을 나타낸 것이 아닐 뿐만 아니라 "縣主", 鄉主", "倉主"과 같은 專門관직을 나타낸 것도 아니었으며 "主"는 특정한 의미를 가지지 않은 격식 용어였다. 예컨대 "敢告某縣主"는 곧 "敢告某縣"이고, "敢告某丞主"는 곧 "敢告某丞"과 같은 것이며 그 외의 칭호도 이에 근거하여 유추할 수 있다.[267]

4. 字形과 書風

1) 字形研究

王偉, 王輝는 1949년 이전의 秦文字 발견과 연구 상황에 대해 先秦兩漢시기, 隋唐宋시기, 明淸시기, 民國시기 총 4개의 단계로 나누어 계통적 분석과 소개를 진행하였고, 마지막으로 160여 종의 1949년 이전의 秦나라 각종 출토 문헌의 출토 시대, 명칭, 출처와 저록소식을 부록으로 덧붙였다.[268] 方勇은 秦漢출토문헌자료를 종합하여 "畀", "綿", "茶" 그리고 "甾", "甾" 두 그룹의 字形 관계를 논하였다.[269] 馬瑞, 張顯成은 西北屯戍漢簡의 異體字의 기원이 雜亂하고 유형도 각각 달랐지만 同化, 異化, 構件類推

---

263) 侯宗輝, 2011, 「漢簡所見西北邊塞的流動人口及社會管理」, 『中國邊疆史地研究』제11期.

264) 馬智全, 2011, 「漢簡所見漢代河西羌人的生活狀況」, 『西北民族大學學報』제6期, 哲學社會科學版.

265) 馬智全, 2011, 「漢簡所見西漢與車師的交往」, 『魯東大學學報』제3期, 哲學社會科學版.

266) 袁瑩, 2011년 9월 15일, 「"芮薪"考辨」, 簡帛網.

267) 鄒水杰, 「秦代簡牘文書"敢告某某主"格式考」, 『簡帛研究二〇〇九』.

268) 王偉·王輝, 「秦文字的發現和研究簡史(1949年之前)」, 『中國文字研究』제15輯.

化, 符號化 등의 규율이 나타났음을 밝혔다.[270]

2) 書風研究

王曉光은 用筆 特徵, 墨書의 짜임새와 綾의 모양, 墨書의 세로 방향 연관성, 草寫 墨痕 등 4개 방면으로부터 秦簡에 보이는 秦隸書體의 특징에 대해 상세히 논의하였다.[271] 魏曉艷, 鄭振峰은 전체 風格, 體勢변화, 章法·結字, 筆畵軌迹, 筆勢·筆態 등 5가지 방면에서 睡虎地秦簡의 字體풍격을 분석하였다. 睡虎地秦簡 字體풍격은 전체적으로 平直化되었으며 體勢에는 가로 방향의 경향이 있었고, 章法·結字는 靈活하고 多變하였으며 필획은 둥글게 돌리는 모양에서 모나게 꺾이는 방향으로 바뀌었고 동시에 선의 연결과 끊김, 장단변화를 수반하였다. 이를 통해 睡虎地秦簡 字體풍격의 漸變性과 과도기성을 보여주었다.[272] 이 외 陳穀棟, 方楚勤 역시 睡虎地秦簡隸書예술의 특징과 미학적 가치에 대해 논술하였다.[273] 陳松長은 湖南에서 출토된 戰國, 秦漢, 三國魏晉簡帛을 체계적으로 소개한 뒤에 이러한 湖南출토 簡帛의 書法가치에 대해 귀납적으로 서술하였다.[274]

5. 歷史地理

張偉權은 戰國楚의 洞庭郡과 秦이 楚를 정복한 뒤 만든 秦洞庭郡을 분별하여 역사상 두 개의 洞庭郡이 있었다고 보고, 里耶秦簡에 보이는 洞庭郡의 郡治所는 里耶에 있었으며, 洞庭郡의 규모와 구성에 대해 추측하였다.[275] 陳偉는 嶽麓秦簡《三十五年質日》에 보이는 "筶鄉"의 "筶"는 "郘" 혹은 "若"으로 읽을 수 있고, 아울러 후대의 주요 관점과 관련된 역사적 사실을 결합하여 隋唐樂鄉縣治는 약 현재 湖北 鍾祥市 樂鄉關村에 있었으며, 古郘國, 楚郘都故城 및 秦漢 郘縣治所는 그로부터 東北 30여리에 있었고, 약 현재 鍾祥市 西北胡集鎭 남쪽의 麗陽村(明淸麗陽驛) 일대라고 하였다. 嶽麓書院秦簡《三十五年質日》에서 말하는 "筶鄉"은 당시 아직 설치되지 않은 縣인지 아니면 縣名이 곧 "筶鄉"인지, 현재는 확정할 수 없다.[276] 陳偉는 또한 嶽麓書院秦簡《三十五年質日》에 "鎭"와 관련된 새로운 자료를 이용하여 周振鶴가 鎭縣의 위치를 현재 湖北 荊門市 북쪽 石橋驛과 南橋 사이로 정한 것이 타당하다고 증명하였다.[277] 蔣文은 嶽麓秦簡《三十五年質日》에 보이는 지명, 위치를 고증하고 나아가 鎭, 南, 杏鄉, 關, "廣(黃)郵", 博望鄉, 康口郵, 商街郵, 鄳鄉 등까지 고증하였다.[278]

---

269) 方勇, 2011년 10월, 「讀秦簡札記一則」, 復旦網.

270) 馬瑞·張顯成, 2011, 「西北屯戍漢簡異體字變異規律初探」, 『唐都學刊』 제4期.

271) 王曉光, 2011, 「從出土秦簡牘看秦隸書法特徵」, 『榮寶齋』 제1期.

272) 魏曉艷·鄭振峰, 2011, 「睡虎地秦簡字體風格論析」, 『河北師範大學學報』 제4期, 哲學社會科學版.

273) 穀棟·方楚勤, 2011, 「雲夢睡虎地秦簡隸書的藝術特徵和美學價値」, 『湖北職業技術學院學報』 제1期.

274) 陳松長, 2011, 「湖南出土簡帛的書法價値初探」, 『湖南大學學報』 제2期.

275) 張偉權, 2011, 「論"洞庭郡"」, 『三峽大學學報』 제期, 人文社會科學版.

276) 陳偉, 2011년 4월 4일, 「嶽麓秦簡〈三十五年質日〉"筶鄉"小考」, 簡帛網.

張莉는 張家山漢簡《二年律令·秩律》을 이용하여 呂后2년 漢廷소속 행정구역의 면모를 추측하고 일부 侯國이 《秩律》 기록에 나타나지 않은 원인과 呂后2년 漢廷이 관할하던 17개의 郡이 縣道와 侯國을 포괄하고 있었던 상황 및 秦末에서 漢前期에 이르기까지 縣의 目錄 變化를 중점적으로 분석하였다.[279] 黃浩波는 《肩水金關漢簡(壹)》의 郡國, 縣邑, 鄕里에 대해 체계적으로 분석하고 아울러 다른 자료를 합하여 지명 寫法의 차이를 17개의 그룹으로 나누고 郡國縣邑 소속관할 기록을 통해 관련된 簡文의 연대를 10개의 그룹으로 추측하였다.[280]

馬孟龍은 기존에 전해진 문헌 사료와 고고학 자료를 결합하여 주로 松柏漢墓35號木牘에서 언급된 軑侯國, 襄平侯中廬, 便侯國 문제를 분석하였는데 그에 따르면 軑侯國 위치는 오늘날 河南 光山縣 경계로 확정할 수 있다. 漢初 軑侯國은 중앙 직할 지역이었으며 아울러 淮南國 境內에 있었다. 西漢 초기 衡山郡 北界는 大別山 일대였는데 경제 이후 衡山國은 비로소 大別山 이북을 가리키게 되었다. 또한 "襄平侯中廬"과 같은 이러한 특수 서사격식은 西漢 "侯國別邑"제도가 반영된 것이다. 南郡便侯國은 侯國 遷徙 후의 결과로 이미 처음 봉해진 장소가 아니었다.[281] 賈麗英은 秦漢簡牘과 封泥璽印 등 출토문헌을 이용하여 漢初 張氏 趙國 屬地는 기존 견해인 三郡이 아니라 五郡을 포괄하였으며, 五郡은 구체적으로 邯鄲郡, 鉅鹿郡, 恆山郡, 河間郡, 淸河郡임을 밝혔다. 漢初 趙國 남부 경계는 대폭 북쪽으로 옮겨졌고 그 강역 역시 원래에 비해 5분의 1로 축소된 것으로 생각된다.[282]

6. 職官

宋傑은 秦漢시기 "司空"을 고찰하고 縣道·郡國·중앙 각급 司空의 직분, 구성, 屬吏에 대해 분석하고 아울러 兩漢 司空기구의 연혁과정 및 쇠망 원인을 상세히 토론하였다.[283] 蔣樹森은 출토간독자료를 이용하여 秦漢시기 각종 "有秩"을 고찰하여 秦 "有秩"은 秩品이 있는 하급관리의 泛稱으로 그 지위는 月食者와 佐, 史보다는 높고 大嗇夫보다는 낮았다고 밝혔다. 漢代 "有秩" 명칭이 늘어나 그 질급은 百石의 吏를 가리키게 되었으나 전부 완전히 같은 등급은 아니었고 그 내부에도 세분화되었다.[284] 呂靜은 "文吏"를 專心을 다해 받들고, 法令을 曉習하고, 簿書에 익숙하고, 어려움과 번거로움을 해소하며, 行政首腦를 보좌하여 공무를 집행하는 직업화한 하나의 방대한 관료집단을 가리키는 것으로 간주하였다. 또한 尹灣漢簡 등 자료를 통해 관료 체계 안에서 문리가 차지하고 있었던 비중과 종사하였던 공무의 주

277) 陳偉, 2011년 4월 5일, 「秦至漢初鎭縣地望補說」, 簡帛網.

278) 蔣文, 2011년 4월 5일, 「嶽麓秦簡〈三十五年質日〉地理初探」, 復旦網.

279) 張莉, 2011년 11월 29일, 「從〈二年律令·秩律〉推測呂后二年漢廷所屬政區面貌」, 簡帛網.

280) 黃浩波, 2011년 12월 1일, 「〈肩水金關漢簡(壹)〉所見郡國縣邑鄕里」, 簡帛網.

281) 馬孟龍, 2011, 「松柏漢簡35號木牘侯國問題初探」, 『中國史研究』 第2期.

282) 賈麗英, 2011, 「秦漢簡反映漢初趙國屬郡及南部邊界問題二則」, 『石家莊學院學報』 第1期.

283) 宋傑, 2011, 「秦漢國家統治機構中的"司空"」, 『歷史研究』 제4期.

284) 蔣樹森, 2011, 「秦漢"有秩"考探」, 『合肥學院學報』 제2期, 社會科學版.

요 내용을 분석하여, 문리는 기본적으로 "才"와 "能"을 구비하였다는 점과 문리체계의 특징과 가치에 대해 총결하였다.[285]

7. 科技

1) 曆法

肖從禮는 秦漢간독에 보이는 曆表 종류 簡은 "曆日", "質日" 혹은 "帀見 日", 뒤의 兩者는 기존에 전해지던 문헌 중 "致日"과 異字同義이고, 그 본래 의미는 土圭를 이용하여 해의 그림자를 측정하여, 夏至와 冬至를 구하기 위하는 것에 있었다. 秦漢간독에서 "質日"類의 曆日은 實用曆本에 속했고 그 기능은 주로 3개였다. 하나는 當年 구체적인 月日干支를 찾아는 것이고 두 번째는 사람이 일을 행할 때에 마땅히 해야 하거나 피해야하는 것에 대한 지침서였으며 세 번째로는 記事에 사용되었다.[286]

2) 音律

李玫는 放馬灘秦簡 第179–190號, 193號, 194–205號簡에 보이는 古代 "律"學 지식을 이용하여, 《呂氏春秋》, 《淮南子》에 있는 관련 古代 樂音 지식과의 관계를 논의하고, 아울러 《呂氏春秋》가 만들어진 시대에 이미 비교적 높은 수준의 음율학 지식체계가 존재하였음을 밝혔다.[287]

3) 數術

程少軒은 睡虎地秦簡 艮山圖, 孔家坡漢簡 艮山圖, 放馬灘簡離日簡文, 睡虎地秦簡娶妻簡文, 孔家坡漢簡 天牢圖 및 印臺漢簡 三角形圖를 가지고 종합적으로 분석하여 상술한 자료들은 모두 동일한 數術 원리에 기초하고 있음을 밝혔다. 그들은 모두 60간지를 4등분하여 각 15개간지를 다시 5:4:3:2:1의 규칙에 따라 분배한 뒤 擇日하였고, 이러한 분배방법은 古代 算術에서 "哀分法"의 運算規則과 일치하며, 이러한 數術 원리는 아마도 "六十甲子哀分數術"로 명명할 수 있을 것이라고 설명하였다.[288] 李零은 孔家坡漢簡 중 원래 題名이 "天牢"篇인 한 세트의 簡文을 "居官"으로 개칭해야 하고, 그 附圖는 곧 "居官圖"라고 칭하고 아울러 北大漢簡, 王家臺秦簡 《政事之常》, 左家棋局 등 자료와 비교하여 "居官" 圖文의 구성 및 복원에 대해 논의하였다. 그에 딸면 王家臺秦簡 《政事之常》은 秦의 "升官圖"일 수 있으며 左家棋局의 내용 역시 일종의 "升官圖"이며, 그 棋局은 "塞戱"에 속하지만 漢代 "塞戱"와는 그다지 비슷하지 않다. 이 밖에도 漢畫像石, 銘文磚, 九子棋 등 상관 자료에 대해서도 논의하였다.[289] 墨子涵은 秦漢

---

285) 呂靜, 2011, 「秦漢官僚體制河的基層文吏研究」, 『北京行政學院學報』 제6期

286) 肖從禮, 2011, 「秦漢簡牘"質日"考」, 『魯東大學學報』 제3期, 哲學社會科學版.

287) 李玫, 2011, 「放馬灘秦簡〈律書〉—爲第七屆國際音樂考古學術硏討會而作」, 『星海音樂學院學報』 제1期.

288) 程少軒, 「六十甲子哀分數術考」, 『出土文獻與古文字研究』 제4期.

日書자료, 특히 周家臺秦簡《日書》와 馬王堆《五行占》을 이용하여, 選擇術에서 天文學지식과 天文學에서의 選擇지식 양 방면으로부터 예를 들어가며 논술하였다. 그는 戰國秦漢시기 日書에는 수많은 당시의 천문학 지식이 포함되었으며, 日者가 이러한 지식에 대해 개조를 행하여, 그 상징성의 겉모습은 보류하면서도 그 천문학적 내포를 버리고 참신한 "擇日天文學" 혹은 "擇日占星學"을 형성하였다고 생각하였다. 바꾸어 말하면 選擇思惟 역시 당시 천문역법에 영향을 주었다는 것이다. 이러한 두 종류의 지식체계는 秦, 漢 사이에 이미 일정한 사회 보급성을 가지고 상호 차용, 상호 영향이라는 복잡한 관계를 형성하였다.[290] 夏德安은 數術 문헌을 예로 삼아 上古寫本과 中古寫本 내용 간의 전승을 논의하였는데, 睡虎地秦簡, 周家臺秦簡, 王家臺秦簡 및 孔家坡漢簡, 馬王堆帛書 등의 上古문헌 중 數術 내용과 敦煌寫本卷子,《開元占經》을 대표로 하는 中古문헌의 관련 내용을 비교하여 그 전승·연혁 관계를 논의하였다.[291] 孫占宇는 간백문헌 중 초기 數術 문제에 대해 토론하였는데 그 내용은 주로 "禹步"와 그 주요 용도, 1月 5反支 및 反支禁忌, 大時, 咸擇과 太歲 및 擇吉太歲와 紀年太歲의 차이에 대한 것이다.[292] 閆喜琴은 秦簡日書 중 출현한 "禹步", "禹須叟", "禹符" 총 3종과 "禹"와 유관한 巫術含意를 분석하고, 아울러 이러한 巫術이 "禹"의 이름을 빌린 원인을 논의하였다.[293] 李菁葉은 睡虎地秦簡, 放馬灘秦簡 중 "十二獸"와 후대의 "十二生肖"를 비교하고 아울러 "十二獸"의 분류, 특징 및 그 기원과 형성을 논의하였다.[294]

8. 語法

張新雲은《銀雀山漢墓竹簡[貳]》의 數詞, 量詞에 대해 전면적인 분석을 실시하여 각종 유형을 상세히 예를 들어 설명하고, 稱數法의 기본방식에 대해 진일보한 논의를 진행하였다. 그는 稱數法의 표시방식이 매우 다양하였으며 아울러 不定數 및 배수, 분수를 보조적으로 사용하여《銀雀山漢墓竹簡[貳]》의 언어 準確性이 크게 증강되는 결과를 가져왔음을 밝혔다.[295] 李豊娟, 張顯成은 走馬樓吳簡에 나오는 量詞를 총결하였는데, 총40개로 그중 자연단위양사와 도량형단위양사는 18개, 시간단위양사는 3개, 화폐단위양사는 1개이다. 이러한 양사 및 그 稱數法은 적지 않은 새로운 정보를 제공해주었는데, 예컨대 "町"는 吳簡에서 "處"의 자연단위양사를 표시하였지 면적단위양사가 아니었고, "所"와 "處"는 처소단위양사로 三國시기에도 병용되었으며, "錢"은 최소한 三國시기에 단어의 뜻이 나뉘어 명확하지 않았다는 것 등이다.[296] 張顯成은 淸理간백문헌자료를 통해 간백 動量詞는 총 8개가 있는데, 秦簡의 "步""課", 漢簡

289) 李零, 2011, 「中國最早的"升官圖"―說孔家坡漢簡〈日書〉的〈居官圖〉及相關資料」, 『文物』 第5期.
290) 墨子涵, 「從周家臺〈日書〉與馬王堆〈五行占〉談日書與秦漢天文學的相互影響」, 『簡帛』 第6輯.
291) 夏德安, 「論上古寫本與中古寫本內容的傳承」, 『出土文獻研究』 第10輯.
292) 孫占宇, 2011, 「簡帛日書所見早期數術考述」, 『湖南大學學報』 第2期, 社會科學版.
293) 閆喜琴, 2011, 「秦簡〈日書〉涉禹出行巫術考論」, 『歷史教學』 第4期.
294) 李菁葉, 2011, 「睡虎地秦簡與放馬灘秦簡〈日書〉中的"十二獸"探析」, 『南都學壇』 第5期, 人文社會科學學報.
295) 張新雲, 2011, 「〈銀雀山漢墓竹簡[貳]〉數量詞研究」, 『西南科技大學學報』 第1期, 哲學社會科學版.

의 "通", "發", "伐", "下", "周", "返"이며, 아울러 기존의 인식처럼 魏晉六朝시기가 아니라 兩漢시기에 이미 動量詞가 구체화되었음을 밝혔다.[297]

王甜은 龍崗秦簡複音詞의 音節, 詞類 분포를 정리하여 語義와 詞性 두 개의 방면으로부터 複音詞의 구성 상황을 분석하였다.[298]

9. 其他

工藤元男 등은 일본학계 秦簡역주 주요 성과를 수집, 정리하였다. 아울러 律令의 편찬·계승·사법·형법, 관제, 지방행정제도와 문서행정, 가정제도, 算賦·요역·병역, 田制·농업, 목축·禁苑, 工商業·화폐·신분제도, 대외관계, 지리, 학술·사상, 日書 등 14개의 방면으로부터 일본의 秦簡연구 상황을 전면 소개하였다.[299] 風儀誠, 馬克은 총 57편의 西文秦代 간독문헌을 수집하고 아울러 睡虎地12號墓, 里耶1號井, 放馬灘1號墓, 王家臺15號秦墓 등 4개 부분으로부터 술평하고 부록으로 57종의 문헌의 撰寫를 덧붙이고 中文提要를 수록하였다.[300] 魯家亮은 2010년 秦漢魏晉 간독 연구의 주요 성과에 대해 간략히 개술하였다.[301] 安忠義는 2011년 8월 개최된 甘肅省第二屆簡牘學國際學術研討會에서 제출된 논문을 종합적으로 서술하였다.[302] 支强은 2011년 8월 개최된 "東亞的簡牘與社會—東亞監督學探討" 學術研討會에 제출된 논문을 3개 주제로 나누어 종합적으로 서술하였다.[303] 鄒大海는 "《嶽麓書院藏秦簡》(第二卷) 國際研讀會"의 상황에 대해 간략히 소개하였다.[304] 于洪濤은 2007년에서 2010년 사이의 嶽麓書院藏秦簡 연구 상황에 대해 전면적인 정리와 소개를 하고 있다.[305] 梁滿倉은 近年 吳簡 연구의 특징에 대해 귀납적으로 서술하였다.[306]

2) 書評

何立民은 "簡牘古文書學"의 기초배경과 정황 개술에서 출발하여, 永田英正의 《居延漢簡研究》의 주요내용·부족한 점 및 그 대표적 古文書學연구의 특징과 공헌을 소개·평가하였고, 아울러 한걸음 더 나

---

296) 李豊娟·張顯成, 2011, 「吳簡量詞研究」, 『古漢語研究』 제1期.

297) 張顯成, 2011, 「從簡帛文獻看漢語量詞系統建立的時代」, 『古籍整理研究學刊』 제1期.

298) 王甜, 2011, 「〈龍崗秦簡〉的複音詞研究」, 『文學界』 제4期, 理論版.

299) 工藤元男 等, 「日本秦簡研究現狀」, 『簡帛』 제6輯.

300) 風儀誠·馬克, 「西文秦代簡牘研究概要」, 『簡帛』 제6輯.

301) 魯家亮, 「2010秦漢魏晉簡牘研究概述」, 『簡帛』 제6輯.

302) 安忠義, 2011, 「甘肅省第二屆簡牘學國際學術研討會綜述」, 『魯東大學學報』 제5期, 哲學社會科學版.

303) 支强, 「"東亞的簡牘與社會—東亞監督學探討"學術研討會紀要」, 『中國古代法律文獻研究』 제5輯.

304) 鄒大海, 2011, 「關於秦簡數學著作〈數〉的國際會議在嶽麓書院擧行—"〈嶽麓書院藏秦簡〉》(第二卷)國際研讀會"簡介」, 『自然科學史研究』 제1期.

305) 于洪濤, 2011, 「近三年嶽麓書院藏秦簡研究綜述」, 『魯東大學學報』 제6期, 哲學社會科學版.

306) 梁滿倉, 2011, 「近年來三國歷史研究狀況」, 『襄樊學院學報』 제9期.

아가 永田씨 簡牘文學書연구의 영향에 대해 토론했다.[307]

3) 簡牘形制

孫沛陽은 다량의 戰國·秦漢簡册 뒷면에 남겨진 刻劃綫 혹은 墨劃綫 정황에 대하여 비교적 전면적인 서술과 분석을 진행하고, 아울러 簡册 背劃綫의 종류·위치·형태·작용 및 그와의 編册·서사적 선후관계에 대해 총괄·종합하였다. 이외에, 또한 비교적 특수한 약간의 정황, 簡册 編聯 후 刻劃綫을 완전히 맞출 수 없는 정황과 같은 것에 대하여 분석과 추측을 진행하였다.[308] 高傑은 漢 長安城 유지에서 출토된 骨簽과 簡牘 중의 "楬"이 형태와 기능상 일치하는 것이라고 보았다.[309] 汪桂海는 邊塞출토문서자료를 이용하여, 문헌기록과 결합시켜, 漢代 관부의 일상적인 簡牘가공·운반공급 등 정황에 대하여 탐색을 진행했다.[310]

4) 海外出土簡牘研究

李成市·尹龍九·金慶浩는 平壤貞柏洞364號墓에서 출토된 죽간《論語》의 발견과정과 사진입수경과를 상세히 소개하고, 아울러 사진을 죽간의 모양과 보존정황에 결합하여 상세한 서술을 진행했으며, 글에서는 또한 죽간《論語》의 부분사진·釋文과 구체적인 釋讀의견을 게재했고, 동시에 그 사료가치에 대해 토론했다.[311] 金慶浩는 한국 木簡 출토 및 연구 정황, 그리고 한국 학계의 중국출토문자자료에 대한 연구성과, 한국과 관련된 연구기관에 대해 상세한 소개를 하고, 아울러 시공간의 제약을 관통하여, 동아시아 자료학 연구를 진행할 가능성을 제시했다.[312]

[번역 : 김보람(서울대학교 동양사학과 석사과정), 방윤미(서울대학교 동양사학과 석사과정),
　　　 장호영(서울대학교 동양사학과 석사과정)]

투고일 : 2013. 10. 28.　　　심사개시일 : 2013. 10. 31.　　　심사완료일 : 2013. 11. 27.

---

307) 何立民, 2011, 「"簡牘古文書學"硏究的扛鼎之作－讀日本學者永田英正氏〈居延漢簡硏究〉」, 『南方文物』 제3期.
308) 孫沛陽, 「簡册背劃綫初探」, 『出土文獻與古文字硏究』 제4輯.
309) 高傑, 2011, 「漢長安城遺址出土骨簽名物和用法再議」, 『華夏考古』 제3期.
310) 汪桂海, 「漢代官府簡牘的加工·供應」, 『簡帛硏究二〇〇九』.
311) 李成市·尹龍九·金慶浩, 「平壤貞柏洞364號墓出土竹簡〈論語〉」, 『出土文獻硏究』 제10輯.
312) 金慶浩, 「韓國出土資料硏究現狀及展望－以韓國木簡及中國秦漢簡帛爲中心」, 『簡帛硏究二〇〇九』.

참/고/문/헌

李零, 2011, 「秦簡的定名與分類」, 『簡帛』第6輯, 上海古籍出版社.

方勇, 2011, 「讀秦簡札記兩則」, 『江漢考古』第3期.

趙久湘·張顯成, 2011, 「秦簡文字瑣記(三則)」, 『西華大學學報』第1期, 哲學社會科學版.

孫占宇, 2011, 「放馬灘秦簡甲種日書校注」, 『出土文獻研究』第10輯, 中華書局.

曹方向, 2011, 「讀〈天水放馬灘秦簡〉小札」, 『江漢考古』第2期.

曹方向, 「龍崗秦簡文字補釋」, 『簡帛』第6輯.

方勇, 2011, 「讀秦簡札記兩則」, 『江漢考古』第3期.

陳劍, 「讀秦漢簡札記三篇」, 『出土文獻與古文字研究』第4輯.

湯志彪, 2011년6月15日, 「嶽麓秦簡拾遺」, 簡帛網.

蔡偉, 2011년4月9日, 「讀竹簡札記四則」, 復旦網.

寇克紅, 2011, 「高臺駱駝城前凉墓葬出土衣物疏考釋」, 『考古與文物』第2期.

陶安·陳劍, 「奏讞書校讀札記」, 『出土文獻與古文字研究』第4輯.

劉國勝, 2011, 「讀西漢喪葬文書札記」, 『江漢考古』第3期.

方勇, 2011년 12月 23日, 「漢簡零拾兩則」, 簡帛網.

張俊民, 2011년 10月 15日, 「金關漢簡札記」, 簡帛網.

張俊民, 2011년 9月 23日, 「〈肩水金關漢簡(壹)〉釋文」, 簡帛網 .

曹方向, 2011년 9月 16日, 「初讀〈肩水金關(壹)〉」, 簡帛網.

陳偉, 「〈二年律令〉新研」, 『中國古代法律文獻研究』第5輯.

鄔文玲, 2011, 「〈甘露二年御史書〉校釋」, 『中國古代法律文獻研究』第5輯, 社會科學文獻出版社.

王元均, 2011년 3月 24日, 「張家山漢墓參簡綴合五例」, 復旦網.

徐世虹, 2011, 「百年回顧：出土法律文獻與秦漢令研究」, 『上海師範大學學報』第5期, 哲學社會科學版.

南玉泉, 「讀秦漢簡牘再論贖刑」, 『中國古代法律文獻研究』第5輯.

任仲爀, 2011, 「秦漢律中的庶人」, 『簡帛研究二○○九』, 廣西師範大學出版社.

林炳德, 2011, 「秦漢時期的庶人」, 『簡帛研究二○○九』, 廣西師範大學出版社.

胡平生, 「新出漢簡戶口簿籍研究」, 『出土文獻研究』第10輯.

高崇文, 2011, 「論漢簡〈葬律〉中的祭奠之禮」, 『文物』第5期.

呂靜, 2011, 「秦漢官僚體制河的基層文吏研究」, 『北京行政學院學報』第6期.

孫聞博, 「簡牘所見秦漢鄉政新探」, 『簡帛』6輯.

肖從禮, 2011, 「秦漢簡牘"質日"考」, 『魯東大學學報』第3期, 哲學社會科學版.

程少軒, 「六十甲子哀分數術考」, 『出土文獻與古文字研究』第4期.

于洪濤, 2011, 「近三年嶽麓書院藏秦簡研究綜述」, 『魯東大學學報』第6期, 哲學社會科學版.

〈中文摘要〉

2011年秦漢魏晉簡牘研究概況

魯家亮

　　本文主要是對2011年秦漢魏晉簡牘研究概況的簡介。行文體例，分類標準大體與去年所作概述保持一致，少數地方依據具體情況有所增減、調整。需要特別說明的是，部分研究成果早先在網絡發表，去年的概述一有收錄。後雖正式在紙質媒介刊出，但結論無實質變化者，不再重複介紹。希望小文能給對魏晉簡牘研究感興趣的學者提供些許便利，其疏漏和不足亦請各位讀者見諒。

▶ 關鍵詞：秦, 漢, 魏, 晉, 簡牘

문/자/자/료 다/시 읽/기

문헌 사료가 충분하지 못한 한국 고중세사 연구에 있어서는 木簡·金石文과 같은 非문헌 사료가 대단히 중요하다. 다행히 근래에 이에 대한 관심과 연구도 점차 심화되고 있다. 여러 종류의 자료 모음집과 역주서 등이 나왔고, 개별 목간·금석문을 대상으로 한 새로운 판독과 해석 연구들도 많이 나오고 있다. 하지만 아직도 충분히 세밀하게 검토되고 있다고는 이야기하기 힘들다. 기존의 자료집과 역주서 등에서 충분히 판독, 해석되지 않았거나 미심쩍은 부분들이 있고, 그에 따라 해당 목간·금석문 자체의 성격이 전혀 새롭게 이해될 수 있는 경우들을 발견하게 된다. 이런 상황을 고려할 때 목간·금석문에 대한 면밀한 재검토는 고중세사에 관한 새로운 사실들을 적지 않게 밝혀줄 수 있을 것으로 생각된다. 〈문자자료 다시 읽기〉에서는 고중세의 목간·금석문들 중에서 그 내용과 성격이 제대로 알려지지 못하였거나 기존의 판독, 해석과 다르게 판독, 해석될 수 있는 자료들을 소개하고자 한다. 고중세 목간·금석문에 대한 학계의 보다 많은 관심과 면밀한 검토를 촉구하기 위한 〈문자자료 다시 읽기〉에 연구자들의 관심과 질정을 부탁하는 바이다.

「李他仁墓誌銘」에 나타난 李他仁의 生涯와 族源
-高句麗에서 활동했던 柵城 지역 靺鞨人의 사례-

안정준*

〈국문 초록〉

1998년 처음 공개된 「李他仁墓誌銘」은 현재 실물을 직접 확인할 수 없다는 한계가 있지만, 출처가 비교적 분명한 편이며, 내용 또한 허위로 작성되었을 가능성은 낮다고 판단된다. 이 묘지명에서는 문헌 상 거의 보이지 않던 7세기경 柵州(柵城) 지역의 관할 양상에 관한 기록이 단편적이나마 나타나고 있으며, 묘주의 姓氏와 그 출신지, 역임한 官職(等) 등이 기존에 발견되었던 歸唐 고구려인들과 비교해 일부 다른 양상을 보이고 있다. 그러나 誌文 전체의 譯註와 더불어 내용을 구조적으로 분석하는 작업이 아직 이루어지지 않은 탓에 이에 대한 기존의 논의가 다소 불완전하게 전개된 부분들도 없지 않았다.

따라서 본고에서는 「李他仁墓誌銘」 전체의 譯註를 제시하고, 묘지명의 撰者, 李他仁이 唐에 투항한 시기, 李他仁 일가의 歷任官 및 族源 문제 등을 재검토해보았다. 「李他仁墓誌銘」은 唐人에 의해 작성되었다는 한계가 있다. 그러나 고구려 통치 하의 柵城 일대에서 數代에 걸쳐 거주하며 官을 역임하기도 했던 靺鞨人 一家의 삶을 들여다보고, 고구려의 柵城 일대에 대한 지배 형태와 異民族 통치의 一面을 살펴볼 수 있는 귀중한 자료라고 생각된다.

▶ 핵심어 : 李他仁墓誌銘, 李他仁, 柵城(柵州), 靺鞨, 都督, 褥薩, 歸唐 高句麗人

---

* 연세대학교 사학과 박사과정

Ⅰ. 머리말

「大唐右領軍 贈右驍衛大將軍 李他仁墓誌」(이하 「이타인묘지명」)는 1998년 섬서성고고학연구소 설립 40주년 기념 학술대회에서 孫鐵山이 「李他仁墓誌考釋」이라는 논문을 발표하면서 처음 공개되었다. 논문에 따르면 이 묘지명은 1989년 중국 陝西省 西安市 동쪽 근교에서 섬서성 고고학연구소팀이 서북 國棉五廠 현장의 唐代 무덤을 조사하던 중에 발견하였다고 한다. 현재까지 묘지석과 탁본은 공개되지 않았으며, 판독문도 孫鐵山이 위 논문에서 간체자로 제시한 것이 전부이다. 다만 唐代에 작성된 묘지명의 특성상 심하게 훼손되거나 마모된 경우가 아닌 이상 판독 자체에는 큰 문제가 없는 경우가 보통이다. 孫鐵山도 거의 완전한 형태의 판독문을 제시하고 있으며, 이를 근거로 현재까지 관련 연구들이 진행되어 왔다.

「이타인묘지명」에 대해 알려진 것이 부족함에도 불구하고 그동안 연구자들이 관심을 보여왔던 이유는 문헌상 거의 보이지 않던 7세기경 柵州(柵城) 지역의 관할 양상에 관한 기록이 단편적이나마 나타나며, 묘주의 姓氏와 그 출신지, 역임한 官職(等) 등이 기존에 발견되었던 歸唐 고구려인들과 비교해 일부 다른 양상을 보이기 때문일 것이다. 이에 기존 논문들에서는 이타인의 출신과 종족 문제, 그리고 그가 唐에 투항한 시기 및 柵州都督을 수여한 주체 등의 문제 등을 논의하기도 했다. 그러나 묘지명 내용 전체의 譯註와 더불어 내용을 구조적으로 분석하는 작업이 아직 이루어지지 않은 탓에 논의가 다소 불완전하게 전개된 부분들도 없지 않다. 따라서 이 글에서는 孫鐵山이 최초 제시한 원문을 토대로 하여 誌文 전체의 해석과 譯註를 제시하고, 당에 항복했던 고구려인 1세대의 묘지명에 기재된 내용들과의 비교를 통해,[1] 기존에 논란이 되어왔던 문제들을 재검토해보고자 한다.

Ⅱ. 誌文의 단락 구분 및 譯註

앞서 언급한대로 「李他仁墓誌銘」의 판독문은 孫鐵山이 간체자로 제시한 것이 유일하다.[2] 본고에서는 이 판독문을 기본으로 하되, 해석 과정에서 다른 글자로 바꾸어 볼 수 있다고 추정되는 경우에는 괄

---

1) 이타인처럼 고구려에서 살다가 唐으로 귀부한 인물들의 묘지명으로 泉男生·高質·泉男産·高玄·高足酉·高鐃苗 등의 묘지명을 들 수 있다. 이들 가운데 泉男生·高質·高玄·高足酉·高鐃苗는 당에 항복한 이후 唐의 이민족 통치에 정치·군사적으로 적극 협력하였던 것으로 보인다. 이들 묘지명 내용과의 비교를 통해 「이타인묘지명」의 서술 태도 및 특징적인 내용들을 찾아보고자 한다.

2) 孫鐵山, 1998, 「唐李他仁墓誌考釋」, 『遠望集』 下(陝西省考古研究所華誕四十周年紀念文集), 西安: 陝西人民美術出版社, pp.736~737. 이를 尹龍九, 2003, 「중국 출토의 韓國古代 遺民資料 몇 가지」, 『韓國古代史研究』32, pp.307~308과 고구려연구재단 편, 2005, 『북방사 자료총서 04-중국 소재 고구려 관련 금석문 자료집-』, 고구려연구재단, pp.288~290에서 번체로 바꾸어 제시하였다. 拜根興, 2012, 『唐代高麗百濟移民研究』, 北京: 中國社會科學出版社, pp.275~277에서는 간체로 판독문을 제시하되 번역 과정을 통해 일부 글자의 판독에 이견을 제시하고 있다.

호 안에 별도의 글자를 추가해 넣었다. 또한 孫鐵山의 판독문에는 行列 구분이 없었는데, 본고에서는 묘지명 내용에 대한 설명을 위해 편의상 ㉮~㉯로 구분하였으며, 본문의 띄어쓰기와 마침표도 필자의 번역에 맞추어 기재되었음을 밝혀둔다.

1. 原文

㉮ 大唐右領軍贈右驍衛大將軍李他仁墓誌并序

㉯ 楚材晉受 入廊廟而稱賢 趙璧秦征 動圖閣而表價. 傍求俊義 由余所以東上 內葉股肱 日碑于是南謁. 大唐挺埴萬寓 弔伐三韓 采翡掇犀 頓綱八條之國. 殿中壺外 升簪三略之營. 稱伐計功 嘖茂 祉于鍾鼎. 繁文縟禮 籍寵于登壇者 于李大將軍斯見之矣.

㉰ 君諱他仁 本遼東柵州人也. 後移貫雍州之萬年縣焉. 渤海浮天 丸都槪日 發生逃氣 地居仁愛之鄉. 寅濱敬時 星開角互之舍. 狼河兎蝶 建國盛于山川 五族九官 承家茂于鍾鼎.

㉱ 祖福鄒 本朝大兄 父孟眞 本朝大相. 并以鯤壑 景靈卜韓 英伐國楨人干 疊祉連花 惟公二容. 龍媒誕靈 君子之國十洲 麟空降祉.

㉲ 公孫之社 童幼群嬉 已綴陶謙之帛 郊原博覽. 俄兮 鄧艾之營 器宇卓絶 標置宏遠 馳策藝能 千櫓道德. 洎乎歲在强學 年登弱冠 青襟抱槧 搜覽閱其菁花. 朱襮垂纓 總務資其幹[3]蠱.

㉳ 于時朱蒙遺孼 青丘誕命 旣乖楛矢之盡 復阻桂樓之兵. 得來幾諫 頻攀鏤檻 耿夔偏討 屢刻豊碑. 于時授公柵州都督兼總兵馬 管一十二州高麗 統三十七部靺鞨.

㉴ 大總管英公 三秦推轂 萬里授柯 奉皇帝之新書 遵廟堂之上略. 公辯亡有預見. 梁水之一星處須知歸 識魏軍之百日 遂率所部效款轅門. 微子入周 後機增見 陳平棄楚 先覺未□.[4]

㉵ 英公遂遺(遣)公 統其所屬 鼓行同進 公勇冠三軍 夙馳人譽. 言成一諾 早絹畆謠. 遂使金陣五承 遂解迎刀(刃)之節. 石城九拒俄開 劫敵之扉 無寇于前. 卽屠平壤 炎靈四郡 卽入堤封 裒成九夷.

㉶ 復歸正朔從英公入朝 特蒙勞勉 蒙授右戎衛將軍. 卽而姜維構禍 復拔成都 稔穴挺妖 俄翻穢境. 公又奉詔進討扶餘 重翦渠魁. 更承冠帶凱還飮至 帝有嘉焉 還授同正員右領軍將軍.

㉷ 上元二年歲次丁巳二十三日 遇疾薨于長安之私第 春秋六十有七. 睟容尊盱 恨起於聞戰

---

3) 孫鐵山의 판독문에는 '干'(간체)으로 되어 있다. 고구려연구재단 편에서도 그대로 '干'(번체)으로 판독하였으나, 이는 해석상 '幹'(간체로 '干'이다)으로 판독하는 것이 타당해 보인다.

4) ㉴의 마지막 '□'은 孫鐵山의 판독문에서는 판독이 불가능한 글자로 보았다.

交情貴游 哀纏於聽笛. 卽以二年歲次丁丑二月 癸巳朔十六日己酉 葬於長安城東之白鹿

原 禮也.

㉣ 惟公風鑒散朗 機神警發 無迕物以損德 不違時以害名 顯危遜於亂邦. 卽逃其累著功名

於聖日 復處斯榮 非夫知機其神乎 亦可能預於此也. 豈謂光華 尙遠沉滄 出戰之星霜露

未凝 飄落辭勛.

㉤ 之樹 嗣子 右威衛平皐府果毅乙孫 右驍衛安信府果毅尊武等. 飮血銷肌 茹荼吹棘 寄搦

管之幽思 傅倚杵之高名 載利豊石 式旌窮壤. 其詞曰

㉥ 無閭玉嶺 不耐金城. 邑挺人秀 山豳國楨. 蟬聯祖德 鳥變家聲. 復此高胄 居然降精. 其一.

鳳毛五色 驥族千里. 藏往慮終 知來鑒始. 辭昏謁聖 去危從理. 嗚此玉珂 繁于金柅. 其二.

屠城覆陣 九地三門. 列衛皇屋 開營帝宅. 籣防籍寵 茅廬成尊. 巷滿彫戟 庭回綵軒. 其三.

未窮激楚 俄損館舍. 椿落大年 蒿沉厚夜. 獻鑑珠落 蛇因綵化. 桃李無言 神祇不借. 其四.

良弓良冶 集蓼集荼. 計功待播 聚族陣暮. 黃金是刻 翠琬攸圖. 卽勒泉宇 將窮地壚. 其五.

崔嵬馬鬣 块莽龍耳. 風霜四時 山川萬祀. 武庫傍睇 皐門直指. 懷相如其 若生嗟隨 會之

無起. 其六.

㉦ 二男 果毅並是遊擊將軍 儀鳳二年二月十六日.

2. 번역 및 註釋

㉠ 大唐 右領軍贈右驍衛大將軍[5]李他仁墓誌 더불어 序

㉡ 楚나라 인재를 晉나라가 받아들여 쓰니,[6] 廊廟에[7] 들어가 어진 이로 칭해졌다. 趙의
和氏璧으로써 秦이 정벌하려 함에[8] (藺相如가) 성문 밖에서 움직여 가치를 드러내었

---

5) 右驍衛大將軍(정3품)은 死後에 추증된 관직인데, 右驍衛는 당나라 16衛의 하나인 左右驍衛의 한 부대로 궁성 내외를 지키
는 일을 맡았다(『新唐書』 卷49 上 百官4 上). 비슷한 시기인 乾封 元年(666년)에 신라의 김인문이 당 황제를 따라 泰山에
서 封禪의 儀式을 행한 후, 右驍衛大將軍을 제수받은 이래 上元元年(673년)까지도 右驍衛員外大將軍 臨海郡公의 지위를
유지한 채 長安에 머물러있었다는 기록이 있다(『三國史記』 卷44 列傳 第4 金仁問).

6) 楚材晉受: 楚材晉用과 같은 말. 『春秋左氏傳』에 의하면, 春秋時代에 楚의 令尹인 子木이 "晉의 卿은 楚보다 못하지만, 그
大夫들은 晉이 더 유능해 장차 모두 卿이 될 만한 재목이다. 그 大夫들은 대부분 楚에서 망명한 인재들이다"라고 언급하면
서 초나라 인재 관리 정책의 실패를 지적하고 있다(『左傳』 襄公 26年). 본문에서는 비록 楚에 인재가 있다고 하지만 실제
로는 晉에서 그들을 데려다 유용하게 쓰고 있다는 의미로 해석된다.

7) 廊廟: 廊肆. 宮殿의 외곽 건물과 太廟. 즉 朝廷을 이른다(『國語』 越語 下).

8) 趙壁秦征: 春秋時代에 강한 秦과 약한 趙가 대립하고 있을 당시, 秦 昭王은 趙 惠文王이 和氏璧(夜明珠)을 소장하고 있다
는 말을 듣고 秦의 城 15개와 璧玉을 바꾸자고 제안하였다. 이때 趙의 使臣인 藺相如는 秦王이 벽옥만 빼앗고서 城을 주지
않을 것이라고 판단하고, 뛰어난 언변과 대담한 행실로 벽옥을 빼앗기지 않고 무사히 돌아왔다(『史記』 卷81 列傳 第21 廉
頗藺相如). 司馬遷은 이러한 인상여의 공적을 기리며 죽음을 각오한 용기와 지혜를 가진 인물이라 論贊했는데, 본문에서
도 뛰어난 인재의 조건을 들고, 이를 李他仁의 행실에 비유하기 위해 위 고사를 인용한 것으로 보인다.

도다. 俊義를 가까이서 구하자 由余가 동쪽으로 이르게 되는 바이며,[9] 안으로 股肱과 같은 신하를 모으자 金日磾가 이에 남쪽으로 朝謁하였도다.[10] 大唐의 挺埴에[11] 많은 이들이 기탁하니 三韓을 정벌하기에 이르렀고, 인재를 모아[12] 八條之國에서[13] 綱紀 를 정돈하기에 이르렀다. 궐 안에서는 술단지를 밖에 두고 三略의 營에서 비녀를 올 렸다.[14] 征伐의 功을 칭송하고 헤아리니 아아, 鍾鼎에서[15] 복되도다. 文도 번거롭고 禮도 번거롭구나.[16] 총애를 입어 登壇하니 李大將軍에게서[17] 이것이 드러나도다.

㉰ 君의 諱는 他仁이요, 본래 遼東 柵州人이다.[18] 이후에 貫籍을 雍州 萬年縣으로 옮겼

---

9) 由余所以東上: 春秋時代에 西戎王의 유능한 신하였던 由余가 秦에 사신으로 갔을 당시, 秦 穆公은 그의 재능을 알아보고 客禮로써 후하게 대접하였다. 이후 戎王은 秦 穆公이 보낸 女樂隊에 빠져 정사를 제대로 살피지 않았고, 由余가 귀국하여 수차례 간했으나 듣지 않았다. 이에 由余는 穆公의 초빙을 받아 秦에 歸附하였다. 秦 穆公은 由余를 上卿으로 삼고 그의 전략에 따라 군사를 일으켜 12國을 병합했다(『史記』卷5 秦本紀 第五篇). 본문에서 由余가 동쪽으로 이르렀다는 것은 곧 秦에 귀부했음을 가리키는 것인데, 唐에 歸附한 이민족의 묘지명에 상투적으로 인용되는 고사로 泉獻誠·扶餘隆·禰軍의 墓誌銘에서도 보인다.

10) 金日磾(기원전 134년~기원전 86년)는 본래 匈奴 休屠王의 태자이다. 前漢 武帝 때, 金日磾의 아버지는 昆邪王과 몰래 漢 에 투항하는 일을 모의하였으나, 결심을 바꾼 昆邪王에게 살해당하여, 그 部衆은 漢에 귀의하게 되었다. 그 후 金日磾는 아우와 함께 沒官되었으나, 나중에 駙馬都尉·光祿大夫가 되어 武帝의 측근에서 벼슬하였다. 霍去病이 休屠王을 포로로 잡아 天金人에 제사를 지냈다 하여 金氏姓을 사여받았다고 한다(『漢書』卷68 列傳 第38 霍光·金日磾). 金日磾가 남쪽으 로 朝謁하였다는 것은 곧 漢에 귀부한 사실을 가리키는 것으로, 위에 거론한 '由余'와 함께 唐에 歸附하여 활동한 이민족 인사의 묘지명에 상투적으로 인용되는 고사이다. 扶餘隆·黑齒常之·禰軍·禰素士의 묘지명과 말갈인인 李謹行, 突厥 출신 執失善光과 啓民可汗의 손자인 阿史那摸末의 묘지명에서도 인용된 바 있다.

11) 挺埴:『老子』에서 '찰흙을 빚어 그릇을 만듦에 마땅히 그 비어있는 것이라야 그릇으로서의 쓰임이 있다'는 구절에서 나온 표현(『老子』當無 11章). 이때 唐 황제와 조정을 굳이『老子』의 '挺埴'이라는 표현에 비유한 것은 당시 唐 황실이 老子를 先祖로 추앙하고 道敎를 皇敎로 받든 상황과 연관될 것이다.

12) 采翡掇犀: 비취옥(연옥)과 무소뿔은 官服을 비롯한 의복에 쓰이는 장신구이다. 여기서 비취옥을 캐고 무소뿔을 주워 모 았다는 것은 아직 분명한 용례를 찾지 못하였으나, 문맥상 인재를 찾아 등용함을 형용한 표현으로 생각된다.

13) 八條之國:『册府元龜』卷959 濊國條에서 箕子朝鮮을 '八條之國'으로 표현한 사례가 있다. 八條는 곧 箕子의 8조 禁法이 다. 당 조정의 고구려 지역에 대한 인식과 정벌의 명분을 보여주는 대목으로, 隋·唐代에 고구려 지역을 周代에 箕子가 봉 해진 중국의 영역으로 인식했던 기록들과 상통한다(『隋書』卷63 列傳 第32 裵矩 ;『舊唐書』卷199 上 列傳 第144 上 東 夷 高句麗).

14) 三略: 漢代에 黃石公이 지었다는 兵書. 六韜와 더불어 병서의 쌍벽을 이루는데, 上略·中略·下略으로 구성되어 三略이라 한다(曹魏, 李康『出塞詩』). 현전하지 않는다. 본문에서 '三略之營'이라 함은 곧 戰場을 비유한 표현으로 보인다.

15) 鍾鼎: 鍾鳴鼎食의 준말. 종을 울려 식구를 모아 솥을 벌여 놓고 밥을 먹는다는 뜻으로, 부유하고 영화로운 생활 환경을 이르는 말(唐, 王勃「滕王閣 序」).

16) 繁文縟禮: 규칙, 예절, 절차 따위가 번거롭고 잡다함(唐, 元稹「王永太常博士制」).

17) 묘지명에 의하면 이타인 생전의 최고위 관직은 종3품의 右領軍將軍이며 死後에 右驍衛大將軍으로 추증되었다. 본문 3장 에 후술.

18) 柵州는 곧 柵城州이며 지금의 두만강 유역 琿春 일대에 비정된다. 구체적인 지역은 고구려 유물이 출토되는 薩其城이나 (嚴長錄·鄭永振, 1989,「연변의 주요한 고구려고성에 대한 고찰」,『延邊大學第1次朝鮮學國際學術討論會論文集』, p.259), 溫特赫府城이 유력하다고 생각된다(李健才, 1986,『東北史地考略』, 吉林文史出版社). 구체적인 비정 문제는 본고에서는 다루지 않는다.

다.[19] 渤海에서는 天에서 浮浮하며[20] 丸都에서는 해를 가릴 정도로 번성하니,[21] 逃氣를 발생시켜 仁愛의 鄕에 居하였다. 寅方으로 근접하여 때를 존중함에 별이 蒼龍의 7宿인 角宿에서 열리도다.[22] 狼河에서[23] 어진 인재들이 활동함에,[24] 建國하여 山川에서 盛해지니, 五族과[25] 九官이[26] 가문을 계승하여 鍾鼎에서[27] 번성하였다.

㉣ 公의 조부인 福鄒는 本朝의 大兄을 역임하였고, 부친인 孟眞은 本朝의 大相을 역임하였다. 鯤壑 지역을[28] 아우르고 신령스러운 卞韓 지역을 비춤에 걸출하고 자랑스러운 나라의 기둥같은 인재이니, 잇따른 복과 이어지는 榮華는[29] 公의 두가지 모습이다. 훌륭한 인재가 탄생하였으니[30] 君子의 나라 十洲[31]에 麒麟이 하늘에서 복을 내려주

---

19) 雍州 萬年縣: 현재의 陝西省 중남부 西安市의 동쪽에 있다. 唐代의 雍州는 開元 元年(713년) 이후에야 京兆府로 변경되었고, 萬年이라는 현명도 749년 이전까지 개칭된 적이 없으므로, 雍州 萬年縣의 명칭은 이타인이 唐에 머물렀던 669~677년의 역사상에 부합한다(『新唐書』 卷37 志 27 地理 1).

20) 浮天: 浮浮는 물이나 흰비가 성한 모양, 혹은 기체가 뭉게뭉게 피어오르는 모양을 말한다. 뒤의 丸都槪日과 더불어 渤海지역의 번성하는 모습을 형용한 표현으로 보인다.

21) 槪日: 槪日凌雲라는 문구에서 인용된 것으로 보이는데, 이는 건물 따위가 해를 가리고 구름 위로 뚫고 올라갔다는 뜻이다(『周書』 武帝紀 下). 이 역시 고구려 수도인 丸都 지역의 번영하는 모습을 표현한 것으로 보인다. 「高質墓誌銘」에서 "青丘와 日域은 솟아오름에 일찍이 얽혀져 높은 하늘에 근접했다"(青丘・日域 曾曾構而凌霄)라고 언급된 부분과도 의미상 상통한다.

22) 角亙之舍: 동방의 蒼龍, 북방의 玄武, 서방의 白虎, 남방의 朱雀은 4象이라 하여 고대인들이 매 방위의 7수를 연계하여 상상한 네 가지 동물의 형상이었다. 동방의 蒼龍은 角・亢・氐・房・心・尾・箕宿로 이루어져 있으며, 角宿는 곧 용의 뿔 부분이다(王力, 1989, 『中國古代文化常識』, 螢雪出版社, p.5).

23) 狼河: 白狼水를 가리킨다. 오늘날 요서의 大凌河에 비정되는 강이다(酈道元 「水經注」 卷14 大遼水). 唐代의 묘지명에서 고구려 지역을 가리키는 의미로 쓰이기도 하였다("太宗爰命六軍 親紆萬乘 觀兵玄菟 問罪白狼"(周紹良編, 1992, 『唐代墓誌彙編』上卷, 上海古籍出版社, p.292의 「尉遲敬德墓誌銘」)).

24) 兎蝶: 의미가 불분명하다. 문맥상 추정해보면, 『詩經』 周南의 兎罝편에는 文王의 덕화로 모여든 어진 인재가 많아 토끼 잡는 그물을 놓는 野人까지도 쓸만하였다는 구절이 있는데(「毛詩序」), 본문의 兎는 이 토끼 그물 치는 野人, 즉 어진 人材를 형용한 것이 아닌가 추정되며, 蝶은 나비처럼 날아다니다는 의미로서 곧 어진 인재들이 왕성하게 활동하였다는 의미로도 해석할 수 있지 않나 생각된다.

25) 五族: 五服 내의 親族을 의미한다(『後漢書』 黨錮傳序). 이때 五服은 王畿를 중심으로 하여 에워싸고 있는 지역을 거리에 따라 순차적으로 나눈 것을 말한다.

26) 九官: 중국 舜임금 때에 정한 아홉 가지 관직명(『漢書』 卷36 列傳 楚元王傳 第6 劉向).

27) 鍾鼎: 註 15) 참조.

28) 鯤壑: 東鯤人들이 거주하는 海中의 섬으로 鼇波와 더불어 바다에 있다고 전하며(『翰苑』 所引 魏略), 원래 위치는 중국 浙江省 앞바다의 舟山群島에 비정된다. 이는 『翰苑』 蕃夷部 三韓條에 의하면 三韓의 경계에 이어져 있는 지역으로 나타나기도 하는데, 중국측 문헌에서 한반도 및 중국 동북방을 일컫는 의미로 사용되기도 했다. 본문에서도 고구려 영역을 의미하는 것으로 보인다.

29) 連花: 뜻이 분명하지 않으나 ㉣에서 이 부분을 요약하여 "鳥變家聲 復此高胄"로 기술했음을 고려할 때, 대대로 榮華가 이어졌다는 내용으로 의역할 수 있을 것 같다.

30) 龍媒誕靈: 龍媒는 天馬가 龍의 중매로 왔다는 고사에서 인용한 것이다(『漢書』 禮樂志). 즉 駿馬, 더 나아가 훌륭한 인재를 비유한 표현이기도 하다(唐, 楊炯 「後周明威將軍梁公神道碑」). 誕靈은 高僧이나 祖師의 탄생에 대한 경칭으로 쓰인다

었도다.

㉲ 公孫의[32] 사당에서 어린아이들이 모여 즐거워할 때 公은 이미 陶謙의 비단을 이었고,[33] 교외의 들판에서도 사물을 널리 보았다. 아아, 鄧艾의 營에서[34] 재주가 탁월하구나. 긍지는[35] 高遠하였고, 말을 몰고 계책을 내는데 재능이 있었으니, 군사들이[36] 德에 인도되었다. 학문에 힘쓸 弱冠(20세)의 나이가 되어, 청년기부터 문장을 지었고,[37] 인재를 찾음에 그 정수가 될 만한 뛰어난 자(菁花)를 분별하였다.[38] 붉게 수놓은 옷을 입고 관끈을 드리울 정도의 관직에 올라서는 일을 총괄함에 그 幹蠱함을[39] 바탕으로 하였다.

㉳ 이때에 朱蒙의 孼子들이[40] 靑丘에서[41] 天命을 받았음에도 楛矢의 극진함을 어그러뜨리고 다시 桂樓의 병사들에 의지했다. 得來가 온건하게 간하고[42] 鏤檻에[43] 빈번히 매

(唐, 玄奬『大唐西域記』摩臘婆國). 본문의 龍媒誕靈은 곧 이타인의 출생을 표현한 것으로 본문 ㉲에서 이타인의 출생을 "降精", 즉 良馬를 낳았다고 표현한 것과도 상통한다.

31) 十洲: 道敎에서 말하는 大海中에 神仙이 산다는 10군데의 섬. 혹은 경치가 신비스럽고 그윽한 地境을 가리키는 의미로도 쓰임(唐, 盧照鄰『贈李榮道士』詩).

32) 公孫: 貴族의 血統·후손에 대한 존칭(『詩經』豳風 狼跋)

33) 綴陶謙之帛: 後漢末의 군웅인 陶謙이 나이 열넷에 이미 비단을 이어 깃발을 만들고 竹馬를 타고 놂에 邑內 아이들이 따랐다는 고사를 인용한 것으로(『後漢書』卷73 列傳 第63 陶謙 所引 '吳書'), 이타인이 어릴 적부터 군사적 재능과 지도력이 있었음을 표현한 문구로 보인다.

34) 鄧艾之營: 鄧艾는 중국 三國시대 魏의 명장. 義陽 棘陽 사람으로 原名은 範, 字는 士則이다. 景元 4년(263년)에 司馬昭의 명령으로 蜀漢을 정벌했다. 이때 부대를 이끌고 陰平을 거쳐 모피로 몸을 가리고서 險路를 지나 成都로 입성하였고, 결국 劉禪의 항복을 받아냈다(『三國志』魏書 卷28 王毌丘諸葛鄧鍾傳 第28 鄧艾). 본문에서 鄧艾之營이라는 표현은 특별한 내용을 담고 있기 보다는 단순히 이타인이 훌륭하게 복무했던 軍營을 표현한 것으로 생각된다.

35) 標置: 高自標置. 즉 스스로를 높이 평가하다, 자부하다는 의미(『晉書』卷75 列傳 第45 劉惔傳). 본문에서는 '긍지'로 의역하였다.

36) 千櫓: 문맥상 군대, 혹은 武將들을 일컫는 것으로 보인다. '干櫓'를 오독했을 가능성도 있다.

37) 靑襟抱槧: 靑襟은 푸른 옷깃을 의미하는데, 이는 곧 청년기, 혹은 학생을 이르는 말이기도 하다(『魏書』李崇傳). 抱槧은 抱槧懷鉛의 준말. 즉 목간과 鉛粉을 지녔다는 뜻으로 문장을 교감하는 일, 혹은 시문을 짓는 일을 가리킨다(宋, 沉遘『謝兩府三啟』).

38) 菁花: 정수가 될 만한 뛰어난 것(『尙書大傳』卷1 下).

39) 幹蠱: 원래『易』蠱篇의 "幹父之蠱"에서 나온 말. 아들이 아버지의 유지를 받들어 이루지 못한 사업을 완성한다는 의미이다. 이후 일을 책임지고 처리함(北齊, 顔之推『顔氏家訓』治家), 혹은 노련하고 재능있음을 이르는 표현으로도 사용되었다(唐, 封演『封氏聞見記』解紛). 본문의 幹蠱는 노련하고 재능있는 모습을 의미하는 것으로 보인다.

40) 孼子: 첩의 자식, 庶子라는 뜻인데(『墨子』節葬 下), 대체로 후손들을 헐뜯고 낮추는 표현이다. 예컨대 殘孼, 孼黨, 孼類 등의 표현도 각각 반란자, 악당, 나쁜 사람을 의미한다.

41) 靑丘(靑邱): 특정 지역을 가리키는 단어라기보다는 중국왕조 입장에서 동북방 지역을 막연히 가리키는 표현으로 보인다(『呂氏春秋』卷22, 求人).

42) 得來幾諫: 魏 毌丘儉의 고구려 침입 때, 고구려의 沛者 得來가 동천왕에게 간하였으나 듣지 않자 이에 탄식하여, "장차 이 땅에 쑥이 자라는 것을 보게 되겠구나"하고 말하며 마침내 굶어죽었다. 관구검은 고구려 왕성에 이르러 그의 분묘를 파괴하거나 분묘 주위의 나무를 베어내지 못하도록 명을 내리고 그의 처자를 풀어주었다고 전한다(『三國志』卷28 毌丘儉傳).

달려 만류하였으며, 耿夔가 偏師로 침에[44] 누차 새긴 공적이 비석에 가득하였도다.[45]
이때 公에게 柵州都督兼總兵馬를 내려 12州 高麗를 관할하고 37部 靺鞨을 통솔하게
하였다.

㉮ 大總管 英公이 三秦에서[46] 出征하는 禮式을 치르고 萬里에서 授柯하였으며 皇帝의
新書를 받들어 조정의 上略을 존중하였다. 公은 망함을 분별하여 예견하는 밝음이 있
었다. 梁水가[47] 하나로 모여지고 星處가 모름지기 돌아갈 곳을 아는 것처럼 魏軍之百
日을[48] 인식하였고, 마침내 통솔한 바 무리를 이끌어 轅門에[49] 나아가 귀순하였다.
微子가 周에 들어갔듯이[50] 이후에 거듭 뵙고, 陳平이 楚를 버리고 떠난 것처럼[51]
□(결락) 하지 않음을 먼저 깨달았다.

㉯ 英(國)公이 마침내 공을 보내 그 속한 바 무리를 통솔하게 하여 북을 치며 나아가고
함께 진군하니, 公(이타인)이 全軍에서 가장 용감하였고, 앞장서서 추격함에 사람들
이 칭찬하였다. 말이 정해지면 훌륭하게 이행하였으며,[52] 早絹(?) 백성들이 노래하며
따랐다. (英國公이) 마침내 견고한 兵陣의[53] 어진 신하들로[54] 하여금 끝내 적의 무서

---

43) 鏤檻: 조각과 쇠장식이 되어 있는 수레. 본문에서는 戰場에 타고 나가는 수레를 일컬을 것이다.

44) 耿夔偏討: 後漢 和帝 元興初에 요동태수였던 耿夔가 고구려군을 크게 攻破한 적이 있었다("春正月 王遣將入漢遼東 奪掠
六縣 太守耿夔出兵拒之 王軍大敗 秋九月 耿夔擊破貊人"(『三國史記』高句麗本紀 太祖大王 53年).

45) 後漢의 요동태수인 耿夔가 옛 요동성에 남긴 비석에 대하여 전하는 기록이 있다("故城南門有碑 年久淪沒 出土數尺 卽耿
夔碑之者也"(『翰苑』蕃夷部 高麗 所引 高驪記)).

46) 三秦: 중국 關中지역을 이름. 項羽가 關中을 셋으로 나누어 秦의 항장들에게 봉한 옹, 색, 적의 세 나라가 있던 지역(『史
記』卷5 秦始皇本紀 第5).

47) 梁水: 현재 太子河로 비정된다. 遼寧省 동부에서 발원하여 동쪽에서 서쪽으로 흘러 本溪, 遼陽을 지나 遼河에 합류되는
강이다. 『新唐書』卷220 列傳 第145 東夷 高麗에도 "少遼出遼山西 亦南流 有梁水出塞外 西行與之合"의 梁水와 동일한 강
으로 보인다. 孫鐵山, 1998, 앞의 논문, p.738 참고.

48) 魏軍之百日: 東川王代에 毌丘儉의 魏軍이 고구려를 침공했던 사실을 가리키는 것이 아닌가 짐작된다. 혹은 263년 魏軍
의 蜀漢 정벌의 일을 가리킬 가능성도 있다. '百日'의 의미는 분명하지 않다.

49) 轅門: 田獵할 때나 戰陣을 베풀 때에 드나드는 곳에 수레를 뒤집어 놓아 수레의 끌채를 서로 향하게 하여 만들었던 것으
로부터 비롯된 표현. 軍營 혹은 陣營의 門을 의미한다(『史記』卷7 項羽本紀 第7).

50) 微子: 殷나라 紂王의 庶兄. 紂王의 폭정에 수차례 간하였으나 듣지 않자 殷을 떠나 周에 망명하였다. 周 成王에 의해 宋
지역의 제후로 봉해졌다(『尚書』微子篇). 比干, 箕子와 함께 殷 말기의 三仁으로 꼽힌다.

51) 陳平: 陽武 사람으로 前漢의 건국 공신이며 정치가. 陳平은 陳勝·吳廣의 난 이래 魏의 王咎, 楚의 項羽 등을 추종했으나
대우가 미흡하였다. 이에 楚를 떠나 漢高祖 유방을 찾아가 보필하였고 항우를 치는데 큰 공헌을 했다(『史記』卷56 世家
第26 陳丞相).

52) 一諾: 『史記』의 "季布一諾"에서 나온 표현. 季布는 楚의 項羽 밑에서 武將으로 있으면서 여러 싸움에서 漢 劉邦을 괴롭
히며 혁혁한 전공을 세웠다. 이에 楚나라 사람들은 황금 백 근을 얻는 것이 계포의 한번 승낙(一諾)을 얻음만 못하다고
말하였는데(『史記』卷100 列傳 第40 季布), 본문에서도 '틀림없이 지키고 훌륭하게 이행함'을 이르는 뜻으로 해석할 수
있다.

53) 金陣: 견고한 兵陣을 의미한다(『舊唐書』音樂志 4).

54) 五承: 五承은 五丞과 통용된다. 禹임금을 보필한 益·稷·皋陶·垂·契을 가리키는데, 후대에는 일반적으로 어진 신하를 가

운 기세를⁵⁵⁾ 풀게 하였다. 견고한 요새와 수차례의 저항이⁵⁶⁾ 갑자기 열리니, 적의 문을 접박함에 앞에 적군이 없었다. 곧 평양을 함락시키고 옛 漢四郡 지역을⁵⁷⁾ 곧 (唐의) 疆域으로 들였으며 九夷를⁵⁸⁾ 포로로 삼았다.

㉕ 정월 초하루에 다시 돌아와 英公을 따라 入朝하니 특별히 수고롭고 힘씀에 右戎衛將軍을 제수받았다.⁵⁹⁾ 곧 姜維가 禍亂을 일으켜 다시 成都를 쳤듯이,⁶⁰⁾ 稜穴에⁶¹⁾ 요사스러운 기운을 길게 늘여 穢의 경계에서 문득 나부꼈다. 公이 또 詔를 받들고 夫餘로 나아가 토벌하여 적의 우두머리를 거듭 베었다. 다시 冠帶를 올리고 개선해 돌아와 종묘에 고하고 경축하니⁶²⁾ 황제가 가상히 여겨 同正員右領軍將軍으로 승진시켰다.⁶³⁾

㉖ 上元 2年(675년) 歲次 丁巳 23日에⁶⁴⁾ 질병으로 長安의 개인 저택에서 죽으니 춘추 67세였다. 온화하고 자상한 용모는⁶⁵⁾ 우러러 바라볼 만하니 수레바퀴 구르는 소리를 들

리키는 의미로 쓰였다(『戰國策』齊策 4).

55) 迎刃之節: 손철산은 "迎刀"로 판독하였으나, 본고에서 "迎刃"으로 추독하였다. 迎刃은 가로막을 수 없는 기세를 비유한 표현이다(唐, 李華 『河南府參軍廳壁記』). 迎刃之節은 곧 적의 무서운 기세가 갖는 험고함을 의미하는 것으로 해석된다.

56) 九拒: 公輸般이 雲梯(성을 공격하기 위한 긴 사다리)를 만들어 장차 그것으로 宋을 공격하려함에 墨子가 그것을 아홉 번 막아내고도 남음이 있었다는 고사에서 인용한 것으로 보인다. 고구려가 唐軍의 공격을 여러차례 막아내는 모습을 표현한 것이다(『墨子閒詁』卷13 公輸 第50).

57) 炎靈四郡: 炎靈은 火德으로 개국한 漢왕조를 가리키는 의미로도 쓰인다(『文選』의 謝朓 「和伏武昌登孫權故城」). 炎靈四郡은 곧 漢四郡을 이르는 말.

58) 九夷: 고구려, 혹은 고구려인을 의미한다. 『後漢書』列傳 東夷傳에 따르면 九夷는 원래 畎夷·于夷·方夷·黃夷·白夷·赤夷·玄夷·風夷·陽夷 등 9개의 東夷 집단을 지칭하는데, 唐代에는 고구려 공격에 참전했던 인물들의 묘지명에서는 九夷 혹은 九種을 고구려의 별칭으로 사용하기도 했다(「豆善富墓誌銘」). 자세한 내용은 최진열, 2012, 「唐代 高句麗 표기 기피 현상-隋唐 墓誌銘의 國名 표기 분석을 중심으로-」, 『東北亞歷史論叢』38, pp.230~231 참고.

59) 右戎衛는 황제가 직접 통솔하였던 16衛의 하나로 右戎衛將軍은 궁정의 수비와 황제의 출행시 호위를 담당했던 종3품의 무관직이다. 唐에서 역임한 관직에 대해서는 3장에서 후술할 것이다.

60) 姜維構禍 復拔成都: 姜維는 天水郡 冀懸 출신으로 자는 伯約이다. 蜀漢의 諸葛亮이 北伐할 당시 사로잡혀 그 부하가 되었다. 鄧艾의 魏軍에 의해 劉禪이 항복하자 그의 칙령에 의해 魏軍에 항복하였는데, 이후 蜀漢의 재건을 도모하고자 鐘會와 더불어 成都에서 다시 거병하였으나 실패하여 살해당했다(『三國志』卷44 蜀書 列傳 第14 姜維).

61) 稜穴: 고구려의 國東大穴 즉 隧穴을 가리킴("饗帝列東盟之祠 延神宗稜穴之醮"(『翰苑』蕃夷部 高麗條). 본문에서는 고구려, 혹은 고구려 지역을 막연히 가리키는 의미로 보인다. 「高質墓誌銘」과 「泉男生墓誌銘」에서도 같은 의미로 쓰인 바 있다.

62) 飮至: 제후가 조회·맹약·정벌을 끝내고 돌아와서 종묘에 고하고 술을 따라 마시며 경축하는 일. 또는 출정한 군대가 개선하여 종묘에 제사를 지내고 잔치를 베풀며 전승을 축하하는 예를 이르는 말(『左傳』桓公 2年 ; 唐, 張說 「上黨舊宮述聖頌」3月 庚午).

63) 右領軍將軍(종3품)은 문헌기록상 이타인이 이전에 역임했다는 右戎衛將軍(종3품)과 동일한 관직으로서 시기별 명칭만 다를 뿐이다. 자세한 분석은 본고 3장에서 후술할 것이다.

64) 上元二年歲次丁巳二十三日: 上元 2年에 해당하는 675년은 丁巳年이 아닌 乙亥年이다. 그 해에 초하루가 丁巳日인 달도 찾을 수 없는 것으로 미루어 丁巳는 단순한 誤記가 아닌가 생각되는데, 이 역시 원래 탁본을 확인할 수 없는 상태에서 더 자세한 논의는 어렵다.

65) 晬容: 온화하고 자상한 용모를 일컬음(齊, 王融 『三月三日曲水詩』序 ; 唐, 溫庭筠 『元日』詩).

음에 恨이 일어나고, 지위가 높고 귀한 사람들과 情을 나누었으니 피리소리를 들음에 슬픈 마음이 얽히는구나. (儀鳳) 2년[66] 歲次 丁丑年(677년) 2月 癸巳日이 초하루인 16 일 己酉에 長安城의 동쪽 白鹿原에서 장례를 치르니 예에 맞는 것이었다.

㉮ 생각컨대 公의 예지력은[67] 뛰어나고 밝아서 機智와 神機로써 경계하여 깨우치고, 萬物을 거슬러서 德을 손상함이 없었고, 때를 어겨서 名을 해치지 않았으며, 어지러운 나라에서 말을 높이고 공손히 할 때를 구분하였다.[68] 그러한즉 달아나 천자의 聖德에 누차 功名을 드러내고 다시 이러한 영예로움에 처하니, 대저 그 知機가[69] 神異하지 아니한가. 또한 가히 이에 예견할 수 있었던 것이다. 어찌 눈부신 빛이[70] 오히려 멀어져 큰 바다에 잠기며, 出戰의 별은 서리와 이슬이 아직 맺히지 않았는데, 날려지고 떨어져 功勳을 사양한다 여겼겠는가.

㉯ 후손에 이르러 嗣子는 右威衛平皐府果毅인 乙孫과 右驍衛安信府果毅인 尊武 등이다.[71] 피를 날로 마시고[72] 銷肌(?), 온갖 고난을 겪으면서도[73] 훌륭하게 성장해 감에,[74] 붓을 들어 글을 쓰는[75] 고요한 생각에 의지하였고 「倚杵」의[76] 高名에 가까이하였다. 이로움을 기록하여 비석에 새긴 것이 가득하니 궁벽한 지방에서 드러났다. 그

---

66) 卽以二年: "卽以二年歲次丁丑二月"에서 卽以二年이 가리키는 의미가 불분명한데, 歲次 丁丑年은 677년이 분명하며 이타인이 죽은 지 3년째 되는 해이다. 따라서 卽以二年은 "(死後) 2년 뒤", 혹은 당시 연호인 "儀鳳 2년"이라는 의미로 볼 수 있을 것 같다. 후자의 의미라면 앞에 연호 표기가 누락된 것일 수도 있다.

67) 风鑒: 風度와 鑑識眼. 혹은 觀相術을 가리키기도 한다(宋, 吳處厚『靑箱雜記』卷4).

68) 危遜: 危는 높음이요, 遜은 낮추고 순하는 것이다. "나라에 道가 있을 때에는 말을 높게 하고 행실을 높게 하며, 나라에 道가 없을 때에는 행실은 높게 하되 말은 공손하게 해야한다"는 공자의 말에서 인용한 표현이다(『論語』憲問 第14).

69) 知機: 사물이 발생하고 변화하는 징조나 일의 낌새를 예견함을 말한다.

70) 光華: 눈부시고 아름다운 빛(『尙書大傳』卷1 下). 재능이나 재주 등을 비유하는 표현이기도 하다(宋, 蘇軾『廣心齋銘』).

71) 右威衛平皐府果毅·右驍衛安信府果毅: 果毅는 唐代 折衝府의 副官으로 果毅都尉라 하였으며, 관품은 절충부가 上府이면 종5품, 中府이면 정6품상, 下府이면 종6품하이다. 平皐府는 당의 河東道 일대이며, 安信府는 河東道 晉州 일대인데, 각각 현재의 山西省 남부의 臨汾市와 焦作市 부근에 해당하는 지역이다(譚其驤, 1996, 『中國歷史地圖集(5)』, 中國地圖出版社, pp.46~47 참고).

72) 飮血: "茹毛飮血"에서 나온 표현으로 털 달린 고기와 피를 날로 먹고 마시다는 뜻(『禮記』禮運). 원래는 원시적인 식생활의 풍습을 일컫는 것이지만 이어지는 茹荼라는 표현과 연관하여 생각해볼 때 고난을 겪고 어려운 상황에 처해있음을 비유한 것으로 생각된다.

73) 茹荼: 씀바귀를 먹음. 즉 온갖 苦難을 다 겪는다는 의미이다(唐, 駱賓王「疇昔篇」).

74) 吹棘: 『詩經』에 나오는 "吹彼棘薪"에서 인용한 표현으로, 이는 남풍이 대추나무를 성장시키듯이 어머니가 훌륭하게 아들 형제들을 길러주셨음을 비유한 것이다(『詩經』國風 第3 邶風 凱風). 본문에서는 이타인이 훌륭하게 성장하는 모습을 표현한 것으로 보인다.

75) 搦管: 붓을 쥐다. 혹은 붓을 들어 글을 짓는 행위를 의미(梁, 簡文帝「玄圃園講頌序」).

76) 倚杵: 古代 讖緯家의 말. 장차 땅이 높아지고 하늘이 낮아져 서로 가까워지니, 땅에 절굿공이(杵)를 세우면 하늘을 받칠(倚) 수 있다는 말에서 나옴(『初學記』卷1 所引「河圖挺佐輔」). 본문에서는 이타인이 讖緯家의 말에 의지하여 讖緯의 능력을 길렀다는 의미로 해석된다.

詞에 가로되,

㉰ 無閭의[77] 玉嶺과[78] 不耐의[79] 金城이라.[80] 고을이 오래가고 인물이 빼어나니 산처럼 우뚝한 나라의 기둥 같은 인재가 나왔도다. 관직이 이어지니[81] 조상의 恩德이요, 벼슬이 올라가니 집안의 名聲이로다. 이 지체 높고 부귀한 가문을[82] 대대로 거듭함에 자연스럽게 精秀한 자를 낳았도다.[83] 첫 번째.

봉황의 깃털이[84] 오색으로 빛나며 駿馬의 族屬이 천리를 가는구나. 지난 일을 보관하여 끝을 생각하고, 미래를 앎으로써 시초를 살피었도다.[85] 昏迷함을 사양하고 성스러운 덕성[황제]을 알현하여 위태로움을 물리치고 理致를 좇았구나. 오호라 이 높고 고귀한 사람이여, 金栀에서[86] 번성하였도다. 두 번째.

성을 함락시키고 軍陣을 패퇴시키니 곧 九地와[87] 三門[88]이로다. 황제의 장막을 나란히 시위하고 帝宅에서 營을 열었도다. 동개로써 막음에 황제의 총애를 입었고, 封爵으로써 (功績을) 고려함에[89] 존귀함을 이루었도다. 거리 쪽에 가득하니 문채나는 戟이요, 뜰 안에 둘러졌으니 채색된 처마로다. 세 번째.

아직 激楚를[90] 다하지 않았는데 갑자기 館숨에서 떨어졌구나. 참죽나무 잎이 떨어지니 많은 세월이 흘렀고,[91] 쑥이 시들해지니 기나긴 어둠에 들었도다.[92] (세월이 흘러)

---

77) 無閭: 중국 요녕성 北鎭市에 있는 醫巫閭山. 혹은 그와 근접한 遼東郡 無慮縣 지역을 가리킬 수도 있다(『後漢書』卷30 志第23 郡國5 幽州 遼東郡). 본문에서는 문맥상 고구려 지역을 가리키는 것으로 보인다.

78) 玉嶺: 죽 늘어선 높은 산봉우리들을 아름답게 표현한 것(唐, 王初『書秋』詩).

79) 不耐: 본문에서는 고구려 國都인 國內城 지역을 가리키는 의미로 보인다(『三國志』卷28 列傳 第28 毌丘儉).

80) 金城: 견고한 성. 혹은 都城을 가리키는 의미로 보인다(『文選』張協 咏史).

81) 蟬聯: 蟬은 官帽의 모양을 형용한 것으로 관직이 연달아 이어짐을 말하는 것으로 보인다.

82) 高冑: 高門世家. 여러 대에 걸쳐 중요한 지위에 있어 지체가 높고 富貴한 집안을 말함(『藝文類聚』卷50 所引 晋 傅玄『江夏任君銘』;『宋書』蔡興宗傳).

83) 降精: 良馬를 낳았다는 의미(唐, 杜甫『驄馬行』). ㉮에서 이타인의 탄생을 '龍媒'(駿馬)로 표현했던 것과 상통함.

84) 鳳毛: 드물고 진귀한 사물. 자손이 父祖와 같이 훌륭한 재주를 지님을 비유하는 표현으로도 쓰인다(『世說新語』容止).

85) 藏往慮終 知來鑒始: 藏往과 知來는 서로 대구를 이루는 표현으로서『周易』卷22 繫辭 上 11장에 나오는 "神以知來 知以藏往"에서 인용된 문구이다.『周易』의 이 문구는 神으로써 미래를 알고 지혜로써 지나간 일을 보관한다는 의미로, 본문에서 이타인의 예지력을 예찬한 문맥과도 상통한다.

86) 金栀: 금속으로 만든 수레 제동기(『周易』第44 姤). 이타인이 당에서 중요한 職任을 담당했음을 비유한 것으로 보인다.

87) 九地: 孫子의 兵法에서 싸움에 이롭고 이롭지 못함에 따라 구분한 아홉 곳을 말한다(『孫子兵法』九地).

88) 三門: 대궐이나 官家 소유의 건물 앞에 있는 문. 혹은 都城의 4면에 각각 낸 3개의 문(『周禮』考工記 匠人).

89) 茅廬: 의미가 분명하지 않으나, 문맥상 이타인이 군사적 공적을 세워서 벼슬 혹은 상을 받았다는 내용이 나올 것으로 생각된다. 이에 茅는 문맥상 茅土, 즉 王侯의 封爵을 이르는 것으로 생각된다(『文選』李陵「答蘇武書」). 즉 封爵함으로써 功績을 고려하였다는 의미일 것이다.

90) 激楚: 樂曲의 이름(『漢書』卷57 列傳 第27 司馬相如 上).

91) 大年: 나이가 많음. 많은 나이(『莊子』內篇 逍遙遊).

92) 厚夜: 긴 밤. 어두운 환경. 사람이 죽어 지하에 영원히 묻혀 어둠 속에 드는 것을 비유하기도 한다(唐, 王勃「益州德陽縣

봉헌함이 게을러지고 진주구슬이 떨어져도 뱀이 인하여 채색 비단으로 화할 지어다. 桃李는 말이 없어도 神祇가 依託하지 않을 것이로다.[93] 네 번째.

家業을 계승함에[94] 고난을 당하였구나. 실리를 헤아려 옮겨감을 기대하니 무리를 모음에 軍陣에서 늙었도다. 황금은 새기고 비취와 옥은 도모하는 바이나, 곧 황천에서 다스려지며 장차 지하에 닿을 것이로다. 다섯 번째.

우뚝 솟은 封墳은[95] 길한 자리에서[96] 멀리 아득하니 바람과 서리에도 한결같으리로다. 산천에서 萬祀를 지내고 武庫에서 모시고 우러러 보며 皐門에서[97] 곧게 가리켰도다. 삼가는 형상이 그와 같으니 살아있다면 감탄하여 좇을 것이나 문득 일어나지 못하였구나. 여섯 번째.

ⓗ 두 아들은 각각 果毅와 遊擊將軍이다.[98] 儀鳳 2年(677년) 2월 16일.

Ⅲ. 誌文의 구성과 李他仁의 生涯

墓誌銘의 구성	
■ 誌序 1. 誌題 (㉮) 2. 大唐의 異民族 등용과 高句麗·百濟 정벌 (㉯) 3. 묘주의 家門과 그의 탄생 (㉰·㉱) 4. 묘주의 歸唐 이전의 생애와 업적 (㉲·㉳) 5. 묘주의 歸唐과 이후의 업적 (㉴·㉵·㉶) 6. 묘주의 장례와 인품 (㉷·㉮·㉸)	■ 銘文 (㉹) 7. 묘주의 가문과 인품 8. 묘주의 업적과 장례

善寂寺碑」).

93) 桃李無言 神祇不借: 桃李不言은 "桃李不言 下自成蹊"라는 문구에서 인용된 것이다. 이는 복숭아와 오얏은 꽃이 곱고 열매가 맛이 좋으므로 오라고 말하지 않아도 찾아오는 사람이 많아 그 나무 밑에는 길이 저절로 생긴다는 의미인데(『史記』 卷109 李將軍 列傳 第49), 德이 있는 사람은 스스로 말하지 않아도 저절로 사람들이 따름을 비유할 때 쓰는 말이다. 본문에서는 이 德이 있는 묘주의 무덤에 사람들의 발길과 제사가 끊이지 않아서 무덤 귀신이 빌어먹거나 依託하지 않을 것이라는 의미로 해석된다.

94) 良弓良冶: 우수한 대장장이 아들은 반드시 가죽 옷 꿰매는 것을 익히고, 뛰어난 궁사의 아들은 반드시 箕 만드는 일을 익힌다("良冶之子 必學爲裘 良弓之子 必學爲箕")는 문구에서 인용한 표현. 先代의 전통 혹은 家業을 훌륭하게 계승하는 모습을 이른다(『禮記』 學記).

95) 馬鬣: 馬鬣封의 준말. 封墳의 모양. 혹은 무덤 자체를 가리킨다(『禮記』 檀弓 上).

96) 龍耳: 龍角과 같은 말. 堪輿家에서 말하는 가장 길한 묏자리(『晉書』 卷72 列傳 第42 郭璞).

97) 皐門: 王宮의 外門. 國門을 이르기도 함(『詩經』 大雅 緜).

98) 漢魏晉代 이래 묘지명의 마지막 구절에 一族들을 기재하여 무덤 주인에 대한 정보를 알리는 전통에서 비롯된 문구가 아닌가 한다. 唐代에는 형식화되어 본문과 같이 두 아들에 대해서만 간략한 형태로 기재한 것으로 추정된다. 물론 아직 탁본을 통해 문구의 정확한 위치 등을 확인하지 못한 상태이므로 추정일 뿐이다. 본문의 遊擊將軍은 종5품의 武散官이다.

먼저 「이타인묘지명」의 전반적인 기술 태도, 즉 撰者의 성향에 대해 짚고 넘어가야 할 것 같다. 묘지명에서는 撰者에 대해 소개한 부분은 없지만, 誌文 내용을 통해 그의 성향을 대략 추정해볼 수 있다. 우선 묘지명의 맨 앞부분인 ㉔에서는 春秋時代의 由余와 漢代의 金日磾 사례 등을 거론하며 唐 조정의 성공적인 이민족 인사 등용과 활용을 예찬하였고, 뒤이어 이타인의 唐 歸附와 이후 고구려 정벌을 비롯한 군사적 활약 역시 이에 기반하였음을 언급하고 있다.

또한 ㉔에서 "八條之國에서 綱紀를 정돈함에 이르렀다"고 하여 箕子의 8조 금법을 언급하고, ㉕에서는 "옛 漢四郡의 영역을 곧 疆域으로 삼았다"는 내용이 나오는데, 이는 고구려 영역이 본래 周代에 기자가 봉해졌던 중국의 영토이며, 이 지역을 되찾아야 한다는 裴矩의 '군현회복론'과 같은 인식을 보여주는 대목이다.[99] '군현회복론'은 隋·唐 조정의 역사관과 대외인식이 강하게 투영된 것으로, 「이타인묘지명」의 撰者가 唐의 官人이거나 당 조정과 대외인식을 같이하는 인사일 가능성을 보여주는 것이다.[100] 그 밖에 狼河는 요서 지역의 대릉하(白狼水)에 해당하는데, 이를 고구려 지역의 代稱으로 사용하고 있는 점이 유의된다.[101] 또 '三韓', '卞韓' 등과 같이 고구려 지역을 三韓 혹은 그 일부로 막연히 지칭한 표현들은 唐의 입장에서 고구려·백제·신라를 관념적으로 通稱하는 용어로서 종종 쓰이곤 했던 것이다.[102] 이러한 표현 및 내용들은 당시 唐 조정과 官人들의 고구려 지역에 대한 인식을 엿볼 수 있게 한다.

한편 ㉖ 이하에서는 李他人의 先祖와 그의 생애에 대한 내용이 기술되어 있다.[103] 묘지명에서는 이타인의 원래 출신지를 '遼東 柵州人'이라고 기록하였다. '遼東'은 北朝와 隋代부터 이미 고구려의 代稱 혹은 별칭으로 사용되어 온 바,[104] 唐이 고구려를 멸망시키고 安東都護府를 설치한 이후인 677년경에도 여전히 遼河 以東부터 평양, 두만강 지역을 포함한 옛 고구려 영역을 '遼東'으로 인식하고 표현하였음을 알 수 있다.[105] 柵州는 곧 柵城州이며, 그 치소는 琿春 일대의 薩其城 혹은 溫特赫府城이 유력하

---

99) "矩因奏狀曰 高麗之地 本孤竹國也 周代以之封于箕子 漢世分為三郡 晉氏亦統遼東 今乃不臣 別為外域 故先帝疾焉 欲征之久矣"(『隋書』 卷63 列傳 第32 裴矩) ; "裴矩 溫彦博諫曰 遼東本箕子國 魏晉時故封內 不可不臣 中國與夷狄 猶太陽於列星 不可以降"(『舊唐書』 卷199 上 列傳 第144 上 東夷 高句麗).

100) '八條' 등 箕子 관련 표현은 歸唐 고구려인 1세대의 묘지명 가운데서 당의 官人인 韋承慶과 王德眞이 각각 찬한 高質墓誌銘과 泉男生墓誌銘에서만 나타나고 있다는 점도 주목된다("箕子之苗裔寔繁", "箕子八條 奄有淸遼"(「高質墓誌銘」) "遂使桃海之濱 隱八條於禮讓"(「泉男生墓誌銘」 14행)). ㉕에서 魏 관구검 침입시 得來의 일화와 後漢代의 耿夔가 침공한 사례 등을 통해 당의 고구려 침공을 정당화한 내용도 당 조정의 입장을 강하게 드러내는 대목이다.

101) "太宗爰命六軍 親紆萬乘 觀兵玄菟 問罪白狼"(周紹良編, 1992, 『唐代墓誌彙編』上卷, 上海古籍出版社, p.292의 「尉遲敬德墓誌銘」). 5세기 후반 이래로 고구려가 요하 이서 지역으로 진출을 본격화한 결과, 7세기 무렵부터 唐 조정에서는 요서 일대의 白狼水 유역과 그곳에 거주하던 거란을 고구려의 영역과 주민처럼 인식하고, '白狼'을 고구려의 代稱으로 쓰기도 하였다. 이에 대한 자세한 내용은 윤용구, 2005, 「隋唐의 對外政策과 高句麗遠征—裴矩의 '郡縣回復論'을 중심으로—」, 『北方史論叢』5, pp.56~60을 참고.

102) 盧泰敦, 1982, 「三韓에 대한 認識의 變遷」, 『韓國史研究』38, pp.132~133.

103) 이타인과 그의 선조들은 문헌 사료에는 기록되지 않았다.

104) 金榮官, 2009, 「高句麗 遺民 高鐃苗 墓誌 檢討」, 『韓國古代史研究』56, p.379 ; 최진열, 2012, 앞의 논문, pp.213~223.

105) 唐에 묻힌 고구려인들의 경우 泉男生은 그 묘지명에 遼東郡 平壤城人으로 기재되었으며, 泉男山·高質의 묘지명에는 遼東 朝鮮人, 高玄은 遼東 三韓人, 高足酉는 遼東 平壤人으로 기재되었다. 귀당 고구려인 2세대 이후로는 고구려인이라는

다고 생각된다.[106]

이타인 집안의 先代에 대해서는 ㉰에서 祖·父에 대해서만 간략하게 서술되어 있다. 이타인의 출생연도가 609년(675년에 67세로 사망)임을 감안할 때, 그의 祖·父는 6세기 중후반경에 활동한 것으로 보이는데, 조부인 福鄒는 고구려에서 大兄 관등에 있었고 부친인 孟眞은 大相을 역임했다고 한다. 大兄은 7품 관등이며 大相은 4품인 太大使者를 가리킨다.[107] 이 경우 孟眞이 그의 부친인 福鄒 보다 3등급이나 높았다는 점이 눈에 띈다. 설사 孟眞이 나라에 특별히 큰 공을 세웠다고 가정하더라도 柵城 출신으로 大兄에 불과했던 그의 집안이 불과 한 代만에 고구려의 최상위 5개 관등 이내로 진입한다는 것은 상당히 파격적인 승진에 해당한다. 이에 福鄒가 역임했다는 大相이 '從大相(大使者)'을 잘못 기재했거나, 거짓으로 기재된 것은 아닌가 하는 생각도 들지만, 이후 이타인이 '柵州都督兼總兵馬'라는 높은 관직에 오른 사실도 간과할 수 없는 것이다.[108] 이에 대해서는 4장에서 詳論하겠다.

묘지명에 따르면 이타인은 609년인 嬰陽王 20년에 출생하여 唐 李勣의 고구려 원정 때 귀부한 이후 67세가 되던 해인 675년에 長安의 私邸에서 사망하였다. 후술하겠지만 그의 歸唐 시점은 666~668년으로 보이는데, 이 경우 이타인은 거의 50대 후반까지 고구려에서 관인으로 활동했으며, 당에서 활동한 기간은 길어야 10년도 채 되지 않는다. 이에 「이타인묘지명」에서는 고구려의 建國에 대한 서술부터 이타인의 祖·父와 묘주 자신이 고구려에서 활동했던 내력을 ㉯·㉰·㉱·㉲에 걸쳐 적지 않은 분량으로 서술하였다.

그러나 歸唐 이전의 활동을 이처럼 비중있게 기술하면서도 조와 부의 官職 및 이타인이 柵州都督兼總兵馬 이전에 역임했던 관직들을 구체적으로 기록하지 않았다. 따라서 묘지명에서는 젊은 시절 이타인의 문무겸전의 능력을 칭송하고 있으나 이 역시 의례적인 수사인지 혹은 실제 그의 직무와 연관된 서술인지 분명하게 알 수가 없다. 다른 歸唐 고구려인 1세대의 묘지명에서 가문의 官歷이 구체적으로 기술된 사례들과 비교할 때 다소 의문스러운 부분인데,[109] 이는 단순히 묘주가 당에 귀부하기 이전의 官歷을 그다지 중시하지 않았기 때문일 수도 있지만, 묘주의 先代 관직 그리고 그가 최종적으로 역임하였던 柵州都督 이전의 관직들이 그다지 내세울 만한 것이 아닌 낮은 등급이었을 가능성도 배제할 수 없다.

한편 ㉳·㉴·㉵·㉶에서는 이타인이 唐에 항복하는 과정과 그 이후의 활동을 서술하였다. 이에 의하면 이타인은 唐의 고구려 원정 때 大總管 李勣이 이끄는 당군에게 항복하였다. 「이타인묘지명」을 최초로

출계의식이 점차 사라지면서 '遼東'이라는 표현도 점차 '渤海' 등의 지명으로 바뀌어간다(金榮官, 2013, 「高句麗 遺民 高提昔 墓誌銘에 대한 연구」, 한국고대사학회 133회 정기발표회 발표문 〈표1〉'고구려 유민 묘지명의 출자기재' 참조).

106) 註 18).

107) 武田幸男, 1978, 「高句麗官位制とその展開」, 『朝鮮學報』86, p.8.

108) 「高質墓誌銘」에 의하면 그의 부친인 高量이 3품 柵城都督 位頭大兄 및 大相에 등용되었다고 전하는데, 대략 7세기 중반경으로 생각된다. 즉 柵城都督은 고구려 말기에 3품 정도의 관등 소지자가 역임했던 관직인 것이다.

109) 泉男生, 泉男山, 高慈, 高質墓誌銘에서는 가문의 내력과 조상들의 공적을 통해 고구려 지배층의 일원이었음을 밝혔으며, 그 지위의 주된 지표로써 역임한 官職(爵)을 일일이 기술하였다.

보고했던 孫鐵山은 ㉺의 "于時朱蒙遺孽 (중략) 耿夔偏討 屢刻豊碑 于時授公柵州都督兼總兵馬" 구문을 해석하면서, 646년 당의 1차 침공 때 이타인이 (唐太宗 휘하의) 李勣에게 항복하였고, 당시 원정에서 "桂樓之兵"(고구려군)을 막아낸 공로로 당측으로부터 '책주도독겸총병마'를 수여받았다는 내용으로 이해하였다.[110] 그러나 이타인이 고구려군을 막아냈다는 번역 자체에 문제가 있을뿐만 아니라, 그가 唐軍에 항복한 내용이 당으로부터 柵州都督을 수여받았던 내용보다 순서상 뒷부분에 기술되는 결과가 되어 어색하게 느껴진다.[111]

또한 ㉺에서는 이타인이 항복했을 당시 唐軍을 이끌었던 사령관으로 大總管 英國公 李勣을 언급하였다. 만약 이타인이 당태종이 친정했던 貞觀 19년(646)의 원정 때 唐軍에 항복했다면, 묘지명에서도 이타인의 항복이 갖는 명분과 의미를 부각시키기 위해 李勣보다는 唐太宗의 존재를 더 부각시켰을 가능성이 높다고 생각된다.[112] 즉 이타인은 646년 당태종의 친정 때가 아닌, 이후 唐 李勣이 총사령관으로 출전했던 원정 때 항복했다고 이해하는 편이 문맥상 자연스럽다.

이어지는 ㉺에서도 이타인이 李勣 휘하에서 군을 이끌고 평양성을 공격하는 대목이 나오는데, 별도로 연도가 제시되지 않은 것으로 미루어볼 때, 그가 앞서 항복한 시점과 20여 년간 단절된 것이 아니라 같은 원정 당시 있었던 사건들이 이어져 기록된 것으로 보는 편이 타당하다고 생각된다. 따라서 이타인이 당군에 항복한 시기는 李勣이 요동도행군대총관에 임명되어 고구려로 출정했던 乾封 元年(666년) 12월부터 평양성이 최종 함락된 總章 元年(668년) 9월 이전의 어느 시기로 보아야 할 것이다.

고구려 멸망 당시 책성욕살을 역임했다는 이타인이 어떤 계기로 李勣의 唐軍과 조우하게 되었는지는 분명하게 알기 어렵다. 고구려·당 전쟁 당시, 평양성의 함락을 전후한 시기에는 이미 두만강 유역의 책성을 비롯한 東滿洲 일대도 고구려의 정치조직이나 군사조직 등은 와해된 상태였겠지만, 전투가 벌어졌거나 唐의 직접적인 지배하에 들어갔을 가능성은 낮다.[113] 다만 이 지역의 고구려인과 말갈인들도 從軍하였을 것임을 감안한다면, 이타인의 항복은 柵城이 아닌 당군의 진격로나 실제 전투가 벌어진 지점 가운데서 찾아야 할 것이다.[114] 그러나 남아있는 기록으로는 그 구체적인 지점을 밝히기 어려운 상황이다.

한편 이타인은 李勣의 휘하에서 고구려 평양성 공략에 참가하여 공을 세운 뒤, 이듬해인 669년(總章 2년) 正月에 당으로 入朝하였다. 이에 황제로부터 右戎衛將軍(종3품)을 제수받았고, 貫籍을 長安 萬年

---

110) 孫鐵山, 1998, 앞의 논문, p.738.
111) ㉺의 "復阻桂樓之兵"은 주몽의 遺孽들이 다시 고구려군(武力)에 의지했다는 의미이며, "得來幾諫 頻攀鏤檻 耿夔偏討 屢刻豊碑"는 고구려가 과거에 무력을 믿고 臣禮를 지키지 않아서 後漢의 耿夔와 魏 毌丘儉의 공략을 초래하였듯이 唐의 고구려 정벌을 자초하였다는 의미로 이해된다(김종복, 2005, 「高句麗 멸망 전후의 靺鞨 동향」, 『北方史論叢』5, pp.177~178).
112) 拜根興, 2010, 「唐 李他仁 墓誌에 대한 몇 가지 고찰」, 『忠北史學』24, p.221.
113) 盧泰敦, 1981, 「渤海 建國의 背景」, 『大邱史學』19, p.9.
114) 김종복, 2005, 앞의 논문, p.178.

縣으로 옮겼다고 한다.[115] 또 그는 이후 어느 시기에 扶餘(城) 지역에서 고구려 遺民軍을 진압하는데 참전하였고, 그 공로로 同正員右領軍將軍(종3품)을 수여받았다고 전한다. 구체적으로 670년 6월 水臨城 출신의 大兄 劍牟岑이 平壤과 安市 등지에서 거병하였던 사실이 주목되는데, 이때 당은 진압군으로 高侃의 당병 1만과 李謹行 휘하 蕃兵 3만을 동원하였다.[116] 이와 관련해 이타인이 직접 언급된 기록은 없지만 대략 이때 蕃兵으로 출정한 것으로 추정해볼 수 있으며, 당시 고구려 유민군이 扶餘(城) 지역에서도 활동하였음을 추정해 볼 수 있다.[117]

그런데 고구려 멸망 직후인 669년 정월에 이타인이 당에 처음 입조하여 받았다는 右戎衛將軍은 그가 이후 扶餘 지역에서 고구려 遺民의 반란 진압에 참전한 공로로 唐 조정에서 '遷授'했다는 右領軍將軍과는 시기상 명칭만 다를 뿐 같은 관직이었다.[118] 이와 관련해 이타인이 부여 지역의 戰役에 참여한 기간(670~672년 7월 무렵)이 공교롭게도 右戎衛將軍이 右領軍將軍으로 개칭된 시기와 겹치고 있다.[119] 묘지명에서는 당에서 품계를 나타내는 관직(散官)인 右領軍將軍 이외에 실무를 가진 관직(職事官)을 기재하지 않았기 때문에, 이타인이 당에서 고구려 遺民의 반란군 진압에 참전한 것 이외에 구체적으로 어떤 활동을 했는지에 대해서는 분명히 알 수 없게 서술되어 있다.

또한 劍牟岑을 비롯한 고구려 유민군의 반란은 平壤과 安市 등지를 중심으로 벌어졌는데, 이타인이 출전했다는 부여(성) 지역은 문헌에 기술되지 않은 것으로 미루어 고구려 유민군의 활동이 미미했거나, 당군이 그다지 성공적인 활약을 하지 못한 지역이었을 가능성이 높다. 그렇다면 이타인의 官名이 단순히 개칭된 사실을 묘지명의 찬자가 扶餘 지역에서의 전공에 의해서 승진한 것처럼 과장하여 서술했을 가능성도 고려해 볼 수 있다.[120]

한편 이타인의 장례에 황제의 詔書나 조정 차원의 배려가 나타나지 않는다는 점도 눈에 띈다. 일반적으로 고구려에서 당으로 歸府하여 이민족 정벌 관련 戰役에 힘쓰다가 죽은 고구려인들의 묘지명을 보면, 당조정에서 황제가 직접 詔勅을 내려 애도하고 官을 追贈하는 동시에 장례에 필요한 물품을 官給하는 등의 조치가 제법 비중 있게 다루어지고 있다.[121] 그런데 「이타인묘지명」의 경우 追贈된 관직을

---

115) 註 19).

116) 『三國史記』卷6 新羅本紀6 文武王 上 ; 『新唐書』卷220 列傳 第145 高麗.

117) 孫鐵山, 1998, 앞의 논문, p.739 ; 김종복, 2005, 앞의 논문, p.182.

118) 左右戎衛는 唐 高祖 때 처음 관직이 두어진 이래 龍朔 2年(662) 2月에 이르러 百司와 官名을 고치는 과정에서 左右領軍衛府의 府字를 떼어 左右戎衛로 칭하였고, 이후 咸享元年(670)에 이르러 다시 左右領軍衛로 복원되었다. 그리고 이는 光宅元年(684년) 9月에 이르러 左右玉鈐衛로 다시 개칭되었다(『舊唐書』卷42 志 第22 職官1). 이 기록에 의거하면 이타인이 당에서 역임한 右戎衛將軍과 右領軍將軍은 시기별로 명칭만 달랐을 뿐 같은 관직이다. 이는 拜根興, 2010, 앞의 논문, p.227에서도 지적된 바 있다.

119) 고간이 이끄는 당군은 672년 7월에 퇴각한 것으로 나온다.

120) 이타인의 唐에서의 공적을 강조하는 입장에서는 675년에 그가 죽은 뒤에 右驍衛大將軍(정3품)으로 추증된 사실에 주목하여, 당 조정이 그의 死後에 생전 업적에 대해 재평가한 결과로 보기도 하였다(拜根興, 2010, 앞의 논문, pp.227~228). 그러나 이는 별다른 근거가 없는데, 당에서 일반적으로 官人이 죽은 뒤에 생전에 역임한 관보다 한 등급 품계를 올려 추증하는 것이 그리 특별한 상황이라고 보기도 어렵다.

誌題에 기재하였으나, 장례를 치르는 과정에 있어서 황제의 詔勅이나 조정 차원의 배려에 대한 언급이 없다.

이타인 묘지명이 당의 官人에 의해 찬술되었을 가능성이 높다는 점을 감안할 때 다소 의아스러운 부분이라고 생각되는데, 향후에 묘지석의 형태나 무덤의 규모, 기타 유물 등 다른 상황들을 확인하게 되면 보다 자세한 추론이 가능할 것 같다.

이상에서 이타인의 묘지명은 당의 官人에 의해 찬술되었을 가능성이 높다는 점, 이타인이 고구려와 당에서 역임한 관직들은 그 자체로 허위라고 볼 수는 없지만, 그 역임 계기를 서술함에 있어 일부 과장이 있을 수 있다는 점을 언급하였다. 지금까지 살펴본 묘주의 年譜를 정리하면 다음과 같다.

墓主의 年譜
609년(嬰陽王 20년) : 출생 666년 12월~668년(寶藏王 25~27년) : 唐 大總管 李勣의 군대에 항복 668년(寶藏王 27년) : 唐 遼東道行軍大摠管 李勣의 휘하에서 고구려 平壤城 공격에 출전 669년(總章 2년) 正月 : 唐 大總管 李勣을 따라 入朝. 右戎衛將軍(종3품)을 제수받음 670년(咸亨 元年) : 扶餘城 지역에서 고구려 遺民의 反唐투쟁 진압에 참전. 돌아와서 同正員右領軍 　　　　　　　將軍(종3품)을 수여 받음 675년(上元 2년) : 질병으로 長安의 私邸에서 사망(67세). 右驍衛大將軍(정3품)으로 추증됨 677년(儀鳳 2년) 2월 16일 : 安葬

Ⅳ. 李他仁의 族源과 靺鞨

이타인의 族源 문제를 그의 역임관 및 출신지와 관련하여 살펴보도록 하겠다. 고구려에서 唐으로 귀부한 인물들 가운데 平壤 이외 지역 출신임을 묘지명에 구체적으로 표기한 사례는 최근에 발견된 「高提昔墓誌銘」에서 그 집안이 國內城 출신으로 나온 것 이외에는 「이타인묘지명」이 유일하다. 그나마 國內城은 고구려의 舊都로서 후대에도 '三京' 가운데 하나로 칭해졌음을 고려할 때,[122] 이타인이 고구려에서도 동북쪽의 변방이라 할 수 있는 두만강 일대의 柵城 출신임을 내세웠다는 점은 주목할 만한 사실

---

121) "詔曰 懋功流賞 寵命洽於生前 縟禮贈終哀榮貴於身後 (중략) 哀送之盛 古今斯絕 考功累行 諡曰襄公"(「泉男生墓誌銘」 29~35행) ; "凶訊馳聞 聖情流慟 乃下制曰 (중략) 奉敕贈物二百段 米粟二百石 緣葬所 并令優厚供給"(「高質墓誌銘」) ; "聖上哀悼 傷慟于懷 制曰 故左金吾衛大將軍幽州都督 高性 父男智捷 隨父臨戎 殞身赴難 (중략) 又奉勅曰 高性父子 忠鯁身亡 令編入史 又奉勅令准式例葬"(「高慈 墓誌銘」 24~27행) ; "聖主聞之 良深震悼 贈使持節都督幽易等七州諸軍事 幽州刺史 餘如故 仍贈物參伯段 米粟二伯碩 葬事所順並令官給"(「高足酉 墓誌銘」 18~20행) ; "恩詔葬於城南 原 禮也"(「高饒苗 墓誌」 9행).

122) 『隋書』 卷81 列傳 第46 東夷 高麗.

이다. 이는 해당 지역에서 자기 一代의 단기적인 거주 양상을 고려했다기보다는 先代로부터 이 지역에 기반을 두고 상당기간 거주해온 결과일 가능성이 높아 보이며, 그의 종족이나 역임관 문제 등과 관련해서도 유의할 필요가 있을 것이다.

한편 이타인의 '책주도독겸총병마'는 고구려에서 수여받은 것으로 보인다. 이타인이 고구려 말기에 실제로 이 직분을 수행했는지 여부는 묘지명의 내용만으로 단정하기는 어렵다. 그러나 "12州 高麗를 관할하고 37部 靺鞨을 통솔하였다"는 책주도독의 기능 자체는 취신해도 무방할 것으로 보인다. 도독은 고구려의 褥薩로 大城급의 최상위 지방관에 해당하는데,[123] 여기서 '州'는 단순히 州 단위가 아닌 '州縣'의 준말, 즉 각급 행정단위들을 통칭하는 의미로, 고구려의 柵城 이하 婁肖급이 관할하는 행정단위로서의 城이 12군데였다는 의미일 것이다.

또한 책성 산하에 '高麗'와 구분되는 37部의 '靺鞨'에 대한 언급이 나온다. 이 말갈 부락들은 고구려인들과 명확히 구분되었으며, 기존의 부락 형태로 관할되었던 것으로 보인다. 이때의 37部落은 예하에 또다시 작은 규모의 말갈인 부락들을 여럿 거느린 형태로 보이며, 주민들은 말갈인 수장들 예하에 두어졌을 것이다.[124]

책성 관하 37부의 말갈은 주로 속말부로 한정하기도 하지만,[125] 속말부는 대체로 송화강 유역, 특히 현재의 길림시와 그 이북의 북류 송화강 유역을 중심으로 하여 넓게는 輝發河 유역과 農安중심의 伊通河유역을 포함하는 지역에 거주했음을 고려할 때 적절하지 않다.[126] 「이타인묘지명」에 등장하는 두만강 인근 책성 주변의 말갈은 속말부의 동남부며 현재의 敦化市와 琿春市 혹은 백두산과 연변조선족자치주 일대로도 비정되는 백산부가 주요 구성원이었다고 보는 편이 더 적절해 보인다.[127] 즉 책성 지역은 다수의 백산말갈인들이 거주하는 지역이었고, 책성 욕살이 이들을 별도의 행정적 편제 하에 두고 관할하였던 것이다. 특히 백산부의 각 부락들 가운데는 고구려 상위 지방관의 통치 하에 직접 배속된 고구려 영역 내의 말갈인 부락들도 존재했던 것으로 보인다.[128] 이들은 고구려 영역 내에 존재했지만 여전히 기존의 말갈인 수장과 예하의 집단적 형태가 온존된 상태로 관할되었을 것으로 보인다. 고구려는 기존 말갈인 수장의 권한을 상당 부분 인정하는 가운데, 보고된 호구부를 바탕으로 군사 징발을 비

---

123) 『舊唐書』 卷199 上 列傳 149 上 高麗.

124) 비교적 큰 규모 부락의 수장들이 갖는 대표적 지위를 인정해주고 예하의 소규모 부락을 통솔하게 하되, 세력집중을 막기 위해 각 수장들과 고구려 지방관을 개별적으로 연결시켜 분열시키는 이중적인 지배가 이루어졌을 가능성도 제기된 바 있다(盧泰敦, 1981, 앞의 논문, p.15).

125) 孫鐵散, 1998, 앞의 논문, p.738.

126) 속말부의 위치에 대한 기존 연구는 김락기, 2010, 「6~7세기 靺鞨諸部의 내부 구성과 거주지」, 『高句麗渤海研究』36, p.186의 〈표5〉참고.

127) 김종복, 2005, 앞의 논문, p.178. 백산부에 대한 기존의 위치비정은 김락기, 2010, 위의 논문, p.194의 〈표11〉 참고. 다만 책성과 같은 大城級 이하의 처려근지·루초급 城들에서 말갈 부락을 관할하는 기능을 했는지 여부는 분명히 알 수 없다.

128) 김현숙, 2005, 『고구려의 영역 지배 방식 연구』, 모시는사람들, pp.474~477. 다만 백산부 전체가 고구려의 영역 내에 있었다고 단정할 수는 없다.

롯한 稅役을 간접적으로 수취하였던 것으로 추정되며, 이러한 구분은 징집 후의 군사 편제에도 반영되었던 것 같다. ㉺에서 책성욕살의 統轄을 받았다는 주민들 가운데, 12城의 고구려인들과 구분되는 37部의 말갈인 부락은 바로 이러한 방식으로 지배되는 주민 집단들로 생각해 볼 수 있을 것이다.

한편 책성 지역에 다수의 말갈인들이 거주하는 사실과 관련하여, 이 지역에 오랫동안 기반을 두었을 이타인의 族源 문제도 기존에 논란이 있어 왔다. 묘지명의 내용을 살펴보면, ㉺에서 天運에 의해 동북방 지역이 번영하는 가운데 고구려가 건국되어 그 후손들이 번성하였음을 언급하고, 뒤이은 ㉺에서 이타인의 선대가 고구려에서 벼슬을 지냈다는 설명이 이어지고 있어, 외형상 이타인 가문이 고구려에 기원을 둔 것으로 이해될 여지도 있다. 그러나 이는 단순히 고구려 지역이 번영하여 이 지역에서 나라가 오래가고 좋은 인재들이 나왔다는 의미로서, 이타인 가문의 내력이 고구려의 기원으로부터 이어지거나 종족적으로 고구려인임을 설명한다고 단정하기는 어려워 보인다.

예컨대 『舊唐書』에서 흑수말갈계 번장인 李多祚가 "三韓貴種"임을 표방하여 자기 선대와 '三韓'과의 연관성을 언급하였음을 볼 수 있는데,[129] 이 역시 이민족 인사가 고구려와 자신의 가계를 연관시키려는 의도가 아닌가 생각해 볼 수 있다.[130] 특히 이민족 인사가 어떤 연유로든 고구려에서 2대 이상 고위 官을 수여받아 활동할 정도였다면, 자기 가문의 내력을 고구려 지역의 오랜 번영과 연관하여 언급하는 것도 불가능한 상황은 아니라고 생각된다.

또한 당에 귀부한 고구려인이 李氏姓을 칭한 사례가 아직 발견되지 않았고, 주로 말갈이나 거란 계통의 인물들에게 李氏姓이 사여된 경우들이 나타난다는 사실이 주목된다.[131] 현재까지는 고구려에 중국계 유이민이 정착한 경우가 아닌 이상 고구려인으로서 李氏姓을 칭한 사례는 찾기 어려우며, 당에 귀부한 고구려인들의 경우에도 그 2대, 3대 자손들까지도 다른 姓氏를 사여받거나 이씨성을 칭한 사례는 발견할 수 없었다. 이러한 점도 이타인이 다른 歸唐 고구려인 1세대와 갖는 중요한 차이점이라 하겠다.

㉺에서 고구려 멸망에 대한 서술 태도 또한 주목할 필요가 있다. 현재까지 발견된 唐에 귀부한 고구려인 1세대의 묘지명에서 ㉺의 "朱蒙遺孼"과 같은 시조 주몽과 고구려 지배층에 대한 卑稱은 찾아보기 어렵다.[132] 이는 唐의 관인이 묘지명을 찬술하였다 할지라도 고구려인으로 태어나 오랜 세월동안 대대로 고구려 조정에서 고위관을 역임하며 지배층의 일원으로 활동했던 묘주들의 입장을 고려하지 않을 수 없었기 때문이라고 생각된다. 이처럼 묘지명에 고구려 지배층에 대한 卑稱을 사용한 것은 이타인이 고구려의 지배계층으로서의 일체감, 혹은 고구려인으로서의 정체성이 상대적으로 적었던 인물이었기 때문에 가능했던 것으로 생각된다.

---

129) 『舊唐書』 卷109 列傳 第59 李多祚.

130) 尹龍九, 2003, 앞의 논문, p.310. 唐代 묘지명에서 고구려를 '三韓'으로 칭한 사례들은 최진열, 2012, 앞의 논문, pp.233~235의 〈표 2〉참조.

131) 尹龍九, 2003, 위의 논문, p.310.

132) "朱蒙遺孼"이라는 표현이 주몽을 시조로 둔 고구려인의 묘지명에 들어가기엔 지나친 표현이며, 그의 일족이 말갈인들이 다수 거주하는 柵城 지역 출신이라는 사실에 주목하기도 하였다(孫鐵山, 1998, 앞의 논문, pp.737~738).

이타인을 고구려인으로 보는 입장에서는 그의 일족이 선대부터 관등을 수여받은 고구려 귀족 가문임을 강조하지만,[133] 이미 5세기 초에 前秦, 혹은 後燕 계통으로 보이는 「덕흥리 고분」의 묘주인 □□氏 鎭이 고구려에 망명해 온 이후 (國)小大兄을 수여받은 적이 있으며,[134] 北魏 孝昌연간(525~527년)에 營州 지역에서 고구려로 연행되어 들어왔던 漢人 韓詳도 太奢(大使者)의 관등을 제안받는 등,[135] 이민족 출신이 고구려에서 관등을 수여받는 사례들이 나타나고 있는 것이다. 즉 고구려 관등을 역임한 사실만을 근거로 이타인 일족이 종족적으로 고구려인이라고 단정하기는 어렵다.

오히려 4~5세기 당시 고구려가 예하에 자기 세력을 거느린 鎭과 같은 유력자를 樂浪·帶方故地 내에 안치시켜, 小大兄의 관등을 수여하고, 예하 세력에 대한 지배 권한도 일부 인정했던 선례는,[136] 柵城 지역에 기반을 두고 있던 말갈인 수장층인 이타인의 선대 조상이 고구려에 귀부하여 관등을 받고, 책성 예하에서 자기 세력에 대한 권한을 일부 인정받는 형태로 정착했을 가능성도 고려해볼 수 있게 한다. 즉 이타인 일가는 고구려 영토 내의 말갈인으로서, 늦어도 6세기 중반 이후부터는 柵城 일대에 자기 기반을 두고, 책성 욕살의 예하에서 활동했을 것이다. 또한 고구려에서 제한적이나마 官을 역임하는 길도 열려 있었던 것으로 볼 수 있다.[137]

지금까지의 논의를 토대로 이타인의 祖·父가 역임한 官等과 柵州都督 문제에 대해 살펴보겠다. 묘지명에 따르면 이타인의 부친인 孟眞이 4품관인 大相(太大使者)을 역임했고, 이타인이 고구려에서 5품 위두대형급 이상이 역임했던 고위 지방관인 책성욕살직을 수여받았다고 한다. 그런데 이타인 부친인 孟眞이 역임했다는 4품관 大相(太大使者)이 그의 조부가 역임했던 大兄(7품관)에 비해 3등급이나 높다는 점은 高質이나 高慈, 泉男生 등 다른 고구려인 가문의 관등 역임 사례들과 비교해 볼 때 쉽게 납득하기 어려운 측면이 있다. 단순히 관등이 3등급 오른 것만이 문제가 아니라, 고구려에서 機密 장악과 政事 모의, 官爵 제수 등 국가의 핵심 권력을 장악했던 상위 5개 官等의 지위는 최상위 귀족들만 대대로 독점했던 것으로 보이기 때문이다.[138] 이러한 상위 5개 관등에 책성 지역 출신의 말갈인인 이타인 집안이 정상적인 경로로 승진했다고 볼 수 있을지 의문이다.

또한 묘지명에서 이타인이 책성욕살 이전에 관직에 있었음을 장황하게 서술하면서도 직명을 전혀 기술하지 않았기 때문에 그가 고구려 말기에 어떤 과정을 통해 책성욕살의 직위를 담당하게 되었는지 여부도 분명하게 알기 어려운 상태이다. 이타인 일족의 관등과 직위에 대한 의문과 관련해 묘지에서 보이

---

133) 拜根興, 2010, 앞의 논문, pp.218~220.

134) "鎭仕位建威將軍 國小大兄 左將軍 龍驤將軍 遼東太守 使持節東夷校尉 幽州刺史"(「德興里古墳」) 판독문은 徐永大, 1992, 「德興里古墳 墨書銘」, 「譯註 韓國古代金石文」, 駕洛國史蹟開發硏究員, p.76 참고.

135) "天下亂離 我狄窺彊 孝昌失馭 高麗爲寇 被擁遼東 雖奔服爲夷 大相引接 欽名仰德 禮異恒品 未履平壤之郊 拜太奢之職 非其好也 出自本心 辭之以病 竟無屈矣"(「韓暨墓誌銘」) 판독문은 井上直樹, 2001, 「「韓暨墓誌」를通して미본 高句麗의 對北魏外交의 一側面―六世紀前半을中心に―」, 「朝鮮學報」178, pp.5~8 참고.

136) 안정준, 2013, 「高句麗의 樂浪·帶方 故地 영역화 과정과 지배방식」, 「韓國古代史硏究」69, pp.156~160.

137) 이와 관련한 구체적인 사례 및 내용 검토는 별도의 논문으로 작성할 계획이다.

138) 「翰苑」 蕃夷部 高麗 所引 「高麗記」.

는 몇가지 정황들을 근거로 추리를 해보면 다음과 같다.

　우선 이타인의 祖와 父의 관등에 대응하는 官職이 구체적으로 기재되지 않은 탓에 그들의 활동상을 구체적으로 파악하기는 어렵다. 그렇지만 이타인 가문의 근거지가 柵城이며 이후 이타인이 '柵州都督 兼總兵馬'를 역임하였다는 점, 고구려에서는 군권을 쥔 특정 지방관의 직책을 같은 가문에서 승계하기도 했다는 점을 고려할 때, 그의 祖·父도 柵城 혹은 그 예하에서 고구려 관등을 지니고 활동하던 軍官 혹은 지방관이었을 것이다.

　또한 7세기 중반 책성 지역은 高質의 부친인 高量이 책성욕살(位頭大兄)을 역임하고 있던 지역이었고, 이후에도 高量·高質 일가의 일원이 그 직을 맡았을 가능성이 높다. 그런데 고구려 말기에 이르러 말갈계 인사인 이타인이 책성욕살직을 수여받았음을 고려할 때, 이 지역에 기존처럼 고구려인 지방관을 파견할 수 없게된 특별한 사정이 있었던 것으로 보인다. 즉 이 지역을 관할하였을 高質·高慈 일가의 일원 혹은 고구려 고위 귀족이 당으로 투항해버렸던 것이 아닌가 추정된다. 당시는 高質·高慈 일가를 비롯해 연남생, 연정토 등 최고위 지배층들도 이반하여 당이나 신라 등으로 투항하는 등 고구려 정권이 차츰 붕괴되어 가는 특수한 상황이었다. 잇따른 고구려 고위 귀족들의 이반으로 궁지에 몰린 고구려 조정이 책성 지역 출신으로서 대대로 관을 역임하며, 말갈인들에게도 상당한 영향력이 있었을 孟眞·이타인 父子에게 파격적인 관등 승급과 함께 책성욕살이라는 고위 직책을 내려주고, 당군과의 전투에 출전하도록 독려했던 것은 아닐까.

　이에 찬자는 이타인 父子의 '특수한' 승진 배경을 감추기 위해 이타인과 그의 祖·父가 이전에 고구려에서 역임했던 관직들을 구체적으로 기재하지 않았을 가능성도 생각해 볼 수 있다. 3장에서 언급한 것처럼 묘지명의 찬자가 이타인이 唐에서 관직을 역임한 배경을 일부 과장하여 기술했던 서술 태도를 감안할 때, 불가능한 추정만은 아닐 것이라 생각된다.

　이상 「이타인묘지명」에 대한 기존의 논의들을 검토하고 몇가지 의견을 제시해 보았다. 이타인 일족이 말갈 계통의 인물이었다면 그들이 柵城 지역에서 관을 역임하고 군사적으로 동원되는 양상도 고구려가 이민족 수령을 등용하고 예하 주민들을 지배하는 양상을 보여주는 한 사례가 될 것이다. 이와 관련해서는 앞으로도 다른 묘지명 자료들과 고구려에서 활동한 말갈 등 이민족 출신들의 활동을 추가로 검토해보아야 할 것이다.

Ⅴ. 맺음말

　歸唐 고구려인들의 묘지명 가운데 일부는 묘주의 고구려에서의 활동 및 그 선대에 대한 내용을 기록하고 있는데, 이는 고구려의 정치·사회상을 파악하는데 중요한 정보를 제공한다. 「이타인묘지명」은 현재 실물을 직접 확인할 수 없다는 한계가 있지만, 출처가 비교적 분명한 편이며, 내용 또한 허위로 작성되었을 가능성은 낮다고 판단된다.

이 글에서는 당에 항복했던 고구려인 1세대의 묘지명에 기재된 내용들과의 비교를 통해 묘지명의 撰者, 이타인이 唐에 투항한 시기, 이타인 일가의 歷任官 및 族源 문제 등을 재검토해보았다. 본 묘지명은 비록 唐人에 의해 쓰여졌다는 한계가 있지만, 고구려에 거주하며 官을 역임한 말갈인 일가의 삶을 들여다보고, 고구려의 책성 일대에 대한 지배 형태와 이민족 통치의 일면을 살펴볼 수 있는 중요한 자료라고 생각된다. 唐代의 다른 묘지명들을 통해서도 고구려로 이주하여 오랫동안 거주했던 이민족들의 존재가 확인되는 만큼,[139] 앞으로 이러한 자료들에 대한 추가 검토를 통해 고구려 내에서의 다양한 이민족 거주 양상과 이에 대한 고구려의 지배 방식을 검토해볼 계획이다.

투고일 : 2013. 10. 16.   심사개시일 : 2013. 11. 8.   심사완료일 : 2013. 11. 25.

---

139) 「豆善富墓誌銘」에서는 6세기 중반에 고구려로 망명한 이래, 고구려에서 활동하다가 당태종의 침공(645~646년) 때 주민들과 함께 唐軍에 항복했던 豆善富 일가의 사례를 볼 수 있다(陝西省古籍整理辦公室 編, 『全唐文補遺』4, 중국 : 三秦出版社, pp.441~442 참고). 묘지명에는 豆善富 일가가 新末·後漢初에 활동했던 卭陵縣 출신의 漢人 후예로 기록하였으나, 그의 姓氏로 미루어 보아 北魏末 河西 지역(오르도스)에서 활동했던 선비계통인 紇豆陵氏의 후예일 가능성이 높다고 생각된다(최진열, 2012, 앞의 논문, p.231). 이와 관련해서는 추후에 별도로 검토할 예정이다.

참/고/문/헌

武田幸男, 1978, 「高句麗官位制とその展開」, 『朝鮮學報』86.

孫鐵山, 1998, 「唐李他仁墓誌考釋」, 『遠望集』下, 中國 : 陝西人民美術出版社.

송기호, 1998, 「高句麗 遺民 高玄 墓誌銘」, 『博物館 年報』10, 서울대학교 박물관.

金賢淑, 2000, 「延邊地域의 長城을 통해 본 高句麗의 東夫餘支配」, 『國史館論叢』88.

李文基, 2001, 「高句麗 遺民 高足酉 墓誌의 檢討」, 『歷史敎育論集』26, 歷史敎育學會.

尹龍九, 2003, 「중국출토의 韓國古代 遺民資料 몇 가지」, 『韓國古代史研究』32.

고구려연구재단 편, 2005, 『북방사 자료총서(4)-중국 소재 고구려 관련 금석문 자료집-』, 고구려연구
　　재단.

김종복, 2005, 「高句麗 멸망 전후의 靺鞨 동향」, 『北方史論叢』5.

김현숙, 2005, 『고구려의 영역 지배 방식 연구』, 모시는사람들.

윤용구, 2005, 「隋唐의 對外政策과 高句麗遠征-裴矩의 '郡縣回復論'을 중심으로-」, 『北方史論叢』5.

閔庚三, 2007, 「신출토 高句麗 遺民 高質 墓誌」, 『新羅史學報』9, 新羅史學會.

바이건싱, 2008, 「고구려·발해 유민 관련 유적·유물」, 『중국학계의 북방민족·국가 연구』, 동북아역사
　　재단.

金榮官, 2009, 「高句麗 遺民 高鐃苗 墓誌 檢討」, 『韓國古代史研究』56.

閔庚三, 2009, 「中國 洛陽 신출토 古代 韓人 墓誌銘 檢討-高質 墓誌銘을 중심으로-」, 『新羅史學報』
　　15, 新羅史學會.

拜根興, 2009, 「高句麗 遺民 高性文·高慈 父子 墓誌의 考證」, 『忠北史學』22, 忠北大學校 史學會.

김락기, 2010, 「6~7세기 靺鞨諸部의 내부 구성과 거주지」, 『高句麗渤海研究』36.

拜根興, 2010, 「唐 李他仁 墓誌에 대한 몇 가지 고찰」, 『忠北史學』24.

拜根興, 2012, 『唐代高麗百濟移民研究』, 北京 : 中國社會科學出版社.

최진열, 2012, 「唐代 高句麗 표기 기피현상-隋唐 墓誌銘의 國名 표기 분석을 중심으로-」, 『東北亞歷
　　史論叢』38.

金榮官, 2013, 「高句麗 遺民 高提昔 墓誌銘에 대한 연구」, 한국고대사학회 133회 정기발표회 발표문.

〈日文要約〉

「李他仁墓誌銘」に現れている李他仁の生涯と族源
－高句麗で活動していた柵城地域における靺鞨人の事例－

安政焌

　1998年に最初に公開された 「李他仁墓誌銘」 は現在実物が確認できないがその出処は割りと明らかであり、また内容も虚偽で作成されたという可能性が少ないと判断されることである。この墓誌銘には文献上からは殆ど現れてない7世紀頃の柵州(柵城)地域における管轄のあり方に関する記録が断片的であるけれど明らかであり、墓主の姓氏、出身地、官職などからわかることは以前発見された帰唐していた高句麗人と比べると異なる様子がみえてくるのである。ところが誌文全てに対する譯註と共に内容を構造的で分析する作業がまだ行われていないため、此れに関する既存の論議が多少不完全に全開されたどころも少なくないであろう。その上本稿は「李他仁墓誌銘」全体の解析と譯註を提示し、墓誌銘の撰者、李他仁が唐へ投降した時期、李他仁の一家の歴任官及び族源の問題などを再検討しようとしたことである。「李他仁墓誌銘」は唐人の手によって作成されたということが限界であるが高句麗による統治の下であった柵城で数代にかかって住みながら官を歴任していたある靺鞨人一家の暮らしを察し、高句麗による柵城に対する支配の様子と異民族に対する統治の一面を把握するには尤も大事な資料であると考えられることである。

▶ キーワード：李他仁墓誌銘, 李他仁, 柵城(柵州), 靺鞨, 都督, 褥薩, 歸唐 高句麗人

신라 神行禪師碑의 건립과 그 정치적 배경

최홍조*

〈국문 초록〉

신라 憲德王 5년(813) 斷俗寺(경남 산청)에 神行禪師碑가 건립되었다. 이 비석은 신라 말 고려 초에 크게 유행한 禪師 塔碑의 시초라는 의의가 있다. 碑와 부도는 滅失되어 전하지 않지만, 비문 전체의 탁본이 현전하고 있어 불교사 연구의 귀중한 자료로 활용되고 있다. 비문에 의하면 神行(704~779)은 8세기 中代(654~780)에 생존한 인물로 唐에 유학하여 神秀系의 北宗禪을 배우고, 귀국 후 신라 사회에 선법을 펼친 승려이다. 신행선사가 입적한 때는 혜공왕 15년(779)이지만, 사후 35년 만인 9세기 초반에 다시 부도를 만들어 사리를 안치하고, 이와 함께 영정을 그리고 비석을 세우는 일련의 현창 사업이 추진되었다. 이는 下代(780~935) 초 불교계의 입장뿐만 아니라 중앙정부의 정치적 의도와 목적이 강하게 내재된 佛事였던 것으로 보인다.

신행선사비 건립의 주체는 신행의 제자인 三輪禪師이며, 조정 관료들과 왕실 세력이 대거 단월로 참여하였다. 그 가운데 비문의 찬자이기도 한 金獻貞은 국왕의 최측근 인사로 헌덕왕대(809~826) 초반의 비상한 정국에서 매우 중요한 정치적 역할을 수행하였다. 809년 헌덕왕은 조카인 애장왕을 살해하는 정변을 단행한 후, 이듬해(810) 김헌정을 唐에 朝貢使로 파견하여 憲宗의 신임을 얻었던 것이다. 그런 연후에 재위 4년(812) 새로 사신을 파견하여 정권 교체 사실을 알리고 당제의 책봉을 받아냈다.

신행선사비문의 분석을 통해 碑 건립의 정치적 배경을 유추해볼 수 있다. 비문에는 신행의 先祖이자

---

* 경북대학교 사학과 강사

先師로서 安弘이 특기되어 있다. 안홍은 中古期(514~654) 眞平王과 善德女王의 정치에 불교적 이념을 제공한 승려로, 當代에는 별로 주목을 받지 못하다가 중대 말 하대 초에 이르러 크게 부상하였다. 안홍은 隋에 유학한 후 文帝의 佛敎治國策을 신라 사회에 원용하였는데, 안홍의 사상과 활동이 헌덕왕의 통치이념과 숭불정책에도 부합했던 것으로 추측된다. 즉 文帝가 隋朝 창업과 황제 등극을 정당화하기 위하여 불교부흥에 부심했듯이, 헌덕왕도 정권안정과 民心收攬을 위하여 불교 고승과 聖人의 '기념비' 건립에 집중하였던 것이다. 신행선사비문 속에는 9세기 초반의 혼란했던 시기, 헌덕왕의 정치적 고뇌와 야심이 숨어 있다.

▶ 핵심어 : 신행선사(碑와 비문), 선종(북종선, 남종선), 헌덕왕, 김헌정, 안홍

I. 序言

新羅 下代(780~935)의 사료로 지방의 불교 관련 金石文이 많이 전하고 있는데, 그중 대부분을 차지하는 것은 禪師들의 碑文이다. 신라 하대에 唐으로부터 禪宗(南宗禪)이 전래된 이후 고려 초에 이르기까지 전국 각지에 선종 山門이 개창되었다. 羅末麗初의 전환기, 정치·사회상의 변동과 함께 사상계에서도 선종의 수용과 九山禪門의 성립이라는 일대 변화가 일어난 것이다.[1] 경전이나 佛陀의 권위에 강하게 의존하는 敎宗에 비해, 선종에서는 心傳과 面授의 불법 전수가 강조된다. 師資相承의 계보가 특히 중시된 禪門에서는 祖師 승려가 入寂하면 사리탑(부도)과 비석을 세워 그 공적을 기리고 숭배하였다. 그런데 선사 塔碑의 제작과 건립에는 門徒와 檀越뿐만 아니라 국가도 관여하였으니, 대개는 국왕이 선사 諡號와 함께 부도의 塔名를 내리고 文人 관료로 하여금 비문을 찬술하게 하였다. 국가의 공인에 의하여 선사는 물론이고 제자들, 나아가 山門 전체의 위상이 높아졌으므로 나말여초 禪門에서는 경쟁적으로 탑비를 건립하였다.

憲德王 5년(813) 斷俗寺(경남 산청)에 세워진 神行禪師碑는 신라 말에 크게 유행한 선사 탑비의 선구라 할 수 있다. 그러나 아쉽게도 현재 단속사는 터만 남아 있고, 碑와 부도는 滅失되어 전하지 않는다.

---

1) 우리나라 초기 禪宗史에 대해서는 역사학계와 불교학계에서 매우 방대한 연구 성과가 축적되었다. 그중 역사학계의 대표적인 논저를 들면 다음과 같다.
　崔柄憲, 1972, 「新羅下代 禪宗九山派의 成立－崔致遠의 四山碑銘을 中心으로－」, 『韓國史研究』7.
　崔柄憲, 1975, 「羅末麗初 禪宗의 社會的 性格」, 『史學研究』25.
　추만호, 1992, 『나말려초 선종사상사연구』, 이론과 실천.
　金福順, 1993, 「新羅 下代 禪宗과 華嚴宗 관계의 고찰」, 『國史館論叢』48.
　김두진, 2007, 『신라하대 선종사상사 연구』, 일조각.
　曺凡煥, 2008, 『羅末麗初 禪宗山門 開倉 研究』, 景仁文化社.

다만 碑片의 일부가 동국대학교 박물관에 보존되어 있다. 여러 기관에 소장된 탁본 대부분은 절첩으로 되어 있으며, 張(枚)이나 軸의 형태로 전하는 것은 매우 드물다.[2] 탁본한 연대는 未詳이다. 趙涑 (1595~1668)의 『金石淸玩』과 李俁(1637~1693)의 『大東金石帖(大東金石書)』에 탁본의 일부가 실려 있고, 중국(淸) 劉喜海의 『海東金石苑』(1832)과 朝鮮總督府의 『朝鮮金石總覽』(1919)에 碑의 全文이 수록되어 있다. 현대 학자들의 『韓國金石全文』古代篇[3]·『譯註 韓國古代金石文』Ⅲ[4]·『校勘譯註 歷代高僧碑文』新羅篇[5] 등에서도 신행선사비문을 다루고 있다. 또한 동국대학교 출판부에서는 『智異山 斷俗寺 神行禪師 大鑑國師碑銘』이라는 碑帖을 간행하였는데,[6] 여기에는 신행선사비와 함께 고려 대감국사비[7]의 탁본 影印과 원문·번역문 등이 게재되어 있다.

신행선사비의 실물이 현존하지 않기 때문에 原碑의 모습을 알기는 어렵지만, 『해동금석원』에 따르면 碑의 높이는 5.6척(170㎝), 너비는 2.5척(76㎝)이었다고 한다. 전체 약 1800字에 달하는 비문은 총 29행으로, 각 행은 대체로 63자씩 배열되었다. 碑의 양식은 螭首와 龜趺, 碑身의 세 요소를 다 갖추었을 것으로 짐작되는데,[8] 따로 篆額이 있었는지는 명확히 알 수 없다. 비문 첫머리의 '海東故神行禪師之碑 幷序'에 이어[9] 撰者, 書者만 나오고 별도의 기록이 보이지 않으므로 전액은 없었다고 생각된다.

『三國史記』와 『三國遺事』의 문헌사료에는 神行(704~779)의 행적이 드러나지 않지만, 碑文에 의하면 그는 王京 출신으로 中代(654~780) 말 唐에 유학하여 神秀系의 北宗禪 법맥을 계승하고, 귀국 후 신라 사회에 선법을 펼친 승려임을 알 수 있다. 일반적으로, 우리나라 선종의 역사는 헌덕왕 13년(821) 道義(783~?)가 唐에서 귀국하여 南宗禪을 전래한 때로부터 시작되는 것으로 간주한다. 그러나 8세기 중엽까지도 唐에서는 神秀[606(?)~706]와 그의 제자 普寂(651~739)이 선종을 대표하는 세력으로 활동하고 있었다. 732년(開元 20년) 神會(684~758)가 자신의 스승 慧能(638~713)을 道信 – 弘忍의 정

---

2) 서울대학교 중앙도서관 고문헌자료실에 1枚(枚 4016 276), 규장각 한국학연구원에 1軸(奎軸 25113), 2帖(古 4016-12, 奎 10262)이 소장되어 있다. 또 국립중앙박물관에 3帖, 고려대학교 중앙도서관 한적실에 1帖이 소장되어 있다. 이 밖에도 일본 天理大學 圖書館 今西文庫 소장본과 서울의 개인 소장본 등이 있다.

3) 許興植 編著, 1984, 『韓國金石全文』古代, 亞細亞文化社.

4) 韓國古代社會研究所 編, 1992, 『譯註 韓國古代金石文』Ⅲ, 駕洛國史蹟開發研究院.

5) 李智冠, 1993, 『校勘譯註 歷代高僧碑文』新羅篇, 伽山文庫.

6) 東國大學校博物館 編, 1984, 『智異山 斷俗寺 神行禪師大鑑國師碑銘』, 東國大學校 出版部.

7) 大鑑國師 坦然은 毅宗 2년(1148) 단속사에 들어가 의종 13년(1159)에 입적하였다.

8) 6세기 신라의 많은 事蹟碑가 일정한 형식을 갖추지 않은 '碣'의 형태였음에 비해, 7세기 후반의 武烈王陵碑는 최초의 墓碑임에도 螭首와 龜趺, 碑身의 세 요소를 완전히 갖추었던 것으로 보인다(주보돈, 2002, 『금석문과 신라사』, 지식산업사, p.26 및 2012, 「통일신라의 (陵)墓碑에 대한 몇 가지 논의」, 『木簡과 文字』9, pp.34~39).

신행선사비(813)와 거의 시차 없이 건립된 誓幢和上碑(800~809)는 현재 斷石으로 전해지고 있는데, 비신의 상단과 하단에 돌기가 있어 이수와 귀부를 갖춘 형태였을 것으로 추정된다(金相鉉, 1988, 「新羅 誓幢和上碑의 재검토」, 『蕉雨黃壽永博士古稀紀念 美術史學論叢』, 通文館, p.471). 같은 시기에 건립된 고승 현창비로서 서당화상비와 신행선사비는 거의 동일한 양식이었을 것이다.

9) 탁본에는 '海東故神行禪師之碑'가 본문과 똑같은 크기와 서체로, '幷序'는 이보다 좀더 작은 글씨로 되어 있다.

통 계승자인 6祖로 현창하기까지는 신수계가 선종의 주류였던 것이다. 그리하여 신라 불교계도 혜능계의 남종선이 확산되기 이전에 신행에 의하여 신수계의 북종선이 도입 전파되는 과정을 밟게 되었다.[10] 이러한 사실은 주로 신행선사비문에 의거해 알 수 있지만, 한편 신행선사비보다 백여 년 뒤인 景哀王 원년(924)에 건립된 鳳巖寺(경북 문경) 智證大師塔碑를 통해서도 거듭 확인할 수 있다.

일찍이 법흥왕대(514~538)의 興法 이래 신라는 화려한 불교문화를 꽃피우며 위대한 고승들을 배출해냈다. 신라인들은 고승들의 공덕을 기리기 위하여 다양한 불사활동을 전개하였는데, 그 방법으로는 碑의 건립·부도(사리탑)의 건립·影堂의 건립(影幀의 봉안)·塑造像의 조성·僧傳의 편찬 등이 있었다. 헌덕왕 5년(813) 신행선사의 宣揚 사업에는 立碑와 함께 영정을 그려 모시고, 부도를 세워 사리를 안치하는 일 등이 아울러 진행되었다. 신행이 지리산 단속사에서 입적한 것이 惠恭王 15년(779)의 일이므로, 死後 35년 만에 추모비가 건립된 셈이다. 사망 직후가 아니라 수십 년이 경과한 뒤에야 비로소 碑가 세워졌다는 점, 이 碑가 나말여초에 크게 성행한 선사 탑비의 시초가 된다는 점, 신라 시기 事蹟碑·陵墓碑 등의 건립에 국가의 통제와 관리가 있었다는 점 등을 고려하면,[11] 이는 당시 불교계의 입장뿐만 아니라 중앙정부의 정치적 의도와 목적이 강하게 깃들어 있는 佛事였다.

신행선사비의 건립 외에도 8세기 말 9세기 초의 하대 초창기에는 중요한 불사가 수 차례 행해졌다. 異次頓의 순교를 기념하여 栢栗寺에 石幢이 세워지고(818년), 高仙寺에는 元曉를 기리는 誓幢和上碑가 건립되었으며(800~809년), 興輪寺의 금당에는 이차돈(중고기)과 원효(통일 전후)를 포함하여 表訓(중대)에까지 이르는 聖人 10位의 塑像이 봉안되었다.[12] 그야말로 '기념비'적인 이러한 사업은 불교계의 주도와 요청에 의한 것이지만, 한편으로는 왕실과 국가의 전폭적인 지원 하에 성사된 것이었다. 실로 崇佛의 군주라 일컬어도 좋을 만큼 헌덕왕(809~826) 김언승의 불교정책에는 특별히 주목되는 바가 있다. 김언승은 애장왕대(800~809)에는 최고 권력자로서, 헌덕왕대에는 국왕으로서 불교 聖人과 고승의 현

---

10) 신라 선종의 역사를 논하는 과정에서 신행의 북종선 수용과 그 사상에 관하여 언급한 연구가 적지 않지만, 그중 神行禪師(碑와 碑文)를 표제로 하여 이를 專論한 연구는 세 편이 제출되어 있다.

呂聖九, 1992, 「神行의 生涯와 思想」, 『水邨朴永錫敎授華甲紀念史學論叢』上, 探求堂.

鄭善如, 1997, 「新羅 中代末·下代初 北宗禪의 受用-〈丹城斷俗寺神行禪師碑文〉을 중심으로-」, 『韓國古代史研究』12.

곽승훈, 2009, 「신라시대 지리산권의 불사활동과 신행선사비의 건립-중대 말 하대 초의 정치변동과 관련하여-」, 『新羅文化』34.

11) 朱甫暾, 2012, 앞의 논문 참조.

신라의 事蹟碑와 墓碑에 대한 일반사에서의 종합적인 검토가 요구된다. 역사학계(정치사)에서는 비석 個個에 대한 분석과 검토가 활발히 이루어진 편이고, 미술사 분야에서는 석조 조형물로서의 墓碑를 다루면서 그 양식적 변천을 고찰하는 데 일정한 성과를 거둔 것 같다. 이제 이를 수렴하여 石碑 건립의 문화사적 배경까지도 아우르는 폭넓은 연구로 확대·심화되어야 할 것이다. 그런 점에서 위의 논고는 研究史上의 의의가 크다고 생각되는데, 용어 정립을 위한 고심의 흔적이 논제에서 역력히 드러나는 듯하다. 승려의 墓塔(사리탑, 부도)과 함께 세우는 碑가 塔碑이므로, 나말여초 선승들의 탑비도 넓게는 '墓碑'에 속한다고 할 수 있다.

12) 흥륜사 금당의 소상 봉안 佛事가 행해진 정확한 시기는 알 수 없지만, 대략 9세기를 전후한 시기였을 것으로 추정된다. 본문 Ⅲ장에서 논급하기로 한다.

창 사업을 활발히 펼쳤던 것이다.

본고에서는 하대(780~935) 전기, 그중에서도 9세기 초반 불교사에서 나타나는 이러한 현상을 당시의 정치상황과 관련지어 고찰해 보려고 한다. 먼저, 기왕의 연구성과를 토대로 신행선사비문의 내용을 분석해 碑 건립의 주체와 단월에 대하여 좀더 분명히 알아보고자 한다. 이를 기초로 이 佛事의 정치적 목적을 이해하기 위하여 비문에 신행의 先祖로 특기된 中古期(514~654)의 승려 安弘에 주목하여, 그가 중대 말 하대 초에 크게 부상하게 된 배경을 하대 정권의 치국이념이라는 측면에서 살펴보고자 한다. 諸賢의 叱正을 바란다.

II. 神行禪師碑文의 분석

1. 신행의 출신과 활동

神行禪師碑文의 구조와 내용은 크게 네 부분(①題額, 撰者, 書者 ②序 ③銘 ④건립 연대)으로 나누어 이해할 수 있다.[13] 먼저 ①의 제액과 ④의 건립 연대부터 살펴보기로 한다. 비문의 첫머리에 기록된 '海東故神行禪師之碑 并序'가 제액에 해당하며, 비문의 맨 끄트머리에 기록된 元和 8년 계사년이 碑를 세운 연대이다.[14] 元和 8년(唐 憲宗의 연호)은 813년이니, 이 碑는 신라 헌덕왕 5년(813)에 건립된 故神行禪師의 추모비임을 알 수 있다.

비문을 찬술한 金獻貞은 伊干(伊湌; 제2위)의 관등과 國相·兵部令兼修城府令의 관직을 가진 헌덕왕대의 고위 관료이다.[15] 官名 冒頭에 '皇唐衛尉卿'이라 밝혀 놓은 것으로 보아, 唐에 入朝하여 '衛尉卿'의 관직을 제수 받았음을 알 수 있다.[16] 金獻貞(金憲貞)은 元聖王(785~798)의 손자이고, 僖康王(836~838)의 아버지이니,[17] 신라 하대 왕위계승전에서 흔히 거론되는 '원성왕系 – 예영系 – 헌정系'의 '헌정계'가 바로 김헌정의 가계를 일컫는다. 헌덕왕대(809~826) 초반의 정국에서 비중있는 역할을 수행한 인물이므로 뒤의 III장에서 다시 논하기로 한다.

書者인 靈業은 '東溪沙門'이라 기록되어 있다.[18] '東溪'의 정확한 의미는 밝히기 어렵지만, 영업이 신라 동계사 소속의 승려라는 의미로 이해된다.[19] 刻者에 대해서는 언급하지 않았다. 비문의 서체는 王義

---

13) 韓國古代社會研究所 編, 1992, 앞의 자료집, 제1편 제1장「斷俗寺 神行禪師碑」(pp.16~31), 南東信의 역주를 따른 것이다. 여러 자료집의 판독문과 탁본을 참조하되, 주로 이 책의 판독과 주석을 인용하기로 한다.

14) '元和八年 歲次癸巳 九月 庚戌朔 九日 戊午 建'(「단속사 신행선사비」).

15) '皇唐衛尉卿國相兵部令兼修城府令 伊干 金獻貞 撰'(「단속사 신행선사비」).

16) 그의 入朝 사실에 대해서는 III장에서 후술한다.

17) 『三國史記』(권10) 僖康王 즉위조 및 2년조 참고. 희강왕 2년(837)에 翌成大王으로 추봉되었다.

18) '東溪沙門 靈業 書'(「단속사 신행선사비」).

19) 승려인 靈業의 존재는 이 신행선사비문을 통해서만 드러날 뿐, 정확한 생몰 연대나 傳記 등은 알기 어렵다. 그러나 신행

之 書風의 유려한 行書로, 우리나라 역대 금석문 중에서도 매우 뛰어난 글씨로 평가되고 있다.[20]

헌덕왕 5년(813) 建碑 당시 비문을 지은 김헌정이나 글씨를 쓴 영업과 달리 碑의 주인공인 神行은 8세기 신라 中代에 활동했던 인물이다. 비문에서는 그가 大曆 14년(唐 代宗의 연호, 779) 단속사에서 76세를 일기로 입적하였다고 하므로,[21] 신행의 생몰 연대는 聖德王 3년(704)에서 惠恭王 15년(779)이 된다. 이제 비문의 내용을 차례대로 고찰해 보기로 한다.

碑序의 첫머리에서 撰者는 우선 法의 본체와 마음의 본성에 대하여 언급하였다. 또한 禪那라는 것은 말단에 즉해서 근본으로 돌아가는 오묘한 문이요, 마음으로 인해서 道로 올라가는 그윽한 길이라고 하였다.[22] 여기에는 佛法(禪法)의 요체에 대한 찬자의 기본적인 인식이 잘 드러나 있다.[23] 이어 찬자는 신행선사가 전세에 닦은 수행과 공덕의 인연으로 부처의 授記를 받았다고 하였다. 그 지위가 35佛의 경지에 이르고 명성이 온 세계에 뻗쳐 부처의 씨앗을 잇고 法의 등불을 전하리라는 것이다.[24] 이는 신행을 지극히 理想化한 것으로, 후대의 선사 탑비는 물론이고 일반적으로 顯彰碑에서 주인공을 한껏 미화하여 표현하는 양상과 별반 다르지 않다. 비문의 도입부에 해당한다.

다음으로, 出身과 家系에 관하여 짧게 서술하였다. 신행선사의 俗姓은 金氏로 東京 御里 사람이며, 級干 常勤의 아들이고 先師 安弘의 兄의 증손이라고 명기하였다. 출가 수행에 관한 기사가 바로 이어지므로 출가 이전의 행적에 대해서는 알 수 없다. 그러나 이 간결한 기사는 전체 비문 속에서도 특히 사료상으로 意義가 있는 부분이므로 옮겨 보기로 한다.

     A-① 禪師의 俗姓은 金氏요, 東京 御里 사람이다.
       ② 級干 常勤의 아들이요, 先師 安弘의 兄의 曾孫이다.[25]

선사비에 남긴 書跡으로 하여 우리나라 서예사에서는 빠짐없이 거론되는 인물이다.

20) 任昌淳 責任編輯·執筆, 1973; 1980 重版, 『韓國美術全集』11(書藝), 同和出版公社, p.139 및 鄭祥玉, 2000, 「佛敎金石의 勃興과 王羲之 書風」, 『佛敎美術』16, 동국대학교 박물관, p.86 참조.
일찍이 조선전기의 文人인 徐居正(1420~1488)은 『筆苑雜記』에서 우리나라 서예가의 으뜸으로 金生을, 그 다음으로 姚克一·坦然·靈業을 꼽고, 이들이 모두 왕희지의 서법을 본받았다고 하였다(서거정 지음, 박홍갑 옮김, 2008, 『필원잡기』, 지만지, p.26). 또 조선 후기의 文人인 李匡師(1705~1777)도 그의 유명한 서예 이론서인 『圓嶠書訣』에서 우리나라의 필법은 신라 金生의 것이 제일이라 하고, 다음으로 신라 승려 靈業과 고려 승려 坦然의 글씨를 평하였다(심경호·길진숙·유동환 공편, 2005, 『신편 원교 이광사 문집』 제15권 「書訣」, 시간의 물레, p.406).
21) '故生平七十有六 大曆十四年 十月廿一日 歿於南岳斷俗之寺'(「단속사 신행선사비」).
22) '夫法之體也 非名非相 則盲聾智者 莫能觀其趣 心之性也 若存若亡則 童蒙理者 焉可測其源 故有學無學 纔嘗香鉢之飯 二乘三乘 寧得藥樹之菓 言禪那者 卽末還本之妙門 因心階道之玄路'(「단속사 신행선사비」).
23) 비문을 작성할 때 門人들이 제공한 行狀을 참고하였을 것이다. 그러므로 비문에는 신행과 제자들의 사상, 찬자인 김헌정의 인식 등이 혼효되어 있을 것으로 여겨진다. 추만호는 다른 선사 탑비에서와는 달리 神行禪師碑에서 특별히 禪那에 대하여 언급한 것은 아직 신라 사회에 선종에 대한 인식이 널리 퍼져 있지 않음을 반증하는 것이라고 하였다(추만호, 1992, 앞의 책, p.43).
24) '歸之者 銷沙劫之罪 念之者 獲塵刹之德 況乎 經年累代 積行成功 深之又深 其極致歟 粵若位登五七 聲亘三千 紹佛種傳法燈 卽我神行禪師 受其記焉'(「단속사 신행선사비」).

신행의 출신지로 표기된 A-①의 '東京'은 신라 서울인 경주를 가리키는 것임에 틀림이 없다. 이는 하위 지명으로 '御里'[26]가 보이는 점, 신행의 姓이 金氏인 점, 뒤의 碑銘에서 다시 '金城鼎族 紫府親皇'[27] 출신으로 강조된 점에서 거듭 확인할 수 있다. 그런데 신라 당대의 비문인 이 자료에서 왕경을 '東京'이라 표현한 것은 고려 시기에 편찬된 『삼국유사』에서 경주를 '東京'이라 칭한 것과는 의미상 차이가 있다. 비문 전체의 맥락에서 본다면 이 '東京'은 唐의 '帝京'에 대비되는 의미였을 것으로 해석된다. 碑의 題額에서 신라를 '海東'이라 표기한 점, 撰者 김헌정의 관명에 '皇唐衛尉卿'이 보이는 점, 唐 憲宗의 연호인 '元和'가 사용된 점, 신행이 唐에서 유학한 점 등이 '東京'이라는 중국을 의식한 용어가 쓰이게 된 배경이 아닐까 생각된다. 혹 신행선사비문의 중국 유포를 염두에 둔 표현일지도 모르겠다.[28]

한편, A-②에서 신행의 先師이자 先祖로서 安弘을 특기하고 있음이 눈에 띈다. 안홍은 『삼국사기』 (권4) 진흥왕 본기,[29] 『삼국유사』(권1) 마한 條[30]와 『삼국유사』(권3) 황룡사 구층탑 條[31]에 그 행적이 보이는 中古 시기의 승려로, 『삼국유사』(권3) 東京 興輪寺 金堂 十聖 條[32]에 나오는 安含, 『海東高僧傳』(권2)에 입전된 安含과 동일 인물이다.[33] 『해동고승전』에서는 안함(안홍)의 俗姓이 金氏이고, 詩賦伊湌의 손자라고 하였다. 안함(안홍)의 祖父인 시부가 이찬(제2위) 관등을 소지하고 있으므로, 안홍의 후손인 신행 역시 진골 신분이었을 가능성이 높다. 하지만 신행선사비에서 신행의 父 상근의 관등이 급간(급찬; 제9위)으로 기록되고 특별한 관직 경력이 나타나지 않는 것으로 보아, 중대에 들어와 신행 집안의 정치적 활동은 그다지 두드러지지 않았던 같다.[34]

안홍은 진평왕대에 隋에 유학한 후 서역·중국 승려와 함께 귀국하였는데,[35] 이 때 『楞伽經』과 『勝鬘

---

25) '禪師 俗姓金氏 東京御里人也 級干常勤之子 先師安弘之兄曾孫'(「단속사 신행선사비」).
26) '御里'는 신라 왕경의 행정구획인 '里'의 하나일 것이다(전덕재, 2009, 『신라 왕경의 역사』, 새문사, pp.39~40). 신라의 '里制'에 대해서는 아래의 논고들을 참조하기 바람.
   申瀅錫, 2000, 「新羅 慈悲王代 坊里名의 設定과 그 意味」, 『慶北史學』23.
   전덕재, 2009, 위의 책, 제4장 「리(里)·방제(坊制)의 시행과 그 성격」(pp.123~165).
   이현태, 2012, 「신라 왕경의 里坊區劃 및 범위에 대한 연구 현황과 과제」, 『新羅文化』40.
27) '金城鼎族'은 신라 王京인 경주와 王姓인 朴·昔·金 3姓을 가리키고, '紫府親皇'은 仙宮 곧 왕실을 뜻한다.
28) 한국목간학회 2013년 하계 워크샵(8월 24~25일, 서울 한성백제박물관)에서 '東京'의 해석에 조언·토론해 주신 김영욱·전덕재·윤선태·김창석 교수님께 감사드린다.
29) 『三國史記』권4 眞興王 37年條.
30) 『三國遺事』권1 紀異2 馬韓.
31) 『三國遺事』권3 塔像4 皇龍寺九層塔.
32) 『三國遺事』권3 興法3 東京興輪寺金堂十聖.
33) 辛鍾遠, 1992, 『新羅初期佛敎史硏究』 제3장 Ⅱ절 「安弘과 新羅佛國土說」, 民族社, pp.232~249.
34) 鄭善如, 1997, 앞의 논문, pp.291~292.
35) 『三國史記』(권4)에서는 안홍이 隋에 들어가 求法한 사실을 진흥왕 37년(576)조에 실어 놓았지만, 이 때는 아직 隋가 건국되기 이전으로 연대상 문제가 있다. 이러한 사료상의 혼란, 안홍과 안함이 동일 인물인지의 여부 등에 대해서는 뒤의 Ⅲ장에서 다시 논하기로 한다. 辛鍾遠의 논증에 의하면, 안홍(안함)의 생몰 연대는 '眞平王 원년(579)~善德女王 9년(640)'이 된다. 隋에 유학한 기간은 '진평왕 23년(601)~27년(605)'이다. 안홍이 입적한 선덕여왕 9년(640)은 중국에서는 왕조

經』을 갖고 들어와 국왕께 바쳤다고 한다. 『楞伽經』은 북종선의 所依經典이므로, 훗날 안홍의 從曾孫인 신행이 唐에 유학하여 북종선을 배워온 것도 우연의 소치만은 아닌 듯하다. 안홍이 들여온 『능가경』으로 하여 신행은 출가 전에 이미 불교 경전, 그중에서도 특히 『능가경』에 대하여 많은 이해를 쌓았으리라 추측해 볼 수 있다.[36] 중대 말에서 하대 초에 이르는 어느 시기엔가 안함(안홍)의 碑가 건립되었고, 이와 비슷한 시기 興輪寺의 금당에는 안함(안홍)의 塑像이 '10聖' 중의 하나로 봉안되었다. 애장왕대(800~809)에 세워진 高仙寺 誓幢和上碑에서는 서당화상(원효)이 萬善和上(안홍)의 법통을 계승했다고 하였다.[37] 신행선사비에서도 신행이 안홍의 후예임을 내세우고 있어, 중고기의 인물인 안홍이 하대 초에 이르러 크게 尊崇받았음을 알 수 있다.

신행선사의 출가에 대해서는 비문에 다음과 같이 기록되어 있다.

> B-① 善行을 쌓고 마음을 薰習하였으며, 예전의 감성으로 인하여 나이 30세 무렵에 출가하여 運精律師를 섬겼다. 바리때 하나와 옷 한벌만 가지고 2년 동안 苦行을 닦았다. ② 다시 法朗禪師가 瑚琚山에서 지혜의 등불을 전한다는 말을 듣고 곧 그 곳으로 가서 심오한 뜻을 삼가 받았다. …… 열심히 구하기를 3년 만에 스승이 입적하자, 자신을 잊고 통곡을 하였으며, 사모함이 지극하였다. 마침내 사는 것은 바람 앞의 촛불과 같고 죽는 것은 물거품과 같음을 알게 되었다.[38]

신행의 출가 동기에 대해서는 별다른 언급이 없지만, 출가 시기는 그의 나이 30세인 성덕왕 32년(733) 무렵이었던 것 같다.[39] 출가 후 신행은 運精律師에게서 2년간 수학하고, 다시 法朗禪師를 찾아가 3년간 수학하였다. 律師와 禪師의 칭호에 보이듯이 運精은 계율을 중시했던 승려로 생각되며, 法朗은 신행에게 처음으로 禪法을 전한 禪僧으로 짐작된다. 현존 자료로 보건대, 법랑은 新羅 禪法의 初傳者가 되는 셈이다. 법랑에게서 禪을 배운 신행은 스승이 입적하자 이제 唐으로 들어가 北宗禪 神秀의 法孫인 志空 문하에서 수학하였다. 아래의 자료 C는 신행선사비문의 일부이지만, D는 법랑과 신행에 관하여 서술한 후대 다른 선사의 비문에서 발췌한 것이다.

가 바뀐, 唐 太宗 貞觀 14년에 해당한다.

36) 呂聖九, 1992, 앞의 논문, p.353 참고.

37) 안홍의 碑, 흥륜사 금당의 塑像, 고선사 誓幢和上碑에 대해서는 Ⅲ장에서 상술함.

38) '積善薰心 曩因感性 年方壯室 趣於非家 奉事運精律師 五綴一納 苦練二年 更聞 法朗禪師 在蹦踞山 傳智慧燈 則詣其所 頓受奧旨 …… 勤求三歲 禪伯登眞 慟哭粉身 戀慕那極 遂以知生 風燭解滅水泡'(「단속사 신행선사비」).

39) 비문의 '年方壯室'에서 '壯室'은 『曲禮』에서 말하는 '三十日壯 有室', 곧 30세를 가리킨다(韓國古代社會研究所 編, 1992, 앞의 자료집, p.18). 그러나 48세(경덕왕 10년, 751)에 출가했다고 보는 설도 있다(추만호, 1992, 앞의 책, p.36; 呂聖九, 1992, 앞의 논문, p.347; 鄭善如, 1997, 앞의 논문, p.292).

C-① 멀리 큰 바다를 건너 오로지 부처의 지혜를 구하고자 하였다. …… 맹세가 견고한
데다가 부처의 신령스런 위엄을 입어서 외로운 항해가 곧장 나아가 저편에 닿을 수
있었다. ② 때마침 흉년이 들어 도적들이 변경을 어지럽히자, 여러 州府에 명하여 전
부 체포하게 하였다. 관리가 (선사를) 우연히 만나 힐문하자, 禪師가 웃으면서 대답
하기를, "저는 신라에서 태어나 불법을 구하고자 왔을 뿐입니다" 하였다. 관리는 마
음대로 놓아줄 수가 없어서 禪師를 240일 동안 구금하였다. …… ③ 사태가 해결되
자 志空和上에게 나아갔다. 和上은 곧 大照禪師에게 入室한 사람이었다. 아침저녁으
로 열심히 숭앙하기를 이미 3년이나 지나서야 (화상이) 비로소 마음을 열고 진리를
전수하였다. …… 和上이 입적할 때가 되어서 禪師에게 灌頂하고 授記하며 말하기
를, "가거라! 존경스런 인재여. 너는 이제 본국으로 돌아가서 미혹된 나루터를 깨치
게 하고 깨달음의 바다를 높이 떨쳐라" 하였다. 말을 마치고 입적하였다. (선사는) 이
때 확 트이면서 미증유의 것을 얻었으니, 지혜의 등불이 허공에 뛰고 禪定의 물이 禪
의 바다로 모였다. 그래서 멀고 가까운 곳의 사람들이 그것을 보거나 듣고 나서 (선
사를) 존중하고 우러러본 일을 이루 다 실을 수가 없다.(「단속사 신행선사비」)[40]

D-① 법의 계보를 보면, 唐의 제4조 道信을 5世父로 하여 동쪽으로 점차 이 땅에 전하
여 왔는데, 흐름을 거슬러서 이를 헤아리면, 雙峰의 제자는 法朗이요, 손제자는 愼行
이요, 증손제자는 遵範이요, 현손제자는 慧隱이요, 來孫弟子가 대사이다. ② 법랑대
사는 大醫四祖의 大證을 따랐는데, 中書令 杜正倫이 지은 道信大師銘에 이르기를,
"먼 곳의 奇士요 이역의 高人으로 험난한 길을 꺼리지 않고 珍所에 이르렀다"고 하였
으니, 보물을 움켜쥐고 돌아간 사람이 법랑대사가 아니고 누구겠는가. ③ 다만 아는
사람은 말하지 않으므로 다시 은밀한 곳에 감추어 두었는데, 비장한 것을 찾아낸 이
는 오직 신행대사뿐이었다. 그러나 때가 불리하여 道가 미처 통하지 못한지라 이에
바다를 건너갔는데, 천자에게 알려지니, 숙종 황제께서 총애하여 시구를 내리시되,
"龍兒가 바다를 건너면서 뗏목에 힘입지 않고, 鳳子가 하늘을 날면서 달을 인정함이
없구나!"라고 하였다. 이에 다시 신행대사가 '산과 새' '바다와 용'의 두 구로써 대답
하니 깊은 뜻이 담겼다. 우리나라에 돌아와 三代를 전하여 대사에 이르렀는 바, 畢萬
의 후대가 이에 증험된 것이다.(「봉암사 지증대사탑비」)[41]

---

40) '遠涉大陽 專求佛慧 …… 誓願堅固 承佛神威 孤帆直指 得到彼岸 時屬凶荒 盜賊亂邊 勅諸州府 切令捉搦 吏人遇而詰之 禪
師怡然而對曰 貧道生緣海東 因求法而至耳 吏不得自放 檢繫其身 卅有四旬矣 …… 事解 遂就于志空和上和上 卽大照禪師
之入室 朝夕鑽仰 已過三年 始開靈府 授以玄珠 …… 泊于和上 欲滅度時 灌頂授記曰 往 欽才 汝今歸本 曉悟迷津 激揚覺海
言已歸寂 應時豁尒 得未曾有 挑慧燈於虛室 凝定水於禪河 故遠近見聞 尊重瞻仰 不可殫載矣'(「단속사 신행선사비」).

신행이 入唐 유학을 하게 된 이유는 신행선사비문에 뚜렷하게 나타나 있지 않지만, 법랑선사의 입적이 하나의 계기가 되었던 것 같다. 그런데 景哀王 원년(924)에 건립된 鳳巖寺(경북 문경) 智證大師塔碑에서는 愼行(神行)이 唐에 들어간 배경으로 '때가 불리하여 道가 미처 통하지 못한' 점을 들고 있다(D-③). 당시 신라에서는 敎學 불교를 숭상하고 있었으므로, 신행은 법랑에게서 心印을 받았으되 그 자신이 선법을 펼치기는 여의치 않았던 것으로 보인다. 스승이 입적한 후에, 또는 스승의 인가를 받은 후에 여러 곳을 遊歷하는 선종의 수행법을 실천하는 의미도 있었을 것이다.[42] 先祖 안홍이나 先師 법랑의 중국 유학 이력도 신행이 渡唐을 결행하는 데 일정한 영향을 끼쳤을 것이다. 배를 타고 황해 바다를 건너가는 길도 엄청난 險路이지만,[43] C-②에 보이듯이 신행은 唐에 도착한 후 남다른 고초를 겪기도 하였다. 당시 唐의 변방에 도적이 일어나 여러 州府에서 이를 엄히 단속하는 중에, 그도 불가피하게 체포당하였던 것이다. 240일(24旬) 만에 구류에서 풀려난 신행은 드디어 지공화상에게 나아갔다.

신행이 唐에서 수학한 스승 志空은 비문 C-③에서도 밝혀놓았듯이 大照禪師 普寂(651~739)의 제자이다. 보적은 『楞伽經』을 중시하였다고 한다. 신행도 從曾祖 안홍의 영향으로 『능가경』에 대하여 남다른 관심을 갖고 있었을 것이다. 보적은 북종선의 開祖 神秀[606(?)~706]의 문하에서 수학한 후 신수를 뒤이어 북종선의 최전성기를 열었던 인물이다. 신수가 '兩京의 法主, 三帝의 國師'로 불리며 존경받았듯이, 그의 제자인 보적은 '兩京의 法主, 三帝의 門師'라 불리며 북종선을 크게 번창시켰다. 보적의 교화력은 특히 뛰어나서 洛陽과 長安을 중심으로 한 왕실과 귀족들의 歸依에만 그치지 않고 道俗 일반의 四部大衆에까지 널리 미쳤다고 한다. 그러나 神會의 北宗 공격(732)과 安史의 난(755~763)을 거치며 세력이 약화되어 마침내 慧能(638~713)系의 南宗에 밀려나게 되었다.[44]

지공에게서 灌頂授記를 받은 신행은 스승이 입적한 후 신라로 돌아왔지만 그 연대는 알 수 없다.[45] 귀국 후 신라에서의 행적에 대해서도 비교적 간략히 서술되어 있다. 다만 신행의 교화 활동을 칭송한

---

41) '法胤唐四祖爲五世父 東漸于海 遡游數之 雙峰子法朗 孫愼行 曾孫遵範 玄孫慧隱 來孫大師也 朗大師從大豎之大證 按杜中書正倫 纂銘敍云 遠方奇士 異域高人 無憚險途 來至珍所 則掬實歸止 非師而誰 第知者不言 復藏于密 能撢秘藏 唯行大師 然時不利兮 道未亨也 乃浮于海 聞于天 肅宗皇帝 寵貽天什日 龍兒渡海不憑筏 鳳子沖虛無認月 師以山鳥海龍二句爲對 有深旨哉 東還三傳至大師 畢萬之後斯驗矣'(「鳳巖寺 智證大師塔碑」).

42) 김복순, 2005, 「9~10세기 신라 유학승들의 중국 유학과 활동 반경」, 『역사와 현실』56에서는 신라 하대 유학승들이 唐에 유학하여 선종(남종선)을 익히고 귀국하기까지, 특히 스승으로부터 인가를 받은 후의 遊行에 대하여 자세히 검토하였다. 前代 북종선 계열 신행의 유학을 이해하는 데도 참조가 된다.

43) 후일의 慧昭・無染・行寂은 遣唐使臣의 선박에 동행하였지만(「雙溪寺 眞鑑禪師塔碑」「聖住寺 朗慧和尙塔碑」「太子寺 郎空大師塔碑」), 신행은 대규모 사절단이나 상인의 배에 편승하지 않고 작은 돛단배에 의지해 苦海를 건너간 듯하다.

44) 鄭性本, 1991, 『中國禪宗의 成立史硏究』, 民族社, pp. 439~459 참고.

45) 智證大師塔碑에서는 愼行(神行)이 唐의 肅宗(756~762)과 시편을 주고받은 사실을 기록해 놓았지만(D-③), 신행선사비에서는 이 내용이 언급되지 않았다. 신행이 실제 숙종과 대면했는지, 만났다면 그 시기는 지공이 입적한 후였는지 등에 대해서는 잘 알 수 없다. 다만 신행의 출가 시기(30세, 성덕왕 32년, 733)와 국내에서의 수학 연한(운정율사 2년, 법랑선사 3년), 당에서의 유학(지공화상 3년)과 遊行, 사료상으로 드러나지 않는 공백 기간 등을 두루 감안하면, 대략 경덕왕대(742~765) 말이나 혜공왕대(765~780) 초에 귀국했을 것으로 추측된다.

부분에서 입당 이전과 이후의 사상에 변화가 있었음을 엿볼 수 있다. 즉 몽매한 이들을 인도함에 있어 道의 근기가 있는 자를 위해서는 '看心' 한마디로 가르치고, 그릇이 익은 자를 위해서는 수많은 '方便'을 보여주었다고 한다.[46] 법랑에게서 '無心'의 실천행으로 '安心'을 공부하고, '不動安心'의 생각으로 바다를 건넜던 신행이 이제 '看心'으로의 사상적 변화와 함께 자기 수행의 단계를 넘어 중생 제도를 실천하고 있는 것이다.[47]

2. 탑비 건립의 주체

神行의 行化는 주로 지리산 단속사를 중심으로 펼쳐졌던 듯하다. 비문에서는 그가 76세를 일기로[48] 南岳 斷俗寺[49]에서 입적했다고 기록하였다. 아마도 신라 사회에 왕경을 중심으로 한 교학불교의 전통이 워낙 강고하였으므로 지방 사찰에 주석하며 선법을 전했던 것으로 보인다. 신행의 입적에서부터 문도와 단월에 의해 탑비가 조성되기까지의 상황은 다음과 같이 기록되어 있다. 여기에는 약 35년의 세월이 격해 있다.

> E-① 그래서 나이 76세인 大曆 14년(779, 혜공왕 15) 10월 21일 南岳 斷俗寺에서 입적하였다. 이 날 하늘이 어두워지니 해와 달과 별이 그 때문에 어두워지고 땅이 흔들리니 만물이 이로 인하여 떨어졌다. 단물이 나오는 샘이 문득 마르자 물고기가 그 속에서 놀라 뛰고, 곧은 나무가 먼저 꺾이니 원숭이와 새가 그 아래에서 슬피 울었다. …… 피눈물을 흘리며 화장을 하고 온 마음으로 뼈를 장사지낸 지가 거의 36년이나 되었다. …… 이와 같은 聖人의 자취는 그 수가 하도 많아서 상세히 다 말할 수가 없을 따름이다. ② 지금 우리 三輪禪師는 宿世에서 여러 오묘함을 심고 본래 三身을 갖추어서, 마음에 自性이 없고 깨달음을 타인으로 말미암지 않았으며, 함께 도업을

---

46) '然後 還到雞林 倡導群蒙 爲道根者 誨以看心一言 爲熟器者 示以方便多門'(「단속사 신행선사비」).

47) 呂聖九, 1992, 앞의 논문, pp.354~355 참조.
    鄭性本, 1991, 앞의 책, pp.409~439에서는 북종선의 禪 사상과 교화를 보여주는 禪籍 『大乘無生方便門』 또는 『大乘五方便』에 대하여 고찰하고 있다. 神秀가 '방편'으로써 제자를 가르쳤듯이 그의 高弟인 普寂도 '방편'으로 제자들을 지도했다고 한다. 특히 보적은 五方便門을 전개했는데, 신수계 북종선을 배우고 돌아온 신행도 '示以方便多門' 구절에서 보듯 그 실천자였음을 알 수 있다.

48) 앞에서 추정한 대로 30세 무렵(壯室)에 출가했다고 보면 僧臘은 약 45세가 된다. 世壽와 法臘을 병기하지 않은 것은 후대 다른 비문들과의 차이점이다.

49) 斷俗寺의 창건에 대한 사료는 다소 혼란스럽다. 『三國遺事』(권5) 避隱篇 信忠掛冠條의 別記에서는 경덕왕 7년(748) 李純(李俊)이, 信忠掛冠條의 본문에서는 경덕왕 22년(763) 信忠이 창건한 것으로 되어 있다. 또 『三國史記』(권9)에서는 경덕왕 22년에 왕의 총신인 李純이 왕을 위하여 단속사를 세웠다고 하였다. 그런데 『三國史記』의 찬자는 李純이 단속사를 세운 것과 훗날 왕에게 간언한 것을 분리하지 않고 일괄하여 22년조에 실어놓은 것으로 분석된다. 이를 종합하여 검토하면 단속사는 경덕왕 7년(748) 李純(李俊)이 창건한 것으로 봄이 타당할 듯하다(李基白, 1962, 「景德王과 斷俗寺·怨家」, 『韓國思想』5; 1974, 『新羅政治社會史研究』, 一潮閣, pp.219~221).

닦고 서로 스승과 제자가 되었었다. 이 때에 安禪하는 여가에 세상을 깊이 염려하며 말하기를, "형체가 없는 이치는 불상을 세우지 아니하면 볼 수가 없고, 말을 떠난 法은 글을 짓지 아니하면 전할 수가 없다. 슬프다! 자애로운 아버지가 구슬을 품고 돌아갔으니, 곤궁한 아들이 재보를 얻을 날이 몇 날이겠는가" 하였다. ③ 이 때문에 유명한 匠人을 불러 (선사의) 신령스런 영정을 그리고 浮圖(浮屠)를 만들어 사리를 보존하고 持戒의 향을 불사르고 禪定의 물을 뿌렸다.(「단속사 신행선사비」)[50]

신행이 입적한 것은 혜공왕 15년(779)의 일이었다. 이 때 하늘이 어두워지고 땅이 흔들리는 이변이 일어났다고 한 것은 碑의 주인공인 禪師를 신성화하려는 의도일 것이다. 이는 불교 경전에서 유래한 것이겠지만, 헌덕왕 10년(818)에 조성된 栢栗寺 石幢 제2면의 기록, 즉 염촉(이차돈) 순교 당시의 異蹟과 매우 흡사하다. 석당기의 찬자는 未詳이지만, 양쪽의 기록을 아울러 분석해보면 당시 사상 조류의 일단을 엿볼 수 있을지도 모르겠다. 그런데 火葬하여 장례를 치른 지 거의 36년(3紀)이 되는 시기에 제자인 三輪禪師가 名匠을 초청하여 스승의 영정과 부도를 제작하였다.[51] 헌덕왕 5년(813)에 이르러 '다시' 부도를 세워 사리를 안치하고, 초상화를 봉안하는 등 일련의 佛事를 행하고 있는 것이다. 이에 관한 내용이 뒤의 碑銘에도 기록되어 있다.

   F. 신령한 모습을 채색하여 그렸으니 그 容儀가 어긋나지 않았고, 다시 부도를 만들고
      재차 공덕을 닦았으니 만고천년에 불법을 전하는 법칙이다.[52]

---

50) '故生平七十有六 大曆十四年 十月十一日 殁於南岳斷俗之寺 是日也 圓穹黯黪 三光爲之晦冥 方祇振動 萬物因兹零落 甘泉忽竭 魚龍驚躍其中 直木先摧 猿鳥悲鳴其下 …… 泣血焚身 盡心葬骨 殆三紀矣 …… 如是聖跡 其數孔多 難可詳悉耳 今我三輪禪師者 宿殖衆妙 本有三身 心無自性 悟不由他 同修道業 互作師資 于時 安禪餘暇 熟慮寰中 謂言 無形之理 不建像而莫覩 離言之法 非著文以靡傳 悲夫慈父 懷玉而歸 窮子得寶幾日 是以 招名匠畫神影 造浮圖存舍利 燒戒香洒定水'(「단속사 신행선사비」).

51) 神行禪師의 비석은 물론이고, 영정과 부도도 현존하지 않는다. 현재 단속사 터에는 동·서 삼층석탑(보물 제72·73호)과 당간지주 정도가 남아 있을 뿐이다. 고려시대 단속사에는 眞靜大師와 大鑑國師 坦然, 眞覺國師 慧諶이 주석하여 선종 사찰로서의 위상이 높았다. 조선 초기에는 교종 소속으로 바뀌었다. 단속사의 廢寺 연대는 알기 어렵지만, 1568년 南冥 曺植의 門人인 成汝信(1546~1632)이 불상과 불경 판목을 불태우는 사건이 있었고, 이후 쇠락하다가 1598년 정유재란 때 사찰이 완전히 소실되었던 것 같다. 고려·조선시대의 단속사에 대해서는 아래의 논문을 참조할 수 있다.
金光植, 1989, 「高麗崔氏武人政權과 斷俗寺」, 『建大史學』7.
宋嘉準, 2000, 「斷俗寺의 創建 이후 歷史와 廢寺過程」, 『南冥學研究』9, 慶尙大學校 南冥學研究所.
아마도 徐居正(1420~1488)이 金生·姚克一·坦然·靈業의 서예를 논할 당시에는 신행선사비 실물이 전해졌을 가능성이 있고, 李匡師(1705~1777)가 金生·靈業·坦然의 글씨를 평할 무렵에는 이미 비문의 탁본만이 유행하였던 것 같다. 앞의 주 (20) 참조.

52) '彩畫神影 容儀不忒 更造浮圖 再修功德 萬古千年 傳燈軌則'(「단속사 신행선사비」).

碑序와 銘에 있는 내용(E-②, F)을 아울러 살펴보면, 이 때 匠人이 그린 신행의 眞影은 채색화였던 것을 알 수 있다. 신행의 肖像이 실제 모습과 다르지 않았다고 하니, 아마도 '깨달은 자'로서의 禪師의 容儀가 잘 형상화되었던 듯하다. 이처럼 眞影을 모시거나 그 影堂을 채색으로 장식하는 것이 선종에서는 중생 제도의 한 '方便'으로 널리 활용되었다고 한다.[53] 신행선사비 건립 당시 선종 사상이 신라 사회에 확산되고, 또 碑 건립을 추진할 정도로 제자인 삼륜의 위상도 그만큼 강화되어 있었던 것이다.

삼륜이 스승의 현창 사업을 주도하고 있으므로, 이를 기준으로 신행의 師資 계보를 정리해 볼 수 있다. 먼저 신행의 중국 스승을 중심으로 하면, '보적(唐) – 지공(唐) – 신행 – 삼륜'으로 이어지는 법맥이 된다. 그런데 앞에서 본 智證大師塔碑에서는 愼行(神行)의 스승인 法朗이 입당 유학하여 4조 도신(雙峰)의 법인을 받아왔다고 하였다(D-①). 법랑은 신행선사비에서도 신행의 국내 스승으로 확인되는 승려이다(B-②). 지증대사탑비에서 법랑과 신행을 언급한 것은 이들의 선법이 지증대사 道憲(824~882)에게로 이어졌기 때문이다. 도헌은 曦陽山門의 開山祖로, 九山禪門 중 유일하게 唐에 유학하지 않고 산문을 개창하였다. 즉 '4조 道信(唐) – 법랑 – 신행 – 遵範 – 慧隱 – 도헌'이 지증대사비문에 기록된 계보이다.[54] 4조 도신의 법은 唐에서는 5조 弘忍에게로 이어지고, 이는 다시 6조 慧能(남종선)뿐만 아니라 북종선의 神秀에게도 이어졌다. 그러므로 4조 도신을 기준으로 하여 신행선사비문의 계보를 다시 한번 정리하면, '4조 도신(唐) – 5조 홍인(唐) – 신수(唐) – 보적(唐) – 지공(唐) – 신행 – 삼륜'이 된다. 신행은 4조 도신의 법을 국내 스승인 법랑과 唐의 스승인 지공, 양쪽을 통해 전수받았던 것이다.

그런데 神行禪師碑보다 백여 년 뒤에 건립된 智證大師塔碑에서 愼行(神行)의 스승으로 志空을 언급하지 않고 4조 道信으로부터 이어지는 계보만을 내세운 것은 무슨 까닭일까? 이는 당시 선종의 주류(남종선)에서 벗어나지 않으려는 의도였을 것이라고 한다.[55] 신행의 선법은 희양산문 개창의 한 모태가 되

---

53) 興德王 5년(830) 唐에서 귀국하여 남종선을 펼친 진감선사 慧昭는 지리산 쌍계사에 6조 慧能의 影堂을 짓고 벽을 채색으로 장식하여 중생을 교화하는 데 이용하였다. 이 때 근거한 경전이 초기 선종에서 중시한 4권 『楞伽經』으로, 중생을 기쁘게 하기 위하여 화려한 빛깔을 섞어 衆像을 그린다는 것이었다. '是用建六祖影堂 彩飾粉墉 廣資導誘 經所謂 爲悅衆生 故 綺錯繪衆像者也'(「雙溪寺 眞鑑禪師塔碑」).
　　남동신, 2010, 「미술사의 과제와 역사학–불교미술사를 중심으로–」, 『美術史學硏究(舊 考古美術)』268, pp.93~94 참조.
54) 그러나 고려 광종 16년(965)에 건립된 鳳巖寺 靜眞大師塔碑에서는 도헌의 계보를 달리 기록하였다. 도헌이 馬祖 道一(709~788)의 제자인 神鑒에게서 배워온 慧昭(雙谿, 774~850)의 법을 이은 것으로 되어 있다. 정진대사 兢讓(878~956)은 도헌의 손제자이다. 정진대사탑비에서는 희양산문의 법맥을 남종선과 연결시킨 것인데, 이러한 법계 改訂(변신·변조·변화)의 배경과 의미에 대해서는 아래의 논고들을 참조하기 바란다.
　　金煐泰, 1979, 「曦陽山禪派의 成立과 그 法系에 대하여」, 『韓國佛敎學』4, 東國大 韓國佛敎學會; 佛敎學會 編, 1986, 『韓國佛敎禪門의 形成史的 硏究 –禪門九山中心–』, 民族社, pp.161~188.
　　추만호, 1992, 앞의 책, 제3장 「선종 법맥 승계의 특징과 북종선의 법계 변신」, pp.101~150.
　　김영미, 2005, 「나말려초 선사(禪師)들의 계보 인식」, 『역사와 현실』56.
　　김두진, 2007, 앞의 책, 제6장 제1절 「희양산문의 사상과 종계의 변화」, pp.355~397.
55) 위의 논고들 참조.

었지만, 지증대사탑비 건립 당시 북종선은 唐에서와 마찬가지로 쇠퇴일로를 걷고 있었던 것이다. 지증대사탑비에 기록된 신행의 제자 遵範이 신행선사비문의 三輪과 동일 인물인지의 여부는 잘 알 수 없다. 다만 삼륜의 주도로 신행선사비가 건립되었으므로 헌덕왕대 당시 삼륜의 영향력이 중앙에 미칠 만큼 상당하였음을 짐작할 수 있다.

신행이 斷俗寺에 주석한 것이 언제부터인지는 알 수 없지만, 唐에서 귀국하여 입적할 때까지 대부분 이 곳에서 선법을 전하였을 것으로 추측된다. 단속사의 창건 시기와 창건 연기설화를 고려해 보건대, 신행이 주로 활동하던 중대 말의 단속사, 즉 초창기 단속사의 규모는 그리 크지 않았을 것이다. 삼륜이 신행의 현창 사업을 벌이면서 단속사도 확장되고 그만큼 위상도 높아지지 않았을까 한다.

비문에 의하면, 삼륜을 비롯한 門人들의 발원으로 일련의 추모 사업이 진행되었다. 영정을 그리고, 부도를 만들어 사리를 안치하며, 비석을 세우는 일련의 佛事를 삼륜이 추진하고 있다. 그러나 신행선사를 기념하고 현창하는 일이 불교계 일각의 행사에 그쳤을까? 9세기 중반 이후의 禪師 탑비와 달리, 신행선사비 단계에서는 아직 諡號와 塔號가 나타나지 않는다.[56] 또한 김헌정의 비문 찬술이 왕명을 받아 이루어졌다고 하는 직접적인 언술도 보이지 않는다. 그러나 碑序의 후반부에 다음과 같이 기록되어 있어 조정과 왕실이 신행선사의 현창 사업에 매우 적극적이었음을 알 수 있다.

> G-① 현명한 朝廷에 크게 숨은 賢人과 道의 경계에 마음을 부친 선비와 韋提를 힘써 생각하는 貴人과 열반을 뒤따르는 무리가 있어 서로 돌아보며 맹세하여 말하기를, "우리들 여러 사람은 함께 무한한 부처님을 받들며 똑같이 무수한 스님들을 생각하렵니다" 하였다. ② 이로 말미암아 계수나무 동산에서 붉은 기운을 받고 금나무 가지에서 구슬같은 나뭇잎을 따며, 말방울을 나누고 봉황의 수레를 몰아 淸河 위에서 목욕하며 쉬고 巨川에 배를 띄워 黃屋 아래에서 춤을 추었다. 큰 집의 棟梁이 되어 세상에 볼 만한 거리가 여기에 성하였다. …… ③ 만약 불타는 집같은 세속에서 탈출하여 번뇌를 벗어난 경지에 오르고 일체의 생존을 끊어 한결같은 곳으로 돌아가고자 하는 자라면, 가르침의 그물이 갈래가 많다지만 三覺만한 것이 없고, 도움이 되는 길이 하나가 아니라지만 隨喜가 최고이다. 그래서 충직한 官吏에게 명하고 정결한 스님네를 권하여 이 유한한 재물을 가지고 저 무궁한 복을 짓도록 하였다. 이에 명산에서 돌을 취하고 깊은 계곡에서 나무를 베어다, 푸른 구슬을 새기고 절을 얽었다.(「단속사 신행선사비」)[57]

---

56) 이보다 앞서 애장왕대에 건립된 誓幢和上碑에서도 원효의 諡號나 塔名은 보이지 않는다. 서당화상비를 세울 때 부도는 조성되지 않았던 듯하다.

57) '有若 大隱明朝之賢 栖心道境之士 策念韋提之貴 亞迹圓寂之徒 相顧誓言 我等數人 共承沙佛 齊念塵僧 由是 稟紫氣於桂苑 挺玉葉於金枝 分鸞鑣驅鳳駕 休沐淸河之上 泛舟楫於巨川 蹈舞黃屋之下 作棟梁乎大廈 世上可觀 於斯爲盛 …… 若欲 出火

앞에서 잠시 언급했듯이, 비문의 찬자인 金獻貞은 헌덕왕대의 제일급 관료였다. 그는 단지 비문을 짓는 데만 그치지 않고, 碑 건립과 단속사의 重創에 단월로도 참여하였던 것으로 보인다. 비문 G-①에 표현되기로는 밝은 朝廷에서 벼슬하는 현인, 道의 경지에 마음을 둔 선비, 韋提를 생각하는 귀인, 圓寂을 뒤따르는 무리 등이 바로 단속사의 信徒이며 施主였다고 생각된다. 김헌정 자신은 조정에 出仕하였으되 道의 경계에 마음을 굳힌 선비로 묘사된 것이다. 크게 깨달은 참된 隱士는 산중에 숨지 않고 오히려 朝廷이나 市中에서 일반 民들과 함께한다(大隱隱朝市)는 인식의 소산이다.[58]

단월 중에는 조정 관료들뿐만 아니라 왕족 출신의 여성도 포함되었던 것 같다. 韋提 곧 韋提希는 석가모니 당시 인도 마가다국 頻毘沙羅王(빔비사라왕)의 왕후이며 阿闍世王(아사세왕)의 생모이다. 빔비사라왕은 석가모니가 출가하여 수행하던 중에 인연을 맺고, 석가모니 成道 후에도 그 가르침에 귀의하였다. 불교 최초의 사원인 竹林精舍를 기진하여 부처의 설법과 교화를 돕기도 하였다. 그러나 부처의 가장 강력한 후원자였던 빔비사라왕은 未生怨의 한을 가진 아들에게 왕위를 빼앗기고 감옥에 갇히게 된다. 아들 아사세왕은 어머니 위제희가 몰래 부왕에게 음식을 갖다 주자 어머니도 유폐하였다. 빔비사라왕은 마가다국과 아들을 위하여 스스로 목숨을 끊었다. 이 王舍城(라즈기르, Rajgir; 마가다국의 수도)의 비극, 곧 위제희의 고뇌를 덜어 주고자 부처가 설법한 것이 바로 『觀無量壽經』이라고 한다.[59]

비문 G-①에 나열된 현인(大隱明朝之賢), 선비(栖心道境之士), 귀인(策念韋提之貴), 무리(亞迹圓寂之徒) 중에서 貴人은 특히 韋提希의 古事를 잘 헤아리고 있는 사람일 것이다. 비문에서 구체적으로 '위제희'의 번뇌를 언급한 것은 신행선사가 無量壽佛의 淨土에 왕생하리라는 염원과 함께, 한편으로는 시주의 성격을 어느 정도 드러낸 것이라 여겨진다. 기존의 한 연구에서는 '策念韋提之貴'를 '생각을 불법 보호에 채찍질한 왕비'로 해석하고, 헌덕왕의 妃인 貴勝夫人(皇娥王后)을 이 佛事의 가장 중요한 후원자로 보았다.[60] 귀승부인은 『삼국사기』(권10) 헌덕왕 본기에서는 禮英의 딸로, 『삼국유사』(권1) 왕력 편에서는 忠恭의 딸로 기록되어 있다. 전자를 따르면, 헌덕왕의 왕후 귀승부인은 이 비문의 찬자인 김헌정과는 남매간이 된다. 어느 쪽이든 헌덕왕과의 혼인은 왕실 근친혼이 되며, 귀승부인은 애장왕 10년(809) 국왕이 그 숙부들(헌덕왕, 흥덕왕, 충공)에게 살해당하는 정변을 지켜보았을 것이다. 마가다국 王舍城의 비극이 이를 연상케 한다. 위제희가 비문 찬술 당시의 신라 왕후에 대한 은유인지는 단정하기 어렵겠지만, 왕실 여성이 단월로 참여하고 있음은 받아들여도 좋을 듯하다.

한편, 圓寂을 뒤따르는 무리(亞迹圓寂之徒)는 주로 신행의 제자들을 가리키는 것 같다. 그 자취가 圓寂(원만한 덕을 이룬 뒤에 적멸함)의 경지에 이르른 徒弟이니,[61] 곧 삼륜을 포함하여 신행의 門徒를 지

宅而登露地 截三有而歸一如者 教網多端 不如三覺 助道非一 隨喜爲最 故命忠直之吏 勸潔淨之僧 將玆有限之財 造彼無窮之福 於是 取石名山 伐木幽谷 刊翠琰構紺宇'(「단속사 신행선사비」).

58) '大隱明朝之賢'의 해석은 李智冠, 1993, 앞의 자료집, p.67을 참조함.

59) 위제희와 빔비사라왕, 라즈기르의 죽림정사 등의 서술에는 차장섭, 2012, 『부처를 만나 부처처럼 살다』, 역사공간, 제5장과 제8장을 참조하였다.

60) 추만호, 1992, 앞의 책, pp.38~40.

칭하는 것으로 보인다.

　여하튼, G-①의 '~賢, ~士, ~貴, ~徒'로 표현된 사람들은 서로 부처와 승가에 귀의하기로 맹세하였다. G-③에 보이듯이, 이들의 誓願과 재물 喜捨로 신행선사비가 세워지고(刊翠琰), 단속사도 중창되었다(構紺宇). 이 佛事가 매우 성대히 행해졌음은 G-②에서 짐작할 수 있다. G-②에는 鳳駕, 黃屋 등 天子를 상징하는 용어뿐만 아니라 桂苑의 紫氣, 金枝의 玉葉 등 화려한 수식어들이 넘쳐나고 있다. 비문의 특성상 과장과 윤색이 적지 않게 가해졌다 하더라도, 왕실 세력의 막대한 재력이 동원된 佛事였음은 충분히 가늠할 수 있다고 본다.

> H. 바라건대 만고의 큰 자취를 드러내니 천년을 지나도록 시들지 말지어다. 이른바 사람이 道를 넓힌다 하였으니, 어찌 빈말이겠는가. 석가모니가 법을 남기면서 국가에 부탁하셨으니, 진실로 까닭이 있도다. 저는 거칠고 재주가 없어 송구스럽게도 부끄러울 뿐이다. 禪師의 현묘한 교화를 찬양하며 문득 짧은 감회를 기록하고자 하는데 아직 한마음도 깨끗이 하지 못하였으니, 어찌 三學의 집에 오르리오.[62]

　앞의 G-③에 이어지는 위의 인용문에서는 찬자의 감회가 직접적으로 나타나 있다. 의례적인 겸사 외에 특별히 의미가 있다고 여겨지는 부분은 '善逝遺法 付囑國家 良有以也'이다. 석가모니 부처가 법을 남기면서 國家에 부탁한 것이 진실로 까닭이 있다는 것이다. 여러 경전에 설해졌듯이, 부처가 모든 國王에게 당부하고 부촉한 것은 正法의 治國, 곧 佛法에 의한 정치였다. 신행선사비의 건립이 단지 불교계의 행사가 아니라 중앙 정부의 의도가 반영된 국가적 사업이었음을 거듭 확인할 수 있다. 마지막으로 碑의 銘에 주목해보자.

> I-① 그중에서도 가장 뛰어난 것 三學으로 으뜸을 삼았으니,
> 　　마음에서 마음으로 祖師의 뜻 전할 뿐 말로는 통하기 어렵도다.
> 　② 애초에 부처로 인하여 일어나 동쪽으로 왔으니,
> 　　누가 능히 신령스럽게 해석하였는가 곧 우리 禪師이시다. ……
> 　③ 정신을 모아 壁觀을 닦아 당나라에서 독보적인 존재가 되었으며,
> 　　신라[日域, 해 돋는 곳]로 돌아와 여러 몽매한 이들을 인도하였다. ……
> 　④ 신라 3姓 중 김씨 가문 출신이요[金城鼎族] 安弘의 자손이라[紫府親皇],
> 　　한마음은 바다와 같이 모든 계곡물을 받아들이는 왕이다. ……

---

61) 韓國古代社會硏究所 編, 1992, 앞의 자료집, p.22와 李智冠, 1993, 앞의 자료집, p.67 참조.

62) '庶幾 標萬古之景跡 歷千秋而不彫 所謂 人能弘道 豈虛言哉 善逝遺法 付囑國家 良有以也 僕以狂簡無材 忸怩有愧 欲贊玄化 輒錄短懷 未淨一心之地 詎升三學之堂'(「단속사 신행선사비」).

⑤ 수행이 정결한 스님을 권하고 忠良한 선비를 뽑아,
銘文을 돌에 새기고 땅을 점쳐 佛堂을 이루었다.[63]

신행의 공덕을 찬양한 銘에서도 이 비문이 우리나라 선종사에서 갖는 의의가 잘 드러나고 있다. 말로는 통하기 어려워(言語難通), 以心傳心으로 祖師의 법을 이어받는 선종의 傳法 방식과 壁觀의 수행 방법이 처음으로 승려의 碑에 새겨졌다(I-①, ③). 뿐만 아니라 인도의 석가모니 부처가 제자 摩訶迦葉에게 부촉한 正法眼藏이 西天 28祖와 東土(중국) 6祖를 거쳐 다시 우리나라 승려에 의해 동쪽으로 전래되어 왔다는 소위 '佛法東流'의 전승도 이 비문에 최초로 나타나고 있다(I-②, ③). 앞의 碑序에서도 이미 '佛法東流' 인식이 표출된 바 있으니, 唐에서 귀국한 후 신행의 교화로 인하여 부처의 해(佛日)가 동쪽(暘谷)에서 다시 떠오르고 법의 구름(法雲)이 동쪽(扶桑)에서 다시 일어났다는 구절이 그것이다.[64] 현전하는 선승 비문으로서 가장 시기가 앞서는 이 자료의 불교사적 의의를 여기서도 찾을 수 있다.

이와 더불어 본고에서는 특히 I-④의 '金城鼎族'과 '紫府親皇'에 주목하고자 한다. 비문에서는 흔히 주인공의 행적이 과장·미화되게 마련이지만, 구체적이고도 분명한 '팩트' 또한 함께 서술된다. 앞의 碑序(A-①, ②)에서 살펴본 신행의 出身과 家系는 수식이 가해지지 않은 사실 위주의 기록이다. 신행은 金氏로서 왕경 출신이며, 級干 常勤의 아들이고, 安弘의 형의 증손이라는 것이다. 상근에 대해서는 제9위의 관등(급간; 급찬) 소지자라는 점 외에는 더 이상 알기 어렵지만, 앞에서도 잠시 언급했듯이 안홍(안함)은 진평왕·선덕여왕대의 고승이었다. 신행이 "안홍의 형의 증손"이라 구체적으로 明記되고, 두 사람 사이의 代數도 그리 멀지 않으므로 A-②의 기록은 충분히 取信할 수 있다고 본다. 안홍을 從曾祖로 둔 신행의 가문이 碑銘에서는 '金城鼎族·紫府親皇'의 화려한 修辭로 다시 한 번 강조된 것이다.

신행선사비의 序와 銘을 통해, 중고기의 승려인 안홍의 위상이 9세기 초반 무렵에 상당히 높았음을 추지할 수 있다. 당시 신라 불교계에서는 중대가 끝나고 새로운 시대인 하대가 개막되면서 前代의 불교사를 정리하고 재인식하려는 움직임이 일어났다고 한다. 안홍이 중시된 것은 이러한 변화를 보여주는 대표적인 사례가 된다.[65] 신행선사비 건립의 목적도 이러한 맥락 속에서 파악해 볼 수 있다. 다음 장에서는 이를 포함하여 9세기 초반 불교계의 동향을 당시의 정치상황과 관련지어 고찰해 보려고 한다.

---

63) '就中最勝 三學爲宗 心心傳祖 言語難通 初因佛起 來詣溟東 誰能神解 則我禪公 …… 凝神壁觀 獨步唐中 還歸日域 引導群蒙 …… 金城鼎族 紫府親皇 一心若海 百谷爲王 …… 勸僧潔行 選士忠良 刻銘彫石 卜地成堂'(「단속사 신행선사비」).

64) '然後 還到雞林 倡導群蒙 爲道根者 誨以看心一言 爲熟器者 示以方便多門 通一代之秘典 傳三昧之明燈 寔可謂 佛日再杲自暘谷 法雲更起率扶桑'(「단속사 신행선사비」).
    朴胤珍, 2006, 「신라말 고려초의 '佛法東流說'」, 『韓國中世史研究』21, p.225 참조.

65) 南東信, 1999, 앞의 논문, pp.90~91.

III. 憲德王代의 정치와 불교

1. 헌덕왕의 즉위와 金獻貞

헌덕왕 5년(813)에 세워진 신행선사비는 신라 禪宗 승려의 塔碑로서는 최초의 것이라는 의의가 있다. 이 때 비문의 찬술을 맡은 金獻貞은 당대 제일의 귀족 관료였다. 비문에 명기된 바에 의하면, 建碑당시 김헌정은 伊干(伊湌; 제2위)의 관등으로 國相의 관직을 갖고 있었다. 또한 兵部의 장관으로서 修城府의 장관을 겸직하였으며, 唐 황제로부터 제수받은 衛尉卿의 관직도 보유하고 있었다. 전문적인 文翰官의 직을 띠고 있지는 않으므로, 撰者의 고위 관료로서의 정치적 지위가 작용한 佛事였던 것으로 추측된다.

헌덕왕(809~826)은 조카인 哀莊王(800~809)을 살해하고 스스로 군주가 된 인물이다. 前王인 애장왕은 13세의 연소한 나이로 즉위하여 숙부인 金彦昇의 섭정을 받았다. 애장왕은 재위 6년(805)에 친정체제를 구축한 이후 前代부터 누적되어온 신라 사회의 모순을 해소하고자 일련의 정치개혁을 단행하였다. 그러나 재위 10년(809) 숙부인 彦昇·秀宗·忠恭 등이 일으킨 정변에 애장왕이 희생당하면서 개혁은 좌절되었다.[66] 애장왕을 弑害하고 新王으로 즉위한 언승이 바로 헌덕왕이다. 그리고 헌덕왕을 이어 왕위에 오른 이는 그의 同母弟인 수종, 곧 興德王(826~836)이었다. 애장왕 10년의 정변과 헌덕왕 즉위에 관한 기사를 중요한 것만 제시해보면 다음과 같다.

> J-㉮ [809년] 가을 7월 …… 왕의 숙부 언승 및 그 아우 이찬 제옹(=수종, 곧 흥덕왕)이 군사를 거느리고 궁궐로 들어가 난을 일으켜 왕을 죽였다. 왕의 아우 체명이 왕을 지키다가 함께 죽임을 당하였다. 왕의 시호를 추증하여 哀莊이라 하였다.(『삼국사기』 권10 애장왕 10년조)[67]

> J-㉯ [809년] 가을 8월에 대사면을 실시하였다. 이찬 김창남 등을 당나라에 보내 왕(애장왕)의 죽음을 알렸다. 헌종이 직방원외랑 섭어사중승 최정을 보내면서 신라의 볼모 김사신을 부사로 삼아 符節을 가지고 조문·제사하고, 왕(헌덕왕)을 개부의동삼사 검교태위 지절대도독계림주제군사 겸 지절충영해군사 상주국 신라왕으로 책봉하고 아내 貞氏를 왕비로 책봉하였으며, 대재상 김숭빈 등 세 사람에게 門戟을 내려 주었다〈살펴보건대 왕비는 각간 예영의 딸인데, 지금 정씨라 하니 모를 일이

---

66) 애장왕대 개혁의 내용과 한계 및 의의에 대해서는 최홍조, 2009, 「新羅 哀莊王代의 政治改革과 그 性格」, 『韓國古代史研究』54 참조.

67) '秋七月 …… 王叔父彦昇與弟伊湌悌邕 將兵入內 作亂弒王 王弟體明侍衛王并害之 追諡王爲哀莊'(『三國史記』 권10 哀莊王 10년조).

다〉.(『삼국사기』권10 헌덕왕 즉위조)[68]

　　J-㉯ [812년] (元和) 7년에 중흥(=중희, 곧 애장왕)이 卒하니, (그 나라에서) 재상 김언
　　　　승을 세워 왕으로 삼고, 사신 김창남 등을 보내와 告哀하였다. 이 해 7월에 언승에
　　　　게 개부의동삼사 검교태위 지절충영해군사 상주국 신라국왕을 제수하고, 언승의
　　　　아내 정씨를 왕비로 책봉하였다. 아울러 재상 김숭빈 등 세 사람에게 문극을 내려
　　　　주고, 역시 본국으로 하여금 準例대로 내려주라고 하였다. 아울러 직방원외랑 섭
　　　　어사중승 최정에게 부절을 가지고 가서 弔祭와 册立을 시행하게 하였는데 그 質子
　　　　김사신을 副使로 딸려 보냈다.(『구당서』권199 신라전)[69]

　　J-㉰ [810년] 겨울 10월에 왕자 김헌장을 당나라에 보내 금·은으로 만든 불상과 불경
　　　　등을 바치고 아뢰기를 "순종을 위하여 명복을 빕니다."라고 하였다.(『삼국사기』
　　　　권10 헌덕왕 2년조)[70]

　　헌덕왕은 반란을 일으켜 왕위를 찬탈하였으므로(J-㉠)[71] 즉위 초반의 정국은 매우 불안정하였다. 이러한 혼란을 반영하듯, 『삼국사기』(권10) 헌덕왕 본기의 즉위조 기사에는 紀年上의 착오가 개재되어 있다. 즉, 즉위 원년(809) 헌덕왕이 金昌南을 唐에 파견하여 애장왕의 죽음을 알리고 唐으로부터 신라왕의 책봉을 받았다고 하였다(J-㉯). 그러나 헌덕왕을 책봉한 중국 측의 사료(J-㉯)[72]와 면밀히 대조하여 검토하면 이는 헌덕왕 4년(812)에 있었던 사실임을 알 수 있다.[73]
　　헌덕왕이 최초로 파견한 사신은 『삼국사기』 헌덕왕 본기의 기재 순서와 달리 J-㉰의 金憲章이었다. 헌덕왕은 재위 2년(810)에 일단 김헌장을 보내 唐 조정의 분위기를 파악하려 한 듯하다. 그 해 10월에 김헌장은 唐에 들어가 順宗(805년 4월에 즉위하고 8월에 讓位함, 806년 사망)의 追福을 명목으로 금·은 불상과 불경 등을 바쳤다. 그런데 J-㉰의 사료를 보완해 주는 또 다른 중국 측 문헌에 의하면, 唐

---

68) ‘秋八月 大赦 遣伊湌金昌南等入唐告哀 憲宗遣職方員外郞攝御史中丞崔廷 以質子金士信副之 持節弔祭 册立王爲開府儀同
　　三司檢校太尉持節大都督雞林州諸軍事兼持節充寧海軍使上柱國新羅王 册妻貞氏爲妃 賜大宰相金崇斌等三人門戟 按王妃禮
　　英角干女也 今云貞氏 未詳’(『三國史記』권10 憲德王 즉위조).

69) ‘(元和)七年 重興卒 立其相金彦昇爲王 遣使金昌南等來告哀 其年七月 授彦昇開府儀同三司檢校太尉持節大都督雞林州諸軍
　　事兼持節充寧海軍使上柱國新羅國王 彦昇妻貞氏册爲妃’(『舊唐書』권199 新羅傳).

70) ‘冬十月 遣王子金憲章入唐 獻金銀佛像及佛經等 上言 爲順宗祈福’(『三國史記』권10 憲德王 2년조).

71) J-㉠ 외에 『삼국유사』(권1) 왕력편 애장왕條와 『삼국사절요』(권10) 애장왕 10년조에도 김언승 반란 기사가 실려 있다.

72) 이 밖에도 『舊唐書』권15 憲宗本紀 元和 7년조, 『新唐書』권220 新羅傳, 『唐會要』권95 新羅傳, 『册府元龜』권972 外臣
　　部 朝貢5 및 권976 外臣部 褒異3 등의 중국 측 문헌에 이러한 내용이 기록되어 있다.

73) 權悳永, 1997, 『古代韓中外交史-遺唐使硏究-』, 一潮閣, pp.75~77에서 중국 측과 우리 측 문헌의 모순되는 기록을 잘
　　분석하여 합리적으로 해석해 놓았다.

憲宗(805~820)이 그 해(810) 겨울에 귀국하는 金獻章(金憲章)에게 준 칙서에는 신라 왕의 이름이 金重 熙 곧 애장왕으로 되어 있다.[74] 부정한 방법으로 집권하였기에 헌덕왕은 정권 교체 사실을 곧바로 唐에 알릴 수가 없었던 것이다.

金昌南을 唐에 파견하여 애장왕의 죽음을 고한 것은, J-㉲의 중국 측 사료에 보이듯이 元和 7년, 즉 헌덕왕 4년(812)의 일이었다. 唐에서 문제 삼을 것에 대비하여 애장왕이 병으로 薨去한 것처럼 꾸미고, 자신의 繼位를 인정해 줄 것을 요청하였다.[75] 그러므로 중국 측 문헌에서는 한결같이 김창남의 入唐과 告哀, 그리고 唐 황제의 신라 왕(김언승) 책봉을 812년(헌덕왕 4)에 있었던 일로 기록하였다. 우리 측 史書에서는 쿠데타에 성공한 헌덕왕의 입장이 반영되었지만, 정변 사실을 알지 못한 중국에서는 김헌 장이 실제 입당한 年代를 그대로 기재하였던 것이다.

신행선사비의 撰文을 담당한 金獻貞(金憲貞)이 바로 헌덕왕 2년(810)의 遣唐使臣 金憲章(金獻章)일 것으로 추정된다.[76] 그는 애장왕 8년(807) 1월에서 헌덕왕 2년(810) 1월까지 執事省의 侍中 직을 지내 고,[77] 시중에서 물러난 그 해(810) 10월에 唐에 들어가 헌덕왕이 부여한 임무를 수행하였다. 애장왕 10 년(809, 헌덕왕 원년) 7월 김언승의 반란으로 애장왕은 시해되었지만, 이듬해인 헌덕왕 2년(810) 김헌 장(김헌정)이 唐에 들어가 받아온 황제의 칙서는 金重熙 즉 애장왕에게 내리는 것으로 되어 있다. 김헌 장(김헌정)의 入唐 목적이 우선 唐朝의 분위기를 파악하고 황제의 환심을 사려고 한 것임을 짐작할 수 있다. 그러다가 헌덕왕 4년(812) 새로이 김창남을 唐에 파견하여 드디어 책봉을 받아낸 것이다. 이로써 정변 후의 혼란한 정국이 어느 정도 수습되고, 헌덕왕의 정치기반도 더욱 강고히 다져졌을 것이다. 비 문 찬술 당시 김헌정은 國相과 兵部令·修城府令의 최고 관직들을 兼帶하고 있어 헌덕왕 최측근의 권력 자임을 알 수 있다.[78] 비문에 보이는 김헌정의 '(皇唐)衛尉卿' 관직은 헌덕왕 2년(810) 入唐했을 때 憲宗

---

74) 『白氏長慶集』 권56 翰林制詔3 '與新羅王金重熙等書'.
　　『全唐文』 권284 張九齡篇 '勅新羅王金重熙書'.
75) 애장왕이 病死한 듯이 거짓으로 보고하였음은 『삼국사절요』의 기사로 알 수 있다. '彦昇自立爲王 上諡曰哀莊 …… 秋八 月 大赦 遣伊飡金昌南等告哀于唐 辭以病薨 且請承襲 ……'(『三國史節要』 권10 哀莊王 10년조).
76) 李基東, 1980, 「新羅 下代의 王位繼承과 政治過程」, 『歷史學報』85; 1984, 『新羅骨品制社會와 花郎徒』, 一潮閣, pp.165~166.
　　權悳永, 1997, 앞의 책, p.76 및 p.142.
77) '春正月 伊飡 金憲昌〈一作貞〉爲侍中'(『三國史記』 권10 哀莊王 8년조).
　　'春正月 以波珍飡亮宗爲侍中'(『三國史記』 권10 憲德王 2년조).
　　'春正月 侍中 憲昌 出爲菁州都督 璋如爲侍中'(『三國史記』 권10 憲德王 8년조).
　　애장왕 8년조에서는 이 때 侍中에 보임된 인물이 金憲昌 또는 金憲貞이라 하였는데, 그중 細註의 김헌정 기록을 취하는 것이 옳다고 본다. 金憲昌은 憲貞 - 亮宗 - 元興 - 均貞의 뒤를 이어 헌덕왕 6년에서 8년까지 시중 직을 역임하였다. 이 에 대한 자세한 논의는 아래 先學의 논고를 참조하기 바란다.
　　李基白, 1974, 『新羅政治社會史研究』, Ⅲ장 3절 「新羅 下代의 執事省」, 一潮閣, pp.176~177.
　　李基東, 위의 책, p.156.
78) 김헌정은 헌덕왕 11년(819) 왕으로부터 금으로 장식한 紫檀木 지팡이를 하사받았다. 병으로 보행이 불가능했기 때문에,

에게서 받아온 관직일 것이다.[79] 따라서 신행선사비문의 찬술 연대도 碑의 건립(헌덕왕 5년)과 거의 동시기(헌덕왕 3~5년)였을 것으로 판단된다.

헌덕왕은 유달리 불교에 관심이 많았던 것 같다. 즉위 이전 애장왕대에도 高仙寺 誓幢和上碑의 건립에 적극적이었고, 즉위 후에도 신라 불교사에 길이 남을 중요한 佛事를 여러 차례 일으켰다. 헌덕왕 2년(810) 김헌장(김헌정)을 파견하여 唐 황제에게 금·은 불상과 불경을 헌상한 것도 조공품으로서는 그다지 흔한 사례가 아니었다.[80] 이는 헌덕왕의 숭불의식과 신앙심의 표현이기도 하겠지만, 불교를 통해 권력을 강화하고 통치이념을 실현하려는 정치적 목적 또한 내재되어 있었다고 본다.

헌덕왕의 이러한 통치방식과 정치 스타일은 신행선사비문 속에서도 간취할 수 있다. 신행선사비가 중앙정부의 승인과 후원에 의하여 세워졌고 비문의 찬술 또한 국왕의 최측근 인사가 맡았기 때문에, 비문 속에서 강조되는 바는 곧 정권의 이념이나 의도와도 통할 것이기 때문이다.

2. 헌덕왕대의 佛事와 安弘

神行禪師碑의 序에서 찬자는 신행이 中古 시대 승려인 安弘의 후예임을 뚜렷이 밝히고 있다(A-②). 銘에서도 이들이 신라 왕족의 일원임을 화려한 수식으로 찬양하고 있다(I-④). 안홍은 앞에서도 잠시 언급한 것처럼, 『삼국사기』(권4) 진흥왕 본기[81]와 『삼국유사』(권1, 권3) 기이편[82]·탑상편[83]에 수 차례 등장하는 중고기의 고승이다. 그는 또한 『삼국유사』(권3) 흥법편[84]과 『해동고승전』(권2)[85]에서는 '安含'으로 표기되어 그 존재와 활동상이 전하고 있다.[86]

김헌정의 나이 70세 미만인데도 헌덕왕이 특별히 하사한 것이었다. '春正月 以伊湌眞元年七十 賜几杖 以伊湌憲貞 病不能行 年未七十 賜金飾紫檀杖'(『三國史記』 권10 憲德王 11년조).

79) 李基東, 1980; 1984, 앞의 책, pp.165~166.
　　權悳永, 1997, 앞의 책 p.76.

80) 애장왕 7년(806)에 사찰의 창건과 錦繡의 佛事 사용, 금·은 그릇의 사용을 금지하는 敎書가 頒布된 바 있고, 헌덕왕의 정치를 계승한 흥덕왕은 재위 9년(834)에 6두품 이하는 물론 진골에게조차 車騎·器用·屋舍의 금·은 사용과 장식을 금지하는 광범위한 내용의 禁令을 公布하였다. 9세기 초반 신라의 사치 풍조를 개혁하는 일이 커다란 과제로 대두되었음을 알 수 있다. 이러한 분위기에서 금·은 불상과 불경을 만들어 唐에 朝貢한 헌덕왕의 절실한 심정을 읽을 수 있을 듯하다. 唐 憲宗이 내린 칙서에 의하면, 이 때 김헌장과 함께 승려도 입당했다고 한다.

81) '安弘法師 入隋求法 與胡僧毗摩羅等二僧廻 上稜伽勝鬘經及佛舍利'(『三國史記』 권4 眞興王 37年條).

82) '海東安弘記云 九韓者 一日本 二中華 三吳越 四乇羅 五鷹遊 六靺鞨 七丹國 八女眞 九穢貊'(『三國遺事』 권1 紀異2 馬韓).

83) '又海東名賢安弘撰東都成立記云 新羅第二十七代 女王爲主 雖有道無威 九韓侵勞 若龍宮南皇龍寺建九層塔 則隣國之災可鎭 第一層日本 第二層中華 第三層吳越 第四層乇羅 第五層鷹遊 第六層靺鞨 第七層丹國 第八層女狄 第九層穢貊'(『三國遺事』 권3 塔像4 皇龍寺九層塔).

84) '東壁坐庚向泥塑 我道 厭髑 惠宿 安含 義湘 西壁坐甲向泥塑 表訓 蛇巴 元曉 惠空 慈藏'(『三國遺事』 권3 興法 3 東京興輪寺金堂十聖).

85) 『海東高僧傳』 권2 安含傳.

86) 『三國史記』(권4) 진흥왕 37년조에 보이는 安弘의 '入隋求法' 기사는 연대상 문제가 있다. 진흥왕 37년, 곧 576년은 隋가 건국되기 이전이기 때문이다. 『海東高僧傳』(권2) 安含傳에서는 崔致遠이 지은 義相傳을 인용하면서 '安弘'의 행적을 서

안홍(579~640; 진평왕 원년~선덕여왕 9년)[87]은 진평왕대에 隋에 들어가 大興善寺에서 유학하였다. 北周를 멸하고 隋 왕조를 개창한(開皇 원년, 581) 文帝(隋 高祖; 楊堅)는 長安에 새로운 도성인 大興城을 건설하고, 대흥성의 朱雀大街에 국가사찰인 대흥선사를 세웠다. 중국의 名僧뿐만 아니라 외국 유학승들도 거주한 대흥선사는 안홍 유학 당시 최고의 영화를 누리던 大刹로서, 文帝 시기의 譯經 사업이 모두 이곳에서 이루어졌다.

안홍이 귀국할 때 서역·중국의 승려가 함께 신라로 들어왔고, 안홍은 隋에서 가져온 『楞伽經』·『勝鬘經』과 불사리를 국왕께 바쳤다. 안홍은 외국 승려들과 함께 황룡사에 머무르면서 『旃檀香火星光妙女經』을 번역하고 또 讖書를 짓기도 하였는데, 여기에는 隋 文帝의 佛敎治國策을 원용한 흔적이 역력하게 보인다. 선덕여왕대에 慈藏이 황룡사 9층탑의 건립을 제안하고 신라 佛國土說을 체계화하였지만, 이는 안홍의 그것을 계승 발전시킨 것이라고 한다. 그러나 안홍의 護國思想은 진평왕대에는 圓光, 선덕여왕대에는 자장에 밀려 생전에는 그리 주목을 받지 못하였다.[88]

당대에 크게 평가를 받지 못했던 안홍은 하대 초에 이르면 상당한 권위를 새롭게 확보하게 된다. 그를 반영하는 자료로서 조성 연대가 가장 분명한 것이 바로 Ⅱ장에서 살펴본 신행선사비문이다. 9세기 초반 안홍의 위상을 시사해주는 두 번째 자료는 高仙寺 誓幢和上碑이다.[89] 서당화상비는 7세기의 高僧 元曉(617~686)를 기리기 위한 추모비·현창비로서,[90] 현존하는 신라 승려의 碑로는 가장 오래된 것이

술하였다. 이는 안함과 안홍의 행적이 같으므로 동일 인물임을 밝히고자 한 의도로 보인다. 그러나 뒤이어 신라본기(『삼국사기』 진흥왕 본기) 또한 인용하면서 그 연대 문제 때문에 선뜻 결론을 내리지 못하고 있다. 그러면서도 마지막으로 안함의 비문을 소개하면서 '含(안함)'과 '弘(안홍)'의 글자에 혼동이 있었으리라(같은 인물일 것이라) 추정하였다. 한편 『三國遺事』의 경우, 紀異篇(권1)과 塔像篇(권3)에서는 '安弘'으로, 興法篇(권3)에서는 '安含'으로 달리 표기되어 있다. 辛鍾遠은 이러한 사료상의 혼란을 상세히 고증하여 안홍과 안함이 동일인임을 주장하였는데, 학계에서는 대체로 이 견해를 따르고 있다.

辛鍾遠, 1992, 앞의 책, pp.232~249.

李文基, 1996, 「新羅의 文翰機構와 文翰官」, 『歷史敎育論集』21, pp.132~133.

신종원, 1998, 『신라 최초의 고승들』제3장 「'동도성립기'의 저자, 안홍(安弘)」, 민족사, pp.121~159.

南東信, 1999, 「元曉와 芬皇寺 關係의 史的 推移」, 『新羅文化祭學術發表會論文集』20, pp.90~91.

郭丞勳, 2002, 「新羅 下代 前期 高僧追慕碑의 建立」, 『韓國古代史硏究』25, pp.229~231.

87) 앞의 주(35) 참조. 隋에 유학한 기간은 '601~605; 진평왕 23년~27년'으로 추정된다.

88) 辛鍾遠, 1992, 앞의 책, pp.248~249. 안홍의 사상과 활동에 대해서는 뒤에서 다시 논급함.

89) 誓幢和上碑는 온전한 상태가 아닌 碑片으로 발견·수습되었다. 1915년 碑身의 하단부 斷石 3片이 현재는 덕동댐에 수몰되어 버린 경주 고선사 터 근처에서 발견되었고, 다시 1968년에 상단부 1片이 동천동에서 발견되었다. 앞의 序言에서 소개한 금석문 자료집들 외에, 서당화상비를 논제로 다룬 연구들은 다음과 같다.

葛城末治, 1931(昭和 6年), 「新羅誓幢和上塔碑に就いて」, 『靑丘學叢』5, 靑丘學會.

黃壽永, 1970, 「新羅 誓幢和上碑의 新片 -建立年代와 名稱에 대하여-」, 『考古美術』108.

金相鉉, 1988, 「新羅 誓幢和上碑의 재검토」, 『蕉雨黃壽永博士古稀紀念 美術史學論叢』, 通文館.

郭丞勳, 1997, 「新羅 哀莊王代 '誓幢和上碑'의 建立과 그 意義」, 『國史館論叢』74.

90) 그러나 서당화상비를 탑비라 부르기는 어려울 듯하다. 서당화상비 건립 당시 원효의 遺骨이나 遺灰를 봉안한 사리탑(부도)의 조성이 함께 이루어지지는 않았던 것 같다(黃壽永, 위의 논문, pp.4~6).

다. 널리 알려져 있듯이 원효의 俗姓은 薛氏이고, 誓幢은 그의 兒名이다.[91] 원효는 瑤石公主와 혼인하여 薛聰을 낳고, 파계한 이후에는 '小姓(小性)居士'라 自號하며 자유분방한 속인의 삶을 살았다. 하지만 서당화상비에서는 그를 '(高仙)大師' 또는 '(誓幢)和上'[92]으로 경칭하고 있다. 승려 신분이 아닌 居士로 행세하여 교단 내에서 문도를 거느리지 못했을 그가 死後 120년 만에 高僧大德의 반열에 오르고 있는 것이다.[93]

서당화상비의 건립은 원효의 후손인 薛仲業[94]과 佛徒들에 의해 시도되었지만 실제 이를 주도하고 후원한 사람은 이후 헌덕왕으로 즉위하는 김언승이었다. 김언승의 許可는 곧 국가의 승인이라는 의미를 지녔다. 당시 그는 국왕을 능가할 정도로 막강한 권력을 행사했던 실질적인 통치자, 최고의 지배자였기 때문이다. 비문에서는 주인공 원효에 대한 追崇뿐만 아니라 김언승을 崇仰하는 문구가 뚜렷이 명기되어 있다.

> K. 이번 貞元[785~804] 年中에 몸소 [마멸] 상심하여 이에 괴롭고 △△는 두 배나 더하나, 곧 몸과 마음을 채찍질하고 진흙과 띠집을 [마멸] 大師의 居士 모습을 만들었는데, 3월에 이르러 [마멸] 산에 輻輳하고 옆의 들로 구름처럼 달려가서 형상을 바라보고 진심으로 예를 다하였다. 그런 뒤에야 講讚 [마멸] 각간 김언승 公께서는 바다와 산악의 정기를 타고났고 하늘과 땅의 빼어남을 타고나서 親△을 잇고 [마멸] 3천을 △△하고 마음은 6월을 뛰어넘었다. …… [마멸](大師의?) 영험스런 자취는 문자가 아니고서는 그 일을 진술할 수가 없고 기록이 아니고서 어찌 그 연유를 드러낼 수 있으리오. 그래서 스님으로 하여금 △△을 짓게 하고[마멸] …… (「고선사 서당화상비」)[95]

---

91) '聖師元曉 俗姓薛氏 祖仍皮公 亦云赤大公 今赤大淵側有仍皮公廟 父談㮈乃未 …… 師生小名誓幢 第名新幢〈幢者 俗云毛也〉'(『三國遺事』권4 義解5 元曉不羈).

92) '大師'는 물론이고, '和上'과 '和尙'은 똑같이 高僧大德에 대한 존칭이다. 삼국시대와 신라 통일기에는 '和上'으로 썼으나, 신라말 고려시대에는 '和尙'으로 통용되었다고 한다. 『삼국사기』와 『삼국유사』의 문헌자료에서는 史書 편찬 당시의 용례대로 주로 '和尙'이라 표기했지만, 1차 사료인 금석문에서는 '和上' 용어가 많이 보인다. 신행선사비문에서도 '和上'이 쓰이고 있다(金煐泰, 2000, 「我道和上의 新舊碑文에 대하여」, 『佛敎美術』16, 동국대학교 박물관, p.11 참조).

93) 南東信, 1999, 앞의 논문, pp.88~93 참조.

94) 비문에 의하면 원효의 현창 사업은 그의 후손인 설중업의 일본 사행으로부터 비롯되었던 것 같다. 大曆(766~780; 惠恭王 2년~宣德王 원년) 연간, 원효의 후손인 翰林 설중업은 일본에 使臣으로 가서 그 곳 上梓로부터 원효를 기리는 頌文을 받아왔다고 한다. 비슷한 내용이 『삼국사기』(권46) 설총전에도 실려 있다. 일본 측 문헌인 『續日本紀』(권35, 권36) 光仁天皇 寶龜 10년·11년조에 의하면, 설중업(韓奈麻; 제10위)은 779년 薩湌(제8위) 金蘭蓀을 正使로, 級湌(제9위) 金巖을 副使로 하는 사신단의 大判官으로 일본에 파견되어 이듬해인 780년 2월에 귀국하였다.

95) '以此貞元年中 躬[마멸]△像△△ 是傷心乃苦 △△培增 便策身心 泥堂葺屋 二△△△△△△ 池之△△ 造大師居士之形 至于三月 △[마멸] △山輻輳 傍野雲趍 賭像觀形 誠心頂禮 然後講讚 △△△△△△△△△△ 角干金彦昇公 海岳精乾坤秀 承親[마멸]三千 心超六月 [마멸]之靈跡 非文 無以陳其事 無記 安可表其由 所以令僧作△ ……'(「高仙寺 誓幢和上碑」).

위의 비문에서 언급한 '角干(伊伐湌; 제1위) 金彦昇公'은 국왕(헌덕왕)으로 즉위하기 전 애장왕대의 김언승을 가리킨다. 서당화상 원효를 기리고자 새긴 비문에 당대 최고의 권력자 김언승을 찬양한 구절이 함께 들어 있는 것이다. '각간 김언승 公께서는 바다와 산악의 정기를 타고났으며 하늘과 땅의 빼어남을 타고났기에(海岳精乾坤秀)' 云云한 대목이야말로 김언승이 서당화상비 건립의 절대적인 후원자였음을 알려준다.[96] 김언승은 서당화상비를 통해 원효의 어떤 면을 현창하려고 했을까? 여러 각도에서 접근이 가능하겠지만 여기서는 다음의 한 구절에 주목하고자 한다.

　　　　L. 萬善和上識에 전하기를, "佛法에 능한 자가 아홉인데, 모두 '大△'라 불렸다"고 한다.
　　　　　　(원효)대사가 제일 앞에 있으니, 아마도 玄風을 도운 大匠인가 보다.(「고선사 서당화
　　　　　　상비」)[97]

위의 서당화상비문 L에 등장하는 '萬善和上'은 萬善寺의 和上으로, 곧 안홍을 지칭한 것이다.[98] 『해동고승전』(권2) 안함전에서 안함(안홍)이 입적한 곳을 만선도량이라 하였고,[99] 이는 같은 책에 소개된 안함(안홍)의 碑文에도 보인다.[100] 위의 L에서 인용하고 있는 만선화상의 지[識; 金石 등에 음각한 문자]는 바로 안함(안홍)의 비문을 가리킨다.[101] 그런데 서당화상비에서 만선화상 안함(안홍)의 법통을 계승한 '大△' 9명 중의 首位에 원효를 두고 있음이 주목된다. 실제 두 사람의 師承 관계는 논외로 하더라도, 원효의 사상적 계보를 안함(안홍)에 연결시킨 자체만으로 의미가 있다.[102] 서당화상비(800~809) 단계에서 이미 안홍은 당당한 권위와 위상을 차지하고 있었던 것이다.

중대 말 하대 초, 안홍의 신라 불교사에서의 위치를 말해주는 세 번째의 자료는 『海東高僧傳』에서

---

96) 상단부 좌측의 비편이 새로 발견되기 전까지는 碑의 건립 연대를 혜공왕대로 추정하였으나, 新碑片에 보이는 '貞元年中' '(角)干金彦昇公(舊碑片 제25행 마지막 글자 '角'에 이어지는 新碑片 제26행 시작 부분)'의 文字들이 이를 수정케 하는 단서가 되었다.

97) '萬善和上識中傳△ 佛法能者有九人 皆稱大△ 大師在初 蓋是毗讚玄風之大匠也'(「高仙寺 誓幢和上碑」).
　이 부분의 석독은 南東信, 1999, 앞의 논문(p.89)을 따랐다.

98) 南東信, 1999, 앞의 논문, pp.89~90.

99) '善德王九年九月二十三日 終于萬善道場 享年六十二'(『海東高僧傳』 권2 安含傳).
　또 『삼국유사』(권4) 蛇福不言 條의 서두에 '萬善北里'라는 지명이 보이는데, 왕경에 소재한 '萬善(寺)'의 북쪽 마을에 사복이 살았다는 뜻으로 해석된다. 『삼국유사』의 '萬善'은 안함(안홍)이 주석·입적했다고 하는 『해동고승전』의 '萬善(道場)'을 의미하는 것으로 볼 수 있다(韓國精神文化研究院, 『譯註 三國遺事』 Ⅳ, 以會文化社, p.150). '京師萬善北里 有寡女 不夫而孕 旣産 年至十二歲 不語亦不起 因號蛇童〈下或作蛇卜 又巴 又伏等 皆言童也〉…… 一日其母死 時元曉 住高仙寺 曉見之迎禮'(『三國遺事』 권4 義解5 蛇福不言).

100) 후술하는 인용문 M 참조.

101) 南東信, 1999, 앞의 논문, p.90

102) 위와 같음. 안함(안홍)이 입적할 때 원효는 24세였으므로, 사제 관계가 불가능하지는 않다. 원효는 특정 스승에게만 師事하지 않고, 종파를 초월하여 널리 배우고 연구하여 독자적인 사상체계를 이룬 것으로 보인다.

확인되는 '안홍의 碑'이다. 고려 고종 2년(1215)에 覺訓이 편찬한 『해동고승전』(권2)에는 翰林 薛某가 조칙을 받들어 안함(안홍)의 碑文을 찬술하였다는 기록이 보인다.

> M. 翰林 薛某가 왕명을 받들어 碑銘을 지었다. 그 銘에 말하기를, "후에 도리천에 장사 지내고, 천왕사(사천왕사)를 세웠다. 괴상한 새가 밤에 울고, 군사들이 모두 아침에 죽었다. 왕자(김인문)는 관문을 건너 [중국] 조정에 들어가 임금을 뵙고, 5년간 외지 에서 보낸 후 30세에 돌아오니, 뜨고 잠기는 輪轉을 저나 나나 어찌 면하겠는가? 나 이 62세에 만선[도량]에서 입적하니, 사신이 바닷길로 돌아오다가 스님을 만나니 물 위에 단정히 앉아 서쪽을 향해 가더라" 하였다〈비문에 이끼가 침식하여 10자가 분명 하지 못하며 4, 5자는 없어졌다. 대략 볼 수 있는 것만을 취하여 짐작으로 문장을 만 들었다〉. 대개 다른 [문자를] 기다리지 않아도 또한 그가 남긴 자취를 짐작할 수 있 다.(『海東高僧傳』 권2 安含)[103]

『삼국사기』(권39) 직관지에 의하면, 翰林은 본래 詳文師였다가 성덕왕대에 通文博士로 바뀌고, 경덕 왕대에는 翰林으로 개칭되었다.[104] 그런데 『삼국사기』와 현존 금석문 자료들에 산견되는 文翰 관련 官 府와 官職들을 검토해보면 경덕왕대의 翰林臺는 880년 경에 또다시 瑞書院으로 개편되었다고 한다.[105] 따라서 경덕왕대(742~765)로부터 9세기 후반에 이르는 어느 시기엔가 翰林 관직을 가진 薛某가 안함 (안홍)의 碑文을 지은 것으로 추측할 수 있다. 위의 문헌에 인용된 비문의 내용과 한림이라는 官名, 그 리고 姓名을 연관지어 살펴보면 안함(안홍)비의 찬자는 薛仲業일 가능성이 높다고 한다.[106] 설중업은 앞에서 언급한 바, 고선사 서당화상비에서 원효의 후손으로 등장하는 '翰林 仲業'[107]을 가리킨다. 혜공 왕 말년에 주로 활동한 설중업에 의해 비문이 찬술되었다면, 안함(안홍)비의 건립 연대 또한 중대 말 하 대 초의 어느 시기, 더 좁힌다면 김언승과 관련이 있다고 생각된다.

네 번째로, 중대 말에서 하대 전기에 이르는 시기에 안홍에 대한 평가가 새로워졌다는 것은 흥륜사

---

103) '翰林薛某奉詔撰碑 其銘云 後葬忉利 建天王寺 怪鳥夜鳴 兵衆旦殪 王子渡關 入朝聖顔 五年限外 三十而還 浮沈輪轉 彼我 奚免 年六十二 終于萬善 使還海遇 師亦交遇 端坐水上 指西而去 〈碑文苔蝕字缺十 喪四五 略取可觀擬似成文〉 蓋不待他 亦髣髴其遺跡矣'(『海東高僧傳』 권2, 安含).

104) '詳文師 聖德王十三年改爲通文博士 景德王又改爲翰林 後置學士'(『三國史記』 권39 職官志 中).

105) 李基東, 1978, 「羅末麗初 近侍機構와 文翰機構의 擴張−中世的 側近政治의 志向−」, 『歷史學報』77; 1984, 『新羅骨品制 社會와 花郎徒』 第二篇 第四章, 一潮閣, pp.247~254.
李文基, 1996, 앞의 논문, pp.27~34.

106) 辛鍾遠, 1992, 앞의 책, p.240.
李文基, 위의 논문, p.133.
南東信, 1998, 앞의 논문, p.90.

107) '大曆[766~779]之春 大師之孫 翰林 字仲業 △使滄溟△△日本'(「高仙寺 誓幢和上碑」).

금당에 봉안된 10聖의 소상을 통해서도 확인된다.

> N. 동쪽 벽에 앉아 서쪽으로 향한 소상은 아도·염촉(이차돈)·혜숙·안함(안홍)· 의상이
> 고, 서쪽 벽에 앉아 동쪽으로 향한 소상은 표훈·사파(사복)·원효·혜공·자장이다.(『삼
> 국유사』 권3 興法3 東京 興輪寺 金堂 十聖)[108]

위의 인용문은『삼국유사』(권3) 동경 흥륜사 금당 10聖 條의 全文으로, 더 이상의 서술 문장이 없어 10位의 聖人 소상을 흥륜사에 안치한 연유와 배경을 자세히 考究하기는 어렵다. 10명 성인의 소상은 시기에 따라 순차적으로 모셔졌을 수도 있지만, 坐向의 방향, 참배 동선, 인물 선정 등으로 볼 때 일시에 봉안되었을 가능성이 더 높다고 생각된다.[109] 10명 중 가장 후대의 인물인 표훈이 경덕왕대(742~765)에 활동하였으므로,[110] 소상 봉안의 시기는 중대 말 이후가 될 것이다.[111]

10聖 가운데 아도와 염촉(이차돈)을 제외하면, 현존 문헌상으로는 이들 성인의 행적과 흥륜사의 직접적인 관련을 찾아볼 수 없다. 따라서 10聖의 선정은 흥륜사와의 緣故에 의해서가 아니라 국가적 차원의 이념에 의해 이루어졌던 것으로 보인다.[112] 부처의 10대 제자를 떠올리게 하는 10聖의 數에서도 신라 불교의 대표적 성인이라는 상징성이 부각되고 있다. 즉 불교의 興法과 대중화, 국가불교의 확립에 기여한 고승대덕 및 聖人 10명을 뽑아,[113] 신라 최초의 사찰인 흥륜사에 소조상을 만들어 기리었던 것이다. 물론 여기에는 흥륜사의 寺格이 고려되고, 그 때까지의 신라 불교사에 대한 당대의 인식이 반영되었을 것이다. 표훈이 가장 후대인이고 下代의 승려가 한 명도 들어 있지 않으므로 이 佛事는 중대 말 하대 초의 어느 시기에 행해진 것으로 볼 수 있다. 좀 더 좁힌다면 염촉, 안홍, 원효 등이 부상하고 그들의 기념비가 건립되었던, 헌덕왕대일 가능성이 있다.

안함(안홍)이 흥륜사 금당의 소상 10聖에 포함된 것은 그의 사상과 활동이 높은 평가를 받았기 때문

---

108) '東壁坐庚向泥塑 我道 厭髑 惠宿 安含 義湘 西壁坐甲向泥塑 表訓 蛇巴 元曉 惠空 慈藏'(『三國遺事』 권3 興法3 東京興輪寺金堂十聖).

109) 韓基汶, 2002, 「新羅 下代 興輪寺와 金堂 十聖의 性格」, 『新羅文化』20, pp.184~186.

110) 『三國遺事』 권2 紀異2 景德王 忠談師 表訓大德.

111) 金煐泰는 '통일신라 中後期(혜공왕대 이후)', 郭丞勳은 '하대 전기', 韓基汶은 '헌덕왕대~흥덕왕대'에 소상이 봉안되었을 것으로 추정한다.
　金煐泰, 1977, 「新羅 十聖攷」, 『韓國學研究』2; 1987, 「新羅 十聖攷 -興輪寺金堂의 塑像 安置와 그 思想性-」, 『新羅佛教研究』, 民族文化社, p.374.
　郭丞勳, 1998, 「新羅 下代 前期 興輪寺 金堂 十聖의 奉安과 彌勒下生信仰」, 『韓國思想史學』11; 2002, 『統一新 羅時代의 政治變動과 佛教』, 國學資料院, pp.177~180.
　韓基汶, 2002, 앞의 논문, pp.185~186 및 pp.191~195.

112) 金煐泰, 위의 논문, p.375.

113) 金煐泰(1977; 1987), 郭丞勳(1998; 2002), 韓基汶(2002)의 앞의 논문들에서 10聖의 선정 기준과 이유를 대략 이와 같이 들고 있다.

일 것이다. 중대 말 하대 초, 10聖으로 추앙받으며 기념비가 세워지고, 또 서당화상비에서 원효의 스승 萬善和上으로 존재를 드러냈던 안홍(안함)이 신행선사비에서는 주인공 신행의 先祖이자 先師로서 그 당당한 권위와 위상을 자랑하고 있는 것이다. 하대 정권은 안홍의 어떤 측면에 주목했기에 그를 새롭게 부각시키려 했던 것일까? 안홍의 불교사상과 그 핵심을 파악함으로써 서당화상비와 신행선사비의 건립에 적극 관여한 헌덕왕 김언승의 사상과 정치적 의도를 엿볼 수 있을 것이다.

각훈은 『해동고승전』 편찬 당시 안함(안홍)의 碑를 직접 實見한 듯하다. 비면에 이끼가 끼어 정확히는 판독하지 못하고 비문의 대강만을 옮겨놓은 것이 앞의 자료 M이다. 그런데 이 비문의 내용은 『해동고승전』에 함께 인용된 안함(안홍)의 讖書의 그것과 거의 비슷하다. 즉 안함(안홍)은 第1女主(선덕여왕)를 切利天에 장사지낼 일, 千里에 나가 싸우던 군사가 敗할 일(대야성 함락), 四天王寺가 세워질 일, 王子(金仁問)가 귀국할 일, 大君의 盛明할 일(삼국통일) 등을 말하였는데 모두 들어맞았다는 것이다.

『해동고승전』에 전해지는 안함(안홍) 비문과 참서의 내용, 그리고 『삼국유사』에 실린 안홍의 '東都成立記'[114]를 살펴보건대, 그의 사상에는 護國佛敎的인 성격이 짙게 깔려 있다. 안홍의 이러한 국가불교적인 사상은 隋 文帝(581~604)의 佛敎治國策의 영향을 많이 받았다고 한다.[115] 文帝가 자신이 세운 왕조 隋의 무궁한 業을 기원하며 발표한 조칙에는 四海가 고요해지고 九服(아홉 오랑캐, 중국 주변국)이 잠잠해지리라는 내용이 들어 있다. 신라에서 황룡사에 9층탑을 세워 九韓(백제를 비롯한 이웃나라들)의 침공을 막으려 한 것은 隋의 國刹인 大興善寺의 탑 건립을 본받은 것이었다.

안홍이 讖書를 저술한 것도 隋 文帝의 불교정책을 원용한 것으로 보인다. 隋 왕조 초기 중국에서는 隋의 발흥과 천하통일의 당위성을 예언하는 참서가 유행하였다. 文帝는 北周를 멸하고 隋를 건국했지만(開皇 원년, 581), 그 정통성에는 하자가 있었다. 부정한 방법으로 권력을 잡고, 北周의 宇文氏 자손들을 주살하였다. 589년(開皇 9년) 남조의 陳까지 병합하여 중국 남북조의 오랜 분열이 종식되었지만, 통일왕조 隋의 미래는 정통성의 시비에 휘말려 암울해질 수도 있는 것이었다. 위기감을 느낀 文帝는 자신의 황제 등극을 정당화하고 隋朝의 정통성을 확보하기 위하여 참위를 적극적으로 이용하였다. 그리고 그 참위를 다시 불교적 색채로 粉飾하였다.[116]

신라에서 女王이 도리천에 승천하고 후일 사천왕사가 건립되리라는 안홍의 예언은 隋 文帝가 사천왕의 護持를 받고 도리천의 덕으로 천자가 되었다고 하는 참언을 본뜬 것이다. 여왕 정권으로서의 취약점을 보완하기 위해서 善德王 德曼의 위대성이 불교적으로 윤색되고, 9층탑의 건립이 추진되었다. 이와 더불어 안홍이 隋에서 귀국할 때 들여온 『楞伽經』·『勝鬘經』은 후대의 禪宗에도 영향을 끼쳤지만,

---

114) 『三國遺事』 권1 紀異2 馬韓 및 같은 책 권3 塔像4 皇龍寺九層塔 참조.
115) 안홍의 사상과 활동, 특히 隋 文帝 불교정책의 영향에 대해서는 辛鍾遠, 1992, 앞의 책, 제3장 Ⅱ절 「安弘과 新羅佛國土說」을 많이 참조하였다.
116) 최재영, 2013, 「隋 文帝의 正統性과 佛敎政策 －舊北齊地域의 安定化와 관련하여－」, 『大丘史學』111, pp.96~103 참조. 文帝가 隋 왕조의 창업과 황제 즉위를 정당화하기 위하여 우선적으로 취한 수단이 자신의 '탄생 설화'를 불교적으로 분식하는 작업이었다고 한다.

특히 『승만경』은 재가 여성 신도들의 信行에 지침이 된 경전이라는 점이 유의된다. 『승만경』은 勝鬘夫人이 불법에 귀의한 부모로부터 서신을 받고 기뻐하며 이를 독송하는 가운데 부처로부터 후일 성불하리라는 授記를 받는 데서부터 시작된다고 한다.[117] 眞平王에게는 아들이 없었으므로 장녀 德曼이 장차 여성 군주로 즉위하는 데 안홍의 사상이 여러 측면으로 기여했던 것이다. 이로부터 후에 慈藏이 唐에 유학하여 오대산에 들러 문수보살을 감응하였을 때, 문수보살이 "너희 나라 왕은 天竺 利利種王이며, 미리 부처님의 授記를 받았다"고 하여,[118] 眞種說로까지 발전된 것으로 보인다. 선덕여왕을 계승한 眞德女王의 이름 勝曼도 『승만경』에서 유래한 것이니, 안홍이 신라 여왕의 등장에 끼친 공적이 적지 않다고 하겠다. 안홍은 불교가 국가의 중심적 기조 위에 서는 북조 전통의 불교를 理想으로 하면서 나름의 신라 佛國土說을 제시하였던 것이다.[119]

하대 정권에서 안홍을 재인식하고 높이 현창한 것은 그의 호국불교적인 사상이 신라 왕권(여왕)을 안정시키고 나아가 국가의 미래상과 비전(삼국통합)을 제시했기 때문일 것이다. 하대 전기, 그중에서도 헌덕왕의 시대에 안홍 현창 사업의 흔적이 더욱 뚜렷하게 남아 있는 것은 안홍의 불교치국책이 하대 초기 헌덕왕 정권의 통치이념과 부합했던 때문으로 추측된다. 안홍의 호국사상이 隋 文帝의 영향을 많이 받았던 점도 헌덕왕이 그에 이끌렸던 이유 중의 하나가 될 것이다. 수 문제가 정권의 정통성을 과시하기 위하여 취한 정책이 바로 불교부흥이었다. 그러므로 文帝의 불교정책은 순수한 신앙심의 발로라기보다는 정치적 안정과 권력 강화를 위하여 불교를 이용했다는 점이 더 강조되는 것 같다.[120]

헌덕왕이 유혈 정변을 통해서까지 국왕으로 등극한 데에는 나름대로의 명분과 이유가 분명 있었을 터이다. 더욱이 그의 거사에 아우인 김수종(후의 흥덕왕)과 김충공이 적극 협력한 것으로 보아, 그들로서는 어쩌면 하대 왕실과 신라 국가의 미래를 짊어지려는 사명감을 표방했을지도 모른다. 설혹 그것이 권력욕이었다고 하더라도 쿠데타의 명분을 얻기 위해서라도 그들은 자신들의 정치적 비전을 보여주어야만 했다.

宣德王(김양상)을 이어 원성왕(김경신)이 실질적인 하대 왕실을 개창할 때 왕위계승 경쟁에서 패하여 멀리 溟州(현재의 강릉)로 退去한 무열왕계의 金周元과 그 후손들은 하대 정권의 유지에 늘 걸림돌의 존재로 여겨졌을 것이다. 정권을 안정시키기 위해서는 무열왕계 인물들에게 적절히 관직을 배분하면서도 권력의 핵심에는 배제시키는 고도의 정치력을 구사하지 않으면 안 되었다. 헌덕왕 형제들은 조카인 애장왕의 정권이 지배층 내부의 이러한 권력 갈등의 난국을 헤쳐 나가기에는 매우 유약하다고 판단했던 것 같다.

---

117) 한국정신문화연구원 편, 『한국민족문화대백과사전』13, '승만경' 항목 참조.

118) 『三國遺事』 권3 塔像4 皇龍寺九層塔.

119) 그러나 황룡사에 9층탑이 건립되고 불국토 사상이 한층 체계화된 것은 안홍의 死後, 唐에서 유학하고 돌아온 자장의 공적으로 되고 말았다(辛鍾遠, 1992, 앞의 책, pp.237~249).

120) 최재영, 2013, 앞의 논문.

그러므로 隋 文帝가 '부처가 正法으로써 국왕에게 付囑하였고, 朕도 임금이니 부처에게서 부촉을 받았다(佛以正法付囑國王 朕是人尊 受佛付囑)'고 하여 스스로 正法治國의 帝王이 되고자 했듯이,[121] 헌덕왕도 '付囑國王'으로서 자신의 즉위를 정당화하고, 불교적 치국으로 正法을 구현하려고 했던 것이 아닐까? 앞에서 살펴본 바, 신행선사비문에도 '付囑國家'가 언급되고 있으니,[122] 헌덕왕의 치국이념과 숭불정책이 수 문제의 그것을 방불케 한다. 그리하여 수 문제의 인간적인 약점과 모순에도 불구하고 그의 불교적 治國이 중국 불교사의 전개에 큰 영향을 끼쳤듯이, 헌덕왕 역시 자기모순적인 행위를 통해 집권했지만,[123] 그가 주도한 몇 건의 佛事는 신라 불교사에 길이 남는 治積이 되었다.

이미 안함(안홍)·원효 등 헌덕왕이 즉위를 전후해 주도했던 聖人·高僧의 개인 기념비 건립이나 흥륜사의 10聖 소상 봉안 사업을 언급하였지만, 염촉(이차돈)을 위한 백률사의 석당 건립도 빼놓을 수 없다. 염촉은 10聖 중 유일하게 승려 출신이 아님에도 신라 불교의 聖者로 모셔진 인물이다. 염촉은 법흥왕 14년(527) 불교 공인을 위하여 스스로 죽음의 길을 택한 신라 최초의 순교자였다. 『삼국유사』에서는 阿道基羅 條 바로 다음에 原宗興法 厭髑滅身 條를 설정하여 원종(법흥왕)의 흥법과 염촉(이차돈)[124]의 희생에 관한 설화를 자세히 기록하였다. 염촉의 滅身으로 말미암아 후일 신라의 서울에 '절과 절이 별처럼 펼쳐지고, 탑과 탑이 기러기처럼 줄지었으며(寺寺星張 塔塔鴈行)', 불법이 자비로운 구름처럼 온 나라를 뒤덮게 되었다. 또한 이로 인하여 三韓이 한 나라가 되고, 四海가 한 집안이 되었으니, 이는 바로 세 聖人(아도, 법흥왕, 염촉)의 威德이 이룩한 바라 하였다.[125]

신라 불교 初傳의 공로자인 아도의 碑가 세워졌듯이,[126] 興法의 공헌자인 厭髑(猒髑; 異次頓)을 기념하는 사업이 없었을 리가 없다. 사료에서는 염촉을 기리는 대대적인 불사가 헌덕왕대에 베풀어졌음을 뚜렷이 기록하고 있다. 하대 정권이 불교사의 재정립을 통해 불교국가로서의 면모를 일신하려 했음

---

121) 金煐泰, 1992, 『佛敎思想史論』 둘째편 「隋 文帝의 崇佛과 그 治國」, 民族社, p.119.
122) 부처가 法을 남기면서 국가에 부탁한 것이 진실로 까닭이 있다고 하였다. '善逝遺法 付囑國家 良有以也'(「단속사 신행선사비」) 앞의 주(62) 참조.
123) '元聖王六年 奉使大唐 受位大阿飡 七年 誅逆臣爲迊飡'(『三國史記』 권10 憲德王 즉위조).
     헌덕왕 김언승은 일찍이 조부인 원성왕의 치세 6년(790)에 大阿飡(제5위)의 관등으로 唐 使行을 다녀오는 것으로 본격적인 정치활동을 시작하였다. 이듬해에는 逆臣을 誅殺한 공으로 迊飡(제3위)으로 승진하였다. 그로부터 20년 만에 조카인 애장왕을 살해하고 왕위를 찬탈함으로써 스스로 자기모순을 범하게 된 것이다. 애장왕 10년(809)의 정변과 헌덕왕 김언승의 집권과정에 대해서는 최홍조, 2004, 「新羅 哀莊王代의 政治變動과 金彦昇」, 『韓國古代史硏究』 34 참조.
124) 原宗은 法興王을, 厭髑은 異次頓을 가리킨다. 『三國遺事』(권3) 原宗興法 厭髑滅身條 외에 『三國史記』(권4) 法興王 즉위조와 15년조, 『海東高僧傳』(권1) 法空傳 참조. 염촉의 이름은 『三國史記』(권4) 본문의 異次頓 외에 다양한 한자로 표기되어 전한다. 『三國遺事』(권3)의 細注에서 그 음과 뜻에 관하여 자세히 설명해 놓았다.
125) '寺寺星張 塔塔鴈行 竪法幢 懸梵鐘 龍象釋徒 爲寰中之福田 大小乘法 爲京國之慈雲 …… 由是倂三韓爲邦 掩四海而爲家 …… 豈非三聖威之所致也〈謂我道法興厭髑也〉'(『三國遺事』 권3 興法3 原宗興法 厭髑滅身).
126) 아도 碑의 존재는 『三國遺事』(권3) 흥법편 阿道基羅 條의 '我道本碑', 原宗興法 厭髑滅身 條의 '金用行 撰 阿道碑', 『三國史記』(권4) 법흥왕 15년조의 '韓奈麻 金用行 所撰 我道和尙碑'를 통해 확인할 수 있다. 세 군데의 기록이 모두 하나의 '我道(阿道)碑'를 가리킨다.

이 여기서 더욱 분명하게 드러난다. 『삼국유사』(권3)에서는 염촉이 처형당할 때 흰 피가 한 길이나 솟아올랐다는 異蹟을 적은 다음, 이 때 염촉의 머리가 날아가서 金剛山 마루에 떨어졌다는 『鄕傳』의 기사를 細註로 덧붙여 놓았다. 그리하여 北山(금강산)의 서쪽 마루에 장사지내고, 이를 애도하여 좋은 터에 절(蘭若)을 지어 刺楸寺[127]라 이름하였다고 한다. 그리고 훗날 國統 惠隆 등이 염촉의 옛 무덤을 수축하고(建舊塋), 큰 碑를 세웠는데(樹豐碑),[128] 이 때가 바로 元和 12년 丁酉 8월 5일, 곧 憲德大王 9년(817)이라고 하였다. 또 흥륜사의 승려 永秀는 염촉의 무덤에 예불하는 香徒를 모아 매월 5일에 壇을 쌓고 梵唄를 지었다고 하였다. 이어서 다시 『鄕傳』의 기사를 인용하여, 염촉의 기일에 鄕老들이 흥륜사에서 社會했다는 내용을 실어놓았다. 그런데, 『삼국유사』의 찬자는 이 같은 염촉 순교에 관한 내용이 元和(806~820) 연간에 南澗寺의 沙門 一念이 지은 「髑香墳禮佛結社文」의 그것을 요약하는 것임을 그 서두에 밝혀놓았다.

헌덕왕대의 승려 一念이 지은 「髑香墳禮佛結社文」에 의하면, 헌덕왕 9년(817) 國統 혜륭 등이 厭髑(이차돈)의 碑를 건립했다고 한다. 國統은 중앙의 최고 僧官職이므로 이 불사도 역시 국가가 주도한 사업으로 여겨진다. 백률사(자추사)에 세워졌던 이 碑는 그 독특한 양식으로 하여 흔히 '栢栗寺 石幢'이라 일컫지만, '異次頓殉敎碑' 또는 '異次頓供養幢'이라 불리기도 한다. 널리 알려져 있듯이, 6면으로 된 석당의 제1면에는 厭髑(이차돈) 처형 당시 목에서 흰 피가 솟고 하늘에서 꽃비가 내리는 장면이 그림으로 음각되어 있고, 제2~6면에는 이차돈의 순교설화와 석당 건립의 배경이 문장으로 새겨져 있다. 비면의 마멸이 심하여 판독할 수 없는 부분이 많고, 현 상태로는 조성 연대도 읽어낼 수 없다. 그러나 이 石幢記를 목판에 새긴 法帖으로 「興隣君新刻金生書」와 「元和帖」의 2종이 전해지므로 내용을 보충할 수 있다.

「원화첩」에 의하면 석당의 건립 연대는 '元和 十三年(818)' 곧 헌덕왕 10년이 된다. 일념의 결사문에서 언급한 碑의 건립 연대(헌덕왕 9년)와는 1년의 차이가 난다. 또 이차돈 순교 史話의 구체적인 내용도 결사문과 석당기에 약간의 차이가 있다. 양자를 비교한 논고에 따르면, 석당기에서는 법흥왕의 위엄이 더욱 강조되어 나타난다고 한다.[129] 이차돈이 불교 공인의 순교자이긴 하지만, 흥법의 발원자인 법흥왕의 '忠臣'으로서의 이미지가 더 부각되어 있다는 뜻이다. 護法의 군주인 하대 국왕들에게 귀족들이 이차돈처럼 희생·봉사할 것을 요구하는 의미에서 석당이 세워졌으리라는 것이다.[130]

---

127) 현재 경주 동천동 小金剛山에 소재한 栢栗寺가 이 刺楸寺일 것으로 추정된다. '잣(刺, 栢)'과 '楸'를 뜻으로 옮기면 '栢·栗'이 된다. 이하석, 1995, 『삼국유사의 현장기행』, 문예산책, p.239 참조.

128) '予遊東都 登金剛嶺 見孤墳短碑 慨然不能自止'(『海東高僧傳』권1 法空傳).
『海東高僧傳』(권1)에는 찬자인 각훈이 경주 금강산에 올라 '孤墳短碑'를 보고 슬퍼했다는 기록이 있는데, 바로 이 '豐碑'를 가리키는 것으로 추측된다. 韓國精神文化硏究院, 2003, 『譯註 三國遺事』 Ⅲ, 以會文化社, p.60에서는 후술하는 一念의 髑香墳禮佛結社文을 곧 이차돈을 기린 비문으로, 『해동고승전』의 '孤墳短碑' 또한 이 결사문을 가리키는 것으로 보고 있는 듯하다. 결사문과 비문을 동일시한 이유를 모르겠다.

129) 郭丞勳, 2002, 앞의 논문, pp.228~229. 단, 결사문(예불문)의 찬술이 석당(순교비)의 건립보다 1년 앞서는 것으로 본 데에는 동의하기 어렵다.

헌덕왕대에 건립된 神行禪師碑는 선종 승려 탑비의 시초이고, 栢栗寺의 石幢은 신라 불교의 최초 순교자인 염촉(이차돈)을 기리는 독특한 기념물이며, 애장왕대 김언승의 주도로 세워진 誓幢和上碑는 고승 현창비로서 最古의 것이라는 의의가 있다. 또 이러한 기념비의 건립과 함께 헌덕왕대를 전후한 시기에 흥륜사의 금당에는 10聖의 塑像이 제작 봉안되었다. 생전에 빛을 발하지 못했거나 서서히 잊혀져가던 신라 불교계의 巨星들이 이 佛事들로 인해 새롭게 '聖人'으로 부상하고 있었던 것이다.

특히 신행선사비문이 전하지 않았더라면 신라 말 南宗禪이 일세를 풍미하기 전 北宗禪 수용의 짧은 역사는 인멸되어 버렸을지도 모른다. 헌덕왕 5년(813) 신행선사비의 건립은 국가의 선종 공인이라는 측면과 함께 이후 신라 사회에 선종이 널리 확산되는 계기가 되었다는 점에서 중요한 의미를 갖는다.[131] 이로부터 入唐 구법의 발길이 더욱 왕성히 이어져 9세기 중반 이후 신라 사회에 禪風을 떨치게 되었다. 헌덕왕 6년(814)에는 慧徹, 13년(821)에는 無染, 16년(824)에는 玄昱, 17년(824)에는 道允이 각각 唐에 들어가 훗날 禪門(남종선) 개창의 주역을 담당하게 된다. 일찍이 宣德王 5년(784)에 입당하여 西堂智藏에게서 수학한 道義가 귀국하여 남종선을 최초로 전래한 것도 바로 헌덕왕대(13년, 821)의 일이다. 하대 정권이 새로운 불교사상의 수용에 개방적이었음을 알 수 있다.

흔히 지적되듯이, 남종선 사상은 初傳 당시 無爲하고 虛誕한 것으로 받아들여졌다. 도의는 헌덕왕 13년(821) 唐에서 귀국한 후 기존 교단의 배척을 받아 雪岳山 陳田寺에 은거하였던 것이다.[132] 그러나 도의의 사상이 기성 불교계에서는 용납되기 어려웠을지라도, 그를 은둔케 한 것이 헌덕왕을 위시한 정치계의 입장은 아니었다고 생각된다. 헌덕왕 14년(822) 하대 개막 후 최대의 사건이라 할 김헌창의 반란이 일어났다.[133] 헌덕왕의 형제들은 이 반란의 진압에 총력을 기울여야 했으므로 입당 구법승들의 귀국 후 행보에 관심을 쏟을 여력이 없었던 것으로 보인다.[134]

도의의 은둔이 중앙 정계의 배척에 의한 것이 아님은 도의보다 불과 5년 후(흥덕왕 원년, 826)에 귀국한 洪陟과 다시 그 4년 뒤(흥덕왕 5년, 830)에 귀국한 慧昭가 흥덕왕으로부터 國師와 菩薩로 불리며 우대를 받았던 사실에서 알 수 있다.[135] 흥덕왕과 선강태자(김충공)는 홍척을 후원하여[136] 구산선문 중

---

130) 郭丞勳, 위의 논문, pp.250~251.

131) 곽승훈, 2009, 앞의 논문, p.211.

132) 「寶林寺 普照禪師塔碑」(884년 건립), 「鳳巖寺 智證大師塔碑」(924년 건립), 『祖堂集』17 雪岳陳田寺元寂禪師傳 참조.

133) '三月 熊川州都督憲昌 以父周元不得爲王 反叛 國號長安 建元慶雲元年 ……'(『三國史記』권10 憲德王 14년조) 사료에서는 김헌창이 자신의 아버지 김주원이 왕이 되지 못한 데에 반발하여 난을 일으킨 듯이 기술되어 있다. 그러나 김헌창의 반란은 단순한 권력쟁탈전이 아니라 장차 신라 사회의 운명을 예고한 下代 최대의 정치·사회적 사건이었다. 신라사에서 김헌창 반란이 갖는 비중과 의미에 비해서 이를 본격적으로 다룬 논고는 의외로 적은 편이다. 김헌창 반란의 계기는 전년도(821)에 이루어진 웅천주 도독으로의 전보 발령과 관련이 있어 보인다. 최근, 김헌창의 경우를 포함하여 헌덕왕 13년(821)과 14년에 대대적인 인사 조치가 취해진 것으로 보고, 이를 지방 사회의 동향과 관련시켜 새로운 관점에서 반란의 성격을 분석한 연구가 제출되었다. 朱甫暾, 2008, 「新羅 下代 金憲昌의 亂과 그 性格」, 『韓國古代史研究』51.

134) 佛教文化研究院 編, 1984, 『韓國禪思想研究』, 「新羅下代의 禪傳來」(高翊晋), 東國大學校 出版部; 高翊晋, 1989, 『韓國古代佛教思想史』, 동국대학교 출판부, p.488 참조. 도의의 귀국 당시 禪사상이 수용될 수 없었던 사회적 배경으로 이때가 賊亂 民飢의 난세이고, 이듬해 김헌창의 반란이 일어났음을 들고 있다.

최초로 實相山門이 개창되었고, 뒤이어 도의의 迦智山門도 개창되었다. 北山에 은거했던 도의의 법은 廉居에게, 염거의 법은 다시 體澄에게 전해져 가지산문이 형성된 것이다. 혜소도 智異山 花開谷(후일의 雙谿寺)에서 선법을 펼쳐 크게 번창하였다. 김헌창의 반란이 진정되고 헌덕왕을 이어 흥덕왕이 즉위한 뒤에야 비로소 중앙 정부는 홍척과 혜소, 도의 등의 선승들에 대한 관심과 후원의 뜻을 펼칠 수가 있었던 것이다. 따라서 흥덕왕이 홍척을 후원한 것은 헌덕왕이 신행선사비를 건립한 것과 같은 맥락에서 이해될 수 있다고 본다.

이처럼 헌덕왕대의 여러 佛事에서 窺知할 수 있듯이 下代 초창기의 국왕들은 中代를 꿈꾸지 않았다. 중대 왕실을 붕괴시키고 비정상적인 방법으로 하대 왕실을 열었던 그들은 중대가 추구했던 유교보다는 오히려 불교를 더욱 강하게 표방하면서 中古 시대로의 회귀를 희구하였던 것 같다. 그들은 권력의 속성상 중대를 비판하고, 더 먼 과거에서 理想을 찾았다. 안홍이 하대에 재발견된 것은 바로 그러한 측면에서 바라볼 필요가 있다고 생각된다.

흔히 중대의 전성기로 이해되고 있는 성덕왕과 경덕왕의 시대도 그들에겐 理想이 될 수 없었다. 근년의 한 연구에서는 기왕의 통념과 달리, 성덕왕대와 경덕왕대가 정치적 안정과 번영의 시대이기보다는 오히려 자연재해와 기근, 전염병이 빈발하였던 '災異의 시대'였음에 주목하고 있다.[137] 『삼국사기』에 실린 天災地變 기사의 통계[138]를 왕대별로 정리해 보면, 성덕왕 42회, 경덕왕 28회, 혜공왕 28회, 원성왕 27회, 헌덕왕 27회의 순으로 빈번히 나타난다고 한다. 중대 말 하대 초에 집중된 천재지변은 단순히 천문현상의 이변에 그친 것이 아니라 사회 전반의 생산·재생산 구조를 허물어뜨린 파괴적인 재해였다.[139]

이로 인한 정치·사회적 위기와 불안을 누그러뜨리기 위한 수단으로 경덕왕대에는 국가 주도의 거대한 藥師佛이 조성되었다. 또한 中代에 阿彌陀 신앙이 중앙과 지방은 물론 국왕에서 노비에 이르기까지 광범위하게 성행한 것도 지배층과 民들이 가혹한 災異의 시대를 견뎌나가는 하나의 방법이었다. 경덕왕에서 원성왕에 이르는 시기에 집중적으로 확인되는 香徒와 結社들도 불안한 현실에 대한 종교적 대응이었다.[140]

기실 中代에서 下代로의 전환은 무열왕계에서 원성왕계로의 왕통 변화라는 점 외에 사회 성격에 있어 근본적인 차이는 없어 보인다. 일견 전성기를 구가한 듯 보이는 성덕왕·경덕왕의 시대는 중대 몰락의 前夜였고,[141] 헌덕왕대는 이제 거기에서 막 벗어나려는 순간이었다. 김언승에게 중대는 계승해야 될

---

135) 「深源寺 秀澈和尙塔碑」(893년 건립), 「雙溪寺 眞鑑禪師塔碑」(887년 건립).
　　　홍덕왕은 혜소가 귀국하자 칙서를 보내어 환영하기를, 앞서 귀국한 도의선사와 더불어 두 보살이 되었다고 하였다.
136) 「鳳巖寺 智證大師塔碑」(924년 건립).
137) 尹善泰, 2005, 「新羅 中代末~下代初의 地方社會와 佛敎信仰結社」, 『新羅文化』 26.
138) 申瀅植, 1981, 『三國史記硏究』, 一潮閣, 표 15~23.
139) 尹善泰, 2005, 앞의 논문, pp.119~121.
140) 尹善泰, 위의 논문, pp.134~135.

것이 아니라 극복되어야 할 현실이었다.

『삼국사기』의 '三代' 시대구분법에서 표방한 中代(무열왕~혜공왕; 진골왕)에서 下代(宣德王~경순왕; 진골왕)로의 移行보다는 『삼국유사』의 '三古' 시대구분법에서 나온 中古(법흥왕~진덕여왕; 성골왕)에서 下古(무열왕~경순왕; 진골왕, 곧 중대와 하대)로의 전환이 훨씬 더 변혁적인 요소를 많이 갖고 있다. 聖骨王에서 眞骨王으로의 변화가 그 가장 중요한 징표라 할 것이다. 骨品制야말로 신라 사회를 지탱한 근간이며 운영 원리였으므로, '聖骨'의 실체에 대한 학계의 논란과는 별개로, 신라인들이 성골왕과 진골왕을 구분해 인식하고 이것이 시대구분에 반영되었다는 사실이 큰 의미를 지니는 것이다.[142] 『삼국유사』의 이러한 시대구분을 염두에 둘 때 중대 말 하대 초의 다양한 불교정책이 中古 회귀로의 경향을 강하게 띠고 있는 점이 좀더 선명하게 이해될 수 있다고 본다.

하대 정권은 중대 왕권이 지향한 유교적 통치이념보다는 中古期의 '王卽佛'로 대표되는 불교적 지배 이데올로기에 한층 경도되었던 것으로 보인다. 더욱이 중대의 교학불교는 이제 곳곳에서 그 한계와 모순을 노정하고 있었다. 華嚴宗과 法相宗의 교리 경쟁이 귀족들의 정치적 대립으로 이어지고, 국가·왕실·귀족들에 의한 創寺·造塔·造像 등의 잦은 佛事가 국가의 재정을 고갈시켰다. 특히 중대 말의 사찰은 신라 사회의 모순과 불교의 폐해가 응축되어 있었다.

이러한 문제들을 해소하기 위하여 하대 정권에서는 몇 가지 개혁적인 조처를 실시하였다. 원성왕 원년(785) 불교계를 통제하기 위하여 처음으로 僧官을 두고 政法典이라 이름하였다.[143] 또 애장왕대(800~809)에는 成典寺院을 축소했을 뿐만 아니라,[144] 나아가 創寺 자체도 금지하는, 신라 일대를 통틀어 가장 강력한 불교 관련 禁令을 公布하기도 하였다.[145] 애장왕대 후반에 이르면 사원경제의 비대화로 인한 사회경제적 모순이 더 이상 방치할 수 없을 정도로 매우 심화되었음을 알 수 있다.[146]

그리하여 下代 정권에서는 中代 불교의 한계를 극복하면서도 불교국가로서의 정체성을 확립할 수 있

---

141) 성덕왕의 36년에 달하는 긴 재위 기간(702~737)을 감안하더라도 42회에 걸치는 천재지변 기사는 매우 잦은 것으로, 이 시기가 태평성대는 아니었음을 웅변해준다. 尹善泰, 위의 논문, p.120에서는 성덕왕대가 중대의 전성기를 알리는 黎明이 아니라 중대 몰락의 前夜였다고 본다.

142) 尹善泰, 위의 논문, pp.116~119의 三代 및 三古 시대구분 논의를 참고함.

143) 『三國史記』 권40 職官志 下 및 『三國遺事』 권4 義解5 慈藏定律 참조.
政官과 政法典의 관계를 비롯하여 해당 사료의 해석을 둘러싸고 논란이 없지 않지만, 원성왕 원년(785) 정법전이 설치되어 僧官이 정식으로 제도화한 사실은 분명해 보인다.

144) 애장왕대 寺院成典의 변화(축소, 격하)에 대해서는 尹善泰, 2000, 「新羅의 寺院成典과 衿荷臣」, 『韓國史硏究』108, pp.15~23 참조 바람. 또 中代 成典寺院의 기능에 대해서는 李泳鎬, 1983, 「新羅 中代 王室寺院의 官寺的 機能」, 『韓國史硏究』43 및 蔡尙植, 1984, 「新羅 統一期의 성전사원의 구조와 기능」, 『釜山史學』8을 참조하기 바람.

145) '下敎 禁新創佛寺 唯許修葺 又禁以錦繡爲佛事 金銀爲器用 宜令所司 普告施行'(『三國史記』 권10 哀莊王 7년조) 애장왕 7년(806)의 교서는 문무왕 4년(664) 財貨와 田地를 멋대로 佛寺에 시주하는 것을 금한 이후로 가장 엄하고도 획기적인 규제이다.

146) 이보다 앞서 애장왕 3년(802)에 왕실의 지원으로 海印寺가 창건(낙성)되었다. 이후로는 佛寺의 창건을 막아야 할 만큼 사회경제적 모순이 사찰에 집약되어 있음을 하대 지배층이 인식했다는 뜻이다.

는 새로운 정책을 추구했던 것으로 보인다. 유력한 眞骨 귀족뿐만 아니라 사찰에서도 田莊을 경영하여 民에 대한 수탈이 한층 가혹해졌으므로,[147] 경제 비리의 온상인 佛寺는 더 이상 새로 지을 수 없게 하였지만, 대신 국가 경제를 파탄내지 않으면서도 불국토의 理想을 선전할 수 있는 이른바 '상징 조작'의 기념비 건립을 통해 이를 보완하려 하였다. 흥륜사 금당 10聖의 塑像(泥塑)이야말로 이러한 기념물의 대표격이라 할 수 있다. 10聖은 아도·염촉(이차돈)·혜숙·안함(안홍)·의상과 표훈·사파(사복)·원효·혜공·자장으로, 이 가운데 표훈(중대)을 제외하면 모두 중고기에 활동하거나 삼국통합을 전후하여 생존했던 인물들이다.

법흥왕대에 불교가 공인된 이래로 특히 진평왕·선덕여왕의 시기에는 불교적 관념으로 신라 왕족의 신성성과 위대성이 최고조로 수식되었다. 이들 왕족이 바로 중고기의 '聖骨'인 것이다. 흥륜사에 소상으로 모셔진 10聖은 신라 불교의 初傳과 공인에 기여하거나, 중고기 성골왕들의 불교적 치국에 이념을 제공했던 승려들이다. 최초의 사찰이자 왕실·국가불교의 전당인 흥륜사에 나란히 소상으로 봉안된 10聖은 바로 신라 불교의 표상이었다.

헌덕왕 정권이 중고기 불교치국책의 제창자 안홍에 이끌렸던 것은 이러한 사정에서 연유한다. 중고기의 고승 안홍이야말로 하대 왕실과 정권의 새로운 期待像이었다고 생각된다. 하대 정권은 유교정치 이념을 표방한 중대를 비판하고, 그와 구별되는 세계, 새로운 佛國土를 구상했던 것이다.

Ⅳ. 結語

이상에서 논의한, 다소 장황한 내용을 정리해 보기로 한다. 新羅 憲德王 5년(813) 斷俗寺(경남 산청)에 건립된 神行禪師碑는 羅末麗初에 크게 성행한 禪師 塔碑의 시초라는 의의를 지니고 있다. 碑와 부도는 滅失되어 전하지 않지만, 비문 전체의 탁본이 여러 점 현존하고 있어 1차 사료로 활용하는 데 별 무리는 없다고 생각된다.

비문에 의하면, 神行(704~779)은 왕경의 金氏 출신으로 中代(654~780) 말 唐에 유학하여 北宗禪 神秀의 손제자인 志空에게서 배우고, 귀국 후 신라 사회에 선법을 펼친 승려임을 알 수 있다. 그의 존재는 신행선사비보다 백여 년 뒤(924)에 건립된 鳳巖寺(경북 문경) 智證大師塔碑에서도 도헌의 스승 3世 父 '愼行'으로 거듭 확인된다. 신행에 의해 본격적으로 전래된 북종선은 唐에서와 마찬가지로 신라에서도 곧 쇠퇴했지만, 南宗禪 曦陽山門 개창의 한 모태가 되었다. 신행선사비와 지증대사탑비를 통해서 남종선 일색의 九山禪門이 번창하기 전 북종선 수용의 짧은 역사를 더듬어 볼 수가 있다.

신행선사비문의 내용 중에서는 우선 신행의 출신지로 표기된 '東京'이 주목된다. 신라 당대의 자료에서 신라국을 스스로 '海東'이라 칭하거나 중국의 연호를 사용한 사례는 흔히 발견되지만, 왕경인 경주

---

147) 金昌錫, 1991, 「統一新羅期 田莊에 관한 硏究」, 『韓國史論』25 참조.

를 '東京'이라 표현한 것은 현재로서는 이 자료가 유일하다. 이는 헌덕왕 정권이 유달리 唐朝를 의식했던 한 징표로서, 어쩌면 신행선사비문의 중국 유포를 염두에 둔 때문인지도 모른다. 헌덕왕은 809년 조카인 哀莊王을 시해하는 정변을 단행하고, 이듬해(810) 金獻貞을 당에 朝貢使로 파견하여 憲宗의 신임을 얻어냈다. 비문의 찬자인 김헌정의 관명 冒頭에 밝혀놓은 '(皇唐)衛尉卿'은 이 때 당에서 제수받은 관직이었다. 당 조정의 분위기를 파악한 후 재위 4년(812)에야 비로소 헌덕왕의 명의로 사절을 파견, 황제의 책봉을 받아낼 수 있었다.

다음으로 신행선사비 건립의 주체에 관하여 고찰하였다. 신행이 단속사에서 입적한 후 35년 만에 다시 부도를 세워 추모·현창 사업을 추진한 것은 三輪禪師를 비롯한 門人들과 佛徒들이고, 김헌정으로 대표되는 조정 관료들과 왕실 세력이 대거 단월로 참여하였다. 碑의 건립이 국가적 사업인 데다가, 비문의 찬술도 국왕 최측근의 고위 관료가 맡았으므로 비문에는 헌덕왕의 통치이념과 정치적 의도가 숨어 있을 것으로 본다.

신행선사비에서는 신행의 先祖이자 先師로서 安弘이 특기되어 있다. 안홍은 中古期(514~654) 眞平王과 善德女王의 정치에 불교적 이념을 제공한 승려로, 當代에는 별로 주목을 받지 못하다가 중대 말 하대 초에 이르러 크게 부상하였다. 원효를 기리기 위해 김언승이 후원해 건립했던 서당화상비에는 원효를 萬善和上, 즉 안홍의 제자로 기술하고 있고, 헌덕왕대를 전후해 추진되었던 흥륜사의 10聖 소상 봉안 사업에도 안홍(안함)이 당당히 한 자리를 차지하였다. 안홍(안함)의 비도 이 무렵에 건립되었던 것으로 짐작된다. 헌덕왕대를 전후해 안홍의 권위와 위상이 높아졌음을 분명히 확인할 수 있다. 안홍은 隋에 유학한 후 文帝의 佛敎治國策을 신라 사회에 원용하였는데, 안홍의 사상과 활동이 헌덕왕의 통치이념과 숭불정책에도 부합했던 것으로 추측된다. 즉 文帝가 隋朝 창업과 황제 등극을 정당화하기 위하여 불교부흥에 부심했듯이, 헌덕왕도 하대 새로운 정권의 안정과 民心收攬을 위하여 불교 고승과 聖人의 '기념비' 건립에 집중하였던 것이다.

헌덕왕대에 건립된 神行禪師碑는 선종 승려 탑비의 시초이고, 栢栗寺의 石幢은 신라 불교의 최초 순교자인 염촉(이차돈)을 기리는 독특한 기념물이며, 애장왕대 김언승의 주도로 세워진 誓幢和上碑는 고승 현창비로서 最古의 것이라는 의의가 있다. 또 이러한 기념비의 건립과 함께 헌덕왕대를 전후한 시기에 흥륜사의 금당에는 10聖의 塑像이 제작 봉안되었다. 생전에 빛을 발하지 못했거나 서서히 잊혀져가던 신라 불교계의 巨星들이 이 佛事들로 인해 새롭게 '聖人'으로 부상하였던 것이다.

헌덕왕을 비롯한 下代 초기의 국왕들은 中代를 理想으로 삼지 않았다. 중대 왕실을 타도하고 비정상적인 방법으로 하대 왕실을 개창한 그들은 중대 왕권이 추구한 유교이념보다는 불교를 더욱 강하게 표방하면서 中古 시대로의 회귀를 꿈꾸었다. 하대 정권은 권력의 속성상 중대를 비판하고, 더 먼 과거에서 理想을 찾았던 것이다. 안홍이 하대에 재발견된 것은 바로 그러한 측면에서 바라볼 필요가 있다.

법흥왕대에 불교가 공인된 이래로 특히 진평왕·선덕여왕의 시기에는 불교적 관념으로 신라 왕족의 신성성과 위대성이 최고조로 수식되었다. 이들 왕족이 바로 중고기의 '聖骨'이었다. 흥륜사에 소상으로 모셔진 10聖은 신라 불교의 初傳과 공인에 기여하거나, 중고기 성골왕들의 불교적 치국에 이념을 제공했던 승려들이다. 최초의 사찰이자 왕실·국가불교의 전당인 흥륜사에 나란히 소상으로 봉안된 10聖이 바로 신라 불교의 표상이었던 것이다.

헌덕왕 정권이 중고기 불교치국책의 제창자 안홍에 이끌렸던 것은 이러한 사정에서 연유한다. 중고기의 고승 안홍이야말로 하대 왕실과 정권의 새로운 期待像이었다고 생각된다. 하대 정권은 유교정치이념을 표방한 중대를 비판하고, 그와 구별되는 세계, 새로운 佛國土를 구상했던 것이다. 신행선사비문 속에는 9세기 초반의 혼란했던 시기, 헌덕왕의 정치적 고뇌와 야심이 숨어 있다.

투고일 : 2013. 10. 31.   심사개시일 : 2013. 11. 6.   심사완료일 : 2013. 11. 18.

참/고/문/헌

〈자료〉

『三國史記』,『海東高僧傳』,『三國遺事』,

『金石淸玩』,『大東金石帖(大東金石書)』,『海東金石苑』,『朝鮮金石總覽』,

『韓國金石全文』古代篇,『譯註 韓國古代金石文』Ⅲ,『校勘譯註 歷代高僧碑文』新羅篇,

『智異山 斷俗寺 神行禪師大鑑國師碑銘』(東國大學校 出版部).

서거정 지음, 박홍갑 옮김, 2008,『필원잡기』, 지만지.

심경호·길진숙·유동환 공편, 2005,『신편 원교 이광사 문집』, 시간의 물레.

任昌淳 責任編輯·執筆, 1973; 1980 重版,『韓國美術全集』11(書藝), 同和出版公社.

〈저서〉

高翊晋, 1989,『韓國古代佛敎思想史』, 동국대학교 출판부.

郭丞勳, 2002,『統一新羅時代의 政治變動과 佛敎』, 國學資料院.

權悳永, 1997,『古代韓中外交史−遣唐使研究−』, 一潮閣.

김두진, 2007,『신라하대 선종사상사 연구』, 일조각.

金煐泰, 1987,『新羅佛敎研究』, 民族文化社.

金煐泰, 1992,『佛敎思想史論』, 民族社.

辛鍾遠, 1992,『新羅初期佛敎史研究』, 民族社.

신종원, 1998,『신라 최초의 고승들』, 민족사.

申瀅植, 1981,『三國史記研究』, 一潮閣.

李基東, 1984,『新羅骨品制社會와 花郞徒』, 一潮閣.

李基白, 1974,『新羅政治社會史研究』, 一潮閣.

이하석, 1995,『삼국유사의 현장기행』, 문예산책.

전덕재, 2009,『신라 왕경의 역사』, 새문사.

鄭性本, 1991,『中國禪宗의 成立史研究』, 民族社.

鄭性本, 1995,『新羅禪宗의 研究』, 民族社.

曺凡煥, 2008,『羅末麗初 禪宗山門 開倉 研究』, 景仁文化社.

주보돈, 2002,『금석문과 신라사』, 지식산업사.

차장섭, 2012,『부처를 만나 부처처럼 살다』, 역사공간.

추만호, 1992,『나말려초 선종사상사연구』, 이론과 실천.

佛敎文化研究院 編, 1984,『韓國禪思想研究』, 東國大學校 出版部.

佛教學會 編, 1986, 『韓國佛教禪門의 形成史的 研究-禪門九山中心-』, 民族社.

〈논문〉

郭丞勳, 1997, 「新羅 哀莊王代 '誓幢和上碑'의 建立과 그 意義」, 『國史館論叢』74.

郭丞勳, 1998, 「新羅 下代 前期 興輪寺 金堂 十聖의 奉安과 彌勒下生信仰」, 『韓國思想史學』11.

郭丞勳, 2002, 「新羅 下代 前期 高僧追慕碑의 建立」, 『韓國古代史研究』25.

金光植, 1989, 「高麗崔氏武人政權과 斷俗寺」, 『建大史學』7.

金相鉉, 1988, 「新羅 誓幢和上碑의 재검토」, 『蕉雨黃壽永博士古稀紀念 美術史學論叢』, 通文館.

金相鉉, 2004, 「文獻으로 본 韓國古代 金石文」, 『文化史學』21(豪佛 鄭永鎬教授 古稀紀念論叢).

金煐泰, 1977, 「新羅 十聖攷」, 『韓國學研究』2.

金煐泰, 1979, 「曦陽山禪派의 成立과 그 法系에 대하여」, 『韓國佛教學』4, 東國大 韓國佛教學會.

金煐泰, 2000, 「我道和上의 新舊碑文에 대하여」, 『佛教美術』16, 동국대학교 박물관.

金福順, 1993, 「新羅 下代 禪宗과 華嚴宗 관계의 고찰」, 『國史館論叢』48.

김복순, 2005, 「9~10세기 신라 유학승들의 중국 유학과 활동 반경」, 『역사와 현실』56.

김영미, 2005, 「나말려초 선사(禪師)들의 계보 인식」, 『역사와 현실』56.

金昌錫, 1991, 「統一新羅期 田莊에 관한 研究」, 『韓國史論』25.

南東信, 1999, 「元曉와 芬皇寺 關係의 史的 推移」, 『新羅文化祭學術發表會論文集』20.

남동신, 2005, 「나말려초 국왕과 불교의 관계」, 『역사와 현실』56.

남동신, 2010, 「미술사의 과제와 역사학-불교미술사를 중심으로-」, 『美術史學研究』(舊 考古美術)268.

朴胤珍, 2006, 「신라말 고려초의 '佛法東流說'」, 『韓國中世史研究』21.

宋憙準, 2000, 「斷俗寺의 創建 이후 歷史와 廢寺過程」, 『南冥學研究』9, 慶尙大學校 南冥學研究所.

申衡錫, 2000, 「新羅 慈悲王代 坊里名의 設定과 그 意味」, 『慶北史學』23.

呂聖九, 1992, 「神行의 生涯와 思想」, 『水邨朴永錫教授華甲紀念史學論叢』上, 探求堂.

尹善泰, 2000, 「新羅의 寺院成典과 衿荷臣」, 『韓國史研究』108.

尹善泰, 2005, 「新羅 中代末~下代初의 地方社會와 佛教信仰結社」, 『新羅文化』26.

李基東, 1978, 「羅末麗初 近侍機構와 文翰機構의 擴張-中世的 側近政治의 志向-」, 『歷史學報』77.

李基東, 1980, 「新羅 下代의 王位繼承과 政治過程」, 『歷史學報』85.

李基東, 1992, 「薛仲業과 淡海三船의 交驩」, 『歷史學報』134·135 합집.

李基白, 1962, 「景德王과 斷俗寺·怨歌」, 『韓國思想』5.

李文基, 1996, 「新羅의 文翰機構와 文翰官」, 『歷史教育論集』21.

李泳鎬, 1983, 「新羅 中代 王室寺院의 官寺的 機能」, 『韓國史研究』43.

이현태, 2012, 「신라 왕경의 里坊區劃 및 범위에 대한 연구 현황과 과제」, 『新羅文化』40.

鄭祥玉, 2000, 「佛教金石의 勃興과 王羲之 書風」, 『佛教美術』16, 동국대학교 박물관.

朱甫暾, 2008, 「新羅 下代 金憲昌의 亂과 그 性格」, 『韓國古代史研究』51.

주보돈, 2012, 「삼국기 신라의 (陵)墓碑에 대한 약간의 논의」, 『복현사림』30, 慶北史學會.

朱甫暾, 2012, 「통일신라의 (陵)墓碑에 대한 몇 가지 논의」, 『木簡과 文字』9.

蔡尙植, 1984, 「新羅 統一期의 成典寺院의 구조와 기능」, 『釜山史學』8.

崔柄憲, 1972, 「新羅下代 禪宗九山派의 成立－崔致遠의 四山碑銘을 中心으로－」, 『韓國史研究』7.

崔柄憲, 1975, 「羅末麗初 禪宗의 社會的 性格」, 『史學研究』25.

최재영, 2013, 「隋 文帝의 正統性과 佛敎政策－舊北齊地域의 安定化와 관련하여－」, 『大丘史學』111.

최홍조, 2004, 「新羅 哀莊王代의 政治變動과 金彦昇」, 『韓國古代史研究』34.

최홍조, 2009, 「新羅 哀莊王代의 政治改革과 그 性格」, 『韓國古代史研究』54.

韓基汶, 2002, 「新羅 下代 興輪寺와 金堂 十聖의 性格」, 『新羅文化』20.

黃壽永, 1970, 「新羅 誓幢和上碑의 新片－建立年代와 名稱에 대하여－」, 『考古美術』108.

葛城末治, 1931(昭和 6年), 「新羅誓幢和上塔碑에 就いて」, 『靑丘學叢』5, 靑丘學會.

⟨Abstract⟩

Headstone of Silla Zen master Sinhang and its political background

Choi, Hong-jo

The headstone of Silla Zen master Sinhang(神行) was established at Dansok Temple(斷俗寺) in King Heondeok(憲德王). It is of significance that this stone is the root of Zen master headstones flourishing from the end of Silla Dynasty to the beginning of Goryeo Dynasty. That stone was disappeared, but the rubbing of its inscription has been handed down and taken advantaged of as one of precious historical materials for studying Silla Buddhist history. According to the inscription, Sinhang(704-779) was a great Zen master who was affected with Northern sect of Zen Buddhism in Chinese Tang and returned Silla to propagate Zen Buddhism.

Sinhang entered Nirvana in AD 779, but his stone was established in AD 813, when they made Stone Stupa containing his sacred crystal relics and established its headstone. That means the establishing was a great Buddhist ritual which strongly revealed political purposes of the government. It can be known from the fact that the subject of the ritual was a Zen master Samryun(三輪), Sinhang's disciple, but main monetary offering was from the bureaucrats of the government and the royal family members. The inscription was written by Kim Heon-jeong(金獻貞), the high-ranking official during the reign of King Heondeok. So it's maybe of importance to understand the political backgrounds of those days. This study focused on Buddhist monk Anhong(安弘), Sinhang's great grandfather, because he was significantly recorded on the inscription.

Anhong was a Buddhist monk who provided Buddhist ideology during the reign of King Jinpyeong(眞平王) and Queen Seondeok(善德女王). He was unnoticed in his life, but remarkably emerged in the early years of 9th century. His Buddhism was shed strong light on during the reign of King Heondeok, because his thought corresponded to the ruling ideology of that government. The fact that the headstone of Zen master Sinhang, Anhong's descendent, was established in King Heondeok period can be understood in the context of the political background of the period. In those days, the establishment of the headstone meant the official approval of the Zen sect of Buddhism, and as a result, Zen Buddhism(Southern sect of Zen Buddhism) was spread around in Silla society.

▶Key words : Zen master Sinhang(the headstone and inscription), Zen sect of Buddhism(Northern sect of Zen Buddhism / Southern sect of Zen Buddhism), King Heondeok, Kim Heon-jeong, Buddhist monk Anhong

역/주

〈康有爲 『廣藝舟雙楫』 譯註에 부쳐〉

　　康有爲(1858-1927)는 중국 근대의 개혁적인 정치가 겸 사상가인 동시에 금석학자 겸 서예가이다. 碑學을 처음 학문적 경지로 이끈 사람은 「北碑南帖論」·「南北書派論」에서 북비의 가치를 강조한 阮元(1764-1849)이다. 완원을 이은 包世臣(1775-1855)은 『藝舟雙楫』에서 北碑가 南帖보다 뛰어남을 주장했다. 포세신을 이어 비학을 집대성한 강유위는 1888년 『藝舟雙楫』을 넓힌다는 의미에서 『廣藝舟雙楫』을 집필하기 시작하여 1889년에 완성했다. 그의 뛰어난 식견과 감식안으로 撰한 『廣藝舟雙楫』은 중국 역대 서론서 중 가장 주목 받아 온 것으로 그 판본만 해도 10여 종이다. 본 『木簡과 文字』에서는 총 27장, 7만여 자에 달하는 『廣藝舟雙楫』 가운데 그의 비학 이론의 핵심 요체인 7-12장, 즉 「本漢」·「傳衛」·「寶南」·「備魏」·「取隋」·「卑唐」 여섯 篇만을 엄선하여 3회에 걸쳐 연재하고자 하는데, 본 호가 그 두 번째이다. 역주는 鄭鉉淑 선생님이 담당하셨는데, 전체 27장 모두를 역주하여 곧 『廣藝舟雙楫』 上·下권으로 출간할 예정이라고 한다. 본 학회를 위해 역주를 수락해주신 후의에 감사드린다.[편집자]

康有爲『廣藝舟雙楫』의「傳衛」·「寶南」·「備魏」篇 譯註

鄭鉉淑*

〈국문 초록〉

강유위는 8, 9, 10장에서 遺傳되어 온 衛氏 글씨, 귀한 南朝碑, 다 갖춘 北魏碑를 각각 논한다. 제8장「傳衛」편은 위씨의 글씨가 지금까지 이어져 전해오고 있음을 말한다. 한말에는 우열을 가릴 수 없을 만큼 뛰어난 서가들이 많았다. 이 때 衛覬가 나타나 邯鄲淳과 견줄 정도로 고문을 잘 썼고, 鍾繇도 뛰어넘었다. 위기의 아들 衛瓘의 초고 글씨는 간찰의 모범이 되었고, 손자 衛恒의 글씨는 서가의 법칙이 되었다.

晉나라는 중기부터 쇠퇴하여 서가들이 북으로 건너갔다. 북위 초에 성했던 盧氏, 崔氏 두 가문은 각각 종요와 위씨의 필법을 전했다. 이후 崔浩로 유명한 최씨 가문은 필법이 계속 이어졌지만 노씨 가문은 쇠퇴했다. 최씨 가문을 거쳐 江氏 가문으로 위씨의 필법이 이어졌는데 그 중 江式이 가장 뛰어났다. 강식의 육대조인 江瓊은 위기의 필법을 익혀서 고문을 잘 썼다.

당 태종이 書聖으로 받든 王羲之도 후에 북방의 여러 비를 보고 글씨를 고쳤지만, 처음에는 위항의 질녀 衛鑠(위부인)을 스승으로 삼았기에 그 근본은 위씨 글씨이다. 이렇게 위씨 글씨는 왕희지를 통해서 지금까지 전해지고 있다.

제9장「寶南」편은 수가 적은 南碑가 수가 월등히 많은 北碑보다 더 보배로움을 말한다. 晉나라는 서체가 예서에서 해서로 변하고 초서가 처음 생긴 시기로 필찰이 대단히 성했다. 二王(王羲之·王獻之)이 유명해진 것도 당시의 시대적 분위기와 맞았기 때문이다. 첩의 유행은 명나라까지 이어졌다.

첩의 성행과는 반대로, 오나라에 근원을 둔 남비는 曹魏 이래 이어진 禁碑令으로 인해 수는 적지만 각각 뛰어나고, 북비의 근원이 되어 글씨의 원류와 변천 과정을 보여준다. 남비를 적게 보아 그 원류를 모른 阮元이「南北書派論」에서 글씨를 남북으로 나누고 비를 북파로, 첩을 남파로 분류한 것은 잘못이라고 강유위는 말한다.

제10장「備魏」편은 북비 중에서도 魏碑는 모든 것을 갖추고 있음을 말한다. 비는 남조보다 북조에서 더욱 성했고, 북조에서는 북위에 가장 많고, 북위에서는 효문제 때 가장 성했다. 魏碑는 南碑의 아름다

---

* 열화당책박물관 학예연구실장

움, 北齊碑의 변화, 隋碑의 빼어남을 다 갖추고 있다.

결구를 중시하는 唐碑는 인간의 정교함과 자연의 기교를 조화시킨 위비보다 뒤떨어진다. 당나라 명서가들의 글씨는 대부분 천편일률적이며 부자연스럽지만, 몇몇 서가의 글씨는 위비가 근원이다. 이처럼 위비는 모든 서풍을 다 갖추고 후대 글씨의 원류가 되므로 글씨를 말할 때는 위비만 논하면 된다. 강유위는 이 세 장을 통해서 위씨의 전통, 남조비의 귀함, 북위비의 중요성을 강조한다.

▶ 핵심어: 衛覬, 衛瓘, 衛恒, 衛鑠, 王羲之, 南朝碑, 北魏碑

제8장 傳衛(위씨 서가가 전통이다)

【원문】

書家之盛, 莫如季漢. 胡昭·師宜官·張芝·邯鄲淳諸人, 並轡齊驅. 雖中郎洞達, 莫或先焉. 於時衛敬侯出, 古文實與邯鄲齊名, 筆迹精熟. 今『受禪表』遺筆獨存(聞人牟準[1]『衛敬侯碑』以爲覬書. 按聞人·魏人, 致可信據. 若眞卿以爲鍾繇, 劉禹錫·歐陽修以爲梁鵠者不足據). 鴟視虎顧, 雄偉冠時. 論者乃謂中郎派別有鍾·梁, 實非確論. 考元常[2]之得蔡法, 掘韋誕冢而後得之. 韋誕師邯鄲淳, 衛敬侯還淳古文, 淳不能自別. 則衛筆無異誕師, 元常[2]後學豈謂能過! 梁鵠得法於宜官, 非傳緒於伯喈[3], 『孔羨』一碑, 亦豈逾『受禪』歟! 伯玉·巨山, 世傳妙筆, 伯玉藁書, 爲簡札宗, 巨山書勢, 爲書家法. 王侍中謂張芝·索靖·韋誕·鍾繇[4]·二衛書, 無以辨其優劣, 惟見其筆力驚異, 斯論致公. 袁昂·梁武·肩吾·懷瓘·嗣眞·呂總諸品, 必欲强爲甲乙, 隨意軒輊,[5] 滋增妄矣.

【번역】

서가의 성함이 한나라 말기만 한 때가 없었다. 호소·사의관·장지·한단순 등이 모두 나란히 앞서 있었다. 비록 채옹이 서법에 통달했으나 이들보다 앞서지 않았다. 이 때 위기가 나타나서 고문으로 한단순과 이름을 나란히 했고 그 필적은 정통하고 능숙했다. 〈수선표비〉(220, 그림 1)가 남아 있는 그의 유일한 필적이다. (문인모준은 〈위경후비[음]〉[6]에서 〈수선표비〉가 위기의 글씨라고 했다.[7] 모준은 조위

---

1) 『中國歷代論文選』(이하 『역대』), 上海: 上海書畫出版社, 1979에는 牟准라고 되어 있다. 같은 말이다. 원문 교감에 참고한 문헌은 鄭世根·鄭鉉淑, 2013, 「康有爲『廣藝舟雙楫』의 「自敍」 및 「本漢」篇 譯註」, 『木簡과 文字』10, 한국목간학회, 주1 참조.

2) 『廣藝舟雙楫疏證』(이하 『소증』), 臺北: 華正書局, 1985에는 無常이라고 되어 있다. 종요의 자는 원상이다.

3) 『소증』에는 伯諧라고 되어 있다. 채옹의 자는 伯喈이다.

4) 鍾繇: 왕승건의 「論書」에는 鍾會라고 되어 있다. 【번역】 주13 참조.

5) 軒輊: 헌은 수레 앞부분의 높은 곳을, 지는 수레 뒷부분의 낮은 곳을 가리키므로 우열을 나타낸다.

사람이므로 근거를 믿을 수 있다. 그러나 안진경이 종요의 글씨라거나 유우석8)·구양수가 양곡의 글씨라 한 것은 근거가 부족하다.) 위기의 〈수선표비〉는 올빼미가 쏘아보고 호랑이가 바라보는 것과 같이 씩씩하고 뛰어나서 당시의 으뜸이었다.

어떤 사람은 채옹의 파에 특별히 종요와 양곡이 있다9)고 하지만 사실 확실한 논리는 아니다. 종요가 채옹의 필법을 체득한 것을 생각해 보면, [채옹의 필법이 위탄에게 전해졌으므로] 위탄의 무덤을 파헤친 후에 그 필법을 체득한 것이다. 위탄은 한단순을 스승으로 삼았고, 위기는 한단순의 고문으로 돌아가서 글씨를 배웠는데, 한단순 자신도 [자기의 글씨와] 식별할 수가 없었다.10) 위기의 필법은 위탄의 스승인 한단순의 필법과 다름이 없었으며, 종요는 후학인데 어찌 [위기를] 뛰어넘을 수 있다고 하겠는가! 양곡은 사의관으로부터 서법을 얻었고 채옹에게서는 그 계통을 전해 받지 않았다. 그러니 〈공선비〉(220, 그림 2) 정도가 어찌 위기의 〈수선표비〉를 뛰어넘겠는가!

위관·위항은 뛰어난 글씨를 세상에 전했다. 위관의 초고 글씨는 간찰의 으뜸이 되었고, 위항의 필세는 서가의 법칙이 되었다. 왕승건11)은 '장지·삭정12)·위탄·종회13)·위관·위항의 글씨는 그 우열을 가릴 수 없고 그 필력의 경이로움만을 볼 수 있다'14)고 했는데 이 논평은 공평하다. 원앙15)·양 무제(재위 502-549)16)·유견오17)·장회관·이사진·여총18) 등의 품평은 억지로 등급을 매기고 제멋대로 우열을 정

---

6) 衛敬侯碑: 비음의 글은 문인모준이 지었다고 『古文苑』권17에 기록되어 있다. 〈수선표비〉는 위기의 글씨이라고 명기되어 있다. 『中國書論大系』(이하 『대계』)16(中田勇次郎 編, 坂出祥伸, 塘 耕次, 杉村邦彦 譯), 東京: 二玄社, 1993, p.286, 주8. 강유위는 위기가 썼다고 하지만 祝嘉씨는 위기의 시호가 敬이고 敬侯는 위기를 가리키는 말에 지나지 않음으로 강유위의 말은 잘못이라고 한다. 康有爲 지음, 최장윤 옮김, 『廣藝舟雙楫』, p.230.

7) 『古文苑』권17, 모준 〈위경후비음〉 "受禪表, (衛)覬並金針八分書也." 劉濤·唐吟方, 1995, 『中國書法史』, p.51.

8) 劉禹錫(772-842): 당나라 사람으로 자는 夢得이다. 彭城(강소성) 사람인데 中山(하북성) 사람이라고 한다. 貞元 9년(793)에 博學宏詞科에 합격했다. 王叔文의 일파에 속하며 정치개혁에 실패하여 朗州(호남성)의 司馬로 좌천되었다가 元和 10년(815)에 다시 부름을 받았다. 문장을 잘 썼다. 시에는 白居易와 주고받은 작품이 많아서 그와 더불어 뛰어난 시인으로 추앙받았다.

9) 포세신, 「歷下筆譚」, 「藝舟雙楫」(『역대』), p.607.

10) "魏初傳古文者出於邯鄲淳, 恒祖敬侯寫淳『尙書』, 後以示淳而淳不別", 衛恒, 「四體書勢」, 『역대』, p.12.

11) 王僧虔(426-485): 남조 제나라의 서예가로 琅琊 臨沂(산동성) 사람이다. 관직이 시중에 이르렀다. 예서를 잘 써서 유송 말부터 남제에 걸쳐 서단의 제일인자이며, 고인의 서적을 많이 소장했다. 저서로는 진나라 이후의 서가들을 평한 『論書』·『書賦』가 있고, 羊欣의 「古來能書人名」의 편자이다.

12) 索靖(239-303): 서진의 서예가로 자는 幼安, 시호는 莊靖이다. 돈황 龍勒(감숙성) 사람이며, 장지 누나의 손자이다. 관직은 상서랑에 이르렀고, 사후에 太常의 직을 받았다. 글씨는 위탄에서 나왔는데 그 준험함은 위탄보다 더하다고 전해진다. 특히 장초를 잘 썼으며, 논서로는 「草書狀」이 있다. 이 논서가 『진서』 「삭정전」 외에 『墨池編』에는 「草書勢」, 『書苑菁華』에는 「敍草書勢」로 전해진다.

13) 鍾會(225-264): 조위의 서예가로 자는 士季이다. 영천 長社 사람이며 종요의 작은 아들이다. 예술과 기예에 재주가 있고 박학했다. 글씨는 종요를 배워서 후세 사람들이 이 둘을 大鍾·小鍾이라 불렀다.

14) "張芝·素靖·韋誕·鍾會·二衛並得名前代, 古今旣異, 無以辨其優劣, 惟見其筆力驚絶耳." 王僧虔, 「論書」, 『역대』, p.54.

15) 袁昻(461-540): 남조 양나라의 서예가로 자는 千里이며, 하남 陽夏 사람이다. 『梁書』 31권을 지었고, 거기에 「古今書評」을 실었다.

한 것이니 부질없음만 더했다.

【해제】

강유위는 위씨 서가의 전통이 위기로부터 시작되었다고 말한다. 한말에 명서가들이 많이 출현했지만 위나라 때 위기가 나타나 그들을 능가했다. 손자 위항의 「四體書勢」에 의하면 한단순의 고문을 배운 위기가 그 서체로 『尚書』를 썼는데 한단순도 자신의 글씨와 분별할 수 없을 정도로 뛰어났다. 한단순을 배운 위탄, 위탄을 배운 종요도 위기를 뛰어넘지 못했다. 초고 글씨에 뛰어나 간찰의 모범이 된 아들 위관, 서가의 법칙이 된 손자 위항이 위씨 필법을 이었다.

【원문】

夫典午[19]中衰, 書家北渡. 盧家諶偃, 嗣法元常, 崔氏悅潛, 繼音衛氏. 以『魏書』考之, 盧玄父邈, 實傳偃業, 崔浩父宏, 實續潛書, 北朝書法, 實分導二派. 然崔潛誄兄之草, 王遵業得之, 寶其書迹. 宏善草隷, 自非朝廷文誥, 四方書檄, 未嘗妄染. 魏初重崔·盧之書, 而盧後無人. 崔宗自浩·簡兄弟外, 尚有崔衡·崔光·崔高客·崔亮·崔挺, 家業尤盛. 宏旣爲世模楷, 而郭祚·黎廣·黎景熙, 皆習浩法. 於時有江式者, 集『古今文字』. 其六世祖瓊[20], 實從衛覬受古文. 强[21]兄順和[22], 並擅八體, 蓋亦世傳衛[23]法者. 由斯而談, 然則鍾派盛於南, 衛派盛於北矣. 後世之書, 皆此二派, 祗可稱爲鍾·衛, 愼伯稱鍾·梁, 未當也. 按衛覬草體微瘦, 瓘得伯英之筋, 恒得其骨. 然則北宗之書, 自當以筋骨爲上. 其風韻之遜於南, 亦其祖師之法然也. 『孝文弔比干文』, 是崔浩書, 亦以筋骨瘦勁爲長.

---

16) 梁武帝(재위 502-549): 남조 양 고조로 이름은 蕭衍, 자는 叔達이다. 南蘭凌(강소성) 사람이며 남제의 왕족 출신이다. 초서와 척독을 잘 썼으며 蟲篆을 좋아했다. 감식에 조예가 깊었고 陶弘景의 글씨를 논한 「書啓」가 전한다.

17) 庾肩吾(487-551): 남조 양나라의 서예가로 자는 子愼·叔愼이다. 南陽 新野(하북성) 사람이며 庾於陵의 아우이다. 侯景의 亂으로 양 무제가 물러나고 簡文帝(재위 550)가 즉위하자 度支尚書가 되었다. 초서·해서를 잘 썼고 諸家의 글씨를 썼기 때문에 많은 작품이 있을 것으로 생각되나 현재까지 확실한 필적은 없다. 논서로는 「書品」이 있다.

18) 呂總: 당나라 사람이지만 상세하지 않다. 『書苑菁華』에 실린 논서 『續書評』은 당나라 서가 40명에 관하여 八言으로 상황을 비교·비평한 것이다.

19) 典午: 진 왕조의 성이 司馬이다. 馬는 午에 속하고, 典은 掌管이고 司의 의사가 있다. 따라서 전오가 사마를 대신해 왔다. 『소증』, p.104.

20) 『역대』에는 琼이라고 되어 있다. 江式의 「論書表」에 의하면 瓊이 맞다.

21) 『소증』에는 瓊이라고 되어 있다. 여기에서는 강씨의 글씨를 논하므로 조부인 强이 맞다. 6대조인 경은 바로 앞에서 이미 언급했다.

22) 『대계』·『소증』·『역대』 모두 順이라고 되어 있는데 강식의 형의 이름인 順和를 가리킨다. 『대계』16, p.289, 주54·59.

23) 『소증』에는 精이라고 되어 있다. 위씨의 필법으로 해석되므로 衛가 맞다.

【번역】

진나라는 중기부터 쇠퇴하여 서가들이 북으로 건너갔다. 노씨 가문의 노심[24]과 [아들] 노언은 종요의 필법을 이었고, 최씨 가문의 최열[25]과 [아들] 최잠은 위씨의 필법을 얻었다. 『위서』에서 그것을 살펴보면, 노현[26]의 아버지 노막은 [아버지] 노언의 가학을 전했고, 최호[27]의 아버지 최굉[28]은 [아버지] 최잠의 글씨를 이었다. 그래서 북조의 서예는 나뉘어 두 파를 이끌어냈다. 최잠이 형을 제문한 초서가 있었는데 왕준업[29]이 그것을 얻어서 보배롭게 여겼다. 최굉은 草隸[章草]를 잘 썼고 조정에 고하는 문서나 사방에 보내는 격문이 아니면 함부로 글씨를 쓰지 않았다.

북위 초기에는 최씨·노씨의 글씨를 소중하게 여겼는데 노씨 가문에는 이후에 유명한 사람이 없었다. 최씨 가문에는 최호·최간[30] 형제 외에도 최형[31]·최광[32]·최고객[33]·최량[34]·최연[35]이 있어서 가업이 더욱 성했다. 최굉은 이미 세상에 모범이 되었고 곽조[36]·여광[37]·여경희[38]는 모두 최호의 필법을 배웠다.

---

24) 盧諶(285-351): 동진의 서예가로 자는 子諒이며, 范陽 사람이다. 저서로는 『祭法』이 있고, 『莊子』의 주를 달았다.

25) 崔悅: 後趙의 서예가로 자는 道儒이며, 淸河 東武城 사람이다. 曹魏의 司空 崔林의 증손이며, 최굉의 조부, 최호의 증조부이다. 范陽의 盧諶과 이름을 나란히 했다.

26) 盧玄: 북위의 서예가로 자는 子貞이다. 范陽 涿縣 사람이며, 盧偃의 손자다. 中書博士를 하사받았다.

27) 崔浩(381-450): 북위의 서예가로 어릴 때의 이름은 桃簡이고, 자는 伯淵이다. 淸河 東武城 사람이며 최굉의 장남이다. 어려서부터 문학을 좋아했고 經史에 박식했으며 천문·역학에 능통하여 五寅元曆을 제정했다. 道武帝(재위 386-408) 天興 연간(398-403)에는 給事秘省을, 明元帝(재위 409-423) 때는 博士祭酒를, 太武帝 始光 연간(424-427)에는 東郡公을 지냈으며 글씨를 잘 썼다. 『위서』권35 열전23 「최호전」 참조.

28) 崔宏(?-418): 북위의 서예가로 자는 玄伯이고, 시호는 文貞이다. 淸河 東武城 사람이며 최잠의 아들이다. 어릴 때 재주가 빼어나서 冀州神童이라 불렸다. 처음에는 前秦에서, 후에 燕나라에서 벼슬을 지냈으며 북위 도무제 때 黃門侍郎이 되었다.

29) 王遵業(?-528): 북위 때 太原 晉陽 사람이다. 王瓊의 아들로 著作佐郎이 되었다. 孝明帝 때 황제를 위해서 『孝經』을 강론했다. 司徒左長史·黃門郎·監典儀注의 관직을 지냈다. 袁翻·王誦과 함께 '三哲'이라 불렸다. 河陰의 변에서 죽었다.

30) 崔簡: 북위의 서예가로 일명 覽이며 자는 沖亮이다. 淸河 東武城 사람이며 최굉의 차남, 최호의 아우이다.

31) 崔衡(435-488): 북위의 서예가로 자는 伯玉, 시호는 惠이다. 淸河 사람이며 어릴 때 효성이 지극하였다. 鎭西將軍·遷給事中·封齊郡公의 관직을 지냈다.

32) 崔光(451-523): 북위의 서예가로 원래 이름은 孝伯이고 자는 長仁이며, 東淸 河鄃 사람이다. 집이 가난하지만 배우는 것을 좋아하여 밭을 갈면서 글씨를 쓰고 밤에 외웠다. 著作郎·中書侍郎·鎭東將軍 등의 관직을 지냈다.

33) 崔高客: 북위의 서예가로 淸河 사람이다. 宣武帝(재위 500-515) 景明 연간(500-503) 초에 散騎侍郎이 되었으며 후에 陳留太守가 되었다.

34) 崔亮(459-521): 북위의 서예가로 자는 敬儒이며 淸河 東武城 사람이다. 宣武帝 때 黃門郎·靑州大中正을 지냈고, 孝明帝 (재위 516~527) 때 尙書僕射·散騎常侍를 지냈다.

35) 崔挺(445-503): 북위의 서예가로 자는 雙根이며, 博陵 安平 사람이다. 어릴 때 학문을 돈독히 하여 보고 연구한 것이 많았다. 中書博士·中書侍郎 등의 관직을 지냈다.

36) 郭祚(?-515?): 북위의 서예가로 자는 季祐이며 太原 晉陽 사람이다. 어려서는 외롭고 가난했지만 孝文帝 때 뛰어난 재주를 인정받고 과거에 급제하여 中書博士가 되었다. 이후 吏部尙書·尙書右僕射 등의 관직을 지냈다.

37) 黎廣: 북위의 서예가로 河間鄚 사람이다. 太武帝 때 歷尙書郎을 지냈으며 옛 학문을 좋아했다.

38) 黎慶熙: 북주의 서예가로 자는 季明이며, 河間鄚 사람이다. 어려서는 책 읽는 것을 좋아했고 성품은 강직했지만 조용했다. 처음 북위에서 벼슬하여 鎭遠將軍이 되었다. 후에 侯景이 되었고 말년에는 북주에서 벼슬했다.

이때 강식[39]이라는 서가가 있어 『고금문자』[40]를 편집했다. 그의 육대조인 강경은 위기를 따라 고문을 이어 받았다. [강식의 조부] 강강[41]과 형 강순화[42]는 나란히 팔체를 잘 썼다. 이들은 위씨의 필법을 세상에 전한 사람들이다.

이로부터 말해 보면, 종요파는 남방에서 성했고 위씨파는 북방에서 성했다. 후세의 글씨는 모두 이 두 파이므로 오직 종요와 위씨라고 말할 수 있고, 포세신이 종요와 양곡이라 말한 것은 타당하지 않다.

생각건대, 위기의 초서는 조금 마르고, 위관은 장지의 근육을 얻었고, 위항은 그 골격을 얻었다. 그래서 북방의 글씨는 당연히 근골을 최상으로 여긴다. 그 풍치가 남방보다 잘 이어진 것도 창시자의 서법이 그러하기 때문이다. 효문제[43]가 지은 〈조비간문〉(494, 그림 3)은 최호의 글씨인데 이것도 근골이 마르면서 딱딱하여(瘦硬) 우수한 것이다.

【해제】

강유위는 〈弔比干文〉(494)이 최씨 가운데 가장 유명한 최호의 글씨라고 하지만, 태평진군 11년(450) 6월에 죽은 최호의 글씨가 될 수 없다(『위서』권35 「최호전」). 북위 6대 황제 효문제가 낙양으로 천도한 이듬해인 494년 남쪽 순행에서 상나라의 마지막 왕인 紂王의 삼촌이자 주왕의 독재에 간언한 죄로 죽은[44] 충신 비간을 기리기 위해서 직접 찬문하고 이 비를 세웠다. 이 비의 서자는 미상이다. 강유위는 제15장 「十家」에서도 〈조비간문〉을 최호의 글씨라고 하는데, 그것도 틀린 것이다.

종요를 이은 노씨와 위기·위관·위항으로 이어진 위씨, 위씨를 이은 최씨·강씨의 가계표 및 傳承圖[45]는 다음과 같다.

衛氏: 覬－瓘－恒·宣
盧氏: 志－諶－偃－邈－玄－淵

---

39) 江式(?-523?): 북위의 서예가로 자는 法安이며, 陳留 濟陽(하남성) 사람이다. 전서를 잘 써서 낙양 궁전문의 편액을 썼다. 논서로는 문자의 혼란을 바로 잡기 위한 상주문인 「論書表」가 있다. 『위서』권91 열전79 「江式傳」.

40) 古今文字: 『역대』와 『廣藝舟雙楫注』(이하 『주』, 崔爾平 校注, 2006, 上海: 上海書畵出版社)에는 서명이 아니지만, 『위서』와 『대계』에는 서명이다. 江式은 『說文解字』를 기초로 하여 위에는 전서, 아래는 예서를 병행하여 『古今文字』 40권을 계획했지만 완성하지 못하고 正光 4년(523)에 죽었다. 『위서』권91 열전79 「강식전」.

41) 江强: 북위의 서예가로 자는 文威이다. 陳留 濟陽 사람이며 선조가 江瓊이다. 진나라의 馮翊太守였다. 蟲篆과 詁訓을 잘했다.

42) 江順和: 북위의 서예가로 陳留 濟陽 사람이며, 江式의 형이다. 征虜將軍을 지냈다.

43) 孝文帝(재위 471-499): 북위 6대 황제로 이름은 元宏이며 獻文帝의 중간 아들이다. 호족의 풍속을 고치고 낙양으로 천도했다. 천도(493) 이후 개착된 용문석굴은 당나라 때까지 계속 만들어졌다. 첫 굴인 古陽洞에 〈龍門二十品〉 가운데 19품이 있다. 『위서』권7 참조.

44) 『위서』권7/2, 8, 19/2; 文物出版社, 2000, 『北魏弔比干墓文』; Hyun-sook Jung Lee, 2005, "The Longmen Guyang Cave: Sculpture and Calligraphy of the Northern Wei(386~534)." Ph.D. diss., University of Pennsylvania, p.267, n.530.

45) 『대계』16, p.289, 주59.

崔氏: 悅－潛－宏－浩

江氏: 瓊－○－○－○－强－紹興－式·順和

【원문】

元常之獲盛名, 以二王爲師. 嗣是王·庾品書, 皆指[46]南人, 未及北派. 唐承隨祚, 會合南北, 本可發揮北宗. 而太宗尊尙右軍, 擧世更無異論, 故使張·李續品, 皆未評及北宗. 夫鍾·衛北流, 崔·江宏緒, 孝文好學, 隸草彌工, 家擅銀鉤, 人工蠆尾. 史傳之名家斯著, 碑版之軌迹可尋, 較之南士大夫, 豈多讓. 而諸家書品, 一無見傳, 竇臮『述書』, 乃採萬一, 如斯論古, 豈爲公歟?

『述書』所稱, 皆親見筆迹, 晉六十三人, 宋二十五人, 齊十五人, 梁二十一人, 陳二十一人. 而北朝數百年, 崔·盧之後, 工書者多, 絶無一紙流傳. 惟趙文深兄弟, 附[47]見陳人而已, 而[48]北士之筆迹盡湮耶! 得無祕閣所藏, 用太宗之意, 擯北人而不取耶!

【번역】

종요가 이름을 얻은 것은 이왕이 그의 글씨를 스승으로 삼았기 때문이다. 이것에 이어 왕승건·유견오의 글씨 품평[49] 모두 남인들만 지적하고 북파에 미치지 않았다. 당나라는 수나라 천자의 지위를 이어 남북을 통일하였기에 본이 되는 북종을 충분히 나타낼 수 있었다. 그러나 당 태종이 왕희지의 글씨를 숭상하자 세상에는 더 이상 다른 주장이 없었다. 따라서 장회관·이사진의 이어진 품평[50]도 모두 북종을 평하고 좇지 않았다.

종요·위기의 글씨가 북으로 전해지고 최씨·강씨가 널리 펼쳤다. 효문제가 학문을 좋아하니 예초(장초)가 더욱 공교하게 되었다. 서가들은 은구를 마음대로 썼고 사람들은 전갈의 꼬리를 잘 만들었다.[51] 역사에 전해지는 명서가들이 이렇게 나타났고, 비문의 자취도 찾을 수 있게 되었다. 그것들을 남방 사대부의 글씨와 비교해 본다 해도 어찌 많이 뒤지겠는가! 그러나 여러 서가의 서품에 [북파의 글씨는] 전해진 것이 하나도 없고 두기[52]의 『述書賦』에만 조금 나타나 있으니, 이처럼 옛 것을 논하는 것이 어찌

---

46) 『역대』·『대계』에는 主라고 되어 있다.

47) 『대계』에는 坿라고 되어 있다.

48) 『역대』·『대계』에는 豈라고 되어 있다.

49) 제나라 王僧虔의 「論書」와 양나라 庾肩吾의 「書品」에서 글씨를 품평한 것을 말한다. 품은 품등, 즉 등급을 나눈다는 뜻이다. 『대계』16, p.290, 주61.

50) 장회관의 「書斷」, 이사진의 「書後品」에서의 품평을 가리킨다.

51) 전갈의 꼬리(蠆尾)는 힘차고 위가 굽어져 있다. 서예에서 '乙'의 끝 부분 위로 향한 갈고리를 '채미'라고 부른다. 삭정은 자신의 글씨를 '銀鉤蠆尾'라 칭했다. 이것은 그의 趯法(갈고리 필법)이 은구의 굳셈과 같이 힘이 있다는 것을 설명한 것이다. 『주』, p.98, 주5.

52) 竇臮: 당 현종 天寶 연간(742-755)의 서예가로 자는 靈長이다. 扶風(지금의 섬서 麟游 서쪽)[또는 범양(하북성)] 사람이

공평하다고 하겠는가?

『술서부』에서 말한 것은 모두 직접 본 필적인데, 晉나라 63명, 宋나라 25명, 齊나라 15명, 梁나라 21명, 陳나라 21명이다. 그러나 북조는 수백 년 동안 이어졌고 최씨·노씨 이후에 글씨에 뛰어난 사람들이 많았지만 작품은 한 점도 전해진 것이 없다. [『술서부』에] 조문연 형제만 진나라 사람으로 붙여 놓았으니[53] 북조 사대부의 필적을 보지 못한 것인가? 궁정의 비각이 소장하고 있지 않은 것을 얻어도 당 태종의 뜻을 받들어 북조 사람의 글씨를 물리치고 취하지 않았기 때문인가?

【해제】

여기에서 강유위는 남조의 비평가들이 남조 작품만을 언급한 작품 품평의 부당함을 말한다. 북방에도 훌륭한 서가들이 많은데 그에 대한 언급이 없는 것은 이왕의 필법을 이은 남방의 글씨만 숭상한 당 태종의 취향을 따르기 때문이다. 이것은 고대 사회에서 황제의 기호가 당대 예술에 미치는 영향의 비중을 말해준다.

【원문】

唐·宋論書, 絶無稱及北碑者. 惟永叔『集古』, 乃曰「南朝士人, 氣尙卑弱, 率以纖勁·淸媚爲佳. 自隋以前, 碑志文辭鄙淺, 又多言浮屠. 然其字畫, 往往工妙」歐公多見北碑, 故能作是語. 此千年學者所不知也.

北碑『楊大眼』·『始平公』[54]·『鄭長猷』·『魏靈藏』, 氣象揮霍, 體裁凝重, 似『受禪碑』. 『張猛龍』·『楊翬』·『賈思伯』·『李憲』·『張黑女』·『高貞』·『溫泉頌』等碑, 皆其法裔[55]. 歐師北齊劉珉, 顔師穆子容, 亦其雲來. 『弔比干文』之後, 統一[56]齊風, 褚·薛揚波, 柳·沈繼軌. 然則衛氏之法, 幾如黃帝子孫, 散布海宇於萬千年矣. 況右軍本衛猗[57]所傳, 後雖改學, 師法猶在, 故衛家爲書學大宗. 直謂之統合南北亦可也.

며 寶蒙의 넷째 아우이다. 建中 연간(780~783)에 范陽功曹·刑部(일설에는 戶部)檢校員外部·宋汴節度參謀가 되었다. 서화 감식에 능했고, 문장에 재능이 있어서 碑誌·詩篇, 賦·頌·章·表를 많이 썼다. 만년에 『述書賦』를 지어 周나라에서 唐나라까지의 서가 198명에 대해서 논했는데, 뒷부분에는 署証·印記·收藏·賣買에 관련된 諸家를 언급했다. 『述書賦』는 형인 두몽의 교정을 받아서 완성했다. 글씨는 장지와 왕희지를 배웠으며 초예(장초)에 능했다. 『술서부』상, 두몽 주, (『역대』, p.214).

53) 실제로 『술서부』상에는 수나라인 5명 앞에 북제의 劉珉이 있고 그 끝부분에 趙文深·趙孝逸을 두어 수나라 사람으로 분류하고 있다. 조문심 형제는 북주 사람이다.

54) 〈慧成造像記〉라고 해야 한다. 이것은 아들인 승 혜성이 부친 시평공을 위해 조상한 것이다. 조상기명은 발원인의 이름을 따르는 것이 통례이다. 〈始平公造像記〉라는 명칭은 비액의 '始平公像'으로 인해 붙여진 이름인데 이는 〈慧成造像記〉로 고쳐져야 한다. 따라서 번역에서는 고쳤다.

55) 『소증』에는 乳라고 되어 있다.

56) 『역대』에는 統治라고 되어 있다.

57) 『역대』에는 猗, 『소증』에는 琦라고 되어 있다. 위부인의 字는 茂猗이다.

【번역】

　　당나라·송나라 때는 글씨를 논해도 북비를 말한 사람이 전혀 없었다. 구양수만 『集古錄跋尾』에서 '남조 사대부들은 기질이 비루하고 연약하여(卑弱) 대개 가늘면서 굳셈(纖勁), 맑고 고움(淸媚)을 아름답게 여겼다. 수나라 이전은 비와 묘지명의 문장이 비천하고 불교[58]에 대한 말이 많았다. 그러나 그 자획은 가끔 뛰어났다'고 했다. 구양수는 북비를 많이 보았기 때문에 이런 말을 할 수 있었다. 이것은 천년 동안 글씨를 배우는 사람들이 알지 못했던 것이다.

　　북위비인 〈양대안조상기〉(504-507, 그림 4)·〈慧成造像記〉(시평공조상기, 498, 그림 5)·〈정장유조상기〉(501, 그림 6)·〈위령장조상기〉(그림 7)는 기상은 휘두르듯 빠르고(揮霍) 짜임은 단단하고 중후하여(凝重) 〈수선표비〉(220, 그림 1)와 닮았다. 〈장맹룡비〉(522, 그림 8)·〈양휘비〉(512)·〈가사백비〉(519, 그림 9)·〈이헌묘지명〉·〈장흑녀묘지명〉(531, 그림 10)·〈고정비〉(523, 그림 11)·〈온천송〉 등은 이 필법을 이은 것이다.

　　구양순은 북제 유민[59]의 글씨를, 안진경은 목자용[60]의 글씨를 스승으로 삼아 그 필법을 이었다. 〈조비간문〉(494, 그림 3) 후에는 서풍을 통일하여 가지런하게 했으며 저수량·설직이 그 파로 이름을 날렸고, 유공권·심전사가 그 뒤를 이었다. 그래서 위씨의 필법이 신화 속 황제의 자손과 같이 천만 년에 걸쳐 만방에 흩어져 퍼진 것이다. 하물며 왕희지도 위부인이 전한 바를 근본으로 했다. 왕희지가 비록 나중에는 배움을 고쳤지만 스승의 법은 여전히 남아 있다. 따라서 위씨는 글씨를 배우는 데 큰 근본이 되었다. 간단히 말해서 남북을 통합한 것이라 할 수 있다.

【해제】

　　역대 비평가들과는 달리 강유위는 북비의 우수함을 강조한다. 당·송에도 북비를 평한 사람이 없고, 구양수만 힘찬 북비를 많이 보았기 때문에 남조 첩의 천약함을 지적했다. 당의 구양순과 안진경도 위씨를 이은 북조 서가를 배웠다. 후에 명비들을 두루 보고 고치기는 했으나, 위기·위관·위항·위삭(위부인)을 이은 왕희지 글씨의 근본도 위씨였다. 당대의 사회적인 분위기로 인해 첩의 글씨에 뛰어난 동진 왕희지의 글씨는 남북을 아우른 것이다.

---

58) 浮屠: 불교 명사로 범문 佛陀의 舊譯이다. 浮圖라고도 한다. 이로 인하여 불교도를 浮屠氏, 불경을 浮屠經이라 한다. 浮屠(futu)를 불탑의 음역으로 보기도 한다. 『주』, p.98, 주1.

59) 劉珉: 북제의 서예가로 彭城 사람이다. 자는 仲寶이며, 관직은 三公郎中을 지냈다. 글씨를 잘 썼다.

60) 穆子容: 북위·북제 사이의 사람이며, 자는 山行이다. 청나라 畢沅의 『中州金石記』에는 '〈태공여망비〉는 목자용의 글씨이다. 서법은 방정하고 필력은 透露하며, 안진경 글씨의 근본이다. 위·제나라 각석의 글자인데 그 뛰어남이 비교될 만한 것이 없다'고 되어 있다.

제9장 寶南(남조비는 보물이다)

【원문】

書以晉人爲最工. 蓋姿制散逸, 談鋒要妙, 風流相扇, 其俗然也. 夷[61]考其時, 去漢不遠, 中郎·太傅, 筆迹多傳. 『閣帖』王·謝·桓·郗及諸帝書, 雖多贋雜, 然當時文采, 固自異人. 蓋隸楷之新變, 分草之初發, 適當其會. 加以崇尙淸虛, 雅工筆札, 故冠絶後古, 無與抗行. 王僧虔之答孝武曰, 「陛下書帝王第一, 臣書人臣第一」, 其君臣相爭譽在此. 右軍·大令, 獨出其間, 惟時爲然也. 二王眞迹, 流傳惟帖, 宋·明仿效, 宜其大盛. 方今帖刻日壞, 『絳』·『汝』佳拓, 旣不可得. 且所傳之帖, 又率唐·宋人鉤臨, 展轉失眞. 蓋不可據雲來爲高曾面目矣. 而南朝碑樹立旣少. 裴世期表言, 「碑銘之作, 明示後昆, 自非殊功異德, 無以允應茲典. 俗敝僞興, 華煩已久, 不加禁裁, 其弊無已」. 『文選』之任彦昇[62]「爲范[63]始興作, 求立太宰碑表」, 卒寢不行. 以子良盛德懿親, 猶不得立, 況其餘哉! 夫晉·宋風流, 斯文將墜, 欲求雅迹, 惟有遺碑. 然而南碑又絶難得, 其有流傳, 最可寶貴.

【번역】

글씨는 진나라 사람들이 가장 잘 썼다. 그것은 그들의 태도가 한가하고 담론의 예봉은 오묘하여 풍류가 서로 어우러져 그 습속이 그렇게 된 것이다. 그 시기를 생각해보면, 한나라가 망한지 얼마 되지 않아서 채옹과 종요의 필적이 많이 전해졌다.

『각첩』[64]의 왕씨[65]·사씨[66]·환씨[67]·치씨[68] 가문과 여러 황제[69]의 글씨는 비록 위작이 많기는 하지만 당시의 예술적 재능이 남달랐다. 예서에서 해서로의 새로운 변화, 분초(초서)의 초기 발전이 때에 맞았다. 아울러 청허[70]함을 숭상하고 필찰을 우아하게 잘 써 고금에 가장 뛰어났고 대항할 만한 것이 없었다.

왕승건이 효무제[71]에게 답하여 이르기를 '폐하의 글씨는 제왕 가운데 제일이며, 신의 글씨는 신하 중

---

61) 어조사로 뜻이 없다.

62) 『역대』에는 升이라고 되어 있다. 昇의 오기이다.

63) 『역대』에는 範이라고 되어 있다. 范의 오기이다.

64) 閣帖: 송나라 순화 연간(990~994)에 만들어진 『淳化閣帖』이다.

65) 王氏: 왕희지·왕헌지를 말한다.

66) 謝氏: 謝尙·謝安(320~385)을 말한다.

67) 桓氏: 桓溫(312~373)·桓玄(369~404)을 말한다.

68) 郗氏: 『소증』에는 郗鑒(269~339)·郗曇, 『대계』에는 郗鑒·郗愔(313~384)·郗超라고 되어 있다.

69) 동진의 元帝(재위 317~322)·明帝(재위 322~325)를 말한다.

70) 淸虛: 『淮南子』「主術訓」에 나오는 말이다. 도가의 淡泊하고 욕심 없는 생활방법이다. 동진에서 도가 사상이 유행하여 淸談과 같은 淸虛淡泊을 존중한 풍조의 유행을 가리킨다.

71) 孝武帝(재위 454~464): 文帝(재위 424~453)의 셋째 아들이자 남조 유송의 4대 황제이다. 이름은 劉駿, 자는 休龍이며, 글씨를 잘 썼다.

에서 제일입니다'라고 했다. 그 임금과 신하가 여기에서 명예를 서로 다투는 것이다. 이왕이 그 무렵에 뛰어났던 것은 시대가 그렇게 만든 것이다. 이왕의 진적은 첩으로만 전해져 내려 왔고, 송나라·명나라 사람들이 임모하고 본받아서 크게 유행하였다.

오늘날 첩각이 나날이 파괴되어 『강첩』[72]·『여첩』[73]의 좋은 탁본은 이미 얻을 수가 없다. 또 전해지는 첩들도 대략 당나라·송나라 사람이 쌍구와 임모를 거듭하면서 참모습을 잃어버렸다. 후손에 의거하여 고조·증조의 얼굴을 그릴 수 없게 된 것이다.

그리고 남조에서는 비를 세우는 일이 이미 적었다. 배송지[74]의 표(상소문)는 말한다. '비명을 만드는 것은 후손에게 분명하게 보여 주기 위한 것이니 뛰어난 공덕이 있지 않으면 윤허하지 않았다. 그러나 이 풍속이 깨지고 위선이 넘쳐 화려하고 문란함이 이미 오래되어 금지와 제재를 가하지 않으면 그 폐단이 그치지 않을 것이다.' 『문선』[75]에서 임방[76]은 「爲范始興[77]作求立太宰碑表」를 올렸으나 결국 그 일을 행하지 못했다.[78] 소자량[79]처럼 덕이 많고 친족(무제의 아들)임에도 불구하고 여전히 비를 세울 수가 없었으니 하물며 그 나머지 사람들은 어떠했겠는가!

晉과 劉宋의 풍류로 이 학문은 추락하여 좋은 필적을 구하려면 남은 비에만 있을 뿐이다. 그러나 남비는 끊겨져 구하기 어렵다. 전해 내려온 것이 있다면 가장 보배롭고 귀하다.

【해제】

적게 만들어졌기 때문에 유전되는 것은 적지만 남조비의 뛰어남을 지적한다. 진나라 때 도가적인 청담사상이 유행하고 필찰이 유행하였으며, 조위 이래 내려오던 禁碑令은 더욱 강화되고 비의 건립이 극

---

72) 絳帖: 『絳州法帖』 20권이다. 송나라 潘師旦이 『淳化閣帖』을 이용하여 번각하고 고쳐 강주(산서성 新絳縣)에서 다시 모각한 것이다.

73) 汝帖: 宋 大觀 3년(1109)에 汝州(하남성 臨汝縣)太守 王寀가 각한 12권이다. 『淳化閣帖』·『絳帖』보다 더 깊이 들어가서 삼대(하·은·주)의 금문과 진·한·삼국(위·오·촉)의 각석을 본뜬 것을 더했다.

74) 裴松之(372-451): 유송의 사학자로 자는 世期이며, 河東 聞喜(지금의 산서성) 사람이다. 일찍이 國子博士·永嘉太守 등에 임명되었다. 元嘉 6년(429) 문제의 명으로 陳壽가 지은 『國志』의 주를 달았다.

75) 文選: 총집 이름이다. 남조 양나라 蕭統(소명태자)이 가려서 편성하여 세칭 『昭明文選』이다. 先秦에서 양나라까지의 詩文·辭賦를 가려서 38種으로 나누어 모두 700여 수를 만들었다.

76) 任昉(459-507): 양나라의 문인으로 자는 彦昇이다. 樂安 博昌(지금의 산동 壽光) 사람이며, 송·제·양 삼대에서 벼슬했다. 여덟 살에 문장을 지었고 남제 때는 太學博士가, 양 무제 때는 義興 新安太守가 되었다. 특히 남제 永明 연간(483-493) 때 王儉·沈約과 더불어 중시되었다. 竟陵王 소자량의 여덟 친구 중 한 사람이다. 문장은 이른바 '永明體'의 대표격으로 일세를 풍미했다. 당시 문장으로 저명하여 사람들이 '任(임방)筆沈(심약)詩'라 불렀다. 글씨는 초서를 잘 썼다. 저서에는 『述異記』가 있다. 명나라 사람이 편집한 『任彦昇集』이 있다. 『양서』 권14; 『남사』 권59 「임방전」 참조.

77) 范始興: 송·제·양 사이의 사람인 范雲이다.

78) 『文選』「爲范始興作求立太宰碑表」注: "建武中, 故吏范云上表爲子良立碑, 事不行."

79) 蕭子良(460-494): 남제 武帝의 둘째 아들로 자는 雲英이고, 南蘭陵 사람이다. 시호는 文宣이다. 천하에 학문에 재능이 있는 선비들을 불러 모아서 『皇覽』에 있는 『四部要略』 천 권을 지었다. 불교에 심취하여 명승들과 친분이 깊었다. 글씨에 관한 저서로는 『古今篆隸文體』 1권(1935년 古典保存會影印本)이 있다. 『남사』 권44; 『남제서』 권40 「소자량전」 참조.

히 제한적이었다. 번각을 거듭한 첩각은 마모되어 초기 각첩의 참모습을 잃어버렸고, 현전하는 소수의 남비에서만 당시 글씨의 참모습을 찾을 수 있다고 강유위는 말한다.

【원문】

阮文達『南北書派』, 專以帖法[80]屬南, 以南派有婉麗·高渾之筆, 寡雄奇·方樸之遺. 其意以王廙渡江而南, 盧諶越河而北, 自玆之後, 畫若鴻溝. 故考論歐·虞, 辨原南北, 其論至詳. 以今考之, 北碑中若『鄭文公』之神韻, 『靈廟碑陰』·『暉福寺』之高簡, 『石門銘』之疎逸, 『刁遵』·『高湛』[81]·『法生』·『劉懿』·『敬顯儁』·『龍藏寺』之虛和·婉麗, 何嘗與南碑有異! 南碑所傳絕少, 然『始興王碑』, 戈戟森然, 出鋒布勢, 爲率更所出, 何嘗與『張猛龍』·『楊大眼』筆法有異哉! 故書可分派, 南北不能分派. 阮文達之爲是論, 蓋見南碑猶少, 未能竟其源流. 故妄以碑帖爲界强分南北也.

【번역】

완원이 「남북서파론」에서 법첩을 오로지 남파에 귀속시킨 것은 남파가 고우면서 미려하고(婉麗) 고상하면서 둥근(高渾) 필의는 가졌지만, 웅건하면서 기이하고(雄奇) 방정하고 소박한(方樸) 유풍이 적기 때문이다. 이 생각은 왕이[82]가 [영가의 난[83]] 때] 장강을 건너 남으로 가고 노심이 황하를 넘어 북으로 간 이후, 홍구에 의해 크게 구별된 것과 같다.[84] 따라서 구양순·우세남을 살펴보아 원류를 남북으로 구별한 것은 그 논리가 지극히 상세하다.

지금 그것을 생각해 보면 북비 중에서 〈정문공비〉(정희하비, 511, 그림 12)의 신묘한 운치(神韻), 〈중악숭고영묘비음〉(456)·〈휘복사비〉(488, 그림 13)의 고상하고 간결함(高簡), 〈석문명〉(509, 그림 14)의 성글면서 자유로움(疎逸), 〈조준묘지명〉(517, 그림 15)·〈고담묘지명〉(539, 그림 16)·〈법생조상기〉(503, 그림 17)·〈유의묘지명〉[85](540, 그림 18)·〈경현준비〉(경사군비, 540, 그림 19)·〈용장사비〉(586, 그림 20)의 빈 듯하면서 온화함(虛和)과 고우면서 미려함(婉麗)이 어찌 남비와 다름이 있겠는가!

---

80) 『소증』에만 法자가 없다.
81) 『소증』에만 〈高諶〉이라고 되어 있다. 諶은 湛의 오기이다.
82) 王廙(267-322): 동진의 서예가로 자는 世將이며, 瑯琊 臨沂(산동성) 사람이다. 王導의 사촌동생이며, 시호는 康이다. 詩文·書畵·音樂·射御·雜伎에 능통했다. 글씨는 章草와 楷書를 잘 썼다. 종요의 서법을 전했으며(「古來能書人名」), 飛白을 잘 썼다. 왕희지에 버금간다(『書斷』)고 한다.
83) 永嘉之亂: 서진 말기 이민족에 의해 일어난 반란을 가리킨다. 懷帝(재위 307-312)의 연호인 영가 연간(307-312)에 일어난 난이다.
84) 畫若鴻溝: 『史記』권7 「項羽本紀」에 나오는 말이다. 초나라 항우와 한나라 유방(후일의 고조)이 서로 약속하여 홍구를 경계로 삼아 천하를 中分하여 서쪽은 한나라, 동쪽은 초나라로 나누었으므로 전하여 兩者의 경계로 크게 구별한다는 뜻이다. 홍구는 하남성 樂陽縣을 흐르는 渠水의 이름이다. 『대계』16, p.300, 주17.
85) 劉懿墓誌銘: 전칭은 〈太尉公劉懿墓誌銘〉(540)이다. 유의는 『북제서』권9의 劉貴와 동일 인물이다.

남비는 전해져 내려온 것이 대단히 적다. 그러나 양나라의 〈시흥충무왕비〉(蕭憺碑, 523, 그림 21)에서 보이는 창이 쭉 늘어 서 있는 모습과 같은 露鋒과 布勢는 당나라 구양순을 나오게 했으니, 어찌 북위의 〈장맹룡비〉(522, 그림 8)·〈양대안조상기〉(504-507, 그림 4)의 필법과 다름이 있겠는가! 따라서 글씨는 파를 나눌 수는 있어도 남북은 파를 나눌 수는 없다. 완원이 이와 같은 논리를 펼치는 것은 남비를 적게 보아 그 원류를 알 수 없었기 때문이다. 그래서 헛되이 비와 첩으로 경계를 만듦으로써 억지로 남북을 나누었다.

【해제】

완원은 남파의 글씨는 날씬하고 아름다운 반면 힘차면서 기이함이 적다고 생각했기 때문에 법첩의 글씨를 남파로 분류했다. 그러나 북비 중에서도 남첩처럼 자유로우면서 아름답고 고상한 풍격을 갖춘 것이 있고, 남비도 비록 그 수가 적지만 북위비만큼 힘차고 굳센 것이 있다. 다만 북비는 수가 많기 때문에 남비에는 없는 서풍을 두루 갖추고 있다. 완원이 글씨를 남첩과 북비로 나눈 것은 남비를 적게 보아 그 원류를 알 수 없었기 때문인데 이는 잘못이다. 강유위는 글씨는 서파로 나눌 수는 있지만 지역으로 구분할 수는 없다고 말한다.

【원문】

南碑當溯於吳, 吳碑四種. 篆分則[86]有『封禪國山』之渾勁無倫, 『天發神讖』之奇偉驚世, 『谷郎』古厚, 而『葛府君碑』尤爲正書鼻祖. 四碑皆爲篆·隷·眞楷之極, 抑亦異矣. 晉碑如『郛休』·『爨寶子』二碑, 樸厚古茂, 奇姿百出, 與魏碑之『靈廟』·『鞠彦雲』, 皆在隷·楷之間, 可以考見變體源流. 『枳楊府君』茂重, 爲元常正脈[87], 亦體出『谷郎』者, 誠非常之瓊[88]寶也. 宋碑則有『爨龍顔碑』, 下畫如昆刀[89]刻玉, 但見渾美, 布勢如精工畫人, 各有意度, 當爲隷·楷極則. 宋碑『晉豐縣造象』·『高句麗故城刻石』, 亦高古有異態. 齊碑則有『吳郡造維衛尊佛記』. 梁碑則『瘞鶴銘』爲貞白之書, 最著人間. 江寧十八種中, 『石闕』之淸和樸美, 貝[90]義淵書『始興王碑』, 則長鎗大戟, 實啓率更, 其碑千餘字, 完好者三分之二, 尤爲異寶. 其餘若『蕭衍之[91]造象』·『慧影造象』·『石井闌題字』, 皆有奇逸. 又雲陽之『鄱陽王益州軍府題記』, 下及『縣[92]州造象記』五種. 陳碑之『趙和造象記』, 渾雅絶俗, 又爲難得. 又『新羅眞興大王[93]』巡狩管境碑』, 奇逸古厚, 乃出異域, 裔夷

---

86) 『소증』에만 則자가 없는데, 아래의 문장에 따르면 있는 것이 맞다.
87) 『소증』에만 派라고 되어 있다.
88) 『역대』에만 瑰라고 되어 있다. 같은 뜻이다.
89) 『소증』에만 山이라고 되어 있다.
90) 『역대』에는 見이라고 되어 있다. 貝의 오기이다.
91) 『소증』에는 之자가 없다.
92) 초본·『대계』 이외에는 綿이라고 되어 있다. 같은 글자이다.

染被漢風, 同文偉制, 尤稱瓖異. 南碑存於人間者止此.

【번역】

　　남비는 당연히 오나라(222-280)까지 거슬러 올라가야 한다. 오비에는 네 점이 있다. 전분에는 순박하면서 굳셈(渾勁)이 필적할만한 것이 없는 〈봉선국산비〉(276, 그림 22), 기이하면서 웅위함(奇偉)이 세상을 놀랠만한 〈천발신참비〉(276, 그림 23)가 있다. 〈곡랑비〉(272, 그림 24)는 예스럽고 도타우며(古厚), 〈갈부군비(葛祚碑)〉는 해서의 鼻祖가 되었다. 이 네 비가 모두 전서·예서·해서의 지극함이 된 것도 기이한 일이다.

　　晉나라 비인 〈부휴비〉(270, 그림 25)·〈찬보자비〉(405, 그림 26) 같은 것은 소박하면서 도탑고(樸厚) 예스럽고 무성하며(古茂), 기이한 모양이 곳곳에서 나온다. 위나라의 〈중악숭고영묘비〉(456, 그림 27)·〈국언운묘지명〉(523, 그림 28)과 더불어 예서와 해서 사이의 것으로 서체 변천의 원류를 고찰해 볼 수 있다. 〈지양부군비〉(399, 그림 29)는 무성하면서 중후하여(茂重) 종요의 정통이 되었고, 그 서체는 〈곡랑비〉(272, 그림 24)에서 나왔으니 참으로 범상치 않은 보물이다.

　　송나라 비에는 〈찬룡안비〉(458, 그림 30)가 있다. 필획을 내리는 것은 昆吾의 칼로 옥을 새기는 것과 같아서 순박하면서 아름다움(渾美)이 보이고, 포세는 정교한 공인이 사람을 그리는 것과 같으니 각각 의도하는 바가 있어 예서·해서의 지극한 법칙이 되었다. 송비인 〈진풍현조상기〉(448, 그림 31), 〈고구려고성각석〉[94](그림 32)의 고상하고 예스러움(高古)에는 색다른 자태가 있다.

　　제나라 비에는 〈오군조유위존불기〉(488, 그림 33)가 있다.

　　양나라 비인 〈예학명〉(그림 34)은 도홍경[95]의 글씨인데 세상에서 가장 두드러진다. 강녕십팔종[96] 중에서 〈석궐명〉은 맑고 온화하며(淸和) 소박하고 아름답다(樸美). 패의연[97]이 쓴 〈시흥충무왕비〉(523, 그림 21)는 길고 큰 창과 같아서 실제로 구양순의 필법을 연 것이다. 이것은 천여 자인데 완전한 것이 3분의 2가 되어서 더욱 색다른 보물이다. 그 밖에 〈소연조상기〉·〈혜영조상기〉·〈석정란제자〉(516, 그림 35) 같은 것도 모두 기이하면서 자유롭다(奇逸). 또 [사천성] 운양의 〈파양왕익주군부제기〉와 시대가 내려오면 〈면주조상기〉 오종이 있다.

---

93) 『대계』에만 大王이고, 나머지는 모두 天王이다.

94) 〈평양성각석〉(589)을 유송(420-479)대에 포함시킨 것은 강유위의 착각인 듯하다.

95) 陶弘景(456-536): 양나라 서예가로 자는 通明, 시호는 貞白이다. 丹陽 秣陵(지금의 강소성) 사람으로 神仙道의 이론가이고 『眞誥』의 저자이다. 강소성의 句曲山 중에 살아 '華陽隱居'라고 불렸고, 양 무제의 정치 고문이라 '山中宰相'이라고도 불렸다. 『梁書』의 전은 '거문고와 바둑에 뛰어났으며, 글씨는 草隸를 잘 썼다'라고 하고, 『法書要錄』권2는 '옛 글씨를 평한 양 무제와의 사이에 오고간 서간이 정리되어 있다'라고 한다. 『양서』권51; 『남사』권74 「도홍경전」 참조.

96) 江寧十八種:〈太祖文皇帝神道闕〉에 있는 여섯 종과 〈安成康王蕭秀碑〉·〈建安敏侯蕭正立墓誌銘〉이 있는 비와 궐을 가리킨다. 당나라 해서의 원류가 되었다고 평가된다. 『대계』16, p.300, 주18.

97) 貝義淵: 남조 양나라 吳興 사람이다.

陳나라 비인 〈조화조상기〉(559)는 순박하면서 우아하며(渾雅) 속기가 없어(絕俗) 더욱 얻기 힘든 것이다. 또 〈신라진흥대왕순수관경비〉(568, 그림 36)는 기이하면서 자유롭고(奇逸) 예스러우면서 도타운데(古厚) 다른 나라에서 나온 것이다. 이 비는 변방의 오랑캐(신라)가 한족의 풍속에 젖어들어 한자를 사용한 위대한 업적으로 더욱 진귀하고 특이하다고 일컬어진다. 남비로서 세상에 있는 것은 이들뿐이다.

【해제】

여기서 주목할 만한 것은 강유위가 언급한 두 기의 한국 고대비이다. 그는 〈고구려고성각석〉(평양성각석)과 〈신라진흥대왕순수관경비〉(황초령비, 568)를 각각 분위기가 유사한 송·진의 비와 같이 열거하면서 고상하면서 예스럽다는 이유로 높이 평했다. 단지 〈고구려고성각석〉의 연도를 449년이라고 하는데, 이화여대 박물관 소장 〈평양성각석〉 제2석의 실제 연대는 589년이다.

그는 이 두 비를 17장 「비품」에서 11종의 품(神品·妙品上下·高品上下·精品上下·逸品上下·能品上下) 가운데 다섯 번째로 높은 '고품 하'에 두고, 대부분의 남비도 북비 못지않게 높은 품에 두고 있다. 이것은 자연스러움, 고상함, 예스러움을 선호하는 강유위의 심미관이 반영된 결과이다. 「비품」에서 그가 고품 이상으로 분류한 남비는 다음과 같다.

《신품》　：〈찬룡안비〉
《묘품 상》：〈양석궐〉
《묘품 하》：〈지양부군비〉·〈예학명〉·〈석정란제자〉·〈소연조상기〉
《고품 상》：〈곡랑비〉·〈갈부군비〉
《고품 하》：〈고구려고성각석〉·〈신라진흥대왕순수관경비〉·〈진풍현조상기〉

【원문】

南碑數十種, 隻[98]字片石, 皆世希有, 旣流傳絕少. 又書皆神妙, 較之魏碑, 尙覺高逸過之, 況隋唐[99]以下乎! 大約得隋人一碑, 勝唐人十種, 得梁一碑, 勝齊·隋百種. 宋·元以下, 自檜鄶[100]無譏. 此自有至鑑, 非以時代論古也.

南碑今所見者, 『二爨』出於滇蠻. 造象發於川蜀. 若高麗故城之刻, 新羅巡狩之碑, 啓自遠夷, 來從外國, 然其高美, 已冠古今. 夫以蠻夷筆迹, 猶尙如是, 則其時裙屐[101]高流, 令[102]僕雅望, 騁樂·衛之談, 擢

---

98) 『역대』에만 只라고 되어 있다. 둘 다 量詞로서 같이 쓰인다.
99) 『소증』에만 碑라고 되어 있다. 비는 唐의 오기이다.
100) 『소증』에만 鄶라고 되어 있는데 같이 쓰인다.
101) 裙은 하의, 屐은 나무 신발이다. 이것은 육조 귀족 자제의 복장이다.
102) 『역대』에만 今이라고 되어 있다. 슈의 오기이다.

袁·蕭之秀者, 筆札奇麗, 當復何如? 緬思風流, 眞有五雲樓閣, 想像虛無之致, 不可企已.

【번역】

남비에는 수십 점이 있는데 글씨 하나나 돌 한 조각도 세상에 드물어 전하는 것이 매우 적다. 그 글씨도 모두 뛰어나서 위비와 비교해 볼 때 오히려 고상하고 자유로움(高逸)이 그것을 능가하니, 하물며 수나라·당나라 이하는 어떻겠는가! 대략 수나라 사람의 비 한 점을 얻는 것이 당나라 사람의 비 열 점보다 낫고, 양나라 비 한 점을 얻는 것이 제나라·수나라 비 백 점보다 나으니 송나라·원나라 이하는 말할 필요도 없다. 이것은 최고의 본보기가 된다는 것이지 시대가 고대임을 말하는 것이 아니다.

남비로 지금 볼 수 있는 〈이찬〉〈찬보자비〉(405, 그림 26)·〈찬룡안비〉(458, 그림 30)는 운남성에서 나왔으며, 조상기는 사천성에서 나왔다. 고구려 고성의 각석과 신라의 순수비 같은 것은 먼 오랑캐들이 만든 것인데 외국에서 온 것이지만 고상하고 아름다워 이미 고금의 으뜸이 되었다. 南蠻과 東夷[103]의 필적이 이와 같다면, 당시 귀족의 고상한 풍류와 상서령·복사 [같은 고관의] 바르고 깨끗한 덕망이나, 그리고 낙씨[104]·위씨[105]의 담론을 바탕으로 원산송[106]·소자운[107]의 빼어남을 얻은 사람들의 필찰의 기이하면서도 미려함은 어떠했겠는가! 당시의 풍류를 생각해 보면 참으로 오색구름의 누각에서 허무의 경지를 떠올리는 것이니 발꿈치를 들어 올려 다다를 수 있는 것이 아니다.

【해제】

현전하는 적은 수의 남비는 위비보다 더 뛰어나다. 이찬, 즉 동진의 〈찬보자비〉와 유송의 〈찬룡안비〉는 변방에서 나왔고 고구려와 신라 비도 이민족의 것이지만 고상하고 아름다워 고금의 으뜸이다. 그러니 당대 귀족들의 필사문화 수준은 얼마나 높았겠는가.

이처럼 강유위는 적은 남비를 매우 귀하게 여긴다. 남비는 전해져 내려오는 것이 드물 뿐 각각 북비 못지않게 다양한 서풍을 지녀 북비의 원류가 된다.

---

103) 南蠻은 남쪽 야만인을, 東夷는 동쪽 야만인을 가리킨다.

104) 樂氏는 樂廣(?-304)을 말한다. 자는 彦輔이며, 남양 淯陽 사람이다. 이야기를 잘 해서 裵楷·王戎·衛瓘 등과 명사로 인정했다. 王衍과 더불어 풍류인의 筆頭였다. 관직이 尙書左僕射·右僕射·尙書令에 이르렀다. 『대계』16, p.302, 주56.

105) 衛氏: 위항의 아들 衛玠(286-312)를 말한다. 자는 叔寶이다. 太子洗馬를 지냈으며 서진 말에 永嘉의 亂을 피하여 江夏로 옮겼으나 병으로 죽었다. 이야기를 잘 해서 언행이 기탄없고, 오만하여 남에게 굽히지 않는 王澄(왕연의 아우) 같은 사람도 위개의 말을 듣고 감탄했다. 『대계』16, p.302, 주57.

106) 袁山松(?-401): 袁崧이다. 晉나라 陳郡 陽夏(하남성) 사람으로 관직이 吳郡太守에 이르렀다. 박학하고 문장을 잘 써서 『東漢書』백 편을 지었다. 음악, 羊曇의 唱樂, 桓尹의 挽歌를 잘해서 '三絕'이라 불렸다. 孫恩의 亂 때 희생당했다.

107) 蕭子雲(487-549): 양나라의 서예가로 자는 景喬이며, 南蘭陵(강소성) 사람이다. 남제 왕실의 일족으로 蕭子恪의 아홉째 아우이다. 관직이 臨川內史·侍中에 이르렀고 國子祭酒에 임명되었다. 글씨는 왕헌지의 필법을 배우고 종요의 필법으로 변화시켜 초서·예서를 잘 써서 당시의 해법이 되었다. 비백을 잘 써서 벽에 쓴 蕭字는 당나라 때 귀중하게 여겨졌다. 저서로는 『晉書』·『東宮新記』가 있다.

제10장 備魏(북위비는 모두 갖추고 있다)

【원문】

北碑莫盛於魏, 莫備於魏. 蓋乘晉·宋之末運, 兼齊·梁之流風, 享國旣永, 藝業自興. 孝文黼黻, 篤好文術, 潤色鴻業. 故太和之後, 碑版尤盛, 佳書妙製, 率在其時. 延昌·正光染被斯暢, 考其體裁俊偉, 筆氣深厚, 恢恢乎有太平之象. 晉·宋禁碑, 周·齊短祚, 故言碑者, 必稱魏也.

孝文以前, 文學無稱, 碑版亦不著. 今所見者, 惟有三碑, 道武時則有『秦從造象王銀[108]堂題名』[109], 太武時則有『鞏伏龍造象』·『趙珊造象』, 皆新出土者也. 雖草昧初搆[110], 已有王風矣.

【번역】

북비는 북위(386-534)보다 흥성하고 갖춰진 때가 없었다. 생각건대, 진나라(317-420)·송나라(420-479) 말기의 기운을 타고, 제나라(479-502)·양나라(502-556)의 유행을 겸했다. 나라를 세운지도 이미 오래되어 예술도 저절로 흥하게 되었다.

제6대 효문제(재위 471-499)는 문화적이어서 특히 학문과 예술을 좋아했으며 제왕의 사업을 잘 이루었다. 따라서 태화 연간[111](477-499) 이후 비각이 더욱 성했고, 훌륭한 글씨가 잘 만들어진 것도 대략 이 시기였다. 연창(512-515)·정광(520-525) 연간[112]에도 그 영향으로 예술이 발전했다. 그 짜임이 준수하고 뛰어나며 붓의 기운이 심오하고 도타운(深厚) 것을 살펴보라, 넓고도 넓도다, 그 태평스런 모습이여! 진나라·송나라는 비를 금했고 주나라(557-581)·제나라(550-577)는 왕조가 짧아서, 비를 언급하는 사람은 반드시 위나라를 말한다.

효문제 이전에는 학문은 말할 것이 없고 비도 뛰어나지 않았다. 지금 볼 수 있는 것으로는 세 점만 있다. 제1대 도무제(재위 386-408) 때는 〈진종조상왕은당제명〉(406)이 있고, 제3대 태무제(재위 424-451) 때는 〈공복룡조상기〉(432)·〈조형조상기〉(469, 그림 37)가 있다. 이것들은 모두 새로 출토된 것이다. 비록 세상이 어둡고 나라가 창건될 때였지만 이미 왕의 위엄이 있었다.

【해제】

비는 남조보다 북조에서 훨씬 성했다. 북조 중에서도 북위 때, 북위 중에서도 효문제 때 가장 성했

---

108) 『역대』에만 金이라고 되어 있다. 銀의 오기이다.

109) 『소증』에는 〈진종조상〉과 〈왕은당제명〉으로 나뉘어져 있으나 오기이다. 제3장 「購碑」에서는 합쳐져 있다. 全稱은 〈邑主秦從州人造像銀堂畵像題銘〉이다.

110) 『역대』에만 構라고 되어 있다.

111) 太和: 북위 효문제의 연호이다.

112) 延昌·正光: 연창은 북위 선무제, 정광은 북위 효명제의 연호이다.

다. 효문제 이전의 비는 두 점뿐이다. 제7대 선무제(재위 500~515), 제8대 효명제(재위 516~527) 때도 효문제의 영향으로 예술이 발전했다.

남조의 東晉·劉宋에는 禁碑의 영향으로 비가 적고 북조의 北齊·北周는 왕조의 수명이 짧아서 비가 성하지 못했다. 비는 북위에서 가장 성했고 모든 서풍을 갖추고 있으므로 비를 말할 때는 반드시 북위를 언급해야 한다.

【원문】

太和之後, 諸家角出. 奇逸則有若『石門銘』, 古樸則有若『靈廟』·『鞠彦雲』, 古茂則有若『暉福寺』, 瘦勁則有若『弔比干文』, 高美則有若『靈廟碑陰』·『鄭道昭碑』[113]·『六十人造象』, 峻美則有若『李超』·『司馬元興』, 奇古則有若『劉玉』·『皇甫驎』, 精能則有若『張猛龍』·『賈思伯』·『楊翬』, 峻宕則有若『張黑女』·『馬鳴寺』, 虛和則有若『刁遵』·『司馬昇』·『高湛』, 圓靜則有若『法生』·『劉懿』·『敬使君』, 亢夷則有若『李仲璇』, 莊茂則有若『孫秋生』·『長樂王』·『太妃侯』·『溫泉頌』, 豊厚則有若『呂望』, 方重則有若『楊大眼』·『魏靈藏』·『始平公』, 靡逸則有若『元詳造象』·『優塡王』. 統觀諸碑, 若遊群玉之山, 若行山陰之道, 凡後世所有之[114]體格, 無不備, 凡後世所有之意態, 亦無不備矣.

【번역】

태화 연간 이후에는 많은 서가들이 다투어 나타났다. 기이하면서 자유로운(奇逸) 것에는 〈석문명〉(509, 그림 14) 같은 것이 있고, 예스럽고 소박한(古樸) 것에는 〈중악숭고영묘비〉(456, 그림 27)·〈국언운묘지명〉(523, 그림 28) 같은 것이 있다. 예스럽고 무성한(古茂) 것에는 〈휘복사비〉(488, 그림 13)가 있고, 마르면서 굳센(瘦勁) 것에는 〈조비간문〉(494, 그림 3)이 있다. 고상하면서 아름다운(高美) 것에는 〈중악숭고영묘비음〉(456)·〈정문공비〉(511, 그림 12)·〈육십인조상기〉(527)가 있고, 준엄하면서 아름다운(峻美) 것에는 〈이초묘지명〉(525, 그림 38)·〈사마원흥묘지명〉(511)이 있다. 기이하면서 예스러운(奇古) 것에는 〈유옥묘지명〉(527, 그림 39)·〈황보린묘지명〉(515, 그림 40)이 있고, 정교하면서 능숙한(精能) 것에는 〈장맹룡비〉(522, 그림 8)·〈가사백비〉(519, 그림 9)·〈양휘비〉(512)가 있다. 준엄하면서 호탕한(峻宕) 것에는 〈장흑녀묘지명〉(531, 그림 10)·〈마명사근법사비〉(523, 그림 41)가 있고, 빈듯하면서 온화한(虛和) 것에는 〈조준묘지명〉(517, 그림 15)·〈사마승묘지명〉(536, 그림 42)·〈고담묘지명〉(539, 그림 16)이 있다. 원만하면서 고요한(圓靜) 것에는 〈법생조상기〉(503, 그림 17)·〈유의묘지명

---

113) 〈鄭文公碑〉(〈鄭羲下碑〉)의 오기로 보인다. 〈정문공비〉는 정문공 羲의 아들 鄭道昭가 부친의 생애를 기리기 위해 글을 짓고 글씨를 쓴 것이다. 제3장 번역 '북위비' 참조. 북위비에 〈정도소비〉는 없다. 발원인 이름을 따르는 조상기와는 달리 비는 기리는 사람의 이름을 따라 명명된다. 따라서 번역에서는 〈鄭文公碑〉로 고쳤다.

114) 『역대』에는 之자가 없다. 뒤의 문장을 보면 있는 것이 맞다.

〉(540, 그림 18)·〈경사군비〉(경현준비, 540, 그림 19)가 있고, 굳세면서 평평한(兀夷) 것에는 〈이중선수공자묘비〉(541, 그림 43)가 있다. 장엄하면서 무성한(莊茂) 것에는 〈손추생조상기〉(502, 그림 44)·〈장락왕부인위지조상기〉(495, 그림 45)·〈광천왕조모태비후조상기〉[115](503, 그림 46)·〈온천송〉이 있고, 풍성하면서 도타운(豊厚) 것에는 〈태공여망비〉(550, 그림 47)가 있다. 방정하면서 중후한(方重) 것에는 〈양대안조상기〉(504-507, 그림 4)·〈위령장조상기〉(그림 7)·〈혜성조상기〉(시평공조상기, 498, 그림 5)가 있고 쏠리는 듯하면서 자유로운(靡逸) 것에는 〈북해왕원상조상기〉(498, 그림 48)·〈우진왕조상기〉가 있다.

모든 비를 모아 바라보니 군옥[116]의 산을 노니는 것과 같고, 산음[117]의 길을 걷는 것과 같다. 무릇 후세에 있는 서풍을 갖추지 않은 것이 없고, 후세에 있는 의태도 갖추지 않은 것이 없다.

【해제】

태화 연간 이후에는 많은 서가가 나타났고 다양한 분위기의 비들이 출현했다. 필획이 굵은 것과 가는 것, 소박하고 예스러운 것, 힘차고 느긋한 것, 모나면서도 중후한 것 등 모든 서풍을 다 보여준다. 각각의 비는 후대의 풍격과 의태를 다 갖추고 있다.

【원문】

凡魏碑, 隨取一家, 皆足成體, 盡合諸家, 則爲具美. 雖南碑之綿麗, 齊碑之逋峭, 隋碑之洞達, 皆涵蓋淳蓄, 蘊於其中. 故言魏碑, 雖無南碑及齊·周·隋碑, 亦無不可.

---

115) 용문석굴에서 가장 뛰어난 글씨 20점을 〈龍門二十品〉이라 칭한다. 〈용문이십품〉 가운데 19점은 최초로 개착한 古陽洞에, 나머지 1점은 慈香洞에 있다. 그 20점 가운데 태비후가 발원한 조상기가 두 기 있다. 하나는 죽은 남편 廣川王 賀蘭汗을 위해 502년에, 다른 하나는 살아 있는 손자 靈道를 위해 503년에 만들었다. 전자〈廣川王夫人太妃侯造像記〉(502)를 강유위는 〈하란한조상기〉(3장 원문 '북위비' 참조) 또는 〈광천왕조상기〉라고 부른다. 발원인의 이름을 딴 전칭 사용을 3장에서 밝혔다. 후자〈廣川王祖母太妃侯造像記〉(503)를 강유위는 〈태비후조상기〉라 부르고(3장 원문 '북위비' 참조) 17장에서 '능품 상'에 품등했다. 후자의 전칭 사용도 3장에서 밝혔다. 서풍에서 전자는 방정하면서 엄정하며, 후자는 상대적으로 유연하다.
태비후의 두 조상기를 포함한 〈용문이십품〉에 관해서는 Hyun-sook Jung Lee, 2005, "The Longmen Guyang Cave: Sculpture and Calligraphy of the Northern Wei(386~534)." Ph.D. diss., University of Pennsylvania, pp.214-319; 정현숙, 2006, 「〈용문20품〉에 나타난 북위의 유가사상」, 『東西哲學硏究』41; 정현숙, 2006, 「문헌을 통해 본 북위의 국가 이념과 용문 고양동의 연관성」, 『書誌學硏究』35; 정현숙, 2011, 「북위 〈용문20품〉의 유가사상과 그 배경」, 『寒碧文叢』19 참조.
116) 群玉: 산의 이름이다. 西王母가 사는 산인데 옥석이 많아서 붙여진 이름이다. 또한 상고에 帝王이 書物을 수장했다고 한다. 『대계』16, p.312, 주58.
117) 山陰: 동진시대 會稽郡에 속한 현의 이름이다. 지금의 절강성 紹興市이다. '山陰之道'는 소흥의 서남 교외 일대를 가리킨다. 경치가 좋은 땅으로 이름이 높다. 『대계』16, p.313, 주59.

何言有魏碑可無南碑也? 南碑奇古之『爨寶子』, 則有『靈廟碑』似之. 高美之『爨龍眼』, 峻整之『始興王碑』, 則有『靈廟碑陰』·『張猛龍』·『溫泉頌』當之. 安茂之『枳楊府君』·『梁石闕』, 則有『暉福寺』當之. 奇逸之『瘞鶴銘』, 則有『石門銘』當之. 自餘魏碑所有, 南碑無之, 故曰莫備於魏碑.

何言有魏碑可無齊碑也? 齊碑之佳者, 峻樸莫若『儁修羅』, 則『張黑女』·『楊大眼』近之. 奇逸莫如『朱君山』, 則豈若『石門銘』·『刁遵』也. 瘦勁之『武平五年造象』, 豈若『弔比干墓』也. 洞達之『報德象』, 豈若『李仲璇』也. 豊厚之『定國寺』, 豈若『暉福寺』也. 安雅之『王僧』, 豈若『皇甫驎』·『高湛』也.

何言有魏碑可無周碑也? 古樸之『曹恪』, 不如『靈廟』. 奇質之『時珍』, 不如『皇甫驎』. 精美之『强獨樂』, 不如『楊翬』. 峻整之『賀屯植』, 不如『溫泉頌』.

何言有魏碑可無隋碑也? 瘦勁之『豆盧通造象』, 則『弔比干』有之. 豊莊之『趙芬』, 則『溫泉頌』有之. 通達之『仲思那』, 則『楊大眼』有之. 開整之『賀若誼』, 則『高貞』有之. 秀美之『美人董氏』, 則『刁遵』有之. 奇古之『臧質』, 則『靈廟』有之. 樸雅之『宋永貴』·『甯贊』[118], 則『李超』有之. 莊美之『舍利塔』·『蘇慈』, 則『賈思伯』·『李仲璇』有之. 樸整之『吳儼』·『龍華寺』, 則不足比數矣.

故有魏碑, 可無齊·周·隋碑. 然則三朝碑, 眞無絶出新體者乎? 曰, 齊碑之『儁修羅』·『朱君山』, 隋碑之『龍藏寺』·『曹子建』, 四者皆古質奇趣, 新體異態, 乘時獨出, 變化生新, 承魏開唐, 獨標儁異. 四碑眞可出魏碑之外, 建標千古者也.

【번역】

위비는 일가를 따라도 모양이 이루어지니 여러 서풍을 모으면 아름다움을 갖추게 된다. 남비의 면밀하고 미려함(綿麗), 제비의 달아나 듯 가파름(逋峭), 수비의 통달함이 모두 담기고 쌓여서 위비 속에 간직되어 있다. 따라서 위비를 말하면 남비·제비·주비·수비는 말하지 않아도 된다.

왜 위비만 있으면 남비는 없어도 좋다고 말하는가? 남비 중에서 기이하고 예스러운(기고奇古) 〈찬보자비〉(405, 그림 26)는 〈중악숭고영묘비〉(456, 그림 27)와 닮았다. 고상하면서 아름다운(高美) 〈찬룡안비〉(458, 그림 30)와 준엄하면서 정연한(峻整) 〈시흥충무왕비〉(523, 그림 21)는 〈영묘비음〉(456)·〈장맹룡비〉(522, 그림 8)·〈온천송〉에 해당된다. 또 편안하면서 무성한(安茂) 〈지양부군비〉(399, 그림 29)·〈양석궐〉은 〈휘복사비〉(488, 그림 13)에 해당된다. 기이하면서 자유로운(奇逸) 〈예학명〉(그림 34)은 〈석문명〉(509, 그림 14)에 해당된다. 위비는 남아도는데, 남비는 그에 해당되는 것이 없다. 그러므로 위비에 갖춰지지 않은 것이 없다고 말하는 것이다.

왜 위비가 있으면 제비는 없어도 좋다고 말하는가? 훌륭한 제비 가운데 준엄하면서 소박한(峻樸) 것으로 〈준수라비〉(560, 그림 49) 만한 것이 없는데 〈장흑녀묘지명〉(531, 그림 10)·〈양대안조상기〉(504-507, 그림 4)가 그것에 가깝다. 기이하면서 자유로운(奇逸) 것으로 〈주대림묘지명〉(주군산묘지명, 571,

---

118) 『역대』에는 〈寧贊〉이라고 되어 있다. 甯과 寧은 같은 글자이다.

그림 50) 만한 것이 없는데 어찌 〈석문명〉(509, 그림 14)·〈조준묘지명〉(517, 그림 15)과 같겠는가! 마르면서 굳센(瘦勁) 〈무평오년조상기〉(574)가 어찌 〈조비간문〉(494, 그림 3)과 같겠는가! 洞達한 〈보덕상비〉(555, 그림 51)가 어찌 〈이중선수공자묘비〉(541, 그림 43)와 같겠는가! 풍성하면서 도타운(豊厚) 〈정국사비〉(557)가 어찌 〈휘복사비〉(488, 그림 13)와 같겠는가! 편안하면서 우아한(安雅) 〈왕승묘지명〉(536, 그림 52)이 어찌 〈황보린묘지명〉(515, 그림 40)·〈고담묘지명〉(539, 그림 16)과 같겠는가!

왜 위비가 있으면 주비는 없어도 좋다고 말하는가? 예스럽고 소박한(古樸) 〈조각비〉(570)는 〈중악숭고영묘비〉(456, 그림 27)만 못하다. 기이하고 질박한(奇質) 〈시진묘지명〉(578)은 〈황보린묘지명〉(515, 그림 40)만 못하다. 정교하고 아름다운(精美) 〈강독락수문왕조상비〉(557, 그림 53)는 〈양휘비〉(512)만 못하다. 준엄하면서 정연한(峻整) 〈하둔식묘지명〉(564)은 〈온천송〉만 못하다.

왜 위비가 있으면 수비는 없어도 좋다고 말하는가? 수나라에 마르면서 굳센(瘦勁) 〈두로통조상기〉가 있는데 〈조비간문〉(494, 그림 3)이 곧 그렇다. 풍성하면서 장엄한(豊莊) 〈조분비잔석〉(585, 그림 54)이 있는데 〈온천송〉이 그렇다. 通達한 〈중사나십인조교비〉(586)가 있는데 〈양대안조상기〉(504-507, 그림 4)가 그렇다. 트이면서 정연한(開整) 〈하약의비〉(596, 그림 55)가 있는데 〈고정비〉(523, 그림 11)가 그렇다. 빼어나고 아름다운(秀美) 〈미인동씨묘지명〉(597, 그림 56)이 있는데 〈조준묘지명〉(517, 그림 15)이 그렇다. 기이하면서 예스러운(奇古) 〈용산공장질묘지명〉(600, 그림 57)이 있는데 〈중악숭고영묘비〉(456, 그림 27)가 그렇다. 소박하고 우아한(樸雅) 〈송영귀묘지명〉(616)·〈영현비〉(609, 그림 58)가 있는데 〈이초묘지명〉(525, 그림 38)이 그렇다. 장엄하면서 아름다운(莊美) 〈사리탑명〉·〈소자묘지명〉(603, 그림 59)이 있는데 〈가사백비〉(519, 그림 9)·〈이중선수공자묘비〉(541, 그림 43)가 그렇다. 소박하면서 정연한(樸整) 〈오엄묘지명〉(608)·〈용화사비〉(603, 그림 60)가 있는데 몇 개로 나열할 수 없다.

따라서 위비만 있으면 제비·주비·수비는 없어도 된다. 그렇다면 이 세 왕조의 비 가운데 대단히 뛰어나면서도 새로운 모양은 정말로 없는가? 말해보면 제비인 〈준수라비〉(560, 그림 49)·〈주대림묘지명〉(571, 그림 50), 수비인 〈용장사비〉(586, 그림 20)·〈조자건비〉(593, 그림 61)가 있다. 이 네 비는 모두 예스러우면서 질박하고(古質) 기이한 풍취(奇趣)가 있다. 새로운 모양과 색다른 형태는 때를 잘 타 혼자 뛰어났으며, 옛 것을 변화시켜 새로움을 만들었으며, 위나라를 계승하고 당나라를 열었으며, 뛰어나고 색다름을 홀로 목표로 삼았다. 참으로 네 비는 위비 밖에서 나와 천고의 모범을 세운 것들이다.

【해제】

위비는 각각도 충분히 훌륭하지만 모두 종합하면 더욱 아름답다. 남비·제비·주비·수비가 각각 다양한 서풍을 지니고 있지만 위비는 그 모든 것을 갖추고도 남음이 있다. 따라서 위비만 있으면 남비·제비·주비·수비는 없어도 무방하다.

물론 제·주·수나라에도 예스러우면서 뛰어난 풍취, 새로운 자체와 색다른 형태를 갖춘 뛰어난 비들이 있다. 그들은 위나라 비가 아니면서 시류 속에서 홀로 뛰어나 천고의 본보기가 되었고 위나라를 이어 당나라 서예를 열었다.

【원문】

後世稱碑之盛者, 莫若有唐, 名家傑出, 諸體並立, 然自吾觀之, 未若魏世也. 唐人最講結構, 然向[119]背·往來·伸縮之法, 唐世之碑, 熟能比『楊翬』·『賈思伯』·『張猛龍』也. 其筆氣渾厚, 意態跳宕, 長短大小, 各因其體, 分行布白, 自妙其致, 寓變化於整齊之中, 藏奇崛於方平之內, 皆極精采. 作字工夫斯爲第一, 可謂人[120]巧極而天工錯矣. 以視歐·褚·顏·柳, 斷鶴續鳧[121]以爲工, 眞成可笑. 永興·登善, 頗存古意, 然實出於魏. 各家皆然, 略詳『導源篇』.

【번역】

후세에 비의 성함을 말하는 사람들은 당나라만한 때가 없어서 명서가들은 걸출했으며 모든 서체가 병립했다고 한다. 그러나 내가 볼 때 위나라만한 때가 없었다. 당나라 사람들은 결구를 제일 많이 추구했지만 향세와 배세, 행필과 수필, 늘림과 줄임의 필법에서 누가 위나라의 〈양휘비〉(512)·〈가사백비〉(519, 그림 9)·〈장맹룡비〉(522, 그림 8)와 비교할 수 있겠는가! 글씨의 기운은 순박하고 도타우며(渾厚), 의태는 도약하는 듯 호탕하며(跳宕), 장단·대소는 각각 그 모양으로 인한 것이고, 분행과 포백은 풍치를 저절로 오묘하게 했다. 가지런한(整齊) 가운데에도 변화가 깃들어 있고, 모나고 평평함(方平) 속에 기이하면서 우뚝함(奇崛)이 감추어져 있어 모두 정교하면서 의젓했다(精采). 글씨 공부는 이것을 제일로 여겼는데 사람의 공교함이 지극하고 천연의 기교까지 섞여 있다고 말할 수 있다.

구양순·저수량·안진경·유공권의 글씨를 보면 학의 다리를 잘라 물오리의 다리에 이어 붙여 교묘하게 만든 것이니 참으로 우스운 일이다. 우세남·저수량의 글씨에는 옛 필의가 꽤 있으나 그것은 사실 위비에서 나온 것이다. 명서가가 다 그러하니, 이는 「도원」편에서 간략하게 상술하겠다.

【해제】

여기에서도 강유위는 북위비의 뛰어남을 강조한다. 명서가가 많은 당나라는 결구를 강조하고 서체를 정립했지만 인간의 공교함과 천연의 기교가 잘 조화시킨 북위비만 못하다. 북위비는 향세와 배세,

---

119) 『소증』에는 白이라고 되어 있다. 向의 오기이다.

120) 『소증』에는 人자가 없다.

121) 斷鶴續鳧: 『莊子』「騈拇」에 나오는 구절을 인용한 말로서 "길다고 남지 않고 짧다고 모자라지 않는다. 이런 까닭에 물오리의 다리가 비록 짧지만 그것을 이으면 근심스럽고, 학의 다리가 비록 길지만 그것을 자르면 슬퍼진다"(長者不爲有餘, 短者不爲不足, 是故鳧脛雖短, 續之則憂, 鶴脛雖長, 斷之則悲)라고 한 것에서 유래한다.
『소증』 이외에는 鳧가 鶴으로, 鶴이 鳧로 되어 있다. 앞뒤 문맥으로 보아 당나라 글씨의 천편일률적인 부자연스러움을 논한 것이므로 『소증』이 맞다. 『대계』16, p.315, 주129 참조.

행필과 수필, 늘림과 줄임, 글자의 길이와 크기, 장법이 정연하면서도 변화가 있고, 방정하면서도 웅장하다. 당 명서가들의 글씨는 자연스럽지 못하고 일부 서가들의 필의는 북위비에서 나왔다. 이처럼 북제·북주·수·당의 글씨는 모든 서풍을 갖춘 북위비에서 나왔으므로 글씨를 논할 때는 당연히 북위를 말해야 한다고 강유위는 거듭 밝힌다.

투고일 : 2013. 10. 24.　　　심사개시일 : 2013. 10. 25.　　　심사완료일 : 2013. 11. 11.

참/고/문/헌

〈원전〉

『南史』.

『南齊書』.

『北史』.

『北齊書』.

『史記』.

『梁書』.

『魏書』.

『晉書』.

〈국문〉

康有爲 지음, 崔長潤 옮김, 1983, 『廣藝舟雙楫』, 서울: 운림당.

郭魯鳳, 2005, 『書藝家列傳』, 서울: 다운샘.

梁披雲 外 編著, 1985, 『中國書法大辭典』上下, 서울: 美術文化院.

劉濤·唐吟方, 1995, 『中國書法史』, 북경: 중앙미술학원서법연구실.

이천시립월전미술관 편, 2010, 『옛 글씨의 아름다움-그 속에서 역사를 보다-』, 이천: 이천시립월전미술관.

蔣彝 지음, 정현숙 옮김, 『서예 미학과 기법』, 서울: 교우사, 2009.

鄭世根·鄭鉉淑, 2013, 「康有爲 『廣藝舟雙楫』의 「自敍」 및 「本漢」篇 譯註」, 『木簡과 文字』10, 한국목간학회.

정현숙, 2006, 「문헌을 통해 본 북위의 국가 이념과 龍門 古陽洞의 연관성」, 『書誌學硏究』35, 서지학회.

정현숙, 2006, 「〈龍門20品〉에 나타난 北魏의 儒家思想」, 『東西哲學硏究』41, 한국동서철학학회.

정현숙, 2007, 「북위 平城時期의 금석문과 그 연원」, 『書藝學硏究』10, 한국서예학회.

정현숙, 2008, 「신라과 북위·수·당의 서예 비교 연구」, 『書藝學硏究』13, 한국서예학회.

정현숙, 2011, 「북위 〈용문20품〉의 유가사상과 그 배경」, 『寒碧文叢』19, 월전미술문화재단.

包世臣 지음, 정충락 옮김, 1986, 『藝舟雙楫』, 서울: 미술문화원.

〈중문〉

江式, 「論書表」.

竇泉, 『述書賦』.

羊欣, 「古來能書人名」.

王僧虔, 「論書」.

王僧虔, 「筆意贊」.

衛鑠, 「筆陣圖」.

衛恒, 「四體書勢」.

李嗣眞, 「書後品」.

張懷瓘, 『書斷』.

阮元, 「南北書派論」.

包世臣, 『藝舟雙楫』.

康有爲, 1985, 『廣藝舟雙楫疏證』, 臺北: 華正書局.

宮大中, 1981, 『龍門石窟藝術』, 上海: 上海人民出版社.

洛陽市文物局 編, 2001, 『洛陽出土北魏墓誌選編』 洛陽文物與考古, 北京: 科學出版社.

劉詩, 2003, 『中國古代書法家』, 北京: 文物出版社.

劉正成 主編, 2006, 『中國書法鑑賞大辭典』, 北京: 中國人民大學出版社.

文物出版社 編, 2000, 『北魏弔比干墓文』 歷代碑帖法書選, 北京: 文物出版社.

文物出版社 編, 2000, 『北魏中嶽崇高靈廟碑』 歷代碑帖法書選, 北京: 文物出版社.

潘運告 編著 譯注, 2004, 『晩淸書論』, 長沙: 湖南美術出版社.

楊素芳, 后東生 編, 1998, 『中國書法理論經典』, 石家庄: 河北人民出版社..

楊衒之 著, 周祖謨 校釋, 1963, 『洛陽伽藍記校釋』, 臺北: 中華書局.

王乃棟 著, 2004, 『中國書法墨迹鑑定圖典』, 北京: 文物出版社.

王靖憲 主編, 1996, 『中國書法藝術』 魏晉南北朝, 北京: 文物出版社.

張啓亞 主編, 1998, 『中國書法藝術』 隋唐五代, 北京: 文物出版社.

張撝之, 沈起煒, 劉德重 主編, 1999, 『中國歷代人名大辭典』 上·下, 上海: 上海古籍出版社.

浙江古籍出版社 編, 2006, 『高貞碑』 國家圖書館善本特藏部特藏·梁啓超舊藏碑帖精選.

浙江人民美術出版社 編, 2006, 『龍藏寺碑』 歷代善本碑刻, 杭州: 浙江人民美術出版社.

崔爾平 校注, 2006, 『廣藝舟雙楫注』, 上海: 上海書畵出版社.

華正書局 編, 1988, 『歷代書法論文選』 上·下, 臺北: 華正書局.

〈일문〉

二玄社, 1961, 『東魏 敬史君碑』, 書跡名品叢刊77, 東京: 二玄社.

二玄社, 1962, 『北魏 暉福寺碑·馬鳴寺碑』, 書跡名品叢刊81, 東京: 二玄社.

二玄社, 1969, 『唐 顏師古 等慈寺碑』, 書跡名品叢刊135, 東京: 二玄社.

二玄社, 1969, 『隋 甯贊碑·曹子建碑』, 書跡名品叢刊137, 東京: 二玄社.

二玄社, 1970, 『唐 裵鏡民碑·孔穎達碑』, 書跡名品叢刊157, 東京: 二玄社.

二玄社, 1970, 『東晋 爨寶子碑/宋 爨龍顔碑』, 書跡名品叢刊29, 東京: 二玄社.

二玄社, 1972, 『北齊 徂徠山摩崖』, 書跡名品叢刊174, 東京: 二玄社.

二玄社, 1972, 『北齊 趙文淵 華嶽頌』, 書跡名品叢刊179, 東京: 二玄社.

二玄社, 1978-1985, 『中國書論大系』1, 3, 6, 8, 書人傳, 東京: 二玄社.

二玄社, 1988, 『龍門二十品·上』北魏, 中國書法選20, 東京: 二玄社.

二玄社, 1988, 『龍門二十品·下』北魏, 中國書法選21, 東京: 二玄社.

二玄社, 1989, 『墓誌銘集·上』北魏, 中國書法選25, 東京: 二玄社.

二玄社, 1989, 『墓誌銘集·下』北魏·隋, 中國書法選26, 東京: 二玄社.

二玄社, 1990, 『魏晉唐小楷集』魏·晉·唐, 中國書法選11, 東京: 二玄社.

中田勇次郎 編, 1993, 『中國書論大系』16, 東京: 二玄社.

平凡社 編, 『書道全集』3, 5, 6, 1965-6, 東京: 平凡社.

〈영문〉

Jung, Hyun-sook. 2007. 「Changes in Pingcheng Calligraphy of the Northern Wei」. 『書誌學研究』38, 서지학회.

Lee, Hyun-sook Jung. 2005. "The Longmeng Guyang Cave: Sculpture and Calligraphy of the Northern Wei(386~534)." Ph.D. diss., University of Pennsylvania.

⟨Abstract⟩

"Tradition of the Wei Family", "Precious Southern Stelae", and "Fully Qualified Wei Stelae"
in *Guangyizhoushuangji* by Kang Youwei

Jung, Hyun-sook

In Chapters 8, 9, and 10, Kang Youwei (康有爲) discusses "Tradition of the Wei Family"(「傳衛」), "Precious Southern Stelae"(「寶南」), and "Fully Qualified Northern Wei Stelae"(「備魏」) respectively. In Chapter 8, Kang tells us that the writings of the Wei(衛) family were handed down until now. By the end of Han there were plenty of excellent calligraphers. At that time Wei Ji (衛覬) appeared and was good enough to compete with Handan Chun (邯鄲淳) in the ancient writing. He was even better than Zong Yao (鐘繇). His son Wei Guan's (衛瓘) calligraphy became a model in the letters, and his grandson Wei Heng's (衛恒) calligraphy became a rule for the calligraphers.

The Jin dynasty declined after the middle time, and calligraphers moved to the north. The Lu (盧) and Cui (崔) families in the early Northern Wei dynasty handed down the calligraphy of Zong Yao and Wei family respectively. Then unlike the Cui family, the Lu family became weakened. The calligraphy of the Wei family passed down to the Jiang (江) family through the Cui family. Of the Jiang family, Jiang Shi (江式) was the most famous, and his sixth ancestor Jiang Qiong (江瓊) was good at the ancient writing by learning Wei Ji.

Although he changed the way of study by learning the Northern stelae later, at childhood Wang Xizhi also learned Wei Shuo(衛鑠, Lady Wei), a niece of Wei Heng. It can be therefore said that the origin of Wang Xizhi is the Wei family, and its calligraphy handed down to the present time through Wang.

In Chapter 9, Kang stresses that the Southern stelae are precious despite small quantities. The Jin dynasty was the time when the calligraphic style was changing from the clerical to the regular scripts, the draft script was first appeared, and writing letters became popular among aristocrats of the society. The fame of *erwang* (二王)[i.e. Wang Xizhi (王羲之) & Wang Xianzhi (王獻之)] dued to the social atmosphere of the time. Album calligraphy was prevalent until the end of Ming dynasty.

By contrast, the Southern stelae were small in quantity due to the prohibition of establishing the stele since the Cao Wei dynasty. Despite small amount, each is excellent and became the root of the Northern stelae so that they show the origin of writing and the changing process of calligraphy. Kang says that it is wrong for Ruan Yuan (阮元) to divide calligraphy into the stele of the North and album calligraphy of the South. Kang was certain that Ruan had not had many chances to see the Southern stelae.

In Chapter 10, Kang insists that the Northern Wei stelae show all kinds of calligraphic style. The stele was more prevalent in North than in South, the Northern Wei produced most of stelae throughout the Northern periods, and most of the stelae were built under the rule of Xiaowendi (孝文帝) in the Northern Wei. The Wei stelae display the beauty of Southern stelae, change of the Northern Qi stelae, and excellence of the Sui stelae.

The Tang stelae putting stresses on the composition of a character are inferior to the Wei stelae in harmony with the delicateness of artist and technique of nature. Most of Tang writings are monotonous and unnatural but a few originated from the Wei stelae. Speaking of writings, the Wei stelae must be mentioned because they display all sorts of calligraphic styles and are the root of later writings.

Kang Youwei emphasizes the tradition of Wei family, the value of the Southern stelae, and the excellence of the Northern Wei stelae in the three chapters.

▶ Key words : Wei Ji, Wei Guan, Wei Heng, Wei Shuo, Wang Xizhi, Southern stelae, Northern Wei stelae

<도 판>*

그림 1. 傳 衛覬, 〈受禪表碑〉, 예서, 220, 曹魏.

그림 2. 傳 梁鵠, 〈孔羨碑〉, 예서, 220, 조위.

그림 3. 〈弔比干文〉, 孝文帝, 해서, 494, 북위.

그림 4. 〈楊大眼造像記〉, 해서, 504~507, 북위.

* 도판 캡션은 서자, 작품, 찬자, 각자, 서체, 연도, 시대 순이다.

그림 5. 朱義章, 〈慧成造造像記〉〈始平公造像記〉,
　　　 해서, 498, 북위.

그림 7. 〈魏靈藏造像記〉, 해서, 북위.

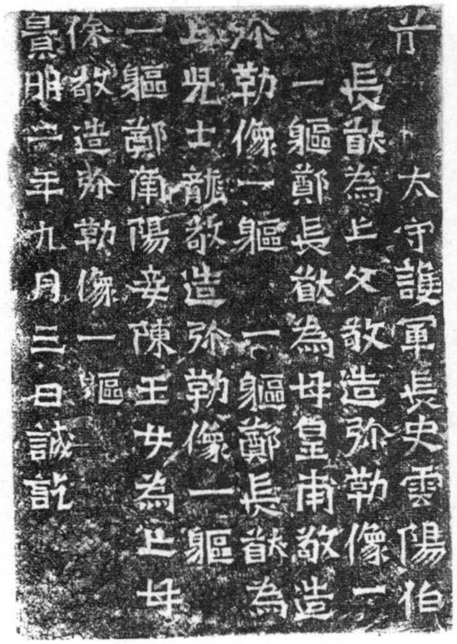

그림 6. 〈鄭長猷造像記〉, 해서, 501, 북위.

그림 8. 〈張猛龍碑〉, 해서, 522, 북위.

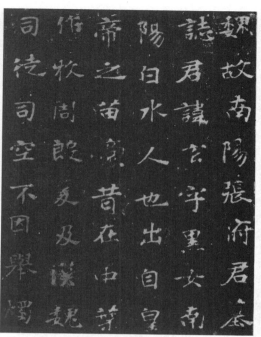

그림 9. 〈賈思伯碑〉, 해서, 519, 북위.　　　그림 10. 〈張黑女墓誌銘〉(張玄墓誌銘), 해서, 531, 북위.

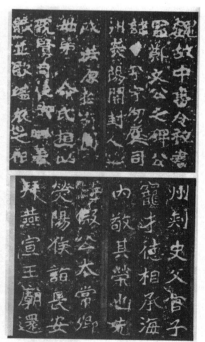

그림 11. 〈高貞碑〉, 해서, 523, 북위.　　　그림 12. 鄭道昭, 〈鄭文公卑〉(鄭羲下碑), 정도소,
　　　　　　　　　　　　　　　　　　　　　　　해서, 511, 북위.

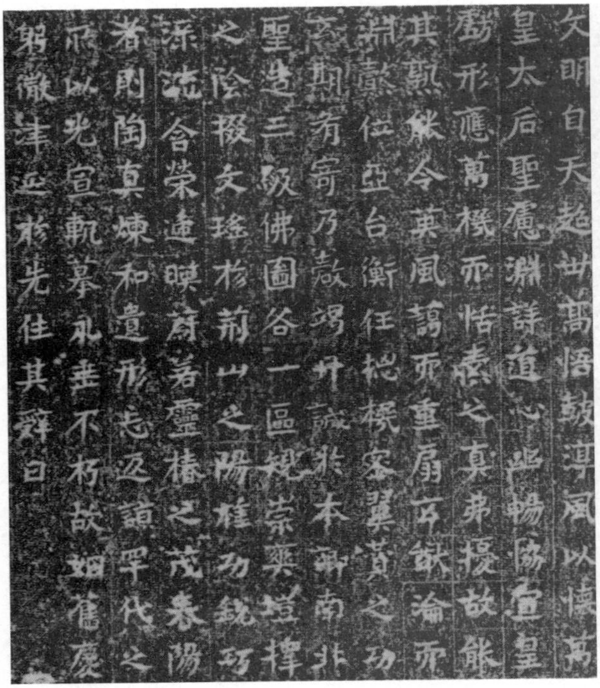

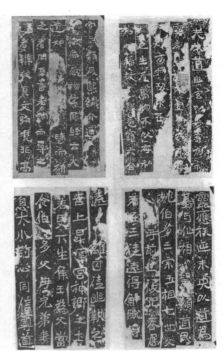

그림 13. 〈暉福寺碑〉, 해서, 488, 북위.

그림 14. 王遠, 〈石門銘〉, 해서, 509, 북위.

그림 15. 〈弔遵墓誌銘〉, 해서, 517, 북위.

그림 16. 〈高湛墓誌銘〉, 해서, 539, 동위.

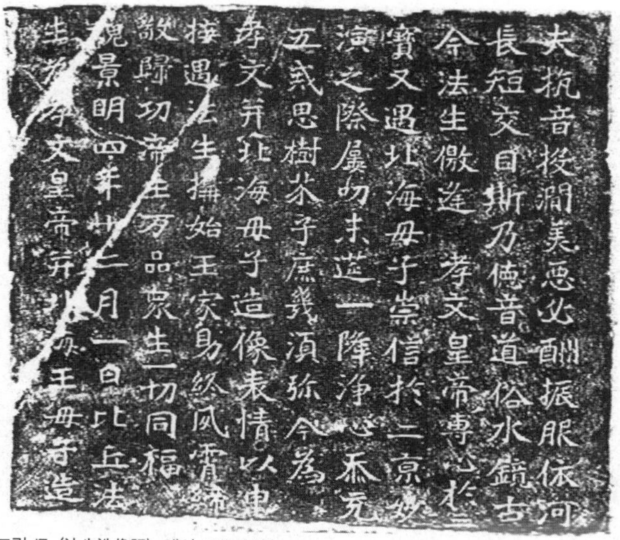

그림 17. 〈法生造像記〉, 해서, 503, 북위.

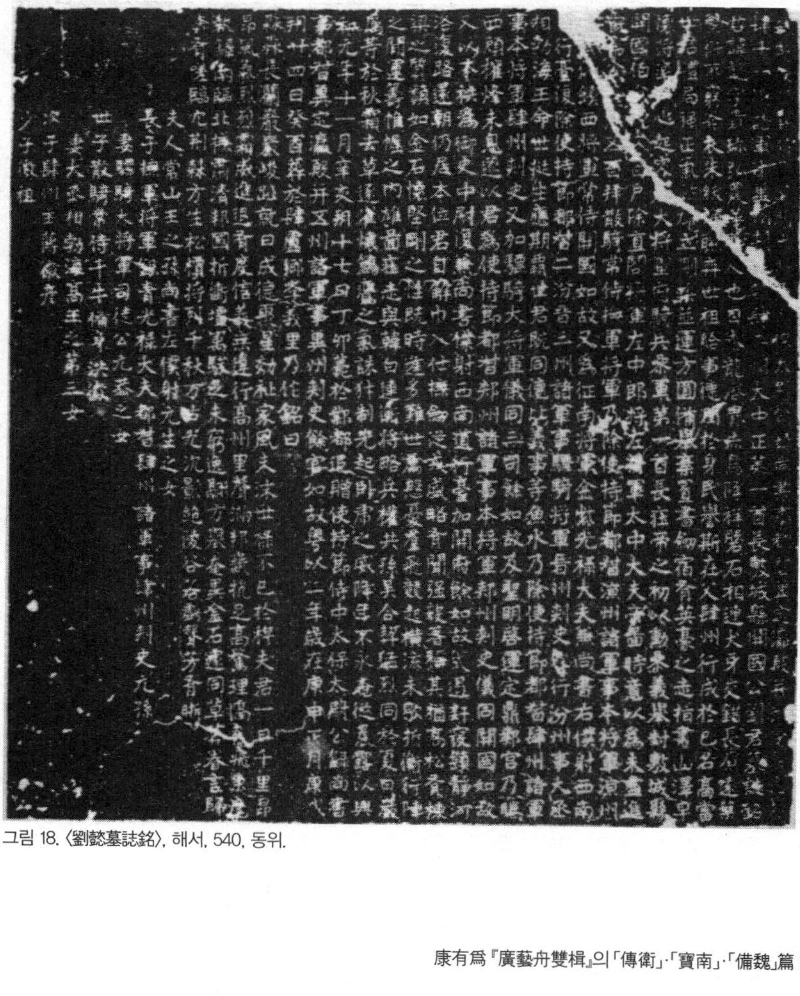

그림 18. 〈劉懿墓誌銘〉, 해서, 540, 동위.

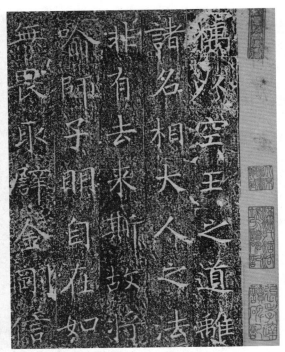

그림 19. 〈敬顯儁碑〉(敬史君碑), 해서, 540, 동위.　　그림 20. 〈龍藏寺碑〉, 해서, 586, 수.

그림 21. 貝義淵, 〈始興忠武王碑〉(蕭憺碑), 徐勉, 해서, 523, 양.

그림 22. 蘇建, 〈封禪國山碑〉
(4면 還刻), 276, 오.

그림 23. 傳 皇象, 〈天發神讖碑〉, 전서, 276, 오.

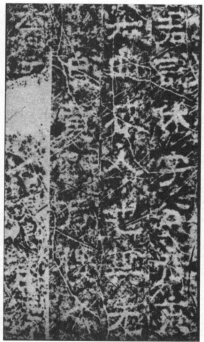

그림 24. 〈谷朗碑〉, 예서, 272, 오.

그림 25. 〈郭休碑〉, 예서, 270, 위.

그림 26. 〈爨寶子碑〉, 해서, 405, 동진.

그림 27. 〈中嶽崇高靈廟碑〉, 해서, 456, 북위.

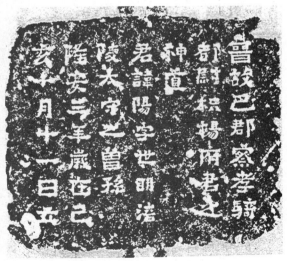

그림 28. 〈鞠彦雲墓誌銘〉, 해서, 523, 북위.

그림 29. 〈枳陽府君碑〉〈楊陽神道闕〉, 해서, 399, 동진.

그림 30. 〈爨龍顔碑〉, 爨道慶, 해서, 458, 劉宋.

그림 31. 〈晉豊縣造像記〉, 해서, 448, 유송.

그림 33. 〈吳郡造維衛尊佛記〉, 해서, 488, 南齊.

그림 32. 〈高句麗古城刻石〉, 해서, 449(강유위)/589, 고구려.

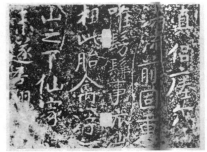

그림 34. 傳 陶弘景, 〈瘞鶴銘〉, 해서, 514(?), 양.

그림 35. 〈石井欄題字〉, 해서, 516, 양.

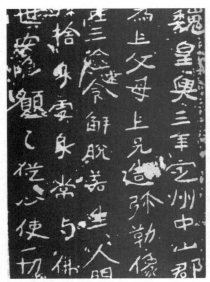

그림 37. 〈趙璁造象記〉, 해서, 469, 북위.

그림 36. 〈新羅眞興大王巡狩管境碑〉
(황초령신라진흥왕순수비), 해서, 568, 신라.

그림 38. 〈李超墓誌銘〉, 해서, 525, 북위.

그림 39. 〈劉玉墓誌銘〉, 해서, 527, 북위.

그림 40. 〈皇甫驎墓誌銘〉, 해서, 515, 북위.

그림 41. 〈馬鳴寺根法師碑〉, 해서, 523, 북위.

그림 42. 〈司馬昇墓誌銘〉, 해서, 536, 동위.

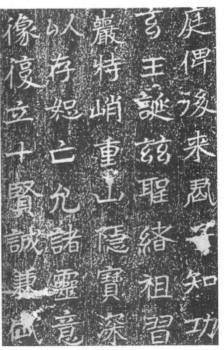

그림 43. 王長儒, 〈李仲璇修孔子廟碑〉, 해서, 541, 동위.

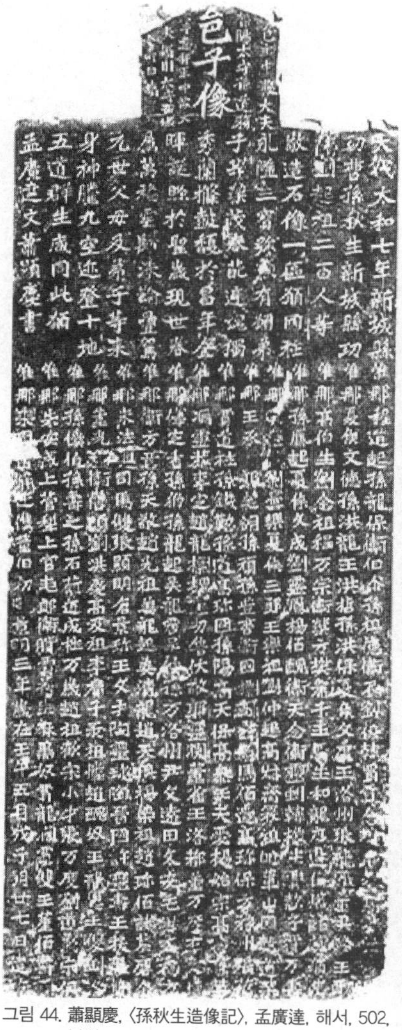

그림 44. 蕭顯慶, 〈孫秋生造像記〉, 孟廣達, 해서, 502, 북위.

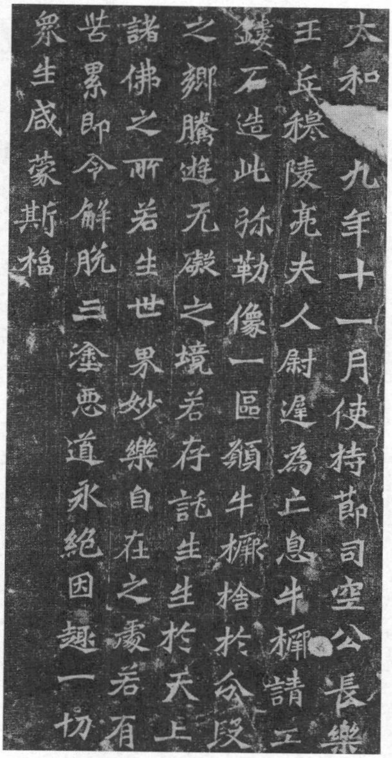

그림 45. 〈長樂王夫人尉遲造像記〉, 해서, 495, 북위.

그림 46. 〈廣川王祖母太妃侯造像記〉, 해서, 503, 북위.

그림 47. 穆子容, 〈太公呂望碑〉(목자용비), 해서, 550, 동위.

그림 48. 〈北海王元詳造像記〉, 해서, 498, 북위.

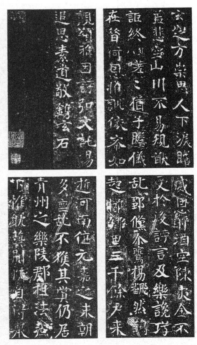

그림 49. 〈雋修羅碑〉, 해서, 560, 북제.

그림 50. 〈朱岱林墓誌銘〉〈朱君山墓誌銘〉, 해서, 571, 북제.

그림 52. 〈王僧墓誌銘〉, 해서, 536, 동위.

그림 51. 釋仙, 〈報德象碑〉, 李淸, 해서, 555, 북제.

그림 53. 〈强獨樂樹文王造像碑〉, 해서, 557, 북주.

그림 54. 〈趙芬碑殘石〉, 해서, 585, 수.

그림 55. 〈賀若誼碑〉, 해서, 596, 수.

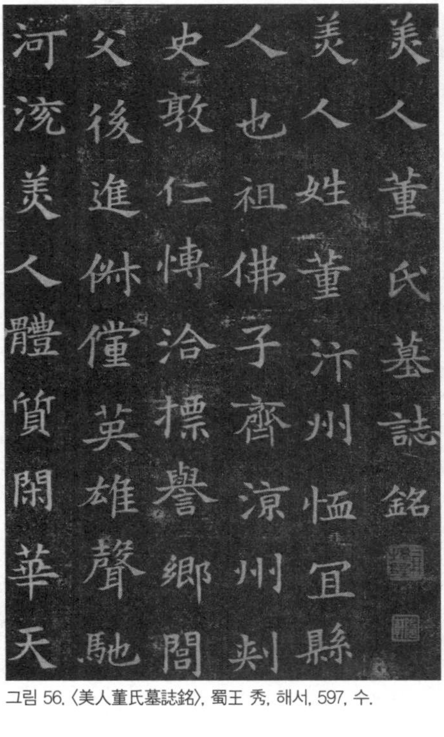

그림 56. 《美人董氏墓誌銘》, 蜀王 秀, 해서, 597, 수.

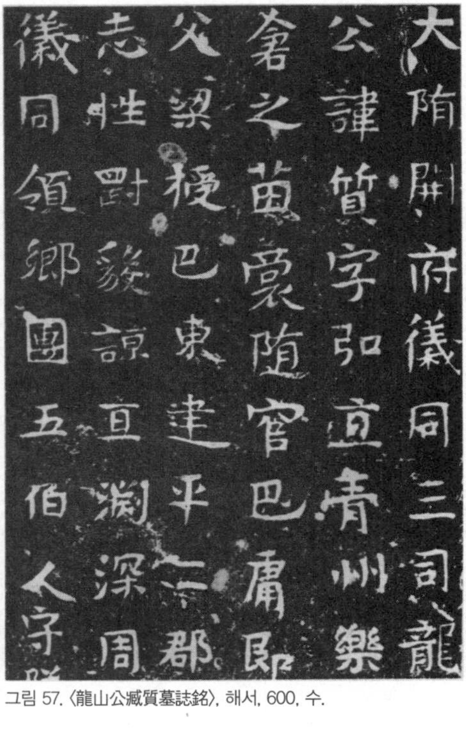

그림 57. 〈龍山公臧質墓誌銘〉, 해서, 600, 수.

그림 58. 〈甯贙碑〉(欽江正義), 해서, 609, 수.

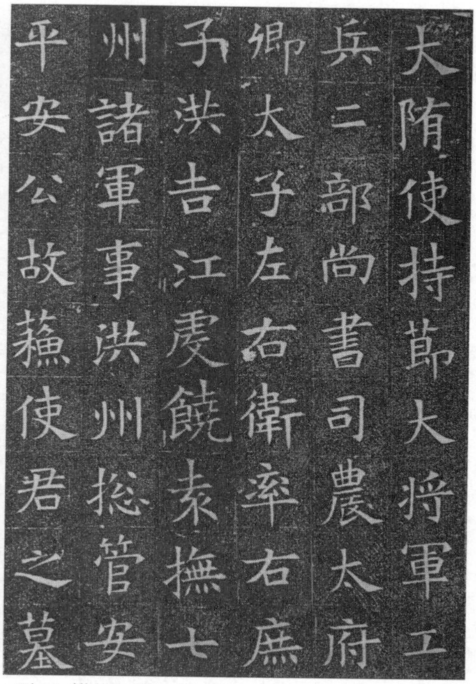

그림 59. 〈蘇慈墓誌銘〉, 해서, 603, 수.

그림 60. 〈龍華寺碑〉, 해서, 603, 수.

그림 61. 〈曹子建碑〉(曹植碑), 해서, 593, 수.

휘/보

학회소식, 정기발표회, 자료교환

학회소식, 정기발표회, 자료교환

1. 학회소식

1) 하계워크샵
* 일시 : 8월 24일(토) ~ 25일(일)
* 장소 : 한성백제박물관 교육관
* 주최 : 한국목간학회

《첫째날(8월 24일)》
- 한성백제박물관 특별전 "마한, 백제를 만나다" 관람 (13:00-14:00)
  이경아 학예연구사
- 연구발표 (14:00-18:00)
  발표자 : 심상육(부여군문화재보존센터), 백제 사비도성 문자유물
  발표자 : 최홍조(경북대), 신라신행선사비의 건립과 그 정치적 배경
  발표자 : 권인한(성균관대), 木簡이 말해주는 古代韓國의 漢字文化

《둘째날(8월 25일)》
- 하남 이성산성 주변 답사(09:00~13:00)
  하남 이성산성 목간출토지, 하남 동사지 석탑

2) 한국고대문자자료 연구모임
(1) 2013년 하계워크숍
* 일시 : 7월 26일(금) ~ 27일(토)
* 장소 : 충청남도 부여군 부여읍 쌍북리 백제관광호텔 내 크리스탈볼룸(1층)
* 주최 : 한국목간학회·동아시아학술원 인문한국(HK)연구소

《첫째날(7월 26일)—오후 2:00~6:00 / 사회: 김경호(성균관대)》
- 기경량(서울대 국사학과), 부여 관북리, 궁남지 출토 목간과 기와 명문 검토
- 박지현(서울대 국사학과), 공산성 성안마을 출토 칠찰갑 명문의 재검토
- 최상기(서울대 국사학과), 예씨 일족 묘지명 검토
- 강진원(서울대 국사학과), 고부 구읍성 출토 명문와 및 고창 오호리 출토 청동인장의 이해

《둘째날(7월 27일)—오전 9:00~13:00/ 사회: 권인한(성균관대)》
- 이재철(동국대 사학과), 나주 복암리 출토 목간 묵서의 현안과 전망
- 오택현(동국대 사학과), 흑치상지 일가 묘지명 검토
- 종합토론
    김영관(제주대), 김영심(가천대), 윤선태(동국대), 정승혜(수원여대), 정현숙(원광대),
    홍승우(단국대)

(2) 월례발표회
　 * 주제 : 한국고대문자자료 역주
　 * 일시 : 매월 4째주 토요일
　 * 장소 : 성균관대 600주년 기념관 동아시아학술원 408호
　 * 주최 : 한국목간학회·동아시아학술원 인문한국(HK)연구소

　 ■ 제4회 월례발표회 (2013년 8월 31일)
　　 특　강 : 정현숙(원광대학교 서예문화예술학과)
　　 주　제 : 장법
　　 발표자 : 임혜경(서울대학교 국사학과)
　　 주　제 : 미륵사지 출토 문자자료의 이해
　　 발표자 : 오택현(동국대학교 사학과)
　　 주　제 : 흑치상지 묘지명 역주
　　 발표자 : 최상기(서울대학교 국사학과)
　　 주　제 : 예식진 묘지 검토

　 ■ 제5회 월례발표회 (2013년 9월 28일)
　　 특　강 : 정현숙(열화당책박물관)
　　 주　제 : 집필법, 완법
　　 발표자 : 이재철(동국대학교 사학과)

주　제 : 나주 복암리 출토 문자자료의 이해

발표자 : 최상기(서울대학교 국사학과)

주　제 : 예소사 묘지 검토

■ 제6회 월례발표회 (2013년 11월 2일)

발표자 : 박지현(서울대학교 국사학과)

주　제 : 유인원 기공비의 재검토

발표자 : 최상기(서울대학교 국사학과)

주　제 : 예인수 묘지 검토

발표자 : 익산지역 출토 명문와와 정림사지 문자자료 이해

주　제 : 이은솔(원광대학교 서예문화예술학과)

■ 제7회 월례발표회 (2013년 11월 30일)

특　강 : 정현숙(열화당책박물관)

주　제 : 결구

발표자 : 정동준(한성대학교 한국고대사연구소)

주　제 : 부여 쌍북리 출토 문자자료(1)

발표자 : 이은솔(원광대학교 서예문화예술학과)

주　제 : 익산 및 전주 지역 출토 명문와의 이해

■ 제8회 월례발표회 (2013년 12월 28일)

특　강 : 정현숙(열화당책박물관)

주　제 : 서체의 변화와 특징

발표자 : 정동준(한성대학교 한국고대사연구소)

주　제 : 미륵사지 출토 기타 문자자료 검토

발표자 : 기경량(서울대학교 국사학과)

주　제 : 고흥 안동고분 출토 동경 명문 검토

2. 정기발표회

1) 제17회 정기발표회

• 일시 : 2013년 11월 22일(금) 오후 1:00~6:00

- 장소 : 국립중앙박물관 제1강의실
- 주최 : 한국목간학회·국립중앙박물관 고고역사부
- 연구발표
  윤선태(동국대학교), 목간의 형태와 용도 분류에 관한 기초적 제안
  이경섭(동국대학교), 신라·백제 목간의 비교 연구
  박지현(서울대학교), 백제 목간의 유형분류현황 검토
  최상기(서울대학교), 함안 성산산성 목간의 정리현황 검토

3. 자료교환

日本木簡學會와의 資料交換
* 韓國木簡學會『木簡과 文字』10호 일본 발송(2013년 7월 26일)

부/록

학회 회칙, 간행예규, 연구윤리규정

학회 회칙

제 1 장 총칙

제 1 조 (명칭)   본회는 한국목간학회(韓國木簡學會, The Korean Society for the Study of Wooden Documents)라 한다.

제 2 조 (목적)   본회는 목간을 비롯한 금석문, 고문서 등 문자자료와 기타 문자유물을 중심으로 한 연구 및 학술조사를 통하여 한국의 목간학 발전에 이바지함을 목적으로 한다.

제 3 조 (사업)   본회는 목적에 부합하는 다음의 사업을 한다.
1. 연구발표회
2. 학보 및 기타 간행물 발간
3. 유적·유물의 답사 및 조사 연구
4. 국내외 여러 학회들과의 공동 학술연구 및 교류
5. 기타 위의 각 사항의 사업을 수행하기 위해 필요한 사업

제 4 조 (회원의 구분과 자격)
① 본회의 회원은 본회의 목적에 동의하여 회비를 납부하는 개인 또는 기관으로서 연구회원, 일반회원 및 학생회원으로 구분하며, 따로 명예회원, 특별회원을 둘 수 있다.
② 연구회원은 평의원 2인 이상의 추천을 받아 평의원회에서 심의, 인준한다.
③ 일반회원은 연구회원과 학생회원이 아닌 사람과 기관 및 단체로 한다.
④ 학생회원은 대학생과 대학원생으로 한다.
⑤ 명예회원은 본회의 발전에 크게 기여한 회원 또는 개인 중에서 운영위원회에서 추천하여 평의원회에서 인준을 받은 사람으로 한다.
⑥ 특별회원은 본회의 활동과 운영에 크게 기여한 개인 또는 기관 중에서 운영위원회에서 추천하여 평의원회에서 인준을 받은 사람으로 한다.

제 5 조 (회원징계)   회원으로서 본회의 명예를 손상시키거나 회칙을 준수하지 않았을 경우 평의원회의 심의와 총회의 의결에 따라 자격정지, 제명 등의 징계를 할 수 있다.

제 2 장 조직 및 기능

제 6 조 (조직)   본회는 총회·평의원회·운영위원회·편집위원회를 두며, 필요한 경우 별도의 위원회를 구성할 수 있다.

제 7 조 (총회)
    ① 총회는 정기총회와 임시총회로 나누며, 정기총회는 2년에 1회 정기적으로 개최하고 임시총회는 필요한 때에 소집할 수 있다.
    ② 총회는 회장이나 평의원회의 의결로 소집한다.
    ③ 총회는 평의원회에서 심의한 학회의 회칙, 운영예규의 개정 및 사업과 재정 등에 관한 보고를 받고 이를 의결한다.
    ④ 총회는 평의원회에서 추천한 회장, 평의원, 감사를 인준한다. 단 회장의 인준이 거부되었을 때는 평의원회에서 재추천하도록 결정하거나 총회에서 직접 선출한다.

제 8 조 (평의원회)
    ① 평의원은 연구회원 중 평의원회의 추천을 받아 총회에서 인준한 자로 한다.
    ② 평의원회는 회장을 포함한 평의원으로 구성한다.
    ③ 평의원회는 회장 또는 평의원 4분의 1 이상의 요구로써 소집한다.
    ④ 평의원회는 아래의 사항을 추천, 심의, 의결한다.
        1. 회장, 평의원, 감사, 편집위원의 추천
        2. 회칙개정안, 운영예규의 심의
        3. 학회의 재정과 사업수행의 심의
        4. 연구회원, 명예회원, 특별회원의 인준
        5. 회원의 자격정지, 제명 등의 징계를 심의

제 9 조 (운영위원회)
    ① 운영위원회는 회장과 회장이 지명하는 부회장, 총무·연구·편집·섭외이사 등 15명 내외로 구성하고, 실무를 담당할 간사를 둔다.
    ② 운영위원회는 평의원회에서 심의·의결한 사항을 집행하며, 학회의 제반 운영업무를 담당한다.
    ③ 부회장은 회장을 도와 학회의 업무를 총괄 지원하며, 회장 유고시에는 회장의 권한을 대행한다.

④ 총무이사는 학회의 통상 업무를 담당, 집행한다.

⑤ 연구이사는 연구발표회 및 각종 학술대회의 기획을 전담한다.

⑥ 편집이사는 편집위원을 겸하며, 학보 및 기타 간행물의 출간을 전담한다.

⑦ 섭외이사는 학술조사를 위해 자료소장기관과의 섭외업무를 전담한다.

제 10 조 (편집위원회)   편집위원회는 학보 발간 및 기타 간행물의 출간에 관한 제반사항을 담당하며, 그 구성은 따로 본회의 운영예규에 정한다.

제 11 조 (기타 위원회)   기타 위원회의 구성과 활동은 회장이 결정하며, 그 내용을 평의원회에 보고한다.

제 12 조 (임원)

① 회장은 본회를 대표하고 총회와 각급회의를 주재하며, 임기는 2년으로 한다.

② 평의원은 제 8 조의 사항을 담임하며, 임기는 종신으로 한다.

③ 감사는 평의원회에 출석하고, 본회의 업무 및 재정을 감사하여 총회에 보고하며, 그 임기는 2년으로 한다.

④ 임원의 임기는 1월 1일부터 시작한다.

⑤ 임원이 유고로 업무를 수행할 수 없게 된 때에는 평의원회에서 보궐 임원을 선출하고 다음 총회에서 인준을 받으며, 그 임기는 전임자의 잔여임기가 1년 미만인 경우는 잔여임기에 규정임기 2년을 더한 기간으로 하고, 잔여임기가 1년 이상인 경우는 잔여기간으로 한다.

제 13 조 (의결)

① 총회에서의 인준과 의결은 출석 회원의 과반수로 한다.

② 평의원회는 평의원 4분의 1 이상의 출석으로 성립하며, 의결은 출석한 평의원 과반수의 찬성으로 한다.

제 3 장 출판물의 발간

제 14 조 (출판물)

① 본회는 매년 6월 30일과 12월 31일에 학보를 발간하고, 그 명칭은 "목간과 문자"(한문 "木簡과 文字", 영문 "Wooden documents and Inscriptions Studies")로 한다.

② 본회는 학보 이외에 본회의 목적에 부합하는 출판물을 발간할 수 있다.

③ 본회가 발간하는 학보를 포함한 모든 출판물의 저작권은 본 학회에 속한다.

제 15 조 (학보 게재 논문 등의 선정과 심사)

　① 학보에는 회원의 논문 및 본회의 목적에 부합하는 주제의 글을 게재함을 원칙으로 한다.

　② 논문 등 학보 게재물은 편집위원회에서 선정한다.

　③ 논문 등 학보 게재물의 선정 기준과 절차는 따로 본회의 운영예규에 정한다.

제 4 장 재정

제 16 조 (재원)　　본회의 재원은 회비 및 기타 수입으로 한다.

제 17 조 (회계연도)　　본회의 회계연도 기준일은 1월 1일로 한다.

제 5 장 기타

제 18 조 (운영예규)　　본 회칙에 명시하지 않은 운영에 필요한 사항은 따로 운영예규에 정한다.

제 19 조 (기타사항)　　본 회칙에 규정되지 않은 사항은 일반관례에 따른다

부칙

1. 본 회칙은 2007년 1월 9일부터 시행한다.

2. 본 회칙은 2009년 1월 9일부터 시행한다.

3. 본 회칙은 2012년 1월 18일부터 시행한다.

편집위원회에 관한 규정

제 1 장 총칙

제 1 조 (명칭)   본 규정은 '편집위원회에 관한 규정'이라 한다.

제 2 조 (목적)   본 규정은 한국목간학회 편집위원회의 조직 및 편집 활동 전반에 관한 세부 사항을 규정하는 것을 목적으로 한다.

제 2 장 조직 및 권한

제 3 조 (구성)   편집위원회는 회칙에 따라 구성한다.

제 4 조 (편집위원의 임명)   편집위원은 세부 전공 분야 및 연구 업적을 감안하여 평의원회에서 추천하며, 회장이 임명한다.

제 5 조 (편집위원장의 선출)   편집위원장은 편집위원 전원의 무기명 비밀투표 방식으로 편집위원 중에서 선출한다.

제 6 조 (편집위원장의 권한)   편집위원장은 편집회의의 의장이 되며, 학회지의 편집 및 출판 활동 전반에 대하여 권한을 갖는다.

제 7 조 (편집위원의 자격)   편집위원은 다음과 같은 조건을 갖춘자로 한다.
  1. 박사학위를 소지한 자.
  2. 대학의 전임교수로서 5년 이상의 경력을 갖추었거나, 이와 동등한 연구 경력을 갖춘자.
  3. 역사학·고고학·보존과학·국어학 또는 이와 관련된 분야에서 연구 업적이 뛰어나고 학계의 명망과 인격을 두루 갖춘자.

4. 다른 학회의 임원이나 편집위원으로 과다하게 중복되지 않은 자.

제 8 조 (편집위원의 임기)　편집위원의 임기는 2년으로 하되, 연임할 수 있다.

제 9 조 (편집자문위원)　학회지 및 기타 간행물의 편집 및 출판 활동과 관련하여 필요시 국내외의 편집자문위원을 둘 수 있다.

제 10 조 (편집간사)　학회지를 비롯한 제반 출판 활동 업무를 원활히 하기 위하여 편집간사 약간 명을 둘 수 있다.

제 3 장　임무와 활동

제 11 조 (편집위원회의 임무와 활동)　편집위원회의 임무와 활동 내용은 다음과 같다.
　1. 학회지의 간행과 관련된 제반 업무.
　2. 학술 단행본의 발행과 관련된 제반 업무.
　3. 기타 편집 및 발행과 관련된 제반 활동.

제 12 조 (편집간사의 임무)　편집간사는 편집위원회의 업무와 활동을 보조하며, 편집과 관련된 회계의 실무를 담당한다.

제 13 조 (학회지의 발간일)　학회지는 1년에 2회 발행하며, 그 발행일자는 6월 30일과 12월 31일로 한다.

제 4 장　편집회의

제 14 조 (편집회의의 소집)　편집회의는 편집위원장이 수시로 소집하되, 필요한 경우에는 3인 이상의 편집위원이 발의하여 회장의 동의를 얻어 편집회의를 소집할 수 있다. 또한 심사위원의 추천 및 선정 등에 필요한 경우에는 전자우편을 통한 의견 수렴으로 편집회의를 대신할 수 있다.

제 15조 (편집회의의 성립)　편집회의는 편집위원장을 포함한 편집위원 과반수의 출석으로 성립된다.

제 16조 (편집회의의 의결)　편집회의의 제반 안건은 출석 위원 과반수의 찬성으로 의결하되, 찬반 동수인 경우에는 편집위원장이 결정한다.

제 17조 (편집회의의 의장)   편집위원장은 편집회의의 의장이 된다. 편집위원장이 참석하지 아니한 경우에는 편집위원 중의 연장자가 의장이 된다.

제 18조 (편집회의의 활동)   편집회의는 학회지의 발행, 논문의 심사 및 편집, 기타 제반 출판과 관련된 사항에 대하여 논의하고 결정한다.

부칙
제1조 이 규정은 운영위원회의 의결을 거쳐 2007년 11월 24일부터 시행한다.
제2조 이 규정은 운영위원회의 의결을 거쳐 2009년 1월 9일부터 시행한다.
제3조 이 규정은 운영위원회의 의결을 거쳐 2012년 1월 18일부터 시행한다.

학회지 논문의 투고와 심사에 관한 규정

제 1 장 총칙

제 1 조 (명칭)   본 규정은 '학회지 논문의 투고와 심사에 관한 규정'이라 한다.

제 2 조 (목적)   본 규정은 한국목간학회의 학회지인 『목간과 문자』에 수록할 논문의 투고와 심사에 관한 절차를 정하고 관련 업무를 명시함에 목적을 둔다.

제 2 장 원고의 투고

제 3 조 (투고 자격)   논문의 투고 자격은 회칙에 따르되, 당해 연도 회비를 납부한 자에 한한다.

제 4 조 (투고의 조건)   본 학회에서 발표한 논문에 한하여 투고하는 것을 원칙으로 한다.

제 5 조 (원고의 분량)   원고의 분량은 학회지에 인쇄된 것을 기준으로 각종의 자료를 포함하여 30 면 내외로 하되, 자료의 영인을 붙이는 경우에는 면수 계산에서 제외한다.

제 6 조 (원고의 작성 방식)   원고의 작성 방식과 요령 등에 관하여는 별도의 내규를 정하여 시행한다.

제 7 조 (원고의 언어)   원고는 한국어로 작성함을 원칙으로 하되, 외국어로 작성된 원고의 게재 여부는 편집회의에서 정한다.

제 8 조 (제목과 필자명)   논문 제목과 필자명은 영문으로 附記하여야 한다.

제 9 조 (국문초록과 핵심어)   논문을 투고할 때에는 국문과 외국어로 된 초록과 핵심어를 덧붙여

야 한다. 요약문과 핵심어의 작성 요령은 다음과 같다.

1. 국문초록은 논문의 내용과 논지를 잘 간추려 작성하되, 외국어 요약문은 영어, 중국어, 일어 중의 하나로 작성한다.
2. 국문초록의 분량은 200자 원고지 5매 내외로 한다.
3. 핵심어는 논문의 주제 및 내용을 대표할 만한 단어를 뽑아서 요약문 뒤에 행을 바꾸어 제시한다.

제 10 조 (논문의 주제 및 내용 조건) 논문의 주제 및 내용은 다음에 부합하여야 한다.

1. 국내외의 출토 문자 자료에 대한 연구 논문
2. 국내외의 출토 문자 자료에 대한 소개 또는 보고 논문
3. 국내외의 출토 문자 자료에 대한 역주 또는 서평 논문

제 11 조 (논문의 제출처) 심사용 논문은 편집이사에게 제출한다.

제 3 장 원고의 심사

제 1 절 : 심사자

제 12 조 (심사자의 자격) 심사자는 논문의 주제 및 내용과 관련된 분야에서 박사학위를 소지한 자를 원칙으로 하되, 본 학회의 회원 가입 여부에 구애받지 아니한다.

제 13 조 (심사자의 수) 심사자는 논문 한 편당 3인 이상 5인 이내로 한다.

제 14 조 (심사 의뢰) 편집위원장은 편집회의에서 추천·의결한 바에 따라 심사자를 선정하여 심사를 의뢰하도록 한다. 편집회의에서의 심사자 추천은 2배수로 하고, 편집회의의 의결을 거쳐 선정한다.

제 15 조 (심사자에 대한 이의) 편집위원장은 심사자 위촉 사항에 대하여 대외비로 회장에게 보고하며, 회장은 편집위원장에게 이의를 제기할 수 있다. 심사자 위촉에 대한 이의에 대하여는 편집회의를 거쳐 편집위원장이 심사자를 변경할 수 있다. 다만, 편집회의 결과 원래의 위촉자가 재선정되었을 경우 편집위원장은 회장에게 그 사실을 구두로 통지하며, 통지된 사항에 대하여 회장은 이의를 제기할 수 없다.

제2절 : 익명성과 비밀 유지

제 16 조 (익명성과 비밀 유지 조건) 심사용 원고는 반드시 익명으로 하며, 심사에 관한 제반 사항

은 편집위원장 책임하에 반드시 대외비로 하여야 한다.

　　제 17 조 (익명성과 비밀 유지 조건의 위배에 대한 조치)　위 제16조의 조건을 위배함으로 인해 심사자에게 중대한 피해를 입혔을 경우에는 편집위원 3인 이상의 발의로써 편집위원장의 동의 없이도 편집회의를 소집할 수 있으며, 다음 각 호에 따라 위배한 자에 따라 사안별로 조치한다. 또한 해당 심사자에게는 편집위원장 명의로 지체없이 사과문을 심사자에게 등기 우송하여야 한다. 편집위원장 명의를 사용하지 못할 경우에는 편집위원 전원이 연명하여 사과문을 등기 우송하여야 한다. 익명성과 비밀 유지 조건에 대한 위배 사실이 학회의 명예를 손상한 경우에는 편집위원 3인의 발의만으로써도 해당 편집위원장 및 편집위원에 대한 징계를 회장에게 요청할 수 있으며, 이 경우 그 처리 결과를 학회지에 공지하여야 한다.

　　1. 편집위원장이 위배한 경우에는 편집위원장을 교체한다.
　　2. 편집위원이 위배한 경우에는 편집위원직을 박탈한다.
　　3. 임원을 겸한 편집위원의 경우에는 회장에게 교체하도록 요청한다.
　　4. 편집간사 또는 편집보조가 위배한 경우에는 편집위원장이 당사자를 해임한다.

　　제 18 조 (편집위원의 논문에 대한 심사)　편집위원이 투고한 논문을 심사할 때에는 해당 편집위원을 궐석시킨 후에 심사자를 선정하여야 하며, 회장에게도 심사자의 신원을 밝히지 않는 것을 원칙으로 한다.

　　제 3 절 : 심사 절차

　　제 19 조 (논문심사서의 구성 요건)　논문심사서에는 '심사 소견', 그리고 '수정 및 지적사항'을 적는 난이 포함되어야 한다.

　　제 20 조 (심사 소견과 영역별 평가)　심사자는 심사 논문에 대하여 영역별 평가를 감안하여 종합판정을 한다. 심사 소견에는 영역별 평가와 종합판정에 대한 근거 및 의견을 총괄적으로 기술함을 원칙으로 한다.

　　제 21 조 (수정 및 지적사항)　'수정 및 지적사항'란에는 심사용 논문의 면수 및 수정 내용 등을 구체적으로 지시하여야 한다.

　　제 22조 (심사 결과의 전달)　편집간사는 편집위원장의 지시를 받아 투고자에게 심사자의 논문심사서와 심사용 논문을 전자우편 또는 일반우편으로 전달하되, 심사자의 신원이 드러나지 않도록 각별히 유의하여야 한다. 논문 심사서 중 심사자의 인적 사항은 편집회의에서도 공개하지 않는다.

제 23 조 (수정된 원고의 접수) 투고자는 논문심사서를 수령한 후 소정 기일 내에 원고를 수정하여 편집위원장에게 송부하여야 한다. 기한을 넘겨 접수된 수정 원고는 학회지의 다음 호에 접수된 투고 논문과 동일한 심사 절차를 밟되, 논문심사료는 부과하지 않는다.

제 4 절 : 심사의 기준과 게재 여부 결정

제 24 조 (심사 결과의 종류) 심사 결과는 '종합판정'과 '영역별 평가'로 나누어 시행한다.

제 25 조 (종합판정과 등급) 종합판정은 ①게재 가, ②수정후 재심사, ③게재 불가 중의 하나로 한다.

제 26 조 (영역별 평가) 영역별 평가 기준은 다음과 같다.
   1. 학계에의 기여도
   2. 연구 내용 및 방법론의 참신성
   3. 논지 전개의 타당성
   4. 논문 구성의 완결성
   5. 문장 표현의 정확성

제 27 조 (게재 여부의 결정 기준) 심사용 논문의 학회지 게재 여부는 심사자의 종합판정에 의거하여 이들을 합산하여 시행한다. 게재 여부의 결정은 최종 수정된 원고를 대상으로 한다.

제 28 조 (게재 여부 결정의 조건) 게재 여부 결정의 조건은 다음과 같다.
   1. 심사자의 2분의 1 이상이 위 제25조의 '①게재 가'로 판정한 경우에는 게재한다.
   2. 심사자의 2분의 1 이상이 위 제25조의 '③게재 불가'로 판정한 경우에는 게재를 불허한다.

제 29 조 (게재 여부에 대한 논의) 위 제28조의 경우가 아닌 논문에 대하여는 편집회의의 토의를 거친 후에 게재 여부를 확정하되, 이 때에는 영역별 평가를 참조한다.

제 30 조 (논문 게재 여부의 통보) 편집위원장은 논문 게재 여부에 대한 최종 확정 결과를 투고자에게 통보하여야 한다.

제 5 절 : 이의 신청
제 31 조 (이의 신청) 투고자는 심사와 논문 게재 여부에 대하여 이의를 신청할 수 있다. 이 때에는 200자 원고지 5매 내외의 이의신청서를 작성하여 심사 결과 통보일 15일 이내에 편집위원장에게 송부하

여야 하며, 편집위원장은 이의 신청 접수일로부터 15일 이내에 이에 대한 처리 절차를 완료하여야 한다.

제 32 조 (이의 신청의 처리)   이의 신청을 한 투고자의 논문에 대해서는 편집회의에서 토의를 거쳐 이의 신청의 수락 여부를 의결한다. 수락한 이의 신청에 대한 조치 방법은 편집회의에서 결정한다.

제 4 장 게재 논문의 사후 심사 및 조치

제 1 절 : 게재 논문의 사후 심사

제 33 조 (사후 심사)   학회지에 게재된 논문에 대하여는 사후 심사를 할 수 있다.

제 34 조 (사후 심사 요건)   사후 심사는 편집위원회의 자체 판단 또는 접수된 사후심사요청서의 검토 결과, 대상 논문이 그 논문이 수록된 본 학회지 발행일자 이전의 간행물 또는 타인의 저작권에 귀속시킬 만한 연구 내용을 현저한 정도로 표절 또는 중복 게재한 것으로 의심되는 경우에 한한다.

제 35 조 (사후심사요청서의 접수)   게재 논문의 표절 또는 중복 게재와 관련하여 사후 심사를 요청하는 사후심사요청서를 편집위원장 또는 편집위원회에 접수할 수 있다. 이 경우 사후심사요청서는 밀봉하고 겉봉에 '사후심사요청'임을 명기하되, 발신자의 신원을 겉봉에 노출시키지 않음을 원칙으로 한다.

제 36 조 (사후심사요청서의 개봉)   사후심사요청서는 편집위원장 또는 편집위원장이 위촉한 편집위원이 개봉한다.

제 37 조 (사후심사요청서의 요건)   사후심사요청서는 표절 또는 중복 게재로 의심되는 내용을 구체적으로 밝혀야 한다.

제 2 절 : 사후 심사의 절차와 방법

제 38 조 (사후 심사를 위한 편집위원회 소집)   게재 논문의 표절 또는 중복 게재에 관한 사실 여부를 심의하고 사후 심사자의 선정을 비롯한 제반 사항을 의결하기 위해 편집위원장은 편집위원회를 소집할 수 있다.

제 39 조 (질의서의 우송)   편집위원회의 심의 결과 표절이나 중복 게재의 개연성이 있다고 판단된 논문에 대해서는 그 진위 여부에 대해 편집위원장 명의로 해당 논문의 필자에게 질의서를 우송한다.

제 40 조 (답변서의 제출)   위 제39조의 질의서에 대해 해당 논문 필자는 질의서 수령 후 30일 이내 편집위원장 또는 편집위원회에 답변서를 제출하여야 한다. 이 기한 내에 답변서가 없을 경우엔 질의서의 내용을 인정한 것으로 판단한다.

제 3 절 : 사후 심사 결과의 조치

제 41 조 (사후 심사 확정을 위한 편집위원회 소집)   편집위원장은 답변서를 접수한 날 또는 마감 기한으로부터 15일 이내에 사후 심사 결과를 확정하기 위한 편집위원회를 소집한다.

제 42 조 (심사 결과의 통보)   편집위원장은 편집위원회에서 확정한 사후 심사 결과를 7일 이내에 사후 심사를 요청한 이 및 관련 당사자에게 통보하여야 한다.

제 43 조 (표절 및 중복 게재에 대한 조치)   편집위원회에서 표절 또는 중복 게재로 확정된 경우에는 회장에게 지체 없이 보고하고, 회장은 운영위원회를 소집하여 다음 각 호와 같은 조치를 집행할 수 있다.
   1. 차호 학회지에 그 사실 관계 및 조치 사항들을 기록한다.
   2. 학회지 전자판에서 해당 논문을 삭제하고, 학회논문임을 취소한다.
   3. 해당 논문 필자에 대하여 제명 조치하고, 향후 5년간 재입회할 수 없도록 한다.
   4. 관련 사실을 한국연구재단에 보고한다.

제 4 절 : 제보자의 보호

제 44 조 (제보자의 보호)   표절 및 중복 게재에 관한 이의 및 논의를 제기하거나 사후 심사를 요청한 사람에 대해서는 신원을 절대적으로 밝히지 않고 익명성을 보장하여야 한다.

제 45 조 (제보자 보호 규정의 위배에 대한 조치)   위 제44조의 규정을 위배한 이에 대한 조치는 위 제17조에 준하여 시행한다.

부칙
제1조(시행일자) 본 규정은 2007년 11월 24일부터 시행한다.
제2조(시행일자) 본 규정은 2009년 1월 9일부터 시행한다.

학회지 논문의 투고와 원고 작성 요령에 관한 내규

제 1 조 (목적)   이 내규는 본 한국목간학회의 회칙 및 관련 규정에 따라 학회지에 게재하는 논문의 투고와 원고 작성 요령에 대하여 명시하는 것을 목적으로 한다.

제 2 조 (논문의 종류)   학회지에 게재되는 논문은 심사 논문과 기획 논문으로 나뉜다. 심사 논문은 본 학회의 학회지 논문의 투고와 심사에 관한 규정에 따른 심사 절차를 거쳐 게재된 논문을 가리키며, 기획 논문은 편집위원회에서 기획하여 특정의 연구자에게 집필을 위촉한 논문을 가리킨다.

제 3 조 (기획 논문의 집필자)   기획 논문의 집필자는 본 학회의 회원 여부에 구애받지 아니한다.

제 4 조 (기획 논문의 심사)   기획 논문에 대하여도 심사 논문과 동일한 절차의 심사를 시행하는 것을 원칙으로 하되, 편집위원회의 의결을 거쳐 심사를 면제할 수 있다.

제 5 조 (투고 기한)   논문의 투고 기한은 매년 9월 말로 한다.

제 6 조 (수록호)   9월 말까지 투고된 논문은 심사 과정을 거쳐 같은 해의 11월 30일에 발행하는 학회지에 수록하는 것을 원칙으로 한다.

제 7 조 (수록 예정일자의 변경 통보)   위 제6조의 예정 기일을 넘겨 논문의 심사 및 게재가 이루어질 경우 편집위원장은 투고자에게 그 사실을 통보해 주어야 한다.

제 8 조 (게재료)   논문 게재의 확정시에는 일반 논문 5만원, 연구비 수혜 논문 30만원의 게재료를 납부하여야 한다.

제 9 조 (초과 게재료)   학회지에 게재하는 논문의 분량이 인쇄본을 기준으로 30면을 넘을 경우에

는 1면 당 1만원의 초과 게재료를 부과할 수 있다.

제 10 조 (원고료)　학회지에 게재되는 논문에 대하여는 소정의 원고료를 필자에게 지불할 수 있다. 원고료에 관한 사항은 운영위원회에서 결정한다.

제 11 조 (익명성 유지 조건)　심사용 논문에서는 졸고 및 졸저 등 투고자의 신원을 드러내는 표현을 쓸 수 없다.

제 12 조 (컴퓨터 작성)　논문의 원고는 컴퓨터로 작성함을 원칙으로 하며, 문장편집기 프로그램은 「흔글」을 사용할 것을 권장한다.

제 13 조 (제출물)　원고 제출시에는 입력한 PC용 파일과 출력지 1부를 함께 송부하여야 한다.

제 14 조 (투고자의 성명 삭제)　편집간사는 심사자에게 심사용 논문을 송부할 때 반드시 투고자의 성명과 기타 투고자의 신원을 알 수 있는 표현 등을 삭제하여야 한다.

제 15 조 (출토 문자 자료의 표기 범례 등 기타)　출토 문자 자료의 표기 범례를 비롯하여 위에서 정하지 않은 학회지 논문의 투고와 원고 작성 요령 및 용어 사용 등에 관한 사항들은 일반적인 관행에 따르거나 편집위원회에서 결정한다.

부칙
제1조(시행일자) 이 내규는 2007년 11월 24일부터 시행한다.
제2조(시행일자) 이 내규는 2009년 1월 9일부터 시행한다.
제3조(시행일자) 이 내규는 2012년 1월 18일부터 시행한다.

韓國木簡學會 研究倫理 規定

제 1 장 총칙

제 1 조 (명칭)   이 규정은 '한국목간학회 연구윤리 규정'이라 한다.
제 2 조 (목적)   이 규정은 한국목간학회 회칙 및 편집위원회 규정에 따른 연구윤리 등에 관한 세부
사항을 규정하는 것을 목적으로 한다.

제 2 장 저자가 지켜야 할 연구윤리

제 3 조 (표절 금지)   저자는 자신이 행하지 않은 연구나 주장의 일부분을 자신의 연구 결과이거나
주 장인 것처럼 논문이나 저술에 제시하지 않는다.

제 4 조 (업적 인정)
　　1. 저자는 자신이 실제로 행하거나 공헌한 연구에 대해서만 저자로서의 책임을 지며, 또한 업적
으로 인정받는다.
　　2. 논문이나 기타 출판 업적의 저자나 역자가 여러 명일 때 그 순서는 상대적 지위에 관계없이 연
구에 기여한 정도에 따라 정확하게 반영하여야 한다. 단순히 어떤 직책에 있다고 해서 저자가 되거나
제1저자로서의 업적을 인정받는 것은 정당화될 수 없다. 반면, 연구나 저술(번역)에 기여했음에도 공동
저자(역자)나 공동연구자로 기록되지 않는 것 또한 정당화될 수 없다. 연구나 저술(번역)에 대한 작은
기여는 각주, 서문, 사의 등에서 적절하게 고마움을 표시한다.

제 5 조 (중복 게재 금지)   저자는 이전에 출판된 자신의 연구물(게재 예정이거나 심사 중인 연구물
포함)을 새로운 연구물인 것처럼 투고하지 말아야 한다.

제 6 조 (인용 및 참고 표시)

1. 공개된 학술 자료를 인용할 경우에는 정확하게 기술하도록 노력해야 하고, 상식에 속하는 자료가 아닌 한 반드시 그 출처를 명확히 밝혀야 한다. 논문이나 연구계획서의 평가 시 또는 개인적인 접촉을 통해서 얻은 자료의 경우에는 그 정보를 제공한 연구자의 동의를 받은 후에만 인용할 수 있다.

2. 다른 사람의 글을 인용하거나 아이디어를 차용(참고)할 경우에는 반드시 註[각주(후주)]를 통해 인용 여부 및 참고 여부를 밝혀야 하며, 이러한 표기를 통해 어떤 부분이 선행연구의 결과이고 어떤 부분이 본인의 독창적인 생각·주장·해석인지를 독자가 알 수 있도록 해야 한다.

제 7 조 (논문의 수정)   저자는 논문의 평가 과정에서 제시된 편집위원과 심사위원의 의견을 가능한 한 수용하여 논문에 반영되도록 노력하여야 하고, 이들의 의견에 동의하지 않을 경우에는 그 근거와 이유를 상세하게 적어서 편집위원(회)에게 알려야 한다.

제 3 장 편집위원이 지켜야 할 연구윤리

제 8 조 (책임 범위)   편집위원은 투고된 논문의 게재 여부를 결정하는 모든 책임을 진다.

제 9 조 (논문에 대한 태도)   편집위원은 학술지 게재를 위해 투고된 논문을 저자의 성별, 나이, 소속 기관은 물론이고 어떤 선입견이나 사적인 친분과도 무관하게 오로지 논문의 질적 수준과 투고 규정에 근거하여 공평하게 취급하여야 한다.

제 10 조 (심사 의뢰)   편집위원은 투고된 논문의 평가를 해당 분야의 전문적 지식과 공정한 판단 능력을 지닌 심사위원에게 의뢰해야 한다. 심사 의뢰 시에는 저자와 지나치게 친분이 있거나 지나치게 적대적인 심사위원을 피함으로써 가능한 한 객관적인 평가가 이루어질 수 있도록 노력한다. 단, 같은 논문에 대한 평가가 심사위원 간에 현저하게 차이가 날 경우에는 해당 분야 제3의 전문가에게 자문을 받을 수 있다.

제 11 조 (비밀 유지)   편집위원은 투고된 논문의 게재가 결정될 때까지는 심사자 이외의 사람에게 저자에 대한 사항이나 논문의 내용을 공개하면 안 된다.

제 4 장 심사위원이 지켜야 할 연구윤리

제 12조 (성실 심사)   심사위원은 학술지의 편집위원(회)이 의뢰하는 논문을 심사규정이 정한 기간 내에 성실하게 평가하고 평가 결과를 편집위원(회)에게 통보해 주어야 한다. 만약 자신이 논문의 내용

을 평가하기에 적임자가 아니라고 판단될 경우에는 편집위원(회)에게 지체 없이 그 사실을 통보한다.

제 13 조 (공정 심사)　심사위원은 논문을 개인적인 학술적 신념이나 저자와의 사적인 친분 관계를 떠나 객관적 기준에 의해 공정하게 평가하여야 한다. 충분한 근거를 명시하지 않은 채 논문을 탈락시키거나, 심사자 본인의 관점이나 해석과 상충된다는 이유로 논문을 탈락시켜서는 안 되며, 심사 대상 논문을 제대로 읽지 않은 채 평가해서도 안 된다.

제 14 조 (평가근거의 명시)　심사위원은 전문 지식인으로서의 저자의 인격과 독립성을 존중하여야 한다. 평가 의견서에는 논문에 대한 자신의 판단을 밝히되, 보완이 필요하다고 생각되는 부분에 대해서는 그 이유도 함께 상세하게 설명해야 한다.

제 15 조 (비밀 유지)　심사위원은 심사 대상 논문에 대한 비밀을 지켜야 한다. 논문 평가를 위해 특별히 조언을 구하는 경우가 아니라면 논문을 다른 사람에게 보여주거나 논문 내용을 놓고 다른 사람과 논의하는 것도 바람직하지 않다. 또한 논문이 게재된 학술지가 출판되기 전에 저자의 동의 없이 논문의 내용을 인용해서는 안 된다.

제 5 장　윤리규정 시행 지침

제 16 조 (윤리규정 서약)　한국목간학회의 신규 회원은 본 윤리규정을 준수하기로 서약해야 한다. 기존 회원은 윤리규정의 발효 시 윤리규정을 준수하기로 서약한 것으로 간주한다.

제 17 조 (윤리규정 위반 보고)　회원은 다른 회원이 윤리규정을 위반한 것을 인지할 경우 그 회원으로 하여금 윤리규정을 환기시킴으로써 문제를 바로잡도록 노력해야 한다. 그러나 문제가 바로잡히지 않거나 명백한 윤리규정 위반 사례가 드러날 경우에는 학회 윤리위원회에 보고할 수 있다. 윤리위원회는 윤리규정 위반 문제를 학회에 보고한 회원의 신원을 외부에 공개해서는 안 된다.

제 18 조 (윤리위원회 구성)　윤리위원회는 회원 5인 이상으로 구성되며, 위원은 평의원회의 추천을 받아 회장이 임명한다.

제 19 조 (윤리위원회의 권한)　윤리위원회는 윤리규정 위반으로 보고된 사안에 대하여 제보자, 피조사자, 증인, 참고인 및 증거자료 등을 통하여 폭넓게 조사를 실시한 후, 윤리규정 위반이 사실로 판정된 경우에는 회장에게 적절한 제재조치를 건의할 수 있다.
단, 사안이 학회지 게재 논문의 표절 또는 중복 게재와 관련된 경우에는 '학회지 논문의 투고와 심사에 관한 규정'에 따라 편집위원회에 조사를 의뢰하고 사후 조치를 취한다.

제 20 조 (윤리위원회의 조사 및 심의)　윤리규정 위반으로 보고된 회원은 윤리위원회에서 행하는 조사에 협조해야 한다. 이 조사에 협조하지 않는 것은 그 자체로 윤리규정 위반이 된다.

제 21 조 (소명 기회의 보장)　윤리규정 위반으로 보고된 회원에게는 충분한 소명 기회를 주어야 한다.

제 22 조 (조사 대상자에 대한 비밀 보호)　윤리규정 위반에 대해 학회의 최종적인 징계 결정이 내려질 때까지 윤리위원은 해당 회원의 신원을 외부에 공개해서는 안 된다.

제 23 조 (징계의 절차 및 내용)　윤리위원회의 징계 건의가 있을 경우, 회장은 이사회를 소집하여 징계 여부 및 징계 내용을 최종적으로 결정한다. 윤리규정을 위반했다고 판정된 회원에 대해서는 경고, 회원자격정지 내지 박탈 등의 징계를 할 수 있으며, 이 조처를 다른 기관이나 개인에게 알릴 수 있다.

제6장 보칙

제 24 조 (규정의 개정)
1. 편집위원장 또는 편집위원 3인 이상이 규정의 개정을 發議할 수 있다.
2. 재적 편집위원 3분의 2 이상의 찬성으로 개정하며, 총회의 인준을 얻어야 효력이 발생한다.

제 25 조 (보칙)　이 규정에 정해지지 않은 사항은 학회의 관례에 따른다.

부칙
제1조(시행일자) 이 규정은 2007년 11월 24일부터 시행한다.

Wooden Documents and Inscriptions Studies No. 11.   December. 2013

[Contents]

The Korean Society for the Study of Wooden Documents

木蘭과 文字 연구 10

엮은이 | 한국목간학회
펴낸이 | 최병식
펴낸날 | 2014년 2월 24일
펴낸곳 | 주류성출판사
　　　　서울시 서초구 강남대로 435
　　　　전화 | 02-3481-1024 / 전송 | 02-3482-0656
　　　　www.juluesung.co.kr
　　　　e-mail | juluesung@daum.net

책 값 | 20,000원
ISBN　978-89-6246-120-6　94910
세트　978-89-6246-006-3　94910